新风语言学译丛

Analyzing Grammar: An Introduction

语法分析导论

[美]保罗·R.克勒格尔　　著
（Paul R. Kroeger）

丁健　等译

上海教育出版社
SHANGHAI EDUCATIONAL
PUBLISHING HOUSE

CAMBRIDGE

出 版 说 明

　　"新风语言学译丛"是一套面向语言学教学和研究领域的专业翻译丛书,旨在引进国外新近出版的高水平语言学著作,开拓研究视野,促进学术交流,推动国内语言学的学术发展。丛书聚焦国际语言学前沿,精选具有学术影响力的语言学研究成果,力求以多元的选题架构、严谨的翻译质量,为语言学研究者和学习者搭建沟通国际学术前沿的桥梁,为语言学的教学和研究注入新的活力。首辑收入的《语法分析导论》(*Analyzing Grammar: An Introduction*)和《第一语言习得(第四版)》(*First Language Acquisition , Fourth Edition*)可以作为相关学科的入门教材和读物;《形态句法——世界语言中的构式》(*Morphosyntax: Constructions of the World's Languages*)是著名语言学家威廉·克罗夫特(William Croft)的最新力作,可以作为形态句法的教学与研究指南;《语法网络——语言使用如何塑造语言结构》(*The Grammar Network: How Linguistic Structure is Shaped by Language Use*)详细说明了语言使用如何塑造语言结构,以及语法系统为何是一个网络结构;《社会语音学》(*Sociophonetics*)是目前学界该研究方向的最新专著,结合社会语言学、语音学与心理语言学,通过实证方法研究语音变异现象。

　　首辑五部译作的译者团队主要由语言学界的青年学者组成。他们具有扎实的专业背景和深厚的学术热忱,并以严谨的态度完成翻译与校订工作。青年学者的加入,为本丛书注入了更多活力和创造力。

　　"新风"二字,寓意为语言学研究领域引入新思想、新方法、新视角,期待能为我国语言学研究的持续发展贡献一份力量。我们希望,"新风语言学译丛"不仅是一本本书籍的集合,更是一个学术交流平台,能使更多研究者从中获益,助推中国语言学研究在传承中突破,于对话中超越,迈向新高度。

上海教育出版社语言文字出版中心

2025 年 1 月 1 日

《语法分析导论》是一部清晰易懂的语法分析入门教材,为初学该学科的学生设计。本书涵盖句法(短语和句子的结构)和形态(词的结构)两个方面,为学生提供了分析任何语言语法模式所需的工具和方法,向学生展示了如何使用标准的符号手段(如短语结构树和构词规则)以及文字描述,并鼓励学生通过各种各样的问题集和习题来训练如何运用这些工具。本书的重点在于比较世界语言的不同语法体系,涵盖的主题包括语序、成分、格、一致、时、性、代词系统、屈折、派生、论元结构和语法关系。书后有一份实用的术语表,给出了每个术语的清晰解释。

保罗·R.克勒格尔(Paul R. Kroeger)是美国达拉斯(Dallas)的应用语言学研究生院(Graduate Institute of Applied Linguistics)应用语言学系的副教授和系主任*。他先前已出版《他加禄语的短语结构和语法关系》(*Phrase Structure and Grammatical Relations in Tagalog*,1993)和《句法分析》(*Analyzing Syntax*,剑桥大学出版社,2004年)†。他在东马来西亚(East Malaysia)做过语言田野调查,并为许多期刊撰写过文章,包括《太平洋语言学》(*Pacific Linguistics*)、《大洋洲语言学》(*Oceanic Linguistics*)和《菲律宾语言学杂志》(*Philippine Journal of Linguistics*)。

---

* 克勒格尔现为达拉斯国际大学(Dallas International University)应用语言学专业教授。应用语言学研究生院成立于1998年,后来因为同时招收本科生和研究生并设置了世界艺术、国际研究等语言学以外的专业,学校于2018年更名为达拉斯国际大学。——译者注

† 克勒格尔2018年还在德国柏林的语言科学出版社(Language Science Press)出版了《意义分析:语义学与语用学导论》(*Analyzing Meaning:An Introduction to Semantics and Pragmatics*)一书。该书最新的版本是2022年出版的第三版。——译者注

献给萨拉(Sarah)、露丝(Ruth)和凯蒂(Katie)

目　　录

译　者　序

　　"语法"(grammar)这一术语有广义和狭义两种理解。广义的语法指语言结构关系的整个系统,比如维多利亚·弗罗姆金(Victoria Fromkin)等编写的经典教材《语言导论》*中,语法部分就涵盖了形态、句法、意义、语音和音系等方面。狭义的语法仅指形态(morphology)和句法(syntax)两个方面。形态是词的结构特征及其构造规律,以语素为基本单位;句法是句子的结构特征及其构造规律,以词为基本单位。我们通常说的"语法",是指狭义的语法,特别是当它和语音、语义等并提的时候。但在汉语研究中,语法似乎是一个更为狭义的概念,大致只相当于句法。这是因为汉语本身没有屈折变化(至少就普通话而言),而派生、复合、重叠等传统上被纳入词汇学的范畴,所以没有形态学的一席之地。学生大多只在语言学概论课程中粗浅地了解过几个形态学术语,有的术语可能还是一知半解。

　　长期以来,国内高校的语法学课程大多囿于汉语语法,很少涉及其他语言的语法现象,这在很大程度上限制了学生的视野。比如,很多教材在谈及汉语的特点时都强调"使用量词",这可能会造成人们的误解,以为其他语言中没有量词。其实,放眼世界语言,我们就能看到,除了东亚和东南亚之外,在大洋洲、北美洲、南美洲和

---

　　* Fromkin, Victoria, Robert Rodman, and Nina Hyams. 2017. *An Introduction to Language*, 11th edition, Boston：Cengage.该书有三个中文译本：(1)《语言导论》,沈家煊、周晓康、朱晓农、蔡文兰译,北京：北京语言学院出版社,1994年,根据原书第4版翻译。(2)《语言引论》,王大惟、朱晓农、周晓康、陈敏哲译,北京：北京大学出版社,2017年,根据原书第8版翻译。(3)《语言学新引》,谢富惠、黄惠如、洪妈益译,台北：新加坡商圣智学习亚洲私人有限公司台湾分公司,2011年,根据原书第9版翻译。

非洲都能找到量词的踪迹,此外还能看到量词和性范畴之间有异曲同工之处——都有对名词进行分类的作用。我们知道,研究中国文学的人必须阅读外国文学作品,研究中国历史的人不能不了解外国历史。同样,研究汉语的人也要关注整个人类社会的语言,包括那些已经消逝的语言。也就是说,除了汉语语法学之外,我们还需要学习普通语法学,要在世界语言的背景下进一步认识和研究汉语。

近些年来,国内学者有意识地以普通语法学的视角反观汉语语法,并取得了一系列成果,像"作格""语缀""施用""标句词"这些以往相对陌生的概念也越来越多地出现在论文中。然而,不少学生对此有畏难情绪,甚至会望文生义,在文献阅读时步履维艰。因此,我们亟需一本好教材来扫清这些障碍。克勒格尔的《语法分析导论》(剑桥大学出版社,2005 年)就是一部简明、清晰而且实用的普通语法学教材,可以让我们在一个学期的时间内获得较为系统的学术训练。这本书可以适应不同层次读者的需求:一是对初学者特别适用,书中所讲的都是最基本、最精要的语法学知识,如果想要了解语法学是研究什么的,那这本书就是不二之选。二是对有一定基础的读者也大有用处,可以使他们更好地提升语法分析的技能,在由简入繁的基础上再化繁为简,达到娴熟的程度,不仅能分析母语的语料,也能利用其他语言的材料。总的来说,这本书主要有以下三个突出的特点:

第一,通俗易懂,对读者友好,非常适合入门。从内容到形式都为初学者量身定制,只要学过语言学概论课程的人都能读懂,不会有云里雾里的感觉。各章节内容循序渐进,将语法学的基础知识和整体思想做了基本介绍,让读者对该学科有一个较为全面的认识和把握。一些核心概念会在不同的地方多次出现,有助于加深读者的印象。读完这本书后,我们可以了解语法学的基本概念及其相互间的关系,各种语法范畴及其在不同语言中的表达手段,并初步掌握语法分析和描写的操作程序和检验方法,从而为今后进一步的研究打下基础。书后还有一份术语表,对书中出现的关键术语给出了精当的解释,并标明相应的内容出现在书中第几章,便于检索、查阅。可以说,这本书为我们提供了一把打开普通语法学大门的钥匙。

第二,重在语法描写,而非语法理论。市面上冠以"语法导论"或"句法导论"之名的书,主要是介绍语法理论的。与之相反,这本书通过对语言现象的描写来展现语法结构的规律和特征,而很少涉及解释语言现象何以如此的理论假设。毕竟对于初学者来说,描写要比理论来得重要,是语法研究的第一步,而且一开始就大谈理论也会消减读者的兴趣,还可能将原本想要入门的读者拒之门外。作者精心设计了一套学习模式:先让读者充分地接触具体的语言材料,再手把手地教读者如何观察和分析材料,进而发现规律并进行概括;如有必要,还会进一步补充反例或其他材料再进行分析,然后考虑是否要完善或推翻之前的概括。这一模式是完全符合科学研究程序的。当然,描写不可能跟理论完全割裂。理论给描写提供了框架,为其指明了途径。而且,基于理论的描写会产生预测,这有助于发现更多的语言事实。如果没有理论指导,想要找出错综复杂的语言现象背后的规律,探究人类如何能在交际中灵活地组词和造句,就都无从谈起了。可以说,对任何语言现象的描写,都是在一定的理论眼光下进行的,这本书也不例外。作者师从斯坦福大学的琼·布雷斯南(Joan Bresnan)教授,学术背景是词汇功能语法(lexical functional grammar),因此该书也在一定程度上基于该学派的理论框架。但是,作者对解释词和句子模式的规则做了通用化处理,使其变得简洁和实用,能够服务于不同理论背景的学者。书中讨论的基本概念大多是独立于词汇功能语法的,是任何语法理论都要处理分析的,也是描写所有语言结构所必需的。同时,作者对一些有争议的前沿问题只是点到为止,不深入展开讨论,因此即使读者不具备任何词汇功能语法的知识,也完全能理解书中的内容。

第三,例句和习题丰富。作者运用了大量的例句,尽量使那些抽象的语法概念和规则变得直观、具体,便于读者理解。这些例句来自全世界120多种语言和方言,展现了人类语言语法结构的复杂性和多样性,不仅有助于增进读者对其他语言语法的了解,更重要的是可以让读者看到一些概念和分析方法是否具有跨语言的适用性。此外,除第一章外,每章都有与章节内容适切的习题,有助于更好地培养读者的语法分析能力,在练习的过程中巩固所学知识,并及时发现自己不甚清楚或尚未掌握的部分。

我从2018年开始在中国人民大学讲授"形态句法学"课程,先后使用过三种不同的教材,相比较而言,这本书的教学效果是最好的。鉴于目前还没有国内学者编写的同类教材,我和选修过该课程的2019级和2020级硕士研究生同学(他们来自语言学及应用语言学、汉语言文字学和英语语言文学三个专业)一起将这本书翻译出来,希望能为对语法学感兴趣并且想要了解更多知识的朋友提供帮助。初译的具体分工如下(同一章的多位译者按姓氏音序排列):

前言和致谢:丁健

缩略语表:丁健

第1章:丁健

第2章:丁健

第3章:丁健

第4章:边玉洁、曹艺译、贾雪彤、彭博、史孙喆

第5章:冯晓佳、谈倩好、叶美玲、叶奕晨

第6章:阳羽彤、张傲雪、张晓烨、朱晟民

第7章:董云炜、郭若男、孔新平、谢晗

第8章:王景浩、王晓军、王学雨、王怡璇、杨琳钰

第9章:杨思思、张嘉慧、张雅莉、张艳豪

第10章:陈悦诗、付佳玮、刘树彬、米颖舒、文金鹏

第11章:阳羽彤、张傲雪、张晓烨、朱晟民

第12章:边玉洁、曹艺译、贾雪彤、彭博、史孙喆

第 13 章：王景浩、王晓军、王学雨、王怡璇、杨琳钰

第 14 章：冯晓佳、谈倩好、叶美玲、叶奕晨

第 15 章：董云炜、郭若男、孔新平、谢晗

第 16 章：杨思思、张嘉慧、张雅莉、张艳豪

第 17 章：陈悦诗、付佳玮、刘树彬、米颖舒、文金鹏

附录：丁健

术语表：丁健

语言索引：丁健

主题索引：丁健

丁健负责全书的统稿、审校，并添加"译者注"。

作者克勒格尔先生特地提供了一份勘误表，希望我们在中译本中据此加以修订。另外，我们在翻译过程中还校正了其他几处错误。所有校订之处均用脚注的形式标明原书中相应的内容，以方便读者阅读。

在当前的科研考评体制下，学术翻译被很多人视作一件吃力不讨好的傻事，但它仍然是一件有意义的事，因为翻译本身能促使我们去推敲各种术语在汉语中该如何准确地表达，进而更好地把握原著的精髓，而且好的译本也能让国内读者更高效地学习和掌握相关知识。我曾在一本二手书的扉页上看到原主人手写的一句话："每个做学术翻译的人都能感受到背后的责任感，就像学术本身的情况一样。"我们现在也深切地体会到了这一点，因此力求做到使译文尽可能地还原原著传递的信息，同时也符合汉语的表达习惯，目的是让中文读者在阅读译著时能够获得与英文读者阅读原著时相同的感受。最后，要特别感谢上海教育出版社给这部书提供的出版机会，以及责任编辑毛浩先生为此付出的辛劳。

丁　健

2023 年 11 月 17 日

于京西刺猬河畔

前 言 和 致 谢

本书提供了形态(词的结构)和句法(短语和句子的结构)的一般介绍。我说"一般",意思是它不是一本专门关于英语语法或任何其他特定语言语法的书。相反,它为分析和描写任何人类语言的语法结构提供了基础。当然,因为本书是用英语写的,所以用英语例子来说明一些要点,特别是在句法方面,同时,也讨论了许多其他语言的例子。

本书是为初学者写的,假定他们先前只知道一些谈论语言的最基本的词汇。它的目的是为学生对描写不充分的语言进行田野调查打下初步基础。出于这个原因,一些通常不在入门课程中讨论的话题也囊括在内,包括格和一致系统、性系统、代词系统的类型,以及对时、体和情态语义的简单介绍。这不是一本关于语言田野调查方法的书,但是会在不同的地方涉及方法论的问题。总体目标是帮助学生写出优质的描写语法。本书介绍了一些基本的形式符号,但同样强调对语言结构的文字描述。

在本书中,我主要关注结构问题,但我并不打算教授语法结构的具体理论。我对人类语法如何运作的基本假设是词汇功能语法 *〔lexical functional grammar,LFG;见 Bresnan(2001)和里面引用的参考文献〕,但我采用了一种相当通用的方法,希望它对来自各种理论背景的教师都有用。为了简单起见,我采用了一些不

---

* "词汇功能语法"也被译为"词汇函项语法",是形式语言学的一个流派。这里的"功能"不是语言的认知和交际功能,而是指语法功能,即主语、宾语等。与乔姆斯基学派不同,词汇功能语法认为语法功能不是由句法结构的特定位置派生而来的,而是语法系统中的基本概念,属于另一个独立的句法模块。——译者注

同于标准 LFG 方法的分析,例如第 5 章中对"代词脱落"(pro-drop)的处理。本书不同于 LFG 的主要特点是第 5 章概述的合规条件以及语法关系的清单(包括 OBL$_\theta$ 和 XCOMP)。

　　一部教材同时涉及形态和句法,这有点不同寻常。本书采取这种宽泛的方式,是遵循并建立在语言学暑期学院(Summer Institute of Linguistics,SIL)各种培训学校的语法教学传统基础上的。这一传统的早期作品包括派克和派克(Pike & Pike 1982)、埃尔森和皮特克(Elson & Pickett 1988)、托马斯等(Thomas et al. 1988)、希利(Healey 1990a)、比克福德(Bickford 1998),以及潘恩(Payne 2002,MS*)。特别是比克福德的书,其范围和组织以及正文中引用的一些具体细节,都对本书产生了重大影响。

　　如果学生有一些音系学的基础知识,形态的教学就会容易得多。因此,大部分涉及形态的章节都集中在本书的最后(第 13—17 章),这有利于同时将音系学作为新修课程的学生。在不考虑这个因素的情况下,这些章节可以提前教,尽管一些练习采用了前面章节中教过的材料。第 3—5 章是紧密结合的单元,应该按照这个顺序来教;至于其他章节,顺序可能不是那么重要。与本书的其他部分相比,第 9 章(时、体和情态)和第 17 章(语缀)相对独立,教师可以安排在任何时候教。

　　本书的内容可以在标准的一学期的课程中呈现。然而,本书旨在让学生通过做大量的材料分析练习来得到强化。许多老师发现练习是课程中最重要的部分。此外,布置一个较长的练习作为期末作业是很有帮助的,可以让学生把对一种语言语法各个方面的分析整合起来并整理成文(这种练习的一个样本作为附录列在本书的最后,用的是斯瓦希里语的材料)。对大多数初学者来说,要在一个学期内完成所有这些内容,需要额外的辅导时间或"实验课"。

---

　　* MS 义为"手稿",是 manuscript 的缩略语。——译者注

除第 1 章外,每章的最后都有一些材料练习。那些标有"实践练习"的适合课堂讨论;其他的可用于家庭作业或辅导课。作者提供了其中一些练习的标准答案。对于大多数章节来说,附加练习建议从这两本书中选取:梅里菲尔德等(Merrifield et al. 1987)和希利(Healey 1990b)。当然,类似的练习也可以从许多其他来源获得,教师可以根据需要自由地混合和搭配。正文中的讨论一般不依赖于学生做过某个特定的练习,除了第 3 章最后的练习 3A(ii),它被多次提及。

(梅里菲尔德一书的新版出版于 2003 年;它所包含的练习与 1987 年版相同,只有一些正字法的变化。一些材料集被重新编号,但 2003 年版的开头有一个表,列出了编号的变化。本书引用的编号是 1987 年版的。)

在这项工作中帮助过我的人太多了,我无法列出所有人的名字。特别感谢琼·布雷斯南(Joan Bresnan)、勒内·范·登·贝尔赫(René van den Berg)、迪克·沃森(Dick Watson)、比尔·梅里菲尔德(Bill Merrifield)、约翰·罗伯茨(John Roberts)和马林·利德斯(Marlin Leaders)所做的贡献。对于其他所有人,我也表示感谢,并为没有一一列出他们的名字表示歉意。还要感谢我在新加坡、达尔文和达拉斯的学生,他们以富有见地的问题和建议促使我澄清了许多问题,同时还要感谢长期包容我的家人给予的鼓励和支持。

我引自梅里菲尔德等(Merrifield et al. 1987)、罗伯茨(Roberts 1999)、希利(Healey 1990b)以及本德–塞缪尔和莱文森(Bendor-Samuel & Levinsohn 1986)的练习材料的版权均由 SIL 国际持有;感谢他们允许这些练习在此使用。

缩 略 语 列 表

缩略语	英语全文	汉译及其缩略形式(|)
-	affix boundary	词缀边界
=	clitic boundary	语缀边界
[　]	constituent boundaries	成分边界
*	ungrammatical	不合语法的
#	semantically ill-formed or inappropriate in context	语义上不合规范或在语境中不合适
?	marginal or questionable	边缘的或未必正确的
%	acceptable to some speakers	对某些说话人来说是可接受的
(X)	optional constituent	可选成分
*(X)	obligatory constituent	必有成分
Ø	null(silent) morpheme	空(无声)语素
1	1st person	第一人称|1
2	2nd person	第二人称|2
3	3rd person	第三人称|3
A	transitive agent; Actor	及物句施事;施动者
A(DJ)	adjective	形容词|形
ABIL	abilitative mood	能性语气|能性
ABL	ablative case	离格
ABS	absolutive	通格
ACC	accusative	宾格

缩略语	英语全文	汉译及其缩略形式(｜)
ACT	active voice	主动语态｜主动
ADV	adverb	副词｜副
ADVBL	adverbializer	状语小句标记｜状标
ADVRS	adversative	不利标记｜不利
AGR	agreement	一致
agt	agent	施事
AP	Adjective Phrase	形容词短语
APPL(IC)	applicative	施用
ASP	aspect	体
ASSOC	associative	连带标记｜连带
AUX	auxiliary	助动词｜助动
BEN	benefactive	受益格｜受益
C	consonant	辅音
CAT	syntactic category	句法范畴
CAUS	causative	致使标记｜致使
CLASS	classifier	分类词｜分类
COMIT	comitative（accompaniment）	伴随格(伴随者)｜伴随
COMP	complementizer	标句词｜标句
CONCESS	concessive	让步标记｜让步
CONJ	conjunction	连词｜连
CONT	continuous	持续体｜持续
COP	copula	系词｜系
DAT	dative	与格
DEB	debitive(must/ought)	义务情态（必须/应该）｜义务

缩略语	英语全文	汉译及其缩略形式(|)
DESID	desiderative	意愿情态|意愿
DET	determiner	限定词|限定
DIR	directional	趋向标记|趋向
DIRECT	direct knowledge(eye-witness)	直接知识(目击)|直知
DU(AL)	dual	双数|双
DUB	dubitative	怀疑情态|怀疑
DV	dative voice(Tagalog)	与格语态(他加禄语)|与态
ERG	ergative	作格
EVID	evidential	示证标记|示证
EX(CL)	exclusive	排除式|排除
EXIST	existential	存在标记|存在
F(EM)	feminine	阴性|阴
FOC	focus	焦点
FUT	future tense	将来时|将来
GEN	genitive	领属格|属格
GR	Grammatical Relation	语法关系
HIST.PAST	historic past	历史过去时|历过
HORT	hortative	劝告语气|劝告
IMPER	imperative	祈使语气|祈使
IMPERF	imperfective	未完整体|未完整
IN(CL)	inclusive	包括式|包括
INAN	inanimate	非生命|非生
INDIRECT	indirect knowledge(hearsay)	间接知识(传闻)|间知
INF	infinitive	不定式|不定

缩略语	英语全文	汉译及其缩略形式(丨)
INSTR	instrumental	工具格丨工具
INTERROG	interrogative	疑问语气丨疑问
IO	indirect object	间接宾语丨间宾
IRR	irrealis	非现实丨非现
IV	instrumental voice (Tagalog)	工具语态(他加禄语)丨工态
LNK	linker	连接标记丨连接
LOC	locative	处所格丨处所
M(ASC)	masculine	阳性丨阳
N	Noun	名词丨名
N′/N̄	N-bar(see Glossary)	N-杠(见术语表)
NEG	negative	否定标记丨否定
N(EUT)	neuter	中性丨中
NMLZ	nominalizer	名词化标记丨名化
NOM	nominative	主格
NONPAST	nonpast tense	非过去时丨非过
NP	Noun Phrase	名词短语
OBJ	primary object	主要宾语丨宾
O(BJ).AGR	object agreement	宾语一致丨宾.一致
OBJ$_2$	secondary object	次要宾语丨宾$_2$
OBL	oblique argument	旁语论元丨旁
OPT	optative	祈愿语气丨祈愿
OV	objective voice (Tagalog)	宾语语态(他加禄语)丨宾态
P	(1) preposition; (2) transitive patient	(1) 介词; (2) 及物句受事
PASS	passive	被动丨被

缩略语	英语全文	汉译及其缩略形式(∣)
PAST	past tense	过去时∣过去
PAT	patient	受事
PERF	perfect	完成时/体∣完成
PERM	permissive	许可情态∣许可
PERS	personal name	人名标记∣人标
PFV	perfective	完整体∣完整
pl/PL/p	plural	复数∣复
POSS	possessor	领属者∣领者
PP	Prepositional Phrase	介词短语
PRE	prefix	前缀
PRED	predicate	谓词∣谓
PRES	present tense	现在时∣现在
pro/PRO	pronoun(possibly null)	代词(可能是空语素)∣代
PROG	progressive	进行体∣进行
PRT	particle	小品词∣小词
PS	Phrase Structure	短语结构
Q(UES)	question	疑问标记∣问标
QUOT	quote marker	引语标记∣引标
REC(IP)	recipient	接受者∣接者
REC.PAST	recent past tense	近过去时∣近过
RECIP	reciprocal	相互标记∣相互
REDUP	reduplication	重叠
REL	relativizer	关系小句标记∣关标
REPORT	reportative	报道标记∣报道
S	(1) sentence or clause; (2) intransitive subject	(1) 句子或小句; (2) 不及物句主语

缩略语	英语全文	汉译及其缩略形式(丨)
S′/S⁻	S-bar(see Glossary)	S-杠(见术语表)
SBJNCT	subjunctive	虚拟语气丨虚拟
sg/SG/s	singular	单数丨单
STAT	stative	静态
S(UBJ)	subject	主语丨主
S(UBJ).AGR	subject agreement	主语一致丨主.一致
SUBORD	subordinate	从属小句标记丨从标
SUFF	suffix	后缀
TAM	Tense-Aspect-Modality	时-体-情态
th	theme	客事
TNS	tense	时
TODAY	today past	今日过去时丨今过
V	(1) verb；(2) vowel	(1)动词；(2)元音
VP	Verb Phrase	动词短语
WFR	Word Formation Rule	构词规则
WH	Wh-question marker	Wh 疑问句标记丨WH
X*	a sequence of zero or more Xs(X is any unit)	由零个或多个 X 构成的序列(X 是任意单位)
XCOMP	predicate complement	述谓补足语丨谓补
XP	phrase of any category	任何范畴的短语
YNQ	Yes-No question	是非问句

第 1 章

语法形式

1.1 形式、意义和用途

人们为什么要说话？语言是用来干什么的？对于这个问题，一个常见的回答是，语言是一种复杂的交际形式，人们交谈是为了分享或求取信息。这当然是语言一个很重要的用途，但显然不是唯一的用途。

例如，*hello* 这个词是什么意思？它传达了什么信息？这是一个很难定义的词，但是每个说英语的人都知道如何使用它：问候熟人，接电话，等等。我们可以说 *hello* 传达的信息是说话人希望确认听话人的存在，或希望开启与听话人的交谈。但是，接电话或与你最好的朋友打招呼时说"我希望确认你的存在"或"我希望开启与你的交谈"，会显得非常奇怪。*hello* 这个词的重要性并不在于它的信息内容（如果有的话），而在于它在社交互动中的用途。

在潮州话（汉语的一种方言）中，没有 *hello* 这个词。一个朋友和另一个朋友打招呼的方式通常是问："你吃过了没有？"预期的回答是："我吃过了。"即便事实并非如此。

现在没有人会说 *hello* 的意思是"你吃过了吗？"，但是，在某些语境中，这个英语词和这个潮州话的问句可能用于相同的目的或功能，比如打招呼。这个例子说明了为什么区分话语的意义（或语义＊内容）和功能（或语用内容）是有帮助的。

当然，在许多语境中，意义和功能之间有着密切的关系。例

＊　原文中用小型大写字母书写的术语，译文中均用加着重号的形式呈现。——译者注

如,如果医生想要给患者开某种不能空腹服用的药物,他可能会问患者:"你吃过了吗?"在这种情境下,无论医生说英语还是潮州话,这个问句的意义和功能二者本质上是相同的。然而,其形式却是完全不同的。比较(1a)的潮州话形式和(1b)的英语翻译:

（1) a. Lɨ   chya?   pa   boy?
        you   eat   full   not.yet
        你   吃   饱   无

  b. *Have you already eaten?*
        你吃过了吗?

2　　　显然,不仅这些词本身是不同的,语法上也有差异。两个句子都具有疑问句的形式。在潮州话中,这是由在句末出现的否定成分("无")来表示的;而在英语中,这是由助动词 *have* 在句首的特殊位置来表示的。

　　　本书主要关注语言形式的描写,尤其是语法结构的描写(我们所说的"语法结构"是什么意思,将在下文中讨论)。但是在对这些结构特征的研究中,我们通常需要讨论某个具体形式的意义和/或它是如何使用的。潮州话的例子说明了某个具体形式如何根据语境用于不同的功能。这意味着话语形式本身(不考虑语境)并不能决定其功能。同样正确的是,功能本身也不能完全决定形式。换言之,在忽略意义和功能的情况下,我们不能完全解释话语的形式;与此同时,我们也不能只看其意义和功能来解释话语的形式。

1.2　语言形式的各个方面

　　　在描写一种语言的语法时,我们本质上是试图解释为什么说话人认为某些形式是"正确的"而排斥其他"不正确的"形式。请注意我们说的是形式本身的可接受性,而不是它表达的意义或功能。即便一个句子在语法上不正确,我们通常也能很好地理解它,如(2)所示。

（2）a. Me Tarzan，you Jane.

我是泰山,你是简。

b. Those guys was trying to kill me.

那些家伙试图杀了我。

c. When he came here?

他什么时候来这里的?

　　相反,即使一个句子的意义是晦涩或荒谬的,它的形式仍可能被认为是正确的。一个极端的例子见于路易斯·加乐尔(Lewis Carroll)的著名诗歌《炸脖魆》(Jabberwocky＊),出自《走到镜子里》(*Through the Looking Glass*)这本书。这首诗的开头如下:

Jabberwocky

'Twas brillig，and the slithy toves

Did gyre and gimble in the wabe；

All mimsy were the borogoves，

And the mome raths outgrabe.

"Beware the Jabberwock，my son!

The jaws that bite，the claws that catch!

Beware the Jubjub bird，and shun

The frumious Bandersnatch!"

　　＊ *Jabberwocky* 是英语中一首著名的胡言诗,出自英国作家兼数学家路易斯·加乐尔 1871 年出版的小说《走到镜子里》(亦译《爱丽丝镜中奇遇记》),讲述了一个年轻人战胜了一只恐怖怪物的故事。这首诗在语法上完全符合英语的规范,但大量使用了作者自造的稀奇古怪的新词,读者无法知道这些词的具体意义是什么。在当代英语中,Jabberwocky 一词成了"胡言乱语"或"无意义的话"的代名词。——译者注

炸 脖 髦

有(一)天点里,那些活济济的㺄子
　在卫边儿尽着那么𨁈那么兗;
好难四儿啊,那些鹁鹋鸽子,
　还有家的猪子怄得格儿。

"小心那炸脖髦,我的孩子!
　那咬人的牙,那抓人的爪子!
小心那诛布诛布鸟,还躲开
　那符命的般得佤子!"*

3 (另外五节以相似的风格接续。)读了这首诗后,英语母语者很可能会有和爱丽丝(Alice)一样的感受(pp.134—136):

她看完了说,"这诗好像是很美,可是倒是挺难懂的!"(你想她哪怕就是对自己也不肯就认了说她一点儿也不懂。)"不知道怎么,它好像给我说了许多事情似的——可是我又说不出到底是些什么事情!"†

在诗的第二节,我们至少能猜出 Jabberwock 是某种野兽,Jubjub 是一种鸟,而 Bandersnatch 是某种危险的东西,并且很可能是有生命的。但是诗的第一节几乎毫无意义,其中的功能词(如连词、冠词、介词‡ 等)都是真实的英语词,但几乎所有的实义词

---

* [英]路易斯·加乐尔著《走到镜子里》,赵元任译,北京:商务印书馆,2002 年,第 11 页。——译者注

† [英]路易斯·加乐尔著《走到镜子里》,赵元任译,北京:商务印书馆,2002 年,第 12 页。——译者注

‡ preposition 通常译为"介词",但实际上这个译名并不能准确反映其概念内涵——前置词,即位于名词短语之前并与之构成一个成分的词。英语中的介词都是前置词,但日语等语言中有后置于名词短语的介词,即后置词(post-position)。考虑到汉语术语的使用习惯,我们在本书中仍用"介词"来翻译 preposition,同时将 post-position 译为"后置词"。——译者注

(名词、动词等)都没有意义。

正如 1.1 节所述,语言通常用来将某种意义由说话人传递给听话人。在这些诗节中,被传递的意义微乎其微,但任何说英语的人仍会认为这首诗是用英语写的。这怎么可能呢?因为这首诗的形式是完全正确的,而且事实上(正如爱丽丝所指出的)很美。因此在某种意义上这首诗是成功的,即便它没有传递意义。

让我们看看这首诗的一些形式特征,这些特征使它被认为是用英语写的,尽管无法理解。当然,首先整首诗"听起来"像英语。所有无意义的词都用英语音位的声音来发音。这些声音以英语的拼写习惯呈现在书写形式中。这些音位按照规定的顺序排列,因此每个无意义的词都具有英语中可能出现的词的音系形式。例如,*brillig* 和 *gimble* 可能是英语词,从某种意义上说,它们实际上没有任何意义只是一个偶然事件。相反,*bgillir* 和 *gmible* 不可能是英语词,因为它们违反了英语的语音组合规则。

此外,加乐尔还巧妙地让许多无意义的词看起来像可能出现在相同位置的真实的词:*brillig* 使我们想起了 *brilliant*(灿烂的)和 *bright*(明亮的);*slithy* 使我们想起了 *slippery*(湿滑的)、*slimy*(黏糊糊的)、*slithering*(滑行)等。

其次,可以辨认出这些句子模式都是英语的,确切地说是一种诗体的且略带旧式风格的英语。我们注意到大多数功能词(*the*、*and*、*in*、*were* 等)都是真实的英语词,它们出现在句中的适当位置。类似地,*son*(儿子)、*shun*(避开)、*jaws*(颌)、*claws*(爪子)等真实的实义词,也用在适当的位置上。我们大体上可以通过每个无意义的词所处的位置来识别它们的词类(或范畴)。例如,*slithy*、*frumious* 肯定是形容词,*mome*(可能)是形容词,*gyre* 和 *gimble* 是动词,*outgrabe*(可能)是动词(第 3 章 3.4 节将讨论使我们得出这些结论的一些具体线索)。

除语序外,还有其他关于词类的线索。例如,我们可以看到

toves、*borogoves* 和 *raths* 都是名词,不仅因为它们都跟在定冠词 *the* 后面(也可能是形容词),还因为它们最后都包含一个-*s*,这在英语中用来表示复数(多于一)。这个标记只能附在名词上。类似地,*frumious* 最后的-*ous* 通常只见于形容词,这也加强了我们之前的结论,即 *frumious* 肯定是形容词。在下面的对句(出自后一个诗节)中:

"And hast thou slain the Jabberwock?
 Come to my arms, my beamish boy!"

"你果然斩了那炸脖鼟了吗?
 好孩子快来罢,你真 b-ǎ 灭!"*

beamish 这个词包含了一个词尾-*ish*,它在很多形容词中都能找到,这证实了我们根据位置所能推测出的内容。

最后,这首诗的整体形式与一些重要的传统风格相符合。这首诗被分为若干节,每节都正好包含四行。第一节,似乎设置了一种背景,在诗的结尾又一字不差地重复了一遍,为整个故事创建了一个框架。每行的最后一个词,无论其是否有意义,都符合许多英语诗歌典型的 A—B—A—B 韵律模式。每行都正好有四个重读音节,重读音节和非重读音节以一种固定的韵律模式交替出现。这些特征有助于将这段延伸的话语识别为某种类型的连贯文本或语篇。

因此,加乐尔至少运用了四种形式特征来使他的诗有效:语音模式、词形、句子模式和语篇结构。在本书中,我们将特别关注句子模式(句法)和词形(形态),但只间接涉及语音模式(音系)。由于篇幅有限,我们将无法在此讨论语篇结构。

---

　*〔英〕路易斯·加乐尔著《走到镜子里》,赵元任译,北京:商务印书馆,2002 年,第12 页。——译者注

1.3　语法是一个规则系统

　　评估一个人学习一门新语言的进展,一种方法是测量其词汇量:他知道多少词? 但是问"这个人知道多少句子"就没有意义了。词项(词、习语等)通常一次学一个,但我们不会以这种方式"学"句子。说话人根据需要创造句子,而不是记忆数量庞大的句子。他们能这样做,是因为他们"知道"语言的规则。通过使用这些规则,即使一个人只知道数量有限的词,也可能造出大量的句子。

　　现在,当我们说一个说英语〔或泰米尔语(Tamil),或汉语〕的人"知道"该语言的造句规则时,我们并不是说这个人意识到了这种知识。我们需要区分两种不同的规则。有些关于语言使用的规则必须有意识地加以学习,这类规则我们通常在学校里学习。这类规则被称为规定性规则:它们定义了语言的标准形式,某个官方机构必须为了其他说话人的利益而明确说明这类规则。

　　我们在这里感兴趣的规则是那些母语者通常没有意识到的——这种关于语言的知识是儿童自然地、无意识地从他们的父母和其他言语社团成员那儿学到的,无论他们是否上过学。所有的语言,无论标准化与否,都有这种规则,这些规则构成了语言的语法。我们研究语法的方法是描写性的而非规定性的:我们的主要目标将是观察、描写和分析一种语言的说话人实际说了什么,而不是试图告诉他们什么应该说或什么不应该说。

　　我们已经看到了英语中词内部语音序列的规则。同样,句子内部词的排列、词内部"有意义的成分"的排列等,都是有规则的。"语法"这一术语通常用来指在给定语言中产生所有规律性模式所需的一整套规则。另一种可能更为古老的用法是,"语法"这一术语有时候大致用来表示"除语音结构(音系)外语言的所有结构属性",即词、短语、句子、篇章等的结构。本书关注这两种意义的语法。其目的是通过制订一套解释词和句子模式的规则(第一种意

5

义)来帮助你们做好分析和描写一种语言中这些模式(第二种意义)的准备。

1.4　结语

尽管语言的形式和意义之间有密切的关系,但它们之间也存在一定的独立性。二者都不能根据另一方来定义:说话人既能造出合语法但无意义的句子,也能造出不合语法但有意义的句子。

在对英语和潮州话的比较中,我们看到两种语言都使用特殊的句子形式来表达是非问。事实上,大多数(如果不是全部的话)语言都有用来问这类问题的特殊句子模式。这表明话语的语言形式通常与其意义和功能密切相关。同时,我们注意到英语中是非问的语法特征与潮州话中的并不相同。不同的语言可能使用迥然不同的语法手段来表达相同的基本概念。因此,理解了话语的意义和功能,并不能让我们获知关于其形式的一切,而这些是我们需要了解的。

语言形式的许多方面都是给定语言的说话人所共有的任意约定。例如,在英语(和大多数其他欧洲语言)中句子的主语通常出现在动词之前,但是在大多数菲律宾语言中,主语通常出现在动词之后。这种差异可能被说成是任意的,因为它不反映意义或功能的差别。但是这并不意味着这种差异是随意的。任何给定语言中的语序事实往往显示出有趣的关联模式,而在不同语言中观察到的模式往往以有限且系统的方式呈现差异。

作为语言学家,我们的主要目标之一是发现存在于单个语言语法系统中的规律性模式,以及许多语言中共同的复现模式。本书介绍了一些基本的概念和技术,可以在这些工作中给你们提供帮助。我们对语法结构的研究会经常涉及意义(语义内容)的讨论,也会在更小的范围内涉及功能的讨论。然而,在本书有限的篇幅内,不可能以任何系统的方式来处理语义或语用问题。希望本书的读者能继续研读对这些问题有更详细讨论的其他书籍。

第 2 章

词结构的分析

人类语言的一个重要设计特征是,较大的单位由较小的单位组成,而且这些较小单位的排列是意义重大的。举例来说,一个句子不只是一长串的语音,它由词和短语组成,它们必须以某种方式排列,来达成说话人的目的。类似地,(在许多语言中)词也由更小的单位组成,每个单位有其自身的意义,而且必须以特定的方式排列。

为了分析词或句子的结构,我们需要识别其赖以组成的更小的部件以及决定这些部件如何排列的模式。本章介绍词结构(形态)的一些基本方面,以及对其进行分析的一些技术。形态结构更复杂的方面将在第 13—17 章讨论。

2.1 节讨论识别词的组成部件的问题。我们在第 1 章讨论过的形式和意义的关联在这一过程中起着关键作用。我们所需的一些基本技术也适用于句子分析,我们将先在句子分析中介绍它们。2.2 节讨论可以组合成词的部件的种类,2.3—2.4 节提供了一种展现这些部件排列的方法,2.5 节简要概述世界语言中已发现的不同类型的词结构。

2.1　识别有意义的成分

2.1.1　识别词的意义

仔细观察下面来自苏丹(Sudan)罗图科语(Lotuko language)的句子:

（1）a. idulak atulo ema

　　'The man is planting grain.'

　　这个男人在种植谷物。

　　尽管我们知道整个句子的意义,但我们不能确定任何一个单词的意义是什么。单独的一句话几乎什么也没告诉我们,我们需要将它与其他句子进行比较:

（2）a. idulak atulo ema

　　'The man is planting grain.'

　　这个男人在种植谷物。

　　b. idulak atulo aful

　　'The man is planting peanuts.'

　　这个男人在种植花生。

8　　这两个罗图科语句子构成了一个最小对比对,因为它们除了一个成分(在上例中是最后一个词,*ema* 和 *aful*)其他都一样。句子的开头(*idulak atulo …*)提供了一个语境,*ema* 和 *aful* 两个词在其中互相对立。两个语言成分构成对立的条件是(i)它们能出现在相同的环境中,而且(ii)用其中一个替换另一个会造成意义上的差异。[1]

　　(2)中的例子让我们形成一个假设,*ema* 这个词的意义是"谷物",*aful* 这个词的意义是"花生"。这个假设很有可能会被证明是正确的,因为它基于一种通常十分可靠的证据(最小对比对,或相同环境中的对立)。然而,任何只基于两个例子的假设都仅仅是初步猜测——它必须用更多的材料来检验。(3)中的句子提供了什么信息?

（3）c. ohonya eito erizo

'The child is eating meat.'

这个孩子在吃肉。

    d. amata eito aari

'The child is drinking water.'

这个孩子在喝水。

这两个句子都包含 *eito* 这个词,它们的英语翻译也都包含 *the child*(这个孩子)这个短语。这一观察结果表明这样一个假设,*eito* 这个词的意思是"这个孩子"。在这种情况下,我们的假设基于这样一种设定:罗图科语中复现的词(*eito*)与复现的意义成分("这个孩子")之间存在规律性的关联。这种将与复现意义成分相关联的复现形式成分识别出来的过程,有时被称为恒义复现部分法(the method of RECURRING PARTIALS WITH CONSTANT MEANING)(Elson & Pickett 1988:3)。

到目前为止,我们得到的关于罗图科语词的两个假设都基于这样一种设定:句子的意义是单个词的意义以某种规律性的方式组成的。也就是说,我们一直假定句子的意义是组合性的。当然,每种语言都有许多表达形式并非如此。习语就是一个常见的例子。英语短语 *kick the bucket* 能表达"死"的意义,尽管其中没有一个单词有这个意义。不过,意义的组合性是所有人类语言结构的一个重要方面。

根据我们目前已经考察过的四个罗图科语句子〔重写在(4)中〕,我们能确定其他词的意义吗?

(4) a. idulak atulo ema

      'The man is planting grain.'

      这个男人在种植谷物。

   b. idulak atulo aful

      'The man is planting peanuts.'

这个男人在种植花生。

c. ohonya eito erizo

'The child is eating meat.'

这个孩子在吃肉。

d. amata eito aari

'The child is drinking water.'

这个孩子在喝水。

如果我们假定每个句子的语序是相同的,我们至少可以做一些猜测。(2)中的最小对比对让我们识别出这些词表达直接宾语,并且出现在句末。(3)中重复的词表达主语,它出现在句中。假定四个句子都有相同的语序,那么动词肯定最先出现,各成分的顺序必定是动词—主语—宾语(VSO)。基于这一假设,试着识别出(4)中不认识的词。

这种推理依赖于语言结构的另一个重要特征,即语言单位的排列通常遵循某种系统模式。我们得出了关于简单句结构的一个假设,并用这个假设对词义做了一些猜测。但是要注意——基于这种推理的假设需要仔细地检查。许多语言并不要求句中语序始终一致,并且大多数语言都允许语序的一些变异。所以我们需要寻找其他材料来检验我们的假设。(5)中的句子提供了什么证据来证明你在(4)中所做的猜测的正确性?

(5) e. ohonya odwoti aful

'The girl is eating peanuts.'

这个女孩在吃花生。

现在用上文讨论过的方法找出(6)中每个不认识的词的意义,证实或反驳上述具体假设,并给句子 h 和 i 填空。

(6) **罗图科语**（苏丹；改编自 Merrifield 等 1987，prob. 131）

    a. idulak atulo ema

       'The man is planting grain.'

       这个男人在种植谷物。

    b. idulak atulo aful

       'The man is planting peanuts.'

       这个男人在种植花生。

    c. ohonya eito erizo

       'The child is eating meat.'

       这个孩子在吃肉。

    d. amata eito aari

       'The child is drinking water.'

       这个孩子在喝水。

    e. ohonya odwoti aful

       'The girl is eating peanuts.'

       这个女孩在吃花生。

    f. abak atulo ezok

       'The man hit the dog.'

       这个男人打了这条狗。

    g. amata odwoti aari

       'The girl is drinking water.'

       这个女孩在喝水。

    h. _____

       'The girl hit the child.'

       这个女孩打了这个孩子。

    i. ohonya ezok erizo

让我们回顾一下到目前为止所学的内容。我们已经确定了三

类证据,可以用来构建关于词义的假设:最小对比、复现部分和模式匹配。这些方法不能单独地应用于单个例子,而是要对两个或更多的例子进行比较。如果例子彼此之间有相当多的部分是相似的,那么这些方法的效果最好。在上述材料集中,所有句子都以相同的顺序包含相同的三个成分(动词、主语、宾语),并且同样的词被反复使用。所以选择正确的材料并以正确的方式组织它们,是分析一种语言语法模式的关键步骤。

复现部分和最小对比的方法只是让我们识别新词。对材料中结构模式(如 **VSO** 语序)的认定不仅帮我们识别新的形式,还让我们创造性地使用语言,即造出或理解我们之前从未听过的句子(如[6h,i])。在这些例子中,我们关于句子构造规则的假设使我们能够做出预测,这些预测可以通过咨询罗图科语母语者来检验。重要的是,我们对语法的分析应该以这样一种方式来表述,即能让我们做出清晰且可验证的预测。否则就无法确定我们关于语言的说法是否正确。

2.1.2　识别词内有意义的成分

上一节讨论的各种推理也可以用来识别词类。例如,仔细观察以下来自墨西哥的地峡萨波特克语(Isthmus Zapotec language)*的材料(Merrifield et al. 1987, prob. 9):

(7) kañee　　　　　　　　kaʒigi

　　'feet'　　　　　　　　'chins'

　　脚(复数)　　　　　　下巴(复数)

　　ñeebe　　　　　　　　ʒigibe

---

　　* 这里的"地峡"是指墨西哥东南部的特万特佩克(Tehuantepec)地峡,它介于墨西哥湾的坎佩切湾(Campeche)和太平洋的特万特佩克湾之间。——译者注

'his foot'　　　　　　　　　'his chin'

他的脚　　　　　　　　　　　他的下巴

kañeebe

'his feet'

他的脚（复数）

ñeelu?　　　　　　　　　　　ʒigilu?

'your foot'　　　　　　　　　'your chin'

你的脚　　　　　　　　　　　你的下巴

kañeetu　　　　　　　　　　kaʒigitu

'your（pl）feet'　　　　　　　'your（pl）chins'

你们的脚（复数）　　　　　　你们的下巴（复数）

kañeedu　　　　　　　　　　kaʒigidu

'our feet'　　　　　　　　　　'our chins'

我们的脚（复数）　　　　　　我们的下巴（复数）

　　所有包含语符串/ñee/的词都有包含"脚"这一概念的标注（翻译），所有包含语符串/ʒigi/的词都有包含"下巴"这个词的标注。所以复现部分的方法使我们识别出 ñee 这个形式的意义是"脚"，ʒigi 这个形式的意义是"下巴"。更多的材料显示，ñee 和 ʒigi 这些形式能够作为独立的词单独出现。

　　我们也注意到，每当词以 ka- 这个序列开头时，相应的英语翻译都使用该名词的复数形式，所以（再次用复现部分的方法）我们可以推测 ka- 是一个复数标记。这一假设可以在（8）的最小对比对中得到证实。为什么例（7）中没有包含表示"他的下巴（复数）"这个意思的形式？如果你需要把它说出来，你会怎么说？

（8）ñee　　　　　　　ñeebe　　　　　　　ʒigi

　　　'foot'　　　　　　'his foot'　　　　　　'chin'

　　　脚　　　　　　　他的脚　　　　　　　下巴

kañee	kañeebe	kaʒigi
'feet'	'his feet'	'chins'
脚（复数）	他的脚（复数）	下巴（复数）

我们也能用最小对比来识别与英语标注中领属代词相对应的成分。-*be*（他的）、-*tu*（你们的）和-*du*（我们的）等形式出现在相同的环境中,如(9)所示,给出了一个最小对比组。

（9）kañeebe　　'his feet'　　　　他的脚（复数）

　　　kañeetu　　'your（pl）feet'　你们的脚（复数）

　　　kañeedu　　'our feet'　　　　我们的脚（复数）

还有第四个词尾,-*luʔ*,意义似乎是"你的"。这个词尾没有在(9)中显示出来,是因为我们还没有它在确切的语境中出现的例子。也就是说,该材料集(或语料库)不包括 *kañeeluʔ*〔你的脚（复数）〕这个形式,尽管根据其他形式中的成分模式,我们可以预测这一形式会出现。就我们所知的而言,材料中的这种"缺口"纯属偶然,是这些例子收集或排列的方式所致,而非该语言的系统性事实。像 *kaʒikeluʔ*〔你的肩膀（复数）〕〔比较*ʒike*（肩膀）,*ʒikebe*（他的肩膀）〕这类形式的存在就表明-*luʔ* 可以与 *ka*-共现。

尽管我们没有在(9)这个表格中举-*luʔ* 的例子,语料库中仍包含了其他的最小对比来证实其意义:

（10）ñee　　　　　　　　ʒigi

　　　'foot'　　　　　　 'chin'

　　　脚　　　　　　　　下巴

　　　ñeeluʔ　　　　　　ʒigiluʔ

　　　'your foot'　　　 'your chin'

　　　你的脚　　　　　　你的下巴

2.1.3　小结

我们已经讨论了三种类型的推理,它们可以用来识别话语中有意义的成分(无论是词的部件还是句子中的词):最小对比、复现部分和模式匹配。实际上,在处理一组新材料时,我们经常同时使用这三种方法,而不是停下来思考我们应该对哪个成分用哪种方法。然而有时候,能够明确地说明我们用来得出某些结论的推理模式是很重要的。例如,假定我们之前对语言的假设与进一步的材料相矛盾。我们需要回过头来确定这个假设是基于什么证据的,这样我们就能根据额外的信息重新评估这个证据。这将帮助我们决定是否可以修改这个假设来解释所有的事实,或者是否需要完全放弃这个假设。语法分析包含一个无穷无尽的"猜测和检验"的过程——形成假设,用进一步的材料来检验它们,修正或放弃那些不起作用的假设。

运用复现部分和最小对比的方法,我们已经在地峡萨波特克语的例子中识别出了以下有意义的成分:

（11）ñee　'foot'　　　　ka-　（plural marker）
　　　　脚　　　　　　　　　　（复数标记）

　　　ʒigi　'chin'　　　　-be　'his'
　　　　下巴　　　　　　　　　　他的

　　　ʒike　'shoulder'　　-luʔ　'your（sg）'
　　　　肩膀　　　　　　　　　　你的

　　　　　　　　　　　　　　-tu　'your（pl）'
　　　　　　　　　　　　　　你们的

　　　　　　　　　　　　　　-du　'our'
　　　　　　　　　　　　　　我们的

在预测存在 *kañeelu?*〔表示"你的脚(复数)"的意思〕这个词的时候,我们也用到了一个关于这些成分如何互相组合起来的假设,但我们没有明确地说明这个假设。也就是说,我们还没有试图确定萨波特克语的词中各成分的顺序。在 2.3—2.4 节中,我们将介绍展现这类信息的方法。

2.2　语 素

2.2.1　语素的定义

我们已经看到,萨波特克语中一个词可以由几个有意义的成分或语素组成。当然,在英语(13)和许多其他语言中也是如此。

(12)	kañeebe	ka-ñee-be	'his feet'
			他的脚(复数)
	kaʒigitu	ka-ʒigi-tu	'your (pl) chins'
			你们的下巴(复数)
	kaʒikelu?	ka-ʒike-lu?	'your shoulders'
			你的肩膀(复数)
(13)	chairman	chair-man	主席
	distrust	dis-trust	不信任
	unbelievable	un-believ(e)-able	难以置信的
	unsparingly	un-spar(e)-ing-ly	慷慨地
	palatalization	palat(e)-al-iz(e)-ation	腭音化

当我们说某种形式(比如萨波特克语的 *ka-*)是"语素"时,我们指的是什么?霍凯特(Charles Hockett 1958)给出了这个术语的定义,它经常被引用:

语素是一种语言的话语里最小的独自有意义的成分。

这个定义有两个关键的方面。第一，语素是"有意义的"。语素的音系形式与意义的某些方面通常有固定的联系，如(7)中看到的，*ñee* 这个形式始终与"脚"这个概念相联系。然而，这种形义关联可以有一定的灵活性。我们将看到，在特定环境中，语素的音系形式可能在一定程度上以不同的方式发生改变，并且有些语素的意义可能部分地取决于语境。

第二，语素是"最小的"有意义的成分。这里"最小"不是指物理上持续的时间（发音的时间）或音系重量。一个语素可能由一个音位〔像 *a-moral*（不辨是非的）、*a-temporal*（不受时间影响的）、*a-theism*（无神论）中的/a/〕或一长串音位〔如 *elephant*（大象）、*spatula*（抹刀）、*Mississippi*（密西西比）等〕构成。真正的要点在于一个语素不能包含任何更小的本身有意义的成分（或次语符串）。例如，*unhappy*（不快乐的）这个词不是一个语素，因为它包含了两个次语符串，每个都是"独自有意义的"：*un-* 的意思是"不"，而 *happy* 的意思是"快乐的"。因此，与其说语素是最小的有意义的成分，我们倒不如说语素是最低限度的有意义的成分，在这个意义上它不能再细分为更小的有意义的成分。

在现代英语中，*catalogue*（目录）、*catastrophe*（灾难）和 *caterpillar*（毛虫）等词都是单一语素的。尽管它们都包含 *cat-*（/kæt-/）这个序列，但它们不包含英语的语素 *cat*，因为它们的意义和猫没有任何关系。同理，*caterpillar* 这个词不包含 *pillar*（柱子）这个语素。除非复现的音系材料与意义的某个共同成分相关联，否则形式的复现不能自动地表明共同语素的存在。

关于上述定义，还有最后一点需要说明。霍凯特将语素定义为语言中最小的"独自有意义的成分"。这个短语有助于我们理解语素和音位之间的区别。当一个音（即音位）代替另一个音会改变词义时，这两个音之间的差别就被认为是有意义的，如 *bill*（账单）

13

和 *pill*（药丸）, *lake*（湖）和 *rake*（耙子）, *mad*（疯的）和 *mat*（垫子）, 或对比组 *beat*（击打）、*bit*（一点儿）、*bait*（诱饵）、*bet*（下赌注）、*bat*（球棒）。但是, 尽管这些例子表明/b/和/p/等之间的对比是有意义的, 音位/b/本身却没有内在的意义。它不是"独自有意义的"。因此, 音位比语素"小", 就一个语素通常由许多音位组成而言, 语素在某种程度上是"有意义的", 而单个音位则没有。在接下来的章节中, 我们将（以非常初步的方式）提到一个语素可能具有不同类型的意义。

2.2.2　不同类型的语素

在 2.1.2 节萨波特克语的材料中, 我们发现一些语素〔包括 *ñee*（脚）、*ʒike*（肩膀）、*ʒigi*（下巴）〕本身能作为独立的词出现。另一些〔包括 *ka-*（复数）、*-be*（他的）、*-tu*（你们的）和 *-du*（我们的）〕只能作为更大的词的部件出现, 并且从不单独作为一个完整的词出现。第一类语素（那些能作为完整的词出现的）被称为自由语素, 第二类语素（那些不能作为完整的词出现的）被称为黏着语素。

在(13)的例子中, *trust*、*believe*、*spare* 和 *palate* 都是自由语素的例子, 因为它们可以单独作为完整的英语词出现。*dis-*、*un-*、*-able*、*-ing*、*-ly* 等语素都是黏着的, 因为它们只能作为更大的词的部件出现。*chairman* 这个词是个有趣的例子, 因为它包含两个自由语素。

14　　仔细观察 *trusted*〔信任（过去时形式）〕、*trusting*（轻信的）、*trusty*（可信任的）、*distrust*（不信任）、*mistrust*（不信任）和 *trust-worthy*（值得信任的）这些词。直觉上很明显, 所有这些词都以某种方式互相"关联", 而且这种关联建立在它们都包含语素 *trust* 的基础上。在某种意义上, *trust* 是每个词的"核心"或"内核", 它提供了所有词共同的基本意义要素。这些词中的其他语素在某种意义上是"附加于"这个核心的。

我们将构成一个词的核心的语素称为词根，其他附加于词根并以固定的方式修饰其意义的语素称为词缀。所以，上述相关的词都包含相同的词根（*trust*），但有不同的词缀（*-ed*、*-ing* 等）。区分词根和词缀并不总是容易的，但有三个标准（或"经验法则"）可以提供帮助：

a. 词缀总是黏着的，但词根通常是自由的。如果一个具体的语素单独作为一个词出现，它肯定是词根。

b. 词根通常有词汇意义，即你会在词典里查到的那种意义或词的"基本"意义（如："信任""男人""下巴"）。而词缀通常只有语法意义，诸如"复数""第三人称""过去时"等。

c. 词缀总是封闭类的一部分，意思是在词内的同一位置只能找到数量有限（通常是小量）的其他语素。而词根通常属于开放类，意思是有大量相同类型的其他语素。此外，新词根可以很自由地被借用或创造，但新词缀很少进入语言。

出现在词根前面的词缀被称为前缀，出现在词根后面的词缀被称为后缀。我们写词缀时用连字符来表示它和词根的相对位置。在萨波特克语的材料中，我们看到了一个前缀〔*ka-*（复数）〕和四个后缀：*-be*（他的）、*-luʔ*（你的）、*-tu*（你们的）和*-du*（我们的）。

回到 *chairman* 这个词，我们可以看到它包含两个词根。这类词被称为复合词。

2.3　词结构的展现

在讨论 2.1.2 节给出的地峡萨波特克语材料时，我们预测可能会有一个形式是 *kañeeluʔ*、意义是"你的脚（复数）"的词，即便它不能在材料中找到。当然，这种假设在得到母语者证实之前，必须非常谨慎地提出——语素的音系形式可能会在某些环境中发生变

15

化,有时会以不可预知的方式发生变化,也可能会有其他意想不到的变化。但是,我们能够做出这一预测的事实表明,我们已经认识到了一种支配萨波特克语中词的构造方式的模式。在本节中我们将给出一种展现这种模式的简单方法。

萨波特克语的材料集(包括一些其他的形式)重新写在(14)中。我们可以在该材料中识别出的有意义的成分列在(15)中。

(14) **地峡萨波特克语**(墨西哥;Merrifield et al. 1987,prob. 9)

ñee	ʒigilu?
'foot'	'your chin'
脚	你的下巴
kañee	kaʒigidu
'feet'	'our chins'
脚(复数)	我们的下巴(复数)
ñeebe	ʒike
'his foot'	'shoulder'
他的脚	肩膀
kañeebe	ʒikebe
'his feet'	'his shoulder'
他的脚(复数)	他的肩膀
ñeelu?	kaʒikelu?
'your foot'	'your shoulders'
你的脚	你的肩膀(复数)
kañeetu	diaga
'your (pl) feet'	'ear'
你们的脚(复数)	耳朵
kañeedu	kadiagatu
'our feet'	'your (pl) ears'
我们的脚(复数)	你们的耳朵(复数)

ʒigi　　　　　　　　　kadiagadu

'chin'　　　　　　　　'our ears'

下巴　　　　　　　　　我们的耳朵(复数)

kaʒigi　　　　　　　　biʃozedu

'chins'　　　　　　　　'our father'

下巴(复数)　　　　　　我们的父亲

ʒigibe　　　　　　　　biʃozetu

'his chin'　　　　　　'your (pl) father'

他的下巴　　　　　　　你们的父亲

kaʒigitu　　　　　　　kabiʃozetu

'your (pl) chins'　　'your (pl) fathers'

你们的下巴(复数)　　你们的父亲们

(15)　**词根**　　　　　　　　　　**词缀**

ñee　　'foot'　　　　　ka-　　(pl. marker)

　　　　脚　　　　　　　　　　(复数标记)

ʒigi　　'chin'　　　　　-be　　'his'

　　　　下巴　　　　　　　　　他的

ʒike　　'shoulder'　　　-luʔ　'your (sg)'

　　　　肩膀　　　　　　　　　你的

diaga　'ear'　　　　　-tu　　'your (pl)'

　　　　耳朵　　　　　　　　　你们的

biʃoze　'father'　　　　-du　　'our'

　　　　父亲　　　　　　　　　我们的

如果我们研究这些词缀的分布情况,我们可以做出如下的概括:

a. 没有一个词包含一个以上的前缀或一个以上的后缀;

b. 标识领属者的语素永远是后缀;唯一一个前缀是复数标记;

c. 不包含复数标记的词均被解读为单数;

d. 没有一个词包含一个以上的领属者标记〔这是(a)和(b)的

逻辑结果〕;

　　e. 复数标记可以在有或没有领属者标记的情况下出现,反之亦然。

　　这些信息中的大部分内容总结在(16)所示的简表中。这类图表被称为位置类别表。表中的每一列表示某一类语素可能出现的位置。四个领属者后缀属于同一个位置类别,因为它们都出现在词的同一个位置,并且一次只能出现其中一个。一般来说,属于同一位置类别的任何两个语素都是互相排斥的,意思是它们不能同时出现在同一个词中。

（16）	−1 数	0 词根	+1 领属者
ka- 'plural' 复数			-be '3sg' 3单
			-lu? '2sg' 2单
			-tu '2pl' 2复
			-du '1pl' 1复

　　图表中各列的排列(从左到右)表示一个词中各个成分的线性序列。因此,当来自不同位置类别的语素共现时,其位置显示为最左边的语素将最先出现在词中。语言学家通常不是从左到右对各列进行编号,而是从内到外地分配数字,从 0 开始给词根编号,用负数表示前缀,用正数表示后缀(这些数字没有特殊意义,使用它们只是为了便于参照)。

　　比位置编号更重要的是每列顶部的标签。在最简单的情况下,属于特定位置类别的所有成分都有密切相关的意义。在上述例子中,所有位于＋1 位置的成分都在人称(第一、第二和第三)和数(单数或复数)的方面标识领属者。我们通常会尝试给图表中的每个位置分配一个标签,以表达该位置类别中所有成分共有的语法范畴或功能(在这个例子中是"领属者")。

请注意,我们没有在词根所在的列中列出词根语素。这是因为词根是一个开放类(在本例中是普通可数名词的类别)。尽管这个语料库中只有五个词根,但原则上任何数量的其他词根都可能出现在相同的位置,而且不可能将其全部列出。然而,词缀属于小的封闭类,所以在图表的相应位置将其全部列出,通常是可能的且有帮助的。

萨波特克语的词结构中,还有一个重要的方面尚未在我们的图表中反映出来:每个名词都包含一个词根,但许多名词没有前缀,另一些没有后缀,有些则既没前缀也没后缀。换言之,词根是必有的(在这个位置上必须有一个成分)而前缀和后缀是可选的。表示可选成分的一个常见方法是使用括号。所以可以对我们的图表稍作修改,如下: 17

(17)	−1 (数)	0 词根	＋1 (领属者)
ka-	'plural' 复数		-be　'3sg' 　　3单 -lu?　'2sg' 　　2单 -tu　'2pl' 　　2复 -du　'1pl' 　　1复

在上文(c)点中,我们注意到没有复数标记的词总是单数。(17)中的图表显示,复数前缀是可选的,当它出现时表示复数;但它并没有说"没有"前缀时的意义是什么。解决这个尚未交代清楚的问题的一个方法是假定该语言的语法包含一个默认规则,它的意思类似于这样:"不包含复数前缀的可数名词均被解读为单数。"

解释相同事实的另一种可能的方法是假定单数名词带有一个"无形的"(或空的)前缀来表示单数。这意味着数前缀对这类名词来说实际上是必有的。根据这个方案,我们的图表类似于(18):

(18)	−1	0	+1	
	数	词根	(领属者)	
ka-	'plural' 复数		-be	'3sg' 3单
Ø-	'singular' 单数		-luʔ	'2sg' 2单
			-tu	'2pl' 2复
			-du	'1pl' 1复

空语素的使用是一个有些争议的问题。一般来说,当缺失的词缀能和一个明确、具体的意义相联系时,这种分析似乎是最合理的。例如,土耳其语动词带有一致后缀(见第 7 章)表示主语的人称和数。这些后缀是:-*Im*(第一人称单数)、-*sIn*(第二人称单数)、-*Iz*(第一人称复数)、-*sInIz*(第二人称复数)、-*lAr*(第三人称复数)。[2] 当主语是第三人称单数时,动词上没有显性的一致后缀。在这种情况下,缺失的后缀具有一个明确、具体的意义。通过将这

个意义(第三人称单数)与空语素联系起来,我们可以填补土耳其语人称—数一致标记的词形变化表(或集合)中的空缺,否则将是令人困惑的。

　　将这种模式与英语动词的标记进行对比,当主语是第三人称单数时,一般现在时的英语动词带有后缀-s。没有这个后缀则表示动词不是第三人称单数、一般现在时的形式。主语可以是任何人的第一或第二人称的单数或复数,动词可以是不定式、过去时或将来时等。显然,在这种情况下,没有明确的意义可以与-s 的缺失相联系,为这些动词假定一个零后缀也是不合适的。

　　英语名词也能带后缀-s 表示复数。这里缺失的后缀可以被赋予一种非常具体的解释,即单数,这可以让我们假定零后缀的存在。许多名词(被称为不可数名词*)通常不带复数后缀:*air*(空气)、*wheat*(小麦)、*courage*(勇气)、*static*(静电)等。对这些名词来说,单数和复数之间没有差别,如果认为它们总是带有一个空后缀似乎很奇怪。更可取的做法似乎是假定单数是英语名词"无标记"或默认的数范畴,就像(17)中分析萨波特克语时所提出的那样。

2.4　位置类别分析

　　让我们来完成构建一个位置类别表所涉及的流程。第一步显然是用 2.1 节中讨论的方法来识别材料中的每个语素。我们将使用以下来自西非吉语(Gee)的(稍作规范化调整的)材料进行练习。为简单起见,语素的边界已经标记好了:

(19) **吉语**(多哥;Bendor-Samuel & Levinsohn 1986;Roberts 1999,ex. M-4.8)

---

　　* 除了"不可数名词",mass noun 还被译为"物质名词"。——译者注

a. biʔ-ʃu-ni

  'I came'

  我来了

b. bai-ʃu-ni

  'I went'

  我去了

c. dos-ʃu-ni

  'you（sg）ran'

  你跑了

d. meʔ-ʃu-mi

  'they spoke'

  他们说了

e. bai-te-mi-leʔ

  'will they go?'

  他们会去吗?

f. biʔ-paʔ-ni-do

  'I am not coming'

  我不来了

g. dos-ʃu-ni-risa

  'I ran first'

  我先跑了

h. bai-paʔ-me-duʔa

  'you（sg）only are going'

  你只是正要去

i. dos-te-mi-risa-leʔ

  'will they run first?'

  他们会先跑吗?

j. bai-ʃu-ni-tuʃi

  'I went suddenly'

我突然去了

k. me?-te-mi-risa-do-le?

　'will they not speak first?'

　他们不会先说吗？

l. bi?-te-me-du?a-do

　'you（sg）only will not come'

　你只是不会来

m. me?-pa?-mi-tuʃi-le?

　'are they suddenly speaking?'

　他们突然说话了吗？

根据这些材料，我们可以识别出每个语素的意义，如下：

（20）**词根**　　　　　　　**词缀**　　　　　　　19

　bi?　'come'　　　　-ʃu　'past tense'

　　　来　　　　　　　　　过去时

　bai　'go'　　　　　-pa?　'present tense'

　　　去　　　　　　　　　现在时

　dos　'run'　　　　　-te　'future tense'

　　　跑　　　　　　　　　将来时

　me?　'speak'　　　　-ni　'1sg'

　　　说　　　　　　　　　第一人称单数

　　　　　　　　　　　　-me　'2sg'

　　　　　　　　　　　　第二人称单数

　　　　　　　　　　　　-mi　'3pl'

　　　　　　　　　　　　第三人称复数

　　　　　　　　　　　　-du?a　'only'

　　　　　　　　　　　　只是

-risa	'first'	
	先	
-tuʃi	'suddenly'	
	突然地	
-do	'not'	
	不	
-leʔ	'question'	
	疑问标记	

　　我们通过将材料中的每个词重新写到图表中来开始位置类别的分析,将最长的词(那些包含最多语素的)放在图表的顶端。我们将所有的词根排成一列,将词缀按如下的方式排列:(i)图表中任何一列都不能包含给定的词中一个以上的语素;(ii)每个单独的语素在其出现的所有词中总是放在同一列。

　　做这项分析时一种显而易见的方法是先给每个语素分别设置一列,在上例中,这意味着有 12 列(词根 1 列,11 个词缀各 1 列)。但是,对哪些词缀可能属于同一位置类别做一些初步的猜测会更有帮助。当几个词缀的意义密切相关,或属于同一个语法范畴(时、人称、数等),而且没有发现其中两个词缀在同一个词中时,它们很有可能属于同一个类别。在这种情况下,我们可以将它们写在初始图表的同一列中。

　　制表过程本身将有助于我们发现这种初始假设是否有错。至少有两种方式可以实现这一点。第一,我们可能发现,我们暂时分组在一起的两个词缀实际上可以出现在同一个词中。第二,我们可能发现,两个词缀相对于其他某个语素有不同的序列关系。例如,如果我们在某种语言中发现阳性和中性的标记作为形容词词根的前缀出现,而阴性标记作为后缀出现,我们必须把这些成分分成两个独立的位置类别,即使它们都表达相同的语法范畴(即性范畴)。这么做是必要的,因为在位置类别表中,各列表示固定的线性序列限制。给定位置类别中的每个成分相对于其他每个位置类别的所有成分而言,必须与其同类成分具有相同的序列。

在当前的例子中,我们可以看到三个时标记(*-ʃu*、*-paʔ* 和 *-te*)构成了一组,三个主语一致标记(*-ni*、*-me* 和 *-mi*)也是如此,没有词包含了任何一组中一个以上的成分。因此我们的初始图表可以是(21)这样的。

(21)

k	meʔ	te	mi	risa		do	leʔ
i	dos	te	mi	risa			leʔ
m	meʔ	paʔ	mi		tuʃi		leʔ
l	biʔ	te	me		duʔa	do	
e	bai	te	mi				leʔ
f	biʔ	paʔ	ni			do	
g	dos	ʃu	ni	risa			
h	bai	paʔ	me		duʔa		
j	bai	ʃu	ni	tuʃi			
a	biʔ	ʃu	ni				
b	bai	ʃu	ni				
c	dos	ʃu	me				
d	meʔ	ʃu	mi				

下一步是检查每一列,看看该列中的成分是否与左侧或右侧相邻列中的成分共现。如果我们发现两个相邻的列从未一起填入同一行,就有可能将这两列合并为一列。这两组成分被称为互补分布,意思是没有一个词同时包含来自这两组的成分。

如果两列成分的意义相关,或者以某种方式构成一个一致的类别,那我们肯定想要合并这两列。如果相邻的两列看上去是互补分布的,但它们的成分在意义上没有看似合理的关系,那么暂时将这两列分开会更好。与其合并这两列,不如在你图表的底部加个注释,说明尚未发现这两组成分共现。当你有机会收集更多的材料时,试着找出两组中的成分可以一起出现的例子。如果该语言中没有(或极少有)这样的词,那你就发现了一个共现限制,需要将其作为该语言语法的一部分来说明。试图为这些限制找到解释往往会导致有趣的发现,要么与该语言当下的结构有关,要么与其历史发展有关。

在当前的例子中,我们可以看到 -risa、-tuʃi 和 -duʔa 这三种形式从不彼此共现,所以有可能把这三列合并为一列。相应的意义("先""突然地""只是")看起来并没有密切的联系,但也不是不相容的,它们都提供了有关动作实施方式的一些信息。除非有进一步的材料表明它们中的两个或多个可以共现,否则将它们合并到一个位置类别似乎是合理的,如(22)。

(22)

k	me?	te	mi	risa	do	le?
i	dos	te	mi	risa		le?
m	me?	pa?	mi	tuʃi		le?
l	bi?	te	me	duʔa	do	
e	bai	te	mi			le?
f	bi?	pa?	ni		do	
g	dos	ʃu	ni	risa		
h	bai	pa?	me	duʔa		
j	bai	ʃu	ni	tuʃi		
a	bi?	ʃu	ni			
b	bai	ʃu	ni			
c	dos	ʃu	me			
d	me?	ʃu	mi			

因为 *-do* 和 *-le?* 彼此共现并且与图表中其他每一列的成分共现,所以没有进一步组合的可能。时和主语一致似乎是必有的,而其他类是可选的,因此我们最终的位置类别表是这样的:

(23)

0	+1	+2	+3	+4	+5
词根	时	主语一致	(方式)	(否定)	(疑问)
	-ʃu 'past' 过去	-ni '1sg' 1单	-duʔa 'only' 只是	-do 'not' 不	-le? 'ques.' 问标
	-paʔ 'pres' 现在	-me '2sg' 2单	-risa 'first' 先		
	-te 'fut' 将来	-mi '3pl' 3复	-tuʃi 'sudde- nly' 突然地		

位置类别的识别不是一个纯机械的过程。它涉及基于语言知识和直觉的判断,这些是在实践中发展起来的。此外,位置类别表对很多语言来说都是有用的,但对于其他语言来说,它们就没那么有用了。我们将在下一节中讨论其中的一些原因。

2.5　词结构的类型

位置类别表最适用于具备以下属性的语言:

a. 在同一个词中,每个语素都和其他语素具有简单的线性序列关系;

b. 每个词缀只表达一个语法特征或范畴;

c. 所有表达相同语法范畴的词缀都和其他语素类别具有相同的序列关系。

换言之,这些图表对那些词缀像串珠一样串在一起,并且语法范畴和位置类别之间存在一一对应关系的语言最有用。有个传统术语用来指具有这类词结构的语言,叫黏着语,意思是词是由许多语素黏在一起的。

显然,这并不是所有语言都有的情形。我们将在第 16 章讨论几种"非线性"的语素。在本章余下的部分,我们将简要概述世界语言中已发现的形态结构的类别。

有些语言(特别是在东南亚)几乎没有词缀。大多数词由单个语素(一个光杆词根)构成。这类语言传统上被称为分析语(或孤立语)。

还有一类语言是综合语(也被称为溶合语或屈折语)。在这类语言中,一个词缀通常同时标记几个语法范畴。这类词缀有时被称为混合语素(PORTMANTEAU MORPHEMES)。[3] 一个著名的例子是拉丁语的动词后缀,其中一小部分如(24)所示。

(24)	amō	amāvī	amor
	'I love'	'I loved'	'I am loved'
	我爱	我爱了	我被爱
	amās	amāvistī	amāris
	'you love'	'you loved'	'you are loved'
	你爱	你爱了	你被爱
	amat	amāvit	amātur
	'(s)he loves'	'(s)he loved'	'(s)he is loved'
	他/她爱	他/她爱了	他/她被爱
	amāmus	amāvimus	amāmur
	'we love'	'we loved'	'we are loved'
	我们爱	我们爱了	我们被爱
	amātis	amāvistis	amāminī
	'you (pl) love'	'you (pl) loved'	'you (pl) are loved'
	你们爱	你们爱了	你们被爱

amant	amāvērunt	amantur
'they love'	'they loved'	'they are loved'
他们爱	他们爱了	他们被爱

虽然动词词尾包含一些复现成分，但在许多形式中，不可能将词尾分成始终可识别的更小的语素。例如，后缀 -ō 在"I love"（我爱）中同时表达了以下所有范畴：时和体（一般现在），主语一致（第一人称单数），态（主动）以及语气（直陈）。类似的，后缀 -(ā)minī 表达了第二人称复数现在时被动直陈，所有这些都在一个语素中。

综合语（或溶合语）中另一种常见的模式是某种范畴可以通过异干互补来表达，即改变词根形式，而不是添加词缀。[4] 这种模式出现在一些英语动词的过去时形式中（25a）以及一些英语形容词的比较级形式中（25b）。在某种意义上，异干互补形式（如 *went*）是一个混合语素，既表达词根的基本意义（"去"），也表达一种或多种附加的语法范畴（"过去时"）。

(25) a **现在时**　　　　**过去时**
　　go（去）　　　went
　　am（是）　　　was
　　buy（买）　　　bought
　b **词基**　　　　**比较级**
　　good（好）　　　better（更好）
　　bad（坏）　　　worse（更坏）
　　much（多）　　　more（更多）
　　little（少）　　　less（更少）

第四类语言是多式综合语。这个术语通常用来指允许将一个词组并到另一个词中的语言（见第 14 章）。在例（26—27）中，表示直接宾语的名词词根（分别是 *tobacco* 和 *sweat*）在形态上是动词的一部分。正如这些例子所示,多式综合语中的一个词通常相当于英语中的一整个句子。

(26) **奥南达加语**(Onandaga,北美;Woodbury 1975,引自 Baker 1988:76)

Wa?-ha-yv?kw-ahni:nu-?

PAST-he/it-tobacco-buy-ASPECT

过去-他/它-烟草-买-体

'He bought tobacco.'

他买了烟草。

(27) **伦巴伦加语**(Rembarrnga,澳大利亚;Dixon 1980:223-224)

yarran-məə?-ku?pi-popna-ni-yuwa

1pl. IO/3sg. SUBJ-might-sweat-smell-INF-along.PRES

1复.间宾/3单.主-可能-汗-闻-不定-向前.现在

'It (the kangaroo) might smell our sweat along (i.e. as we try to sneak up on it).'

它(袋鼠)可能向前闻到了我们的汗味(即当我们试图偷偷接近它时)。

综上,我们根据语言中典型的词结构确定了语言的四大类型:

1. 分析语(或孤立语):每个词一个语素;

2. 黏着语:一串词缀,每个词缀标记一个语法特征;

3. 综合语(溶合语或屈折语):单个词缀同时标记多个语法范畴(混合语素),或是有异干互补形式;

4. 多式综合语:一个词中有长串的词缀或被组并的词根。

这些术语作为语言分类系统的价值是有限的,因为许多语言并不能完全纳入任何一个类别。然而,这些术语确实有助于我们辨识和描述不同语言之间,甚至是同一种语言中不同类型的词之间,在词结构上的一些差异。

练习

2A. 芬兰语(Finnish)(Merrifield et al. 1987, prob. 13)

识别语素并准备一个位置类别表来说明以下材料。

1. laulan   'I sing.'   7. yuon   'I drink.'
2. laulat   'You sing.'   8. yuot   'You drink.'
3. laulavi   'He sings.'   9. yuovi   'He drinks.'
4. laulamme   'We sing.'   10. yuomme   'We drink.'
5. laulatte   'You (pl) sing.' 11. yuotte   'You (pl) drink.'
6. laulavat   'They sing.'   12. yuovat   'They drink.'

2B. 斯瓦希里语(Swahili)(东非;Healey 1990b, ex. A-5 和 Roberts 1999, ex. M-3.5)

识别语素并准备一个位置类别表来说明以下材料。

1. ninasema   'I speak.'
2. unasema   'You speak.'
3. anasema   'He speaks.'
4. wanasema   'They speak.'
5. ninaona   'I see.'
6. niliona   'I saw.'
7. ninawaona   'I see them.'
8. nilikuona   'I saw you.'
9. ananiona   'He sees me.'
10. utaniona   'You will see me.'

补充练习

Merrifield et al. (1987) prob. 1, 4, 8, 11, 24, 28, 30, 34

Healey (1990b)，ex. A.15, 24

25　注释

1. 当一个形式替换另一个形式并不产生意义上的差异时,我们称这两个形式互为自由变体,至少在这个特定语境中是这样的。

2. 这里的大写字母表示后缀中的元音音质取决于词根中的元音。

3. *portemanteau* 是一个法语词,意思是"衣帽架",英语中的 *portmanteau* 用来指一种手提箱。在语言学中,这个标签意在表示单个语素同时表达几个概念,就像衣帽架(或手提箱)可以同时容纳几件外套一样。

4. 参看第 15 章中更全面的讨论。

第 3 章
成分结构

在第 1 章中我们注意到形态学（对词结构的研究）和句法学（对短语和句子结构的研究）在语言学中通常被视为两个独立的子领域。这是因为词和句子在某些基本方面是不同的。在学习第 2 章之后，你对我们如何展现一个词中语素的排列已经有了一些了解，至少在最简单的情况下是这样。描写一个句子中词的排列方式则需要一些额外的概念。

在本章中，我们讨论句子结构的两个基本方面。第一，任何一种语言的词都可以根据其语法属性进行分类。这些类别传统上被称为词类（名词、动词等）；语言学家把它们称为句法范畴。在描写语言的语序模式时，我们需要考虑句法范畴，因为要把具体的词的每种可能的组合都列出来，显然是不可能的。

第二，句子中的词不是像一个简单的列表那样来组织的。相反，词聚在一起形成大小不同的组，这些组被称为成分。不考虑成分，就不能充分地描写人类语言的语序模式。

在本章中，我们将讨论能用来识别成分（词组）和范畴（词类）的各种语言学证据。然后我们将讨论"树形"图，这是用来展现词的组合和词在句中线性序列的一种常用方法。但是首先，为了了解这些概念为什么是重要的，让我们回到第 1 章中讨论的问题，即形式和意义之间的关系。

3.1 歧义

有时候一个句子可以有一种以上的意义。这类句子被称为歧

义句,意思是同一串词可以有多种解释方式。仔细观察下面的例子:

27 (1) a. The hunter went home with five bucks in his pocket.

b. I drove my car into the bank.

c. Bill claimed that he saw her duck.

d. John hit a man with a telescope.*

(1)中的每个句子都包含一个有一种以上意义的词。*buck* 这个词的意义既可以是公鹿,也可以是美元(在美国俚语中)。类似地,*bank* 这个词可以指金融机构或地上的陡坡;*duck* 这个词可以用来指一种水禽或一种行为;介词 *with* 可以用来表达至少两种不同的语义关系(工具和伴随;见第 4 章 4.2 节)。这些句子提供了词汇歧义的例子,这些句子有歧义是因为它们包含了有歧义的词。[1]

现在仔细观察(2)中的例子:

(2) a. the tall bishop's hat

b. the woman on the committee that I met with yesterday

这两个短语都不包含有歧义的词,但是每个短语都可以用一种以上的方式来解释(哪个是高的,主教还是他的帽子? 昨天我会见了谁,那个女人还是那个委员会?)。我们经常可以找到使一种解释或另一种解释更有可能的语境,如(3)所示。然而,单独地来看,这两种解释都是可能的。[2]

---

* a 句的意思是"猎人口袋里揣着五美元回家了"或"猎人口袋里揣着五头公鹿回家了"。b 句的意思是"我把车开进了银行"或"我把车开上了陡坡"。c 句的意思是"比尔声称他看到了她的鸭子"或"比尔声称他看到了她突然低下头"。d 句的意思是"约翰用望远镜打了一个男人"或"约翰打了一个带着望远镜的男人"。——译者注

（3）a. The short bishop hid the tall bishop's hat in his back pocket.

矮个子主教把高个子主教的帽子藏在他后面的口袋里。

b. Archbishop Jones tried to compensate for his short stature by wearing his tall bishop's hat on formal occasions.

琼斯大主教为了弥补他矮小的身材，在正式场合戴着他高高的主教帽。

（2）中的歧义并不是因为有歧义的词。相反，歧义的出现是因为这些词可以用两种不同的方式组合在一起，如（4）所示。

（4）a. the [tall bishop]'s hat

高个子主教的那顶帽子

the tall [bishop's hat]

那顶高的主教帽

b. the woman on [the committee that I met with yesterday]

那个女人是我昨天会见的那个委员会里的

the [woman on the committee] that I met with yesterday

那个委员会里的那个女人是我昨天会见的

　　这些短语提供了结构歧义的例子。这个术语意味着之所以每个短语有不同的解释，是因为我们可以赋予同一串词不同的语法结构，即使在这个语境中没有一个词是本身有歧义的。这样的例子表明，在一个短语或句子中，词确实构成了分组（或成分），并且这些分组在确定句子的意思时通常是至关重要的。

现在仔细观察句子(5)[3]。这个句子是有歧义的,因为两个词
23 中每一个都可以归入一种以上的句法范畴。一种可能的解释是将
mistrust 视为名词,*wounds* 视为动词。这种解读可以释义为:"猜
疑伤害(人)〔Suspicion hurts (people)〕。"另一种可能的解释是将
mistrust 视为动词,*wounds* 视为名词。这种解读可以释义为:
"(我们应该)不信任伤害〔(We should) mistrust injuries〕。"这需
要花一点工夫来想象一种合理地说出这句话的情境,但即便如此,
这仍是句子(5)一种可能的解释。

(5) Mistrust wounds.

这类与词的句法范畴相关的歧义经常在报纸标题中看到,其
中许多虚词被省略,并且没有语篇语境可以依赖。有时候这种歧
义会产生有趣的意想不到的解读。据报道,(6)中的例子都是真实
的报纸标题,试着找出那些在范畴上有歧义的词:

(6) Reagan Wins On Budget,But More Lies Ahead
    Squad Helps Dog Bite Victim
    Eye Drops Off Shelf
    Teacher Strikes Idle Kids*

这些歧义类型表明了成分和范畴对于理解我们所听到的内容
的重要性。正如我们将看到的,这两个概念是描写任何句子结构
的基础。在3.2节和3.4节中,我们将分别探讨识别成分和范畴的

---

  * 第一个标题可以解读为"里根在预算上赢得了胜利,但还有更多的事摆在前面"
或"里根在预算上赢得了胜利,但今后还有更多的谎言"。第二个标题可以解读为"小分
队帮助狗咬受害者"或"小分队帮助被狗咬的受害者"。第三个标题可以解读为"滴眼液
现货出售"或"眼睛从架子上掉下来"。第四个标题可以解读为"教师打了无所事事的孩
子们"或"教师的罢工使孩子们无所事事"。——译者注

语言学基础。

3.2　成 分 关 系

像(2)这样的例子表明,短语或句子中的词被组织成了分组
(成分),并且这些分组在确定句子的意思时通常是至关重要的。
一旦我们接受了这个事实,一个实际的问题就出现了,即我们如何
将这些重要的分组识别出来? 因为它们的边界(通常)是无形的。
在某些情况下,答案似乎显而易见,甚至微不足道。为了弄明白这
一点,试着把(7)中马来语(Malay)的句子分成几个主要的组成部
分(不要看后面的内容):

(7) a. Ahmad　　　makan　　　nasi.

　　　Ahmad　　　eat　　　rice

　　　艾哈迈德　　　吃　　　米饭

　　　'Ahmad is eating rice.'

　　　艾哈迈德在吃米饭。

　　b. Fauzi　　　makan　　　roti.

　　　Fauzi　　　eat　　　bread

　　　福齐　　　吃　　　面包

　　　'Fauzi is eating bread.'

　　　福齐在吃面包。

　　c. Orang　　ini　　makan　　ikan.

　　　person　　this　　eat　　fish

　　　人　　　这　　吃　　鱼

　　　'This person is eating fish.'

　　　这个人在吃鱼。

　　d. Anjing　　itu　　makan　　tulang　　besar.

　　　dog　　that　　eat　　bone　　big

狗	那	吃	骨头	大

'That dog is eating a big bone.'

那条狗在吃一根大骨头。

e. Orang   tua   itu   makan   pisang.

person	old	that	eat	banana
人	老	那	吃	香蕉

'That old person is eating a banana.'

那个老人在吃香蕉。

f. Ahmad   makan   ikan   besar   itu.

Ahmad	eat	fish	big	that
艾哈迈德	吃	鱼	大	那

'Ahmad is eating that big fish.'

艾哈迈德在吃那条大鱼。

几乎可以肯定,你会在(8)中标记的地方进行划分。为什么? 第一,这些例子表明单个词(如 *Ahmad*)可以被包含两个或三个词 的短语(*anjing itu*、*orang tua itu* 等)替换。既然单个词显然是 某种单位,那么在相同位置可以被替换的短语应该也是同一种单 位。此外,这些短语中的每一个都构成了一个语义单位: *orang tua itu* 就是一个单个的、具体的、独立的语义单位。尽管它包含 了三个词,但这个短语在句子(7e)中只承载了一种语法关系,即主 语(参看第 4 章)。

(8) a. Ahmad|makan|nasi.

'Ahmad is eating rice.'

艾哈迈德在吃饭。

b. Fauzi|makan|roti.

'Fauzi is eating bread.'

福齐在吃面包。

c. Orang ini｜makan｜ikan.

　'This person is eating fish.'

　这个人在吃鱼。

d. Anjing itu｜makan｜tulang besar.

　'That dog is eating a big bone.'

　那条狗在吃一根大骨头。

e. Orang tua itu｜makan｜pisang.

　'That old person is eating a banana.'

　那个老人在吃香蕉。

f. Ahmad｜makan｜ikan besar itu.

　'Ahmad is eating that big fish.'

　艾哈迈德在吃那条大鱼。

但是在这里我们必须小心。在某些语言中,构成语义和功能(或关系)单位的一组词,并不总是在语序上构成一个单位(即成分)。例如,(9)这个瓦尔皮里语(Warlpiri)句子的主语("小孩")由两个词组成,一个名词和一个形容词,它们彼此相隔甚远,因此不能构成通常意义上的成分。

(9) **瓦尔皮里语**(澳大利亚;Hale 1981:10)

Kurdu-ngku	ka	maliki-Ø	wajilipi-nyi
child-ERG	ASPECT	dog-ABS	chase-NONPAST
孩子-作格	体	狗-通格	追-非过

wita-ngku.

small-ERG

小-作格

'The small child is chasing the dog.'

小孩正在追狗。

这样的语言是例外而非规则;但在所有语言中,都有许多这样的语境,即仅靠语义和语法关系并不能让我们确定成分边界。我们需要其他类型的证据,尤其是跟词在句子中的线性排列更直接相关的证据。

在这里,我们只能对用于确定句法成分边界的各种测试做初步介绍。成分识别可能是一个复杂的问题,有时需要相当深入的语言知识。此外,对一种语言有效的测试可能不适用于另一种语言。让我们看看如何继续分析马来语的例子。

之所以认为(7e)中的 *orang tua itu* 这些词构成了一个句法成分,一个原因是同一串词可以出现在句子的不同位置:(10a)的主语、(10b)的宾语、(10c)的介词宾语,等等。这些位置中的每一个都同样可以用单个词来填充,比如一个像 *Ahmad* 这样的专有名称。

(10) a. [Orang　tua　itu]　makan　nasi　goreng.
　　　 person　old　that　eat　　rice　fry
　　　 人　　老　那　　吃　　米饭　炒
　　　 'That old person eats fried rice.'
　　　 那个老人吃炒米饭。

　　 b. Saya　belum　　kenal　[orang　tua　itu].
　　　 I　　 not.yet　know　person　old　that
　　　 我　　还没有　 认识　人　　老　那
　　　 'I am not yet acquainted with that old person.'
　　　 我还不认识那个老人。

　　 c. Ibu　　　memberi　wang　　kepada　[orang
　　　 mother　give　　 money　　to　　　person
　　　 妈妈　　给　　　钱　　　给.介词　人
　　　 tua　　itu].
　　　 old　　that
　　　 老　　那

'Mother gives money to that old person.'

妈妈把钱给那个老人。

d. Ibu　　　belanja　　〔orang　　tua　　itu〕

mother　　treat　　　person　　old　　that

妈妈　　　对待　　　人　　　老　　那

minum　　teh.

drink　　　tea

喝　　　　茶

'Mother bought a cup of tea for that old person.'

妈妈给那个老人买了一杯茶。

　　我们在上面提到,可以在特定位置替换单个词的词串必须是适当类型的"单位"(即成分)。支持这一结论的发现是:只有一个这样的单位可以作为单个动词的主语或直接宾语出现,如(11)所示〔(11)中句子前的星号"＊"表示它们不合语法〕。因此,当几个词一起出现在这些位置时,如(10a, b),这些词必定构成了一个单个的成分。

(11) a. ＊〔Perempuan　ini〕　　〔orang　　tua　　itu〕

woman　　　　this　　person　　old　　that

妇女　　　　　这　　　人　　　老　　那

makan　　　　nasi.

eat　　　　　　rice

吃　　　　　　米饭

＊'This woman that old person is eating rice.'

这个妇女那个老人在吃饭。＊

　　＊　英语或其他外语中不合语法的例句翻译成汉语后,未必不合语法。就像"这个妇女那个老人在吃饭",可以解读为并列结构做主语的句子,但相应的英语句子无法做这样的解读。因此,我们在翻译原书中不合语法的例句时以意译为主,且不再标记句首的星号,即便译文本身是不符合汉语语法的。——译者注

b. *Fauzi　makan　［ikan　itu］　［nasi　goreng］.

  Fauzi　eat　fish　that　rice　fry

  福齐　吃　鱼　那　米饭　炒

  *'Fauzi is eating fried rice that fish.'[4]

  福齐在吃炒米饭那条鱼。

和大多数其他语言一样,马来语有很多改变句子语序的方式。当一组词可以作为一个单位"移动"时,我们通常可以假定这组词构成了一个句法成分。所以像(12b-d)这样的例子支持了(12a)中的直接宾语短语是一个成分的说法。

(12) a. Saya　makan　［ikan　besar　itu］.

  I　eat　fish　big　that

  我　吃　鱼　大　那

  'I ate/am eating that big fish.'

  我吃了/正在吃那条大鱼。

b. ［Ikan　besar　itu］　saya　makan.

  fish　big　that　I　eat

  鱼　大　那　我　吃

  'That big fish I ate/am eating.'

  那条大鱼,我吃了/正在吃。

c. ［Ikan　besar　itu］＝lah　yang　saya　makan.

  fish　big　that＝FOC　REL　I　eat

  鱼　大　那＝焦点　关标　我　吃

  'It was that big fish that I ate.'

  我吃的是那条大鱼。

d. ［Ikan　besar　itu］　di-makan　oleh　anjing　saya.

  fish　big　that　PASS-eat　by　dog　my

  鱼　大　那　被动-吃　被　狗　我的

'That big fish was eaten by my dog.'
那条大鱼被我的狗吃了。

　　将我们这里讨论的短语识别为成分的另一个原因是,它们可以被疑问词替代来构成实质问句(有时也被称为成分问句)。这一点如(13)所示。

(13) a. 〔Orang　tua　itu〕　makan　〔ikan　besar　itu〕.
　　　　person　old　that　eat　　fish　big　　that
　　　　人　　老　那　　吃　　鱼　　大　　那
　　　　'That old person ate the big fish.'
　　　　那个老人吃了那条大鱼。

　　b. *Siapa*　makan　〔ikan　besar　itu〕?
　　　　who　　eat　　　fish　big　　that
　　　　谁　　吃　　鱼　　大　　那
　　　　'Who ate that big fish?'
　　　　谁吃了那条大鱼?

　　c. 〔Orang　tua　itu〕　makan　*apa*?
　　　　person　old　that　eat　　what
　　　　人　　老　那　　吃　　什么
　　　　'What did that old person eat?'
　　　　那个老人吃了什么?

　　类似地,成分可以构成实质问句的答句,而不是句法成分的一串词就不是一个可能的答句,如(14c)所示。

(14) a. Q：Siapa　makan　ikan　besar　itu?
　　　　　who　　eat　　fish　big　　that
　　　　　谁　　吃　　鱼　　大　　那

Q：'Who ate that big fish?'

问：谁吃了那条大鱼？

A：Orang　　tua　　itu.

　　person　old　　that

　　人　　　老　　那

A：'That old person.'

答：那个老人。

b. Q：Orang　　tua　　itu　　makan　　apa?

　　person　old　　that　　eat　　　what

　　人　　　老　　那　　吃　　　什么

Q：'What did that old person eat?'

问：那个老人吃了什么？

A：Ikan　　besar　　itu.

　　fish　　big　　　that

　　鱼　　　大　　　那

A：'That big fish.'

答：那条大鱼。

c. Q：Orang　　tua　　itu　　makan　　apa?

　　person　old　　that　　eat　　　what

　　人　　　老　　那　　吃　　　什么

Q：'What did that old person eat?'

问：那个老人吃了什么？

A：*Besar　　itu.5

　　big　　　　that

　　大　　　　那

A：*'That big.'

答：那条大。

让我们简要地总结我们所提到的各种证据。我们已经声明马来语的某些词串构成了一个句法成分是因为这些词串：

a. 可以替换单个词或被单个词替换；

b. 在句中出现的位置必须是唯一的；

c. 可以出现在许多不同的句子位置中，如(10)所示，并且可以作为一个单位被"移动"(或重新排序)，如(12)所示；

d. 可以被疑问词替换；

e. 可以用作实质问句的答句。

如上所述，收集这种证据通常需要大量关于该语言的语法知识。在"从零开始"研究一门新语言时，基于意义和替代的可能性等因素对成分结构做出一些初步假设是合理的，就像我们在对马来语材料的初步讨论中所做的那样。但是要对其他类型的证据保持警觉，它们可以帮助你证实或推翻这些假设。

3.3　层级

在上一节中，我们表明一个句子不只是一串词。相反，一个句子中的词可以被分组为大小不同的语法单位。一个非常重要的单位是小句，它有时被定义为"简单句"。或许一个更有用的定义是说，小句是能够表达一个完整命题的最小语法单位(见第 4 章 4.1 节对其含义的讨论)。一个句子可以只由一个小句构成，或者如(15)所示，一个句子也可以包含几个小句。

(15)　a. "[Foxes have holes] and [birds of the air have nests]，but [the Son of Man has no place to lay his head]."

　　"狐狸有洞，飞鸟有巢，但人类之子却无安枕之所。"

　　b. [My wife told me that [I should introduce her little sister to the captain of the football team]]，but [I assumed that [her sister was too shy]].

我妻子告诉我说,我应该把她妹妹介绍给足球队的队长,但是我认为她妹妹太害羞了。

另一个重要的单位是短语(我们将在下面的 3.4.2 节中给出"短语"的定义)。一个小句可以包含几个短语,如(16a)所示。一个短语可以包含几个词,如(16a)以及我们上面的马来语例子中所见到的。一个词可以包含几个语素,如(16b)所示。

(16) a. [The coach's wife] introduced [her little sister] [to [the captain [of [the football team]]]].
　　　　教练的妻子把她妹妹介绍给足球队的队长。

b. dis-taste-ful(令人厌恶的)
　　read-abil-ity(可读性)
　　dis-en-tangle(使解脱)

每个合乎规范的语法单位(如句子)都是由成分构成的,这些成分本身也是合乎规范的语法单位(如小句、短语等)。而且单位的基本类型只有少数几个。上面所说的类型集合适用于大量语言:句子、小句、短语、词、语素。这种结构组织被称为部分—整体层级(PART-WHOLE HIERARCHY):每个单位完全由属于有限类型集合的更小单位组成。这是语言结构中极其重要的一个方面,不仅是形态和句法,音系也是如此。[6]

3.4　句法范畴

例(5)和(6)表明一个词的词类(或范畴)如何有助于确定它的解释,以及它所在的短语或句子的意义。事实证明,短语和词一样,必须归入句法范畴才能理解它们在句子中的分布。但是,就像成分边界一样,句法范畴也不是直接可见的,它们必须在语言学证据的基础上加以识别。我们将从词的范畴（即词汇范畴）开始，然后再讨论短语的范畴。

3.4.1　词级（词汇）范畴

词类的传统定义是基于"概念"（即语义）属性的，如下：

（17）名词是给人、地点或事物命名的词。
　　　动词是给动作或事件命名的词。
　　　形容词是描述状态的词。

然而，这些特征无法识别像 *destruction*（破坏）、*theft*（盗窃）、*beauty*（美丽）、*heaviness*（沉重）这样的名词。它们不能区分动词 *love*（爱）和形容词 *fond*（*of*）（喜爱的），或是名词 *fool*（傻瓜）和形容词 *foolish*（愚蠢的）。注意，（18）中两个句子的语义差别是很小的。

（18）They are fools.
　　　他们是傻瓜。
　　　They are foolish.
　　　他们是愚蠢的。

在第 1 章讨论《炸脖餐》这首诗时，我们发现我们能识别出大部分无意义的词的词类，即便不是全部。显然，这种识别不能基于语义因素，因为这些"词"实际上没有意义。相反，我们使用每个词的语法特征，特别是（i）它在句中的位置和（ii）它的形态，来猜测它的词类。

将词归入句法范畴的工作涉及两个问题，需要分别处理。首先我们必须问这个问题："哪些词属于同一类？"这个问题必须根据

34

具体的语法属性来回答,这些属性在每个特定语言中可能有所差别。只有这样我们才能提出第二个问题:"我们应该赋予一个给定的词类什么名称(或标签)?"第二个问题通常基于语义属性来回答,语义属性在许多语言中都是相关的。[7]

让我们更详细地认识这一流程。首先,共同具有若干语法特征的词被认为属于同一类,而具有不同语法特征的词被归入不同的类。例如,名词 *fool* 和形容词 *foolish* 可以通过以下属性来区分:

(19) a. **被程度副词或形容词修饰**

They are utter fools.   *They are very fools.

他们是十足的傻瓜。   他们很傻瓜。

*They are utter foolish.   They are very foolish.

他们是十足的愚蠢的。   他们很愚蠢的。

b. **数的屈折变化**

fool   fools

傻瓜   傻瓜们

foolish   *foolishes

愚蠢的   愚蠢的们

c. **比较级形式**

fool   *fooler/ *more fool

傻瓜   更傻瓜

foolish   more foolish

愚蠢的   更愚蠢的

d. **作为小句的主语出现**

Fools rush in where angels fear to tread.

愚者铤而走险,智者裹足不前。

*Foolish rush in where angels fear to tread.

愚蠢的铤而走险,智者裹足不前。

因此，*fool* 属于可以被形容词修饰，有数的屈折变化，没有比较级形式，且可以作为主语[8] 出现的一类词。其他共同具有这些属性的词，也属于同一类，包括 *man*（男人）、*house*（房子）和 *tree*（树）。但 *foolish* 属于可以被程度副词（或加强词）修饰，有比较级形式，没有数的屈折变化，不能作为主语出现的一类词。其他共同具有这些属性的词包括 *big*（大的）、*green*（绿色的）和 *angry*（愤怒的）。

一旦以这种方式定义了具体语言中的词类，就可以根据普遍的概念模式给它们指派一个标签（名词、动词等）。表现出与某一特定类别相关联的所有定义性语法属性的词，被称为该类别的原型成员。如果一个类别的原型成员包括大多数具体事物的基本用语，如 *dog*（狗）、*man*（男人）、*house*（房子）、*tree*（树）等，我们给予这个类别名词的标签。如果一个类别的原型成员包括大多数自主活动的基本用语，如 *run*（跑）、*dance*（跳舞）、*eat*（吃）、*cut*（割）等，我们给予这个类别动词的标签。

用来识别词类的语法标准应当被认为是诊断特征或"症状"，而不是定义。一个给定范畴的原型成员通常会显示该范畴所列出的大部分属性（如果不是全部的话），但我们也能找到只显示其中某些特征的词的例子。例如，形容词可以通过带比较级和最高级后缀（*big*、*bigger*、*biggest*，*fat*、*fatter*、*fattest*）的能力来识别。但有些形容词（包括那些长度在两个音节以上的）不能以这样的方式发生屈折变化（*beautiful*、*beautifuller、*beautifullest，比较：*more beautiful*、*most beautiful*）。

总之，必须分别为每种独立的语言确定范畴的数量以及每个范畴的标识属性。每个范畴的标签根据普遍的语义标准来指派。几乎所有语言[9] 都有名词和动词两个词汇范畴，但除此之外，不同语言之间有很大的差异。3.4.2 节将给出最常用的范畴标签列表。

3.4.2　短语和短语范畴

在日常用语中,人们可能把任何一组词都称为"短语"。然而,在语言学中,这个术语有更确切的含义。第一,短语必须是构成为成分的一组词(即符合 3.2 节所述标准的一个单位)。第二,短语在语法层级上低于小句。在直觉上,这意味着短语在某种意义上比小句"小"。更确切地说,简单的小句可以(并且通常确实)包含短语,但简单的短语(一般)不包含小句。那么,作为一个初步的定义,让我们假定短语是可以在简单小句内部充当一个成分的一组词。

正如词可以被分成不同的范畴,短语也有不同的种类(范畴)。特定类型的短语适用于某些语境,但却不适用于其他语境。我们再一次面临两个基本问题:(i)我们如何知道两个短语是属于同一范畴还是不同范畴?(ii)我们如何知道给一个特定类别的短语指派什么范畴标签?这些问题将我们引向了一些相当复杂的议题。我们将试着在这里给出一些初步的解答,3.6 节将回过头来对这些问题做进一步的讨论。

关于第一个问题(识别短语范畴),答案与相对应的词级范畴的答案大致相同——两个短语如果有相同的语法属性就属于同一范畴。两种基本的证据有助于确定两个短语是否属于同一范畴。它们是:(i)互相替换性(即分布相同);(ii)内部结构相同。[10]

在识别词类时,"内部结构"是指形态结构,例如因为数(就名词而言)或时制(就动词而言)而发生屈折变化的能力。当我们处理短语时,"内部结构"是指短语成分的范畴和顺序。例如,英语名词短语通常以限定词(*a*、*the*、*this*、*that*)开头。

互相替换性(分布相同)标准是指这样一种一般性原则,即同一范畴的两个短语可能出现在相同的位置,除非其中一个短语由于语义原因而不适合。例如,可以出现在主语或宾语位置的短语一般是名词短语。

我们现在转到第二个问题,如何给短语范畴指派标签。在大多数短语中,我们可以将某一个词确定为最重要的成分[11](我们将在下面说明"最重要"的含义是什么)。这个词被称为该短语的核心语。语言学中通常的做法是以短语核心语的范畴来命名短语。例如, *that big fish* 这个短语是名词短语,因为它的核心词(*fish*)是名词。*very beautiful* 这个短语是形容词短语,因为它的核心词(*beautiful*)是形容词。

如果我们接受短语的范畴通常与其核心语的范畴相同这一原则,那么还有一个重要的实践问题需要回答,即我们如何知道短语中的哪个词是核心语? 我们如何区分核心语及其从属语(短语中的所有其他成分)? 或者,换一种问法,是什么使得核心语与众不同? 我们将在此提及核心语比其他成分更"重要"的三个具体方面。当我们无法确定短语的核心语时,这些一般属性能帮助我们去识别它们。

第一,短语的核心语决定了整个短语的许多语法特征。例(20)中两个句子的差异表明,核心名词决定了整个主语名词短语在语法上的数特征。因为 *rice* 是不可数名词,(20a)中整个名词短语在语法上是单数形式,所以要求动词也是单数形式,即 *is*。因为 *kittens* 是复数形式,(20b)中这个主语名词短语在语法上是复数形式,所以要求动词也是复数形式,即 *are*。

(20) a. [The new rice] *is* in the barn.

　　　 新米在谷仓中。

　　 b. [The new kittens] *are* in the barn.

　　　 新出生的小猫在畜棚中。

第二,核心语可以决定短语中其他成分的数量和类型。例如,我们将动词作为小句的核心语,那么不同的动词要求不同数量和

37　范畴的短语与之在小句中共现(正如我们将在第 5 章中看到的)。
核心词所选择的从属语被称为补足语。因此,主语、宾语等通常被
称为动词的补足语。再举一个例子,许多形容词短语都包含一个
介词短语补足语,如(21)所示。我们知道这些介词短语是补足语,
因为介词的选择是由核心形容词的身份决定的。

(21) a. I am [very grateful *to* you].

　　　　我很感激你。

b. John felt [sorry *for* his actions].

　　　　约翰对他的行为感到抱歉。

c. Mary looks [very proud *of* herself].

　　　　玛丽看起来很自豪。

d. Bill is [angry *at* his lawyers].

　　　　比尔对他的律师发怒。

e. Arthur seems [worried *about* the next election].

　　　　亚瑟似乎担心下次选举。

　　　第三,核心语要比修饰语或其他非核心成分更有可能是必需
的。例如,(22a)中的主语名词短语,除了核心词 *pigs*,所有成分都
能省去。如果这个词被删除,如(22e),剩下的部分是不合语法的。

(22) a. [The three little pigs] eat truffles.

　　　　这三只小猪吃松露。

b. [The three pigs] eat truffles.

　　　　这三只猪吃松露。

c. [The pigs] eat truffles.

　　　　这些猪吃松露。

d. [Pigs] eat truffles.

　　　　猪吃松露。

e. *[The three little] eat truffles.

这三只小吃松露。

当然,英语名词短语并不总是包含核心名词。在某些语境中,前面提到过的核心语可能被删去,因为它是"能被理解的",如(23a)。这一过程被称为省略。此外,在英语和许多其他语言中,形容词有时可以不带任何核心名词来命名不同类别的人,如(23b, c)。但是,除了像这样一些相当有限的模式外,短语核心语在英语中通常是必不可少的。

（23）a. [The third little pig] was smarter than [the second __].

第三只小猪比第二只聪明。

b. [the good], [the bad] and [the ugly]

好的、坏的和丑的

c. [The rich] get richer and [the poor] get children.

富人变得更富,穷人得到了孩子。

如上所述,短语的核心语通常是同一范畴的词项——名词短语以名词为核心语,形容词短语以形容词为核心语,等等。然而,并非所有词汇(词级)范畴都可以做短语的核心语。那些能做核心语的(至少包括英语中的名词、动词、形容词和介词)被称为主要范畴;那些不能做核心语的(如连词)被称为次要范畴。(24)中列出了英语中最重要的词类范畴:

（24）a. **主要范畴**（可以充当短语核心语）　　　　　　38

名词（*dog*、*tree*、*water*、*kindness* 等）

动词（*run*、*melt*、*hit*、*love* 等）

形容词（*big*、*red*、*friendly*、*impossible* 等）

副词（*quickly*、*unexpectedly*、*fortunately* 等）[12]

　　　　介词(*on*、*under*、*from* 等)

　　b. **次要范畴**(通常不能充当短语核心语)

　　　　连词(*and*、*or*、*but* 等)

　　　　叹词(*oh*、*ah*、*well*、*ouch* 等)

　　　　限定词:包括冠词(*a*、*the*),指示词(*this*、*that*)和量

　　　　化词(*all*、*some*、*many* 等)

　　主要范畴通常是开放类;这些范畴包含的词数量不确定且庞大,还通过借用或创新的方式频繁增加新词。次要范畴通常是封闭类;这样的类别只包含少量且数量固定的词,新词的增加也非常缓慢。但是这种关联并不绝对。例如,介词是一种主要范畴,但可能是一个封闭类(尽管英语比许多其他语言有更大的介词存量)。

3.5　树形图:展现小句的成分

3.5.1　短语结构图

　　在分析句子的语法结构时,我们的任务中一个重要部分是识别:(a)构成句子的成分部件;以及(b)这些成分出现的顺序。例如,(25)中的句子由三个成分部件所构成:一个名词短语后面跟着一个动词,动词后面又跟着另一个名词短语。

　　(25) Anjing　itu　|　makan　|　tulang　besar.

　　　　　dog　　that　　eat　　　　bone　　big

　　　　　狗　　　那　　　吃　　　　骨头　　大

　　　　'That dog is eating a big bone.'

　　　　那条狗在吃一根大骨头。

即便是像这样一个非常简单的句子,用纯口头描述的方式来解释也有点麻烦。(25)中成分之间插入的垂直线是有帮助的,但对于更复杂的结构来说,这种方法很快被证明是不够的。此外,如 3.3 节中所讨论的,成分结构是有层级的——较大单位的每个成分可能本身就由较小的成分所组成。例如,在句子(25)中,每个名词短语都由两个词所组成。因此,将句子的直接成分以正确的顺序列出来是不够的。这些成分中的每一个都必须依次分析出其子成分以及它们的线性序列,以此类推,一直到词的层级为止。

展现成分和线性序列信息最常用的方法是树形图。一个简单的树形图如(26)所示。这个树形图包含三个节点。最上面的 A 节点是下面两个节点 B 和 C 的母节点。B 和 C 是同一个母节点的子节点*,所以我们将其称为姐妹节点。直线是用来连接母节点及其子节点的。

(26)

当这种树形图被用来展现语法单位(比如短语或句子)的结构时,母节点代表较大的单位,而子节点代表它的成分(或子部件)。成分的线性序列由对应节点从左到右的顺序来表示。从母节点到子节点的线代表部分—整体的关系。所以,对(26)这个图的部分解释可以表述为(26′):

(26′) 单位 *A* 由两个成分部件所构成,*B* 和 *C*,它们按这个顺序出现。

---

* 原文为 daughters,直译过来应该是“女儿节点”,但这不符合汉语的表达习惯。——译者注

对(26)的这一解释简单地将树形图中每个节点上的标签(*A*、*B* 和 *C*)当作名称,或是将其当作指称各个单位的简便方式。实际上,这种图中的标签并不是特定单位的名称,而是用来表示每个单位的类(或范畴)。因此,对(26)中这个图更充分的解释应该是下面这样的:

(26″)范畴 *A* 的一个单位由两个成分部件所构成,一个是范畴 *B*,另一个是范畴 *C*,它们按这个顺序出现。

当树形图被用来展现语言结构时,节点标签提供了关于每个单位的两种信息:(i)它的句法范畴(如名词、动词等);(ii)它的"大小",或在语法层级(词、短语、小句等)中的层次。(27)中的列表显示了常用的范畴符号(后面我们将介绍其他一些符号)。(28)给出了使用这些标签的一个简单的树形结构。这个树形图展现了一个介词短语,它由两部分组成,一个介词后面跟着一个名词短语。接着,这个名词短语由一个限定词后面跟着一个名词来组成。

(27) **词级**

N＝名词(Noun)

A＝形容词(Adjective)

V＝动词(Verb)

P＝介词(Preposition)

Adv＝副词(Adverb)

Det＝限定词(Determiner)

Conj＝连词(Conjunction)

短语

NP＝名词短语(Noun Phrase)

AP＝形容词短语(Adjective Phrase)

VP＝动词短语（Verb Phrase）

PP＝介词短语（Prepositional Phrase）

S＝句子（Sentence）或小句（Clause）

(28)

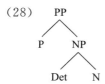

但是,就我们能从(28)的树形图中看到的来说,这个介词短语不包含任何词。显然,除了指明词类外,我们还需要一种方法来表现组成这个短语的实际的词。我们将词表现为带有词汇(词级)范畴标签的节点的子节点,如(29)所示。

(29)

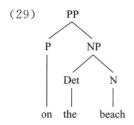

包含特定词项(如 *on*、*the* 和 *beach*)的节点本身永远没有子节点,它们标记了树形结构的底端。这类节点不支配任何其他节点,被称为终端节点。像 *on*、*the* 和 *beach* 这样的词项是终端成分,树形图底部的终端成分序列(例如 *on the beach*)被称为终端语符串。

我们说一个非终端节点支配着它的所有子节点,它的子节点的子节点,它的"孙子节点"的子节点,等等。母节点直接支配着它的子节点。这个术语给我们提供了一种根据树形结构来定义成分的方法:

(30)成分是由某个节点完全支配的一串词。

"完全支配"这个短语的意思是,所讨论的节点支配着作为语符串一部分的所有终端成分,但不支配该语符串以外的终端成分。

41 这个定义告诉我们成分在短语结构图中是如何表现的,但重要的是记住语言事实才是首要的事实。在分析句子的结构时,必须首先根据3.2节概述的语言学标准来识别句子的成分。在用这种方法识别成分后,我们可以画出一个适当形状的树形图来展现它们。

按照标准的用法,我们将用符号"S"来表示"句子"和"小句"二者,如(27)所示。一个句子的树形图中最高的节点通常会被标为S。这是因为这个句子本身就是一个语法成分,所以这个句子中所有的词都必须被一个适当范畴的节点完全支配。当然,一个句子可以包含几个小句,在这种情况下,树形图中最高的S将支配其他几个S节点(见第12章)。

任何一个树形图中最顶端的节点都被称为根节点,而树形图底部的终端节点有时被称为叶子节点。在一个句子中,S是根节点,单词是叶子节点。所以我们可以说,短语结构树是上下颠倒的,它的根在顶端,叶子在底部,树枝在中间。

3.5.2　树形结构的限制条件

人类语言的短语结构图通常需要符合两个限制条件:

a.无交叉限制(No Crossing constraint):母节点到子节点的连线不能交叉,即属于某个成分的词不能嵌入另一个成分中;

b.单一母节点限制(Single Mother constraint):根(最顶端)节点之后的每个节点必须正好是另一个节点的子节点。

施加这些限制条件的动因是,通过允许交叉线条或多重母子节点关系,我们将引入构建极其复杂的结构的潜力,这些结构在真实的人类语言中从未被发现。我们将遇到某些语言的材料,它们可能诱使我们违反这些限制条件中的一个或另一个。但是可以开发其他的方法来处理这些"问题案例",而不是将不切实际的复杂性引入系统。

实践练习

试着画树形图来展现下面两个马来语句子的结构。使用(27)中所示的范畴标签来标识非终端节点。〔答案在下文(38)中给出。〕

（31）a. Anjing　itu　makan　tulang　besar.　　　　　42
　　　　dog　　　that　eat　　　bone　　big
　　　　狗　　　那　吃　　　骨头　　大
　　　　'That dog is eating a big bone.'
　　　　那条狗在吃一根大骨头。

　　　b. Orang　tua　itu　makan　ikan　besar.
　　　　person　old　that　eat　　　fish　big
　　　　人　　　老　那　吃　　　鱼　　大
　　　　'That old person is eating a big fish.'
　　　　那个老人在吃一条大鱼。

3.5.3　短语结构规则

在第 1 章中,我们指出一种语言的说话人不会记忆句子。相反,他们用一组规则(他们的"内部语法")来构建句子。语言学家的任务就是发现这些规则。分析具体句子的结构是一个重要步骤,但我们不能就此止步。我们需要确定一组能产出这些结构的规则,并最终产出语言中所有其他可能的句子模式。

上面介绍的短语结构图的一个重要特征,也是为什么它们对语言学家如此有用的一个主要原因,是树形结构的排列和一组特定规则之间有直接且固定的联系。此外,产出短语结构树所需的

规则是一种特别简单的类型。它们被称为短语结构规则(PS 规则),其形式如下:

(32) A → B C

每个短语结构规则都定义了母节点和子节点的一种可能的组合。箭头左边的是母节点,箭头右边的是子节点。(32)中的规则是说,一个标记为"A"的节点可以按照这个顺序直接支配两个标记为"B"和"C"的子节点。注意这个规则中没有规定条件环境。为了限制规则所能生成的终端语符串的复杂性,我们要求它们是上下文无关(CONTEXT FREE)的。出于同样的原因,每个规则的箭头左边只有一个符号。

树形结构和规则之间的特定关系是这样的:短语结构树的每个节点必须被一条短语结构规则所准许〔或允准(LICENSED)〕才能合乎语法。(32)中的规则将允准(26)所示的一个子树形图(sub-tree)形式。为了允准(或"生成")(28)中的介词短语结构,我们需要(33)中所示的规则。

(33) PP → P NP

     NP → Det N

现在,为了生成(29)所示的完整的介词短语,我们需要一些规则来插入终端成分(词项),即"把树叶挂在树上"。其中一种方法可能是写出如下的短语结构规则[13]:

43   (34) P → {on, in, at, over, under, ...}

       N → {beach, house, boy, girl, cat ...}

       Det → {the, a, an, this, that, ...}

但是,语言的词库,即说话人的"心理词典",远不止是一张词的列表。正如我们将在第 5 章中看到的,每个词的词条必须包含各种语音、语义、形态和句法信息。因此,如果我们使用(34)中所示的规则,我们实际上必须两次列出该语言中的每个词——一次在词的词条中,另一次在给具体范畴"挂树叶"的特定规则中。

我们不采用(34)中所示的方法,而是假设有一个词项插入的一般规则,它允许任何给定范畴的词作为具有相应词汇范畴标签的节点的唯一子节点出现(词的范畴将在其词条中具体说明)。词项插入规则类似于一般的短语结构规则,因为它定义了母节点和子节点的可能组合。关键的区别在于,这种情况下的子节点是一个真实的词,而不是一个抽象的范畴符号。该规则可以大致表述为(35):

(35) **词项插入**

　　任何词汇范畴(N、V 等)都可以有一个子节点,该子节点是同一范畴的一个具体词项。

在大多数语言中,至少有一些短语范畴可以用不止一种的方式进行扩展(即允许它们所支配的子节点串发生一些变化)。因此,语法通常包括多个在箭头左边有相同成分的短语结构规则。在这种情况下,某些符号手段(缩写形式)可以用来将两个或多个短语结构规则组合在一起。圆括号( )用来标记可选成分,而花括号∦用来表示"非此即彼"。因此,(36a)中的一个规则等同于(36b)中的一对规则;(37a)中的一个规则也等同于(37b)中的一对规则。

(36) a. A　→　B(C)

　　 b. A　→　B

　　　　A　→　BC

$$(37)\ \text{a.}\quad X\quad \rightarrow\quad \begin{Bmatrix} Y \\ Z \end{Bmatrix}$$

$$\text{b.}\quad X\quad \rightarrow\quad Y$$

$$X\quad \rightarrow\quad Z$$

44　　总之,树形图用来展现具体句子的结构。语言中一般的语序模式可在短语结构(PS)规则中获取。为了使一个具体的树形结构被认为是合语法的,该树形结构中每个母节点和子节点的组合都必须被语法中的一个 PS 规则允准。正如我们将看到的,少量的 PS 规则可以生成大量不同的树形结构。

实践练习

回头看看你为(31)中句子画的图。〔它们应该看起来像(38)中所示的树形图。〕

(38) a.

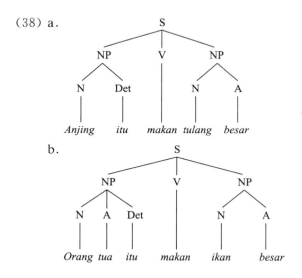

a. 现在写出一套短语结构规则,它们将生成你的图或(38)中

的树形图。

b. 检查你的规则是否也能生成例(7)中所有其他的马来语句子,如有必要请修改你的规则。

3.6　作为短语范畴的代词和专有名称

在 3.4.2 节中,我们提到互相替换性标准或分布相同是确定两个短语属于同一范畴的一个重要证据。但这一原则使我们陷入了一个明显的矛盾或悖论,即某些词项似乎具有短语的分布。在 3.2 节开头,我们特别指出像 *Ahamd* 这样的专有名称可以被一个完整的短语替换,代词也是如此。这一事实对我们提出的词级和短语级范畴之间的区分发起了挑战,因为在传统语法中,"短语"这个术语是指由一个以上的词所组成的单位。代词和专有名称不被认为是传统意义上的短语。

让我们更详细地考虑这个问题。我们应该写出怎样的短语结构规则来生成下面的不及物小句?

(39) I collapsed.

　　　　我晕倒了。

　　　　John collapsed.

　　　　约翰晕倒了。

　　　　The old school house collapsed.

　　　　这所老校舍坍塌了。

这三个小句在结构上是相同的。还可以找到许多其他类似的例子来说明小句的主语可以用代词、专有名称或普通的名词短语来表达,而不影响小句的基本结构。我们可以用(40)中的短语结构规则来表达这一事实(为了简洁起见,我们这里只考虑不及物小句)。

（40）S　→　$\left\{\begin{array}{l}\text{代词}\\\text{专有名称}\\\text{名词短语}\end{array}\right\}$　V

同样,介词的宾语可以是代词、专有名称或普通的名词短语,如(41)所示。我们可以将这组可替换项构建到短语结构规则中,该规则生成我们的介词短语,如(42)。

（41）behind me

　　　在我后面

　　　behind John

　　　在约翰后面

　　　behind the old school house

　　　在这所老校舍后面

（42）PP　→　P　$\left\{\begin{array}{l}\text{代词}\\\text{专有名称}\\\text{名词短语}\end{array}\right\}$

但请注意,(42)中大括号内的材料与(40)中的完全相同。此外,同样的一组可替换项也会出现在许多其他短语结构规则中。几乎在每个能出现专有名称的位置上,我们都可以用一个代词或一个普通的名词短语来替代。如果我们必须在每条提到这些位置之一的规则中列出所有这些可替换项,那么这些规则中会有大量的冗余。我们显然会漏掉一个重要的概括。

为了避免这种大量的冗余,我们将在所有规则中使用符号"NP",如(43),否则就不得不在代词、专有名称和普通的名词短语中进行选择。也就是说,我们将用"名词短语"(NP)这个术语来指称能出现在短语结构中"类似名称"位置上的任何单位,不论它是由一个词还是多个词组成。[14]

46

(43) S　→　NP　V

　　　PP　→　P　NP

　　为了说明语法中能充当名词短语的词〔如(39)和(41)所示〕的种类,一种方法可能是将代词和专有名称处理为特殊的名词子范畴。扩展 **NP** 的短语结构规则可以为每个子范畴明确规定不同的扩展。然而,这一方法似乎忽略了代词的真正功能。

　　传统语法认为代词"代替名词",但实际上代词代替的是整个 **NP**,如(44)中所见到的。[15]正如这些例子所示,代词的分布与普通名词有很大不同。代词从不受限定词或(在正式用法中)形容词修饰;它们自身就起到完整 **NP** 的作用。在语义上,它们也更类似于 **NP** 而不是简单名词。基于这些原因,认为它们实际上属于 **NP** 范畴而非 **N** 范畴,是更有意义的。

(44) a. The quick red fox jumped over the lazy brown dog.

　　　那只敏捷的红狐跳过了那只懒惰的棕狗。

　　b. *The quick red she jumped over the lazy brown him.

　　　那只敏捷的红她跳过了那只懒惰的棕他。

　　c. She jumped over him

　　　她跳过了他。

　　专有名称,当它们指代一个特定的个体时,它们与代词相似,因为它们具有 **NP** 的分布,且不被限定词或形容词修饰。在非常规情况中,它们确实可以带这样的修饰语,如(45)。有人可能争辩说,它们实际上是作为普通名词来使用,而不是专有名称。

(45) a. It is very confusing to have three *Pauls* in the same office.

同一间办公室里有三个保罗,这很令人困惑。

b. You are the first *Emily* I have ever met.

你是我遇见的第一个艾米莉。

c. The Skinners have always wanted a *Joy*.

斯金纳一家一直想要一个乔伊。

同样,我们也可以把专有名称当作名词的一个子类,用[-普通]等词汇特征来将它与其他名词区别开来。然而,为了保持一致,用我们处理代词的相同方法来处理它们,似乎是更可取的,即把它们当作属于 NP 范畴的词项。

我们认为,代词和专有名称是词项,它们的词条明确规定了它们属于 NP 范畴,而不是 N。这意味着它们可能作为 NP 节点的直接子节点出现在树形图中。在接下来的几章中会看到一些例子。

3.7 结语

本章介绍了对理解句子结构至关重要的两个概念:成分和范畴。句法成分是在语序上作为一个单位的一组词:它们可以替换单个词或被单个词替换,以不同的位置出现在各种句子类型中,是实质问句的"焦点",或作为这种问句的答句。成分在树形图中表现为由单个节点完全支配的一串词。

句法范畴是共同具有某些属性的词(或短语)的类别。范畴名称作为每个非终端节点的标签出现在树形图中。我们已经说过,词汇范畴的名称(词类的传统名称)是根据语义因素指派的,而短语和它们的核心语具有相同的范畴。然而,词和短语的范畴成员必须根据共同的语法属性来确定。两类关键的证据是:(i)分布相同,(ii)内部结构相同。对于词汇范畴(词),我们要问:(i)这个词出现在什么类型的短语中,它在短语中的功能是什么(比如核心语、修饰语、补足语)? (ii)这类词上能出现什么样的词缀? 对于短

47

语范畴,我们要问:(i)这类短语可能出现在句子的什么地方,它在句中的功能是什么?(ii)在这类短语中,能出现什么样的词,它们的功能是什么?

短语结构树是展现句子结构这些方面的一种常用且有效的方法。然而,句法结构的其他方面并不能在我们目前所见的这种简单树形图中直接展现出来。我们将在下一章开始考察其中的一些方面。

实践练习

A. 给出可以由以下两条规则生成的树形结构的实例。

PP → P NP

NP → Det N （PP）

B. 根据这些规则,对下面两个短语进行解析(即确定树形结构):

a. [a durian on the tree in the garden of that house in Penang]

b. [in the closet at the top of the stairs in that castle beside the river]

练习

3A. 给出五个可能的树形结构实例,这些树形结构可以由以下每条简单的语法规则生成。

(i) A → B C（将 A 作为根节点） 48

B → D （A）

$$C \rightarrow \left\{ \begin{matrix} D \\ E^* \end{matrix} \right\}$$

---

* 这里的 E 在原书中是 C,根据作者提供的勘误表校改。——译者注

(ii) S → NP V （NP）（PP）（将 S 作为根节点）

NP → Det （A）N （PP）

PP → P NP

V → ｛*runs*，*sings*，*yawns*，*likes*，*gives*，*pinches*｝

A → ｛*small*，*big*，*young*，*white*｝

P → ｛*to*，*in*，*behind*，*from*｝

Det → ｛*the*，*a*，*an*｝

NP → ｛*John*，*Mary*｝

N → ｛*boy*，*girl*，*house*，*tree*，*cake*，*sausage*，*dog*，

cat｝

3B.（来自 Baker 1978:41）找出能生成下列树形图的最小的短语结构规则集。

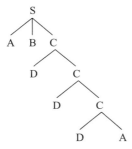

3C. 恩巴卡语（Ngbaka）（刚果；Roberts 1999，ex. 5.7）

写出一套 PS 规则，它们将生成所有合语法的名词短语（♯1—9），但不能生成不合语法的名词短语（♯10—18）。

1. toa kpo   'one house'

2. toa ke   'this house'

3. toa ge   'that house'

4. gã folo kpo   'one big elephant'

5. folo ge tũ   'that black elephant'

6. bisĩ gbogbo kpo   'one small lion'

7. gbogbo ge fẽ   'that white lion'

8. bisĩ gbogbo ke fẽ　　'this small white lion'

9. gã folo kpo tũ　　　'one big black elephant'

10. *ke　　　　　　　（'this'）

11. *toa ke kpo　　　　（'this one house'）

12. *toa kpo ge　　　　（'that one house'）

13. *ge toa　　　　　　（'that house'）

14. *kpo toa　　　　　（'one house'）

15. *folo kpo gã　　　　（'one big elephant'）

16. *tũ folo ge　　　　（'that black elephant'）

17. *gbogbo bisĩ kpo　（'one small lion'）

18. *fẽ gbogbo ge　　　（'that white lion'）

3D. 梅尔萨米语 (Mersthami)（人工语言材料；Bendor-Samuel
& Levinsohn 1986, ex. D-4）

根据下面的例子,你要:(i)确定梅尔萨米语中的词汇和短语
范畴。说明用来识别每个范畴的语法标准,并列出每个词汇范畴
的词根;(ii)画出♯3、5 和 7 的树形图;(iii)写出一套能生成所有
这些句子的 PS 规则。

1. lopa　　　　beli　　　lale　　　kuntu.
   walked　　　man　　　old　　　slowly
   'The old man walked slowly.'

2. lopa　　　　fobeli　　lalepu　　kuntu.
   walked　　　men　　　old　　　slowly
   'The old men walked slowly.'

3. lopa　　　　taha　　　onka　　　titam.
   walked　　　woman　　young　　quickly
   'The young woman walked quickly.'

4. lopa　　　　fotaha　　onkapu　　titam.
   walked　　　women　　young　　quickly

'The young women walked quickly.'

5. tika   sente   titam   lale.

    ran   dog   quickly   very

    'The dog ran very quickly.'

6. tika   fobeli   titam.

    ran   men   quickly

    'The men ran quickly.'

7. lopa   fotaha   lalepu   kuntu   lale.

    walked   women   old   slowly   very

    'The old women walked very slowly.'

8. tika   fosente   titam   kindi.

    ran   dogs   quickly   unusually

    'The dogs ran unusually quickly.'

9. lopa   taha   lale   titam   onka.

    walked   woman   old   quickly   quite

    'The old woman walked quite quickly.'

10. tika   fobeli   onkapu   kuntu   onka.

    ran   men   young   slowly   quite

    'The young men ran quite slowly.'

11. lopa   beli   kindi   kuntu   lale.

    walked   man   strange   slowly   very

    'The strange man walked very slowly.'

补充练习

Merrifield et al. (1987) prob. 139, 140, 146

Healey (1990b) ex. C.5

注 释

1. 例(1d)实际上包含了结构和词汇两方面的歧义,你能在两种解读中辨别出结构上的差异吗?

2. 在自然的英语口语中,(2a)两种不同的解读会通过不同的语调或重音模式来区分。

3. 来自瑞德福特(Radford 1988:57)。

4. 为了说明马来语中不合语法现象的本质,英语翻译中调换了重复的宾语 NP 的顺序。

5. 为了符合语法,这个答句必须用一个前面有 *yang* 的无核关系小句来表达。

6. 另一种重要的层级是归类或分类学(TAXONOMY),其中特定的类被编组到更一般的类中。这方面的一个例子是生物学家对生物的分类。分类学在分析词义的某些方面特别有用。

7. 这种定义词汇范畴的方法是莱昂斯(Lyons 1966)提出的。

8. 名词可以充当动词的主语或直接宾语,或者是介词的宾语,这种说法不太准确。这些是必须由名词短语充当的功能(或位置)。名词的标识属性是作为短语核心语出现在这些位置的能力。

9. 萨利希语(Salish)和瓦卡什语(Wakashan)经常被认为是这种概括的反例。

10. 参看比克福德(Bickford 1998:38—40)。

11. 是否所有的短语都必须有核心语,这是一个理论问题,本书将不做讨论。

12. 副词(ADVERB)通常被认为是次要范畴,但是我把加强词+副词的组合视为"有核心的"(或向心的)副词短语(AdvP)的一个例子:*very quickly*、*rather unexpectedly*、*quite happily*、*most fortunately* 等。然而,确实有许多被称为"副词性短语"(译者按:即状语短语)的成分并没有一个作为核心的副词,它们往往是从句或介词短语。

13. 正如下文所解释的,该规则中的大括号{ }表示有多个备选成分可供选择:每次运用这条规则时,就选择大括号内集合的一个成分。

14. 其他范畴的短语可以做类似的论证。例如,在英语(和许多其他语言)中,我们认识到形容词短语有时只包含一个形容词。

15. 参看瑞德福特(Radford 1988:78—79)和比克福德(Bickford 1998:54—55)。

第 4 章
语义角色和语法关系

对于句子分析而言,第 3 章介绍的短语结构模型是一个非常
实用的工具。然而,正如我们将在本章看到的,短语结构规则本身
并不能给说话人所说的内容提供充分的解释。例如,第 3 章练习
的 A(ii)部分所列的一组简单的短语结构规则会产出像(1)和(2)
那样的怪异的句子:

(1) a. #The young sausage likes the white dog.

年轻的香肠喜欢白狗。

b. #Mary sings a white cake.

玛丽唱一块白蛋糕。

c. #A small dog gives Mary to the young tree.

一只小狗把玛丽给了年轻的树。

(2) a. *John likes.

约翰喜欢。

b. *Mary gives the young boy.

玛丽给那个年轻的男孩。

c. *The girl yawns Mary.

这个女孩打哈欠玛丽。

虽然这些规则似乎与我们所知的英语语法相符合,但是我们
也明白它们能造出不能接受的句子。这些句子因为不同的原因而
不能接受。(1)中句前的符号#表明它们在语义上是不合规范的,
即它们不能被赋予一个可接受的语义解释。(2)中句前的符号 *

表明它们是不合语法的。在(2a, b)中我们感觉缺失了一个短语,而(2c)似乎又包含了一个多余的短语。

我们将在第 5 章详细讨论这些问题。现在的重点是,虽然短语结构规则本身可能是正确的,但是这并不一定能保证规则的输出是合语法的。还需要额外的信息,是关于所使用的具体的词的信息。这类信息必须以某种方式储存在词库中。

另一种可能出现的复杂情况如(3)所示。第 3 章练习 3A(ii)中的 PS 规则可以用两种不同的方式生成这个句子。这意味着这些规则可以为这个句子指派一种以上可能的短语结构,如(4)中的两个树形图所示。这两种结构对应于对这个句子两种不同的解释。你能识别出与这两种结构相关联的意义吗?

(3) John pinches the young girl behind the tree.

约翰在那棵树后拧那个年轻女孩。/约翰拧那棵树后的那个年轻女孩。

52   (4) a.

b.

(3)中这个句子是一个结构歧义的例子。虽然在这个语境中没有一个单词是有歧义的,但这个句子整体上是有歧义的,因为它有两种可能的短语结构。[1] 我们的 PS 规则允许以这种方式让两种不同的结构指派到同一个句子上,这有什么问题吗? 一点也没有。这只不过是英语语法的一个事实。句子(3)确实有歧义,所以我们的 PS 规则能生成(4)中所示的两种结构,实际上是好事。

在为(3)提供两种分析的过程中,我们的微型规则系统产生了与母语者内部语法相同的结果,它在这个意义上是成功的。相反,当这些规则产出诸如(1)和(2)中那样的句子时,它们显然没有模拟出说话人实际所说的话。为了解决这些问题,我们需要考虑单词的独特属性,尤其是动词;这将是第 5 章的重点。我们也需要涉及句子结构的两个方面,即语义角色和语法关系,这两个方面我们至今尚未讨论过。我们将通过考虑词和句子意义的某些方面来开启这一讨论。

4.1 简单句和命题

英语老师经常提醒他们的学生"每个句子必须表达一个完整的思想"。他们这样说,是在告诫学生不要写"句子片段",即缺少一些基本成分的句子。

在下一节中,我们将开始仔细观察一个句子的基本成分是什么,以及它们是如何组合在一起的问题。但首先我们可能会问自己,一个句子可以表达什么样的"完整思想"。目前我们只考虑最简单或最基本的一类句子,即陈述句(见第 11 章)。陈述句通常用来做出陈叙 *。说话人用陈叙来断言或否认一个命题,即至少在原则上可以被确定为真或假的一个命题。其他类型的句子,我们

---

* 原文用 statement 来解释 declarative。这两个术语在汉语中通常都译为"陈述",具体来说,statement 是给句子做功能分类时的术语,declarative 是给句子做语法分类时的术语。我们在此将 statement 译为陈叙,将 declarative 译为陈述,以示区分。——译者注

将在后面的章节中进一步讨论,它们通常用来实施其他类型的言语行为:发出命令、提出问题、献上祝福、祈福、诅咒等等。这类句子不能说是真的或假的。

因此,陈叙是断言命题的句子,即断言事件的某一状态存在与否。通常情况下,陈叙是关于某事或某人的;它们断言事件的某一状态对于给定的一个或一组个体(在这种情况下,个体可能是一个人、一个地点、一件事情等)而言是真实的。它们可能表明某一个体具有某种特定属性,如(5a, b),或是两个或多个个体之间存在某种关系,如(5c, d):

（5）a. John is hungry.

约翰饿了。

b. Mary snores.

玛丽打鼾。

c. John loves Mary.

约翰爱玛丽。

d. Mary is slapping John.

玛丽正在掴打约翰。

指明属性或关系的意义成分被称为谓语/谓词*:在上述例子中,*hungry*、*snores*、*loves* 和 *is slapping* 这些词表示谓词。其属性或关系被断言为真的个体(或参与者)(在这些例句中是 *John* 和 *Mary*)被称为论元。表达单个谓词及其论元的语法单位被称为简单句或小句。

正如我们已经从例(5)中看到的,不同的谓词需要不同数量的论元:*hungry* 和 *snores* 只需要一个论元,*loves* 和 *slapping* 需要两

---

* predicate 这个术语传统上既指一个句子中除主语外其他所有成分构成的部分,也指该部分中最主要的或起支配作用的那个成分。在汉语中,通常将前者译为"谓语",将后者译为"谓词"。——译者注

个论元。一些谓词可能根本不需要任何论元。例如,在许多语言中关于天气的评论(如 *It is raining*,或 *It is dark*,或 *It is hot*)可以用一个词来表达,一个没有论元的光杆谓词。

当一个谓词在论元数量正确的情况下被断言为真,其结果是一个合乎规范的命题:一个"完整的思想"。

4.2　论元和语义角色

不同谓词所描述的属性或关系可能在许多具体细节上有所差异,但其中的许多差异并不会影响句子的语法结构。例如,某个捆打(*slaps*)John 的人〔就像(5d)中 Mary 所做的〕所实施的行为,与某个抽打(*spanks*)、敲打(*beats*)、鞭打(*whips*)、拳打(*punches*)或棒打(*clubs*)他的人的行为是不同的。但是,在大多数语境中,这些动词之间的语义差异与语法无关。表达 Mary 和 John 之间关系的简单句,无论用哪一个动词,都将具有完全相同的语法结构。在一些语言中,像 *Mary loves John*(玛丽爱约翰)或 *Mary sees John*(玛丽看到约翰)这样的句子,具有不同于 *Mary slaps John*(玛丽捆打约翰)的语法特征。

根据论元在其谓词所描述的情境中扮演的角色,将其归入广义的语义范畴,是有帮助的。例如,在 *Mary slaps John*(玛丽捆打约翰)的句子中,*Mary* 充当施事的角色,而 *John* 充当受事的角色。如果 Mary 抽打(*spanks*)、敲打(*beats*)、鞭打(*whips*)、拳打(*punches*)或棒打(*clubs*)John,也涉及相同的语义角色。然而,在 *Mary sees John*(玛丽看到约翰)这个句子中,*Mary* 充当了一个感事的角色;*John* 是被感知的对象,我们称之为刺激者。使用不同的角色标签意味着语法属性上的潜在差异。[2]

这些范畴有多少? 我们需要使用多少角色标签? 不同的语言学家对这个问题有不同的看法,而且(不幸但并不令人惊讶的是)有时以不同的方式使用相同的标签。在这本书中,我们将(至少)

54

使用以下语义角色:

(6)语义角色清单:[3]

施事:事件的致使者或发起者。

感事[*]:感知刺激者或是表达某种特定心理、情感过程或状态的有生命实体。

接受者:接收或获得某物的有生命实体。

受益者:为其利益而实施某一行为的实体(通常是有生命的)。

工具:被施事用来实施某个行为的非生命实体。

客事[†]:经历了位置或领属的变化的实体,或是其位置被指定的实体。

受事:被作用、被影响或被创造的实体,或是其状态或状态变化被断言的实体。

刺激者:感知、认知或情感的对象,可以被看见、听到、知道、记住、爱、恨等的实体。

处所:事件的空间参照点(来源、目标和路径等角色常被视为处所的子类)。

来源:位移的源点或起点。

目标:位移的目的地或终点。

路径:位移的轨迹或路径。

伴随者(或伴随格):伴随某一行为实施或与之相关的实体。

(7)中的例子说明了这些术语是如何使用的:

(7) a. *John*　　　*gave*　　*Mary*　　*a bouquet of roses*.

　　　施事　　　　　　　接受者　　客事

---

* 除"感事"外,experiencer 也被译为"经事"。——译者注

† 除"客事"外,theme 还可以指句子的第一个主要成分,是句子表达信息的起点,这种意义的 theme 被译为"主位"或"主题"。——译者注

约翰给了玛丽一束玫瑰花。

b. *John   baked   Mary   a chocolate cake*.

　施事　　　　　　受益者　受事

约翰给玛丽烤了一个巧克力蛋糕。

c. *John   opened   the lock   with a key*.

　施事　　　　　　　受事　　　工具

约翰用一把钥匙打开了锁。

d. *The key   opened   the lock*.

　工具　　　　　　　　　　受事

钥匙打开了锁。

e. *Sherlock Holmes   heard   a piercing scream*.

　感事　　　　　　　　　　　刺激者

夏洛克·福尔摩斯听到了一声刺耳的尖叫。

f. *Little Jack Horner   sat   in the corner*.

　施事/客事　　　　　　　处所

小杰克·霍勒坐在角落里。

g. *Water   flows   through the aqueduct*

　客事　　　　　　　　　路径*

from mountain reservoirs   to the city of San Francisco.

　来源　　　　　　　　　目标

水通过水渠从山区水库流入旧金山市。

4.3　语法关系

4.3.1　主语和宾语

　　"主语"和"宾语"这些术语是很常见的,但厘清它们真正的意

---

　*　原书中"路径"标在 *flows* 的下面,这里根据作者提供的勘误表校正。——译
者注

义也许会有帮助。以英语为母语的学生经常被告知,句子的主语是动作的施行者,而宾语是被施行者作用的人或物。这个定义似乎适用于(8a, b)这样的句子,但在(8c, d)这样的例子中显然是错误的:

(8) a. Mary slapped John.

   玛丽掴打了约翰。

   b. A dog bit John.

   一只狗咬了约翰。

   c. John was bitten by a dog.

   约翰被一只狗咬了。

   d. John underwent major heart surgery.

   约翰的心脏动过大手术。

像"动作的施行者"或"被作用的人或物"这样的短语确定了特定的语义角色,即施事和受事。但是,正如我们在(8)中看到的,主语并不总是施事,而受事也不总是宾语。John 在这四个句子中都"被作用"了;但 *John* 一词在(8a, b)中是宾语,在(8c, d)中是主语。

另一个关于主语的传统定义是"句子所关涉的东西"。同样,这个定义似乎适用于很多句子(比如 9a),但不适用于其他句子(比如 9b, c)。这三个句子似乎都是"关于"Bill 的;因此,我们可以说 *Bill* 是这三个句子的话题。但 *Bill* 在(9a)中是主语,在(9b)中是宾语,在(9c)中既不是主语也不是宾语。这些句子清楚地表明,话题并不总是语法上的主语。

(9) a. Bill is a very crafty fellow.

   比尔是个狡猾的家伙。

   b. (Jack is pretty reliable, but) Bill I don't trust.

   (杰克很可靠,但是)比尔我不信任。

c. As for Bill，I wouldn't take his promises very seriously.

至于比尔，我不会把他的承诺太当真。

　　看来我们将句子的主语确定为施事或话题都不可靠。相反，我们必须使用语法标准来制定一个可行的定义。什么语法属性是主语具备而句子中其他成分所不具备的呢？比克福德（Bickford 1998：43）注意到英语主语的下列属性：

　　a. **语序**：在基本的英语句子中，主语通常在动词之前，而宾语和句子的其他部分在动词之后。

　　b. **代词形式**：在英语中，当代词做主语时，第一和第三人称代词以一种特定形式出现，如（10）所示。当代词出现在其他位置时，不使用这种形式[4]：

（10）a. She loves me.

　　　　她爱我。

　　　b. I love her.

　　　　我爱她。

　　　c. We threw stones at them.

　　　　我们向他们扔石头。

　　　d. They threw stones at us.

　　　　他们向我们扔石头。

　　c. **与动词一致**：在一般现在时中，当第三人称主语是单数时，动词上加-*s*。然而，宾语的数和人称或句中任何其他成分对动词的形式都没有任何影响：

（11）a. She angers him.

　　　　她激怒了他。

b. They anger him.

他们激怒了他。

c. She angers them.

她激怒了他们。

d. **实质问句**：如果主语被疑问词(*who* 或 *what*)替代，句子的其余部分保持不变，如(12b)。但是当句子中任何其他成分被疑问词替代时，必须有助动词出现在主语前面。如果基本的句子不包含助动词，我们必须在疑问词后面插入 *did* 或 *do*(*es*)，如(12d, e)：

(12) a. John stole/would steal Mrs. Thatcher's picture from the British Council.

约翰从英国文化协偷了/会从英国文化协会偷撒切尔夫人的照片。

b. Who stole/would steal Mrs. Thatcher's picture from the British Council?

谁从英国文化协会偷了/会从英国文化协会偷撒切尔夫人的照片？

c. What *would* John steal，if he had the chance?

如果有机会，约翰会偷什么？

d. What *did* John steal from the British Council?

约翰从英国文化协会偷了什么？

e. Where *did* John steal Mrs. Thatcher's picture from?

约翰从哪里偷来了撒切尔夫人的照片？

e. **附加问句**："附加问句"(见第 11 章)用来寻求对陈叙的确认。它总是包含一个回指主语的代词，而从不回指句中任何其他成分。

（13）a. John loves Mary，doesn't he?

　　　约翰爱玛丽，他不是吗?

　　b. Mary loves John，doesn't she?

　　　玛丽爱约翰，她不是吗?

　　c. *John loves Mary，doesn't she?

　　　约翰爱玛丽，她不是吗?

　　这里还可以添加其他属性，但如果没有比我们现阶段所能设想的更深入的英语句法知识，其中许多属性是无法理解的。主要的一点是，这些是识别英语句子主语时特有的语法属性。当然，对于另一种语言，具体属性的列表会有所不同。我们不会试图将主语性(SUBJECTHOOD)定义为一个抽象概念，但会假设每种语言都有一组语法标准，使我们能够识别该语言的主语。

　　同样的考虑也适用于宾语：我们一般不能根据语义角色或话语功能来识别它们。相反，我们需要找到一组语法属性，它们是具体语言中宾语的特征。然而，由于主语在某种意义上比宾语更"突显"，(在许多语言中)宾语所特有的语法属性更少，所以有时候宾语性(objecthood)的测试手段比主语性的测试手段更难找到。

4.3.2　项和旁语论元

　　主语和宾语通常被称为项(TERM)*，或直接论元。不是主语或宾语的论元被称为间接论元或旁语论元。这些标签反映了这样一个观念，动词与其主语或宾语之间的语法关系比动词与小句其他成分之间的语法关系更密切或更重要。

　　在英语中，主语和宾语特殊地位的一个标志是，所有旁语论元

---

　　* 在关系语法(Relational Grammar)中，担任句子主要语法成分的主语、直接宾语和间接宾语用项关系符(Term R-sign)来表示，其中前二者又被称为核心项关系符(Nuclear Term R-sign)。——译者注

都用介词标记,而主语和宾语只用光杆名词短语来表达。下面给出了一些旁语论元短语的例子:

（14） a. Michael Jackson donated his sunglasses ［to the National Museum］. （接受者）

迈克尔·杰克逊把他的太阳镜捐给了国家博物馆。

b. Samson killed the Philistines ［with a jawbone］.

（工具）

参孙用一块下颌骨杀了非利士人。

c. The Raja constructed a beautiful palace ［for his wife］. （受益者）

王侯为他的妻子建造了一座美丽的宫殿。

d. The Prime Minister deposited his money ［in a Swiss bank］. （处所）

总理把他的钱存入了一家瑞士银行。

58　　　我们将用缩略语 SUBJ、OBJ 和 OBL 分别指代主语、宾语和旁语论元。重要的是要记住,这些术语标识的是语法关系,而不是语义角色,这些关系必须根据它们的句法和形态属性来定义。后面几章中将介绍更多的语法关系。

4.4　附加语和论元

论元是小句中与其谓词有密切语义关系的成分。由于谓词所表述的关系或活动的本质,论元是必须被包含的参与者,而且没有它们的话,小句就不能表达一个"完整的思想"。例如,任何由谓词"吃"表述的事件都必须包含至少两个参与者:吃者和被吃物(这是符合事实的,即使这些参与者中的一方或另一方可能没有在事件的具体描述中被提及,例如:"约翰还在吃",或"鱼被吃了")。因此,我们说谓词"吃"带两个论元。但说话人常常也需要传达其他意义成分,这些成分和谓词的意义并不密切相关,但它们在帮助听话人理解故事的脉络、事件发生的时间或地点、动作实施的方式等方面十分重要。这类成分不是论元,它们被称为附加语 *。

在大多数情况下,时间和方式短语与动词的内在意义无关。它们可以选择性地添加到几乎任何一个小句中,如(15)所示:

(15) George fell down the stairs *last night*.

乔治昨晚从楼梯上摔了下来。

My daughter swallowed a penny *last night*.

我女儿昨晚吞下了一个便士。

John gave Mary a bouquet of roses *last night*.

约翰昨晚给了玛丽一束玫瑰花。

George *intentionally* fell down the stairs.

乔治故意从楼梯上摔了下来。

My daughter *intentionally* swallowed a penny.

我女儿故意吞下了一个便士。

John *intentionally* gave Mary a bouquet of wilted roses.

约翰故意给了玛丽一束枯萎的玫瑰。

区分附加语和旁语论元并不总是容易的。一条线索是,附加语从来都不是必有的,因为它们不被动词的意义所隐含(或与之直接相关)。换句话说,附加语总是可删除的(可选的),但论元可能并非如此。例(16a)表明, *use* 的宾语是必有的,因此是一个论元。同样,(16b)表明动词 *put* 带了一个必有的介词短语论元。但是,附加语总是可以被省略而不会产生任何不完整的感觉,如(17)所示。

---

* 除"附加语"外,adjunct 也被译为"附接语"或"加接语"。——译者注

（16）**论元**

a. Mary used *my shirt* for a hand towel.

玛丽用我的衬衫当擦手巾。

＊Mary used for a hand towel.

玛丽用当擦手巾。

b. Henry put the money *into his pocket*.

亨利把钱放进他的口袋里。

＊Henry put the money.

亨利把钱放。

（17）**附加语**

a. George fell down the stairs *last night*.

乔治昨晚从楼梯上摔了下来。

George fell down the stairs.

乔治从楼梯上摔了下来。

b. My daughter *intentionally* swallowed a penny.

我女儿故意吞下了一个便士。

My daughter swallowed a penny.

我女儿吞下了一个便士。

　　重要的是要记住,论元也可以是可选的。例如,许多及物动词都允许带一个可选的受益者论元(18a),而大多数施事—受事型的及物动词都允许带一个可选的工具论元(18b)。关键的事实是,附加语总是可选的。所以"如果是必有的,那么就是论元"的推论是合理的,但是"如果是可选的,那么就是附加语"的推论则不合理。

（18）a. John baked a cake (*for Mary*).

约翰(给玛丽)烤了一块蛋糕。

b. Bill cut the fish (*with a pocket knife*).

比尔(用一把小刀)切了鱼。

第二,附加语可以自由地添加到大多数小句中,然而特定类型的论元只允许与适当类型的动词一起使用。正如我们将在下一章中看到的,动词可以根据它们所带论元的数量和类型进行"再分类"。但是,附加语不能用来给动词分类,因为附加语在语义上独立于动词。

第三条线索是,通常只有论元才有资格承载项关系(主语或宾语)。(19)的例子表明(19a)中的三个论元(施事、工具和受事)都能被表达为主语。(19b)中工具可以表达为主语的事实表明,工具是该小句的一个(可选的)论元。同样,(20b)中受益者可以表达为直接宾语的事实表明,受益者是该小句的一个(可选的)论元。相反,附加语通常不能被表达为主语或宾语。

(19) a. John cuts his meat with a knife.

约翰用刀切肉。

b. This knife cuts the meat easily.

这把刀切肉很容易。

c. This meat cuts easily.

这肉容易切。

(20) a. John baked a cake (*for Mary*).

约翰(给玛丽)烤了一块蛋糕。

b. John baked Mary a cake.

约翰给玛丽烤了一块蛋糕。

最后,论元在其小句中必须是唯一的;也就是说,每个动词最多只能有一个特定类型的论元。例如,(21a)中的第二个句子是不合语法的,因为它包含了两个接受者论元。如(21b, c)所示,附加语可以自由地增加。句子(21b)包含了三个时间短语,句子(21c)包含了三个方式短语,但这些句子都非常自然。这一事实表明,时间和方式短语是附加语,而不是论元。

（21）a. **论元**

John gave a bouquet of roses ⌈to his mother⌉.

约翰送了一束玫瑰花给他母亲。

*John gave a bouquet of roses ⌈to his mother⌉ ⌈to Susan⌉.

约翰送了一束玫瑰花给他母亲给苏珊。

b. **时间附加语**

George fell down the stairs ⌈last night⌉ ⌈at 3:00 AM⌉ ⌈during the typhoon⌉.

昨晚凌晨3点台风期间,约翰从楼梯上摔了下来。

c. **方式附加语**

My daughter ⌈suddenly⌉, ⌈impulsively⌉, ⌈without thinking⌉, swallowed a penny.

我女儿突然冲动地不假思索地吞下了一个便士。

我们已经列出了四种测试或标准来区分附加语和论元。这些测试总结在(22)中。通常这些标准会以某种方式提供一个明确的答案,但有时证据可能不那么明确。这在语言学中并不少见。出于许多不同的目的,语言学家依赖于这类测试。尽管这些测试可能不会在每种情况下都给出清晰明确的答案,但它们十分有用,而且实际上是不可或缺的。

（22）	论元	附加语
必有性	有时	从不
给动词"再分类"	是	否
主语/宾语	有时	从不
在小句中唯一	是	否

阿诺德·兹威基(Arnold Zwicky 1985)指出,这种测试不应

视为定义,而应视为症状。我们不会根据(22)中列出的属性来定义附加语或论元,但是知道每个类别的特征是哪些属性将有助于我们在碰到它们的时候将它们识别出来。兹威基的观点在语言学家和医生之间做了一个有益的类比。人体是一个非常复杂的系统。每个部分都能以不同的方式影响其他部分,一个症状(比如发烧)可能有几个不同的潜在原因。同样,一种语言的语法也是一个非常复杂的系统。正如医生寻找能够解释各种症状的最佳诊断一样,语言学家也试图找到对材料的最佳"诊断",即关于语法潜在模式的假设,这些假设是对所观察到的事实的最佳解释。

4.5　"间接宾语"和次要宾语

传统语法中"间接宾语"这一术语的用法存在一个问题,这个问题可以从(23)这对句子中看出:

(23) a. John gave Mary his old radio.

约翰给了玛丽他的旧收音机。

b. John gave his old radio to Mary.

约翰把他的旧收音机给了玛丽。

在传统语法中,*Mary* 被称为(23a)和(23b)两个句子的"间接宾语"。然而,在(23b)中 *Mary* 前面有介词 *to* 且出现在句尾,而在(23a)中,*Mary* 直接出现在动词后面,不带任何介词。这些事实表明,(23a)中 *Mary* 的语法关系与(23b)中的并不相同(还有一些其他的语法差异也能支持这一结论,但我们还没准备好去讨论它们)。

如这个例子所示,传统语法中"间接宾语"这一术语用来指接受者(有时是受益者)的语义角色,而非特定的语法关系。我们已经说过,语法关系必须根据语法属性来确定,而不是根据语义角色。(23a)中 *Mary* 的语法属性与(24a)中 *Bill* 的语法属性在本质上是相同的;(23b)中 *Mary* 的语法属性在许多方面也与(24b)中 *attic* 的语法属性相同。因此,根据语法属性,我们会说 *Mary* 在 (23a)中承载了宾语关系,而在(23b)中承载了旁语论元关系。

(24) a. Susan slapped Bill.

苏珊掴打了比尔。

b. John stored his coin collection in the attic.

约翰把他收藏的硬币存放到了阁楼上。

如果 *Mary* 在(23a)中承载了 OBJ 关系,那在这句话中 *his old radio* 的语法关系是什么?我们将它称为次要宾语,使用缩写形式 OBJ_2。(25)中的句子提供了这种"双宾语"模式的其他例子。在这些句子中,动词后面跟着两个 NP 宾语。其中第一个 NP 承载了 OBJ 关系,我们称之为直接宾语或主要宾语。第二个 NP 是次要宾语(OBJ_2)。

(25) a. Mary gave [her son]$_{OBJ}$ [a new bicycle]$_{OBJ_2}$.

玛丽给了她儿子一辆新的自行车。

b. Reluctantly,Henry showed [Susan]$_{OBJ}$ [his manuscript]$_{OBJ_2}$.

亨利不情愿地把他的手稿给苏珊看。

c. Uncle George told [the children]$_{OBJ}$ [a story]$_{OBJ_2}$.

乔治叔叔给孩子们讲了一个故事。

许多语言都允许像(25)中那样的句子,其中动词有两个宾语 NP。在大多数语言中,这些 NP 中的一个可以被识别为主要宾语 (OBJ),而另一个是次要宾语(OBJ_2)。区分 OBJ 和 OBJ_2 的具体语法标准会因语言的不同而有所不同,但下列指导准则描述了一些更为常见的差异:

a. **特殊标记**：如果一个宾语被标记为简单及物（单及物）小句 62
的宾语，而另一个宾语有特殊标记（如与格，见第 7 章），带有特殊
标记的可能是次要宾语。

b. **一致**：如果动词只和两个宾语中的一个保持一致，那通常与
主要宾语保持一致。

c. **被动化**：如果两个宾语中只有一个可以表达为被动小句的
主语（见第 14 章），那么它通常是主要宾语。

d. **位置**：如果两个宾语在标记上没有区别，例如，两者都是光杆
NP，并且它们的相对顺序是固定的（或者一种顺序可能表现得比另
一种更为基本），那么最接近动词的宾语更有可能是主要宾语。

4.6　结 语

简单小句的成分（除了谓词本身）可以分类为论元或附加语。
论元是那些被动词"选择"的成分；它们被某些谓词所要求或允许，
但不被其他谓词所要求或允许。为了表达得合乎语法，论元必须
在小句中被指派一种语法关系。一个论元的语法关系取决于其形
态和句法属性，不同于由动词意义所决定的语义角色。

我们已经确定了语法关系的两个基本类别：旁语论元和项（或
直接论元）。这两个类别是基于语法属性来区分的。项（即 SUBJ、
OBJ、OBJ₂）在各种各样的句法结构中表现活跃，而旁语论元相对
来说不活跃。小句成分的分类总结在下图中：

（26）

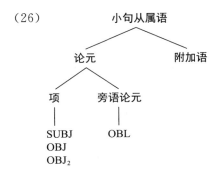

63   我们将在下一章进一步探讨这些概念。然而,在我们继续讨论之前,需要就"谓语"这个术语的用法提醒一句。在传统语法中,"谓语"一词经常用来指小句中除主语之外的所有成分。在这本书中,我们以一种完全不同的方式来使用这个术语:谓语是用来表述包含固定数目论元的属性或关系的语义成分。

严格地说,我们应该区分作为抽象语义实体的谓词和在具体语言中表达它们的词(语言实体)。然而,我们在这里也允许一些不严格的用法。例如,在前几节中,我们遵循语言学家们的常见用法,讨论的是动词的论元,而不是动词所代表的谓词。在有任何混淆风险的地方,我们会设法说得更精确些。

练习

4A. 英语

确定下面例子中论元的语义角色和语法关系。

1. Mary hit the crocodile with her umbrella.

2. John dropped a coin into the wishing well.

3. Susan donated her portrait of Winston Churchill to the National Museum.

4. Everyone in town heard the explosion.

5. The Queen of England keeps her jewels in the Tower of London.

6. Harry hit the ball with his tennis racquet.

7. Superman broke the window with the gangster.

8. The racquet hit the ball out of the stadium.

9. The ball fell to earth.

10. A large sack of rice sat in the corner of the room.

11. Three Afghan refugees swam the English Channel.

12. The police chased the smugglers from Jakarta to Bangkok.

13. My son was bitten by a snake.

14. Mary was given a silver ring by her mother.

15. These scissors cut well.

16. This paper cuts easily.

17. I am afraid.

18. That firecracker frightened me.

4B. 印度尼西亚语 (Indonesian)（改编自 Sneddon 1996 和其他资料）

确定下面例子中论元的语义角色和语法关系。假定所有介词短语都是论元。

1. Mereke　berenang　ke　seberang　sungai.　　64
   they　　　swim　　　to　across　　river
   'They swam to the other side of the river.'

2. Siti　memberikan　surat　itu　kepada　ayah＝nya.
   Siti　give　　　　letter　that　to　　　father＝3sg
   'Siti gave the letter to her father.'

3. Pak　Ali　memotong　kayu　itu　dengan　parang.
   Mr.　Ali　cut　　　　wood　that　with　　machete
   'Mr. Ali cut the wood with a machete.'

4. Saya　berlibur　di　Bali　berserta.dengan　keluarga.
   1sg　vacation　in　Bali　together.with　　family
   'I vacationed in Bali with my family.'

5. Ayah　membeli　sepeda　baru　untuk　adik.
   father　buy　　　bicycle　new　for　　yg.sibling
   'Father bought a new bicycle for my little brother.'

6. Pak　Ali　muncul　dari　belakang　rumah.
   Mr.　Ali　emerge　from　back　　　house
   'Mr. Ali appeared from behind the house.'

7. Hang　Tuah　tinggal　di　Kota　Melaka.

Hang Tuah dwell in city Malacca

'Hang Tuah lived in Malacca.'

8. Pesakit itu tidak kenal isteri＝nya sendiri.

patient that not know wife＝3sg self

'The sick man does not know his own wife.'

9. Siti rindu kepada adik＝nya.

Siti miss to yg.sib＝3sg

'Siti misses her little sister.'

10. Budak itu membuang buku saya ke dalam sumur.

child that throw book 1sg to in well

'That boy threw my book into the well.'

注释

1. (4a)中的 PP 是描述事件位置的附加语,而(4b)中的 PP 是表明涉及哪个女孩的修饰语。

2. 当然,语义角色范畴并不能反映所有可能和语法相关的语义差异。然而,语义角色通常在语法关系的指派中起着至关重要的作用,而语法关系又决定了许多重要的语法特征。正如我们将看到的,这些特征通常包括格、一致、语序和各种句法过程中的参与者。

3. 请注意,此列表仅限于论元角色。其他一些常见的语义信息表达类型,例如时间、方式、目的等,是不包括在此的。因为表达这些概念的成分几乎总是附加语而不是论元。这一区别在 4.4 节中讨论。

4. 我们暂时忽略了主格代词作为述谓补足语的用法(见第 10 章),特别是在相对正式的言语中,例如 *It is she*。

65

第 5 章

词条和合规小句

第 4 章的例(1)和(2)表明,好的短语结构规则也能产出坏的
句子。我们暗示这个问题的解决办法可以在词库(说话人的心理
词典)中找到,那里储存着关于单词独特属性的信息。这个主题是
本章的焦点。我们将特别关注动词的词汇属性以及这些属性决定
小句整体结构的方式。

5.1　词条

语言学家用词库这个术语来指语言中所有词(或有意义的成
分)的集合,我们经常将其视为说话人的"心理词典"。每个单词都
被称为一个词项。对于每个词项,词库都必须具体说明它是如何
发音的,它的意义是什么,以及它在语法中的模式是怎样的。

特定于某个具体的词的所有音系、语义和语法信息都包含在
其词条中。这个词条有点类似于普通印刷版词典中提供读音、意
义和词类等信息的条目。然而,包含在词条中的语法信息可能远
远超出了词类(句法范畴)。例如我们在第 4 章中注意到,英语名
词的一个诊断特征是可以表示数的屈折变化。然而,名词中一个
很大的子类不能(在其最基本的意义上)变为复数。这类名词通常
被称为不可数名词,而可以变为复数的名词则被称为可数名词。
它们之间的差异如(1)所示:

(1) a. 不可数名词：　this rice/salt/mud/money
　　　　　　　　　这米饭/盐/泥/钱

可数名词： this dog/house/tree/car

这只狗/这间房子/这棵树/这辆车

b. 不可数名词： *these rices/salts/muds/moneys

这些米饭/盐/泥/钱

可数名词： these dogs/houses/trees/cars

这些狗/房子/树/车

可数和不可数名词也表现出其他的语法差异。不可数名词不能被 *a*、*many*、*few*、*three*、*eight* 等限定词修饰(2a)。另一方面,可数名词带上限定词 *some*(2b),或者不带任何限定词(2c)时,不能使用单数形式。

（2）a. *a rice/salt/mud/money

米饭/盐/泥/钱

a dog/house/tree/car

一只狗/一间房子/一棵树/一辆车

b. Please give me some rice/salt/mud/money

请给我一些米饭/盐/泥/钱

Please give me some ?dog/ *house/ *tree/ *car

请给我一些狗/房子/树/车

c. I like rice/mud/?dog/ *tree/ *car.[1]

我喜欢米饭/泥/狗/树/车。

这些语法模式上的差异可以用来把属于名词范畴的词分成两个子类(或子范畴):可数名词和不可数名词。一个具体的名词属于哪个子类必须在其词条中标明。在这样的情况中,凡是要做简单的双向区分的地方,语言学家通常都从二元特征[2]的角度来思考。这些特征用来表示某个给定语言单位可能有或可能没有的一种属性。为了区分可数和不可数名词,我们可以要求每个名词的词条或者包含[＋可数]特征(用于可数名词)或者包含[－可数]特征(用于不可数名词)。类似地,拥有一些特殊语法属性的助动词子类,也可以通过[＋助动]特征和规则动词区别开来。

总之,每个词的词条必须至少具体说明以下信息:

a. 语音形式

b. 意义(语义特征)

c. 句法范畴(词类)

d. 其他语法信息

e. 与特定的词相关的不规则形式或模式

英语名词 *child*(小孩)的词条可能像(3)这样:

$$(3) \begin{bmatrix} child/\text{t}\int\text{a}^\text{i}\text{ld}/ \ ^* \\ \text{`young human'} \\ \text{CAT:N} \\ [+\text{ count}] \\ \text{PLURAL:} children \end{bmatrix}$$

5.2　论元结构和次范畴化

在第 4 章中,我们提到使谓词彼此区别的两种基本方式:(i)不同的谓词可能需要不同数量的论元;(ii)需要相同数量论元的谓词可以给那些论元指派不同的语义角色。正如我们将看到的,这些差异对于决定每个谓词所在小句的结构来说是至关重要的。

谓词的论元结构就是谓词所需论元的数量和类型的表征。　68

　＊ 原书中//内的音标 *a* 为斜体,这里根据作者提供的勘误表改为非斜体的 a。——译者注

语法分析导论

下面的例子显示了动词 *sing*（唱）、*slap*（掴打）、*love*（爱）和 *give*
（给）的简单论元结构表征。

（4）*sing* 〈施事〉
　　 slap 〈施事,受事〉
　　 love 〈感事,刺激者〉
　　 give 〈施事,客事,接受者〉

　　在任何使用这些动词的具体句子中,每个论元都会和特定的
语法关系相关联。这一点如(5)所示,其中每个论元都标记了语法
关系和语义角色。

（5）a. 主语·····························（语法关系）
　　　 John　sings.（约翰唱歌。）
　　　 施事·····························（语义角色）
　　 b. 主语············宾语·············（语法关系）
　　　 Mary　slapped　John.（玛丽掴打了约翰。）
　　　 施事············受事·············（语义角色）
　　 c. 主语············宾语·············（语法关系）
　　　 John　loves　Mary.（约翰爱玛丽。）
　　　 感事············刺激者·············（语义角色）
　　 d. 主语········宾语·······旁语论元·······（语法关系）
　　　 John　gave　the roses　to his wife.
　　　（约翰送玫瑰花给妻子。）
　　　 施事·······客事·······接受者·······（语义角色）

　　我们可以用更完善的论元结构表征来显示每个动词语义角色
和语法关系之间的对应情况,如(6)所示。

114

（6）a. *sing*　〈施事〉
　　　　　　　　|
　　　　　　　SUBJ

　　　b. *slap*　〈施事，受事〉
　　　　　　　　　|　　|
　　　　　　　　SUBJ　OBJ

　　　c. *love*　〈感事，刺激者〉
　　　　　　　　　|　　　|
　　　　　　　　SUBJ　　OBJ

　　　d. *give*　〈施事，客事，接受者〉
　　　　　　　　　|　　|　　　|
　　　　　　　　SUBJ　OBJ　　OBL

有关具体动词指派给其论元的语法关系集合的信息,通常被称为次范畴化*,因为它提供了一种将单个句法范畴(即动词)划分为几个次范畴(那些不带宾语的动词,那些需要一个宾语加上一个旁语论元的动词,等等)的方法。例如,(6d)中的图表表明动词 *give* 因主语、直接宾语和旁语论元而"次范畴化"。动词的次范畴化是其词条中必须出现的信息的重要组成部分。我们假定该信息大致以(6)中所示的形式来表示。

我们应该指出,(6)中的表征有些冗余,因为它们包含的信息(通常)是可预测的。例如,一般的主动态及物动词几乎总是将主语关系指派给它的施事,将宾语关系指派给它的受事。许多语言学家认为词条应该包含尽可能少的冗余信息或可预测信息。如果每个论元的语法关系都是完全可预测的,那么就可以通过运用一组规则〔通常称为连接(LINKING)规则〕来确定语法关系,那么我们将无需在动词的词条中列出语法关系。然而,要让这种方法正常发挥作用是一项相当困难的任务,而且它带来的复杂性比我们这里所能处理的还要多。出于这个原因,我们简单地假定(6)中表征包含的所有信息都在每个动词的词条中被具体说明。

69

＊　除"次范畴化"外,subcategorization 也被译为"子语类化"。——译者注

5.2.1　及物性和配价

次范畴化这一概念在某种程度上类似于将动词分为不及物动词或及物动词的传统分类。"及物性"这一术语的基本意义就是"带宾语"。因此,不及物动词(如 *yawn*)不带任何宾语,及物动词(如 *like*)需要一个宾语,而双及物动词需要两个宾语。我们在第4章中讨论了一些双及物动词的例子,它们重新写在(7)中:

(7) a. Mary gave [her son]ₒ₈ⱼ [a new bicycle]ₒ₈ⱼ₂ .

　玛丽给了他儿子一辆新自行车。

　b. Reluctantly, Henry showed [Susan]ₒ₈ⱼ [his manu-script]ₒ₈ⱼ₂ .

　亨利不情愿地向苏珊展示了他的手稿。

　c. Uncle George told [the children]ₒ₈ⱼ [a story]ₒ₈ⱼ₂ .

　乔治叔叔给孩子们讲了一个故事。

另一种具体说明动词及物性的方法,是看它带多少个项(主语或宾语)论元? 项或直接论元的数量有时被称为动词的配价。因为大多数动词都可以说有一个主语,所以动词的配价通常都比它所带宾语的数量多一个:不及物动词是一价,及物动词是二价,双及物动词则是三价。

重要的是要注意到动词的配价(在这个意义上)并不与它所带论元的数量相同。例如,如(8)所示,动词 *donate* 带三个语义论元。然而,*donate* 是二价动词,因为它只带了两个项论元:SUBJ和 OBJ。和这个谓词共现时,接受者总是表达为旁语论元。

(8) a. Michael Jackson donated his sunglasses to the National Museum.

迈克尔·杰克逊把他的太阳镜捐赠给了国家博物馆。

b. *donate* 　〈施事，客事，接受者〉
　　　　　　　|　　|　　|
　　　　　　SUBJ　OBJ　OBL

一些语言学家使用"语义配价"这一术语来指谓词所带的语义论元的数量，并用"句法配价"来具体说明动词所需的项的数量。在这本书中，我们主要在后一种（句法的）意义上使用"配价"这个术语。

总之，配价和次范畴化二者都告诉我们，论元的数量必须在包含具体动词的小句中表达出来。然而，它们之间也有一个重要的区别。动词的配价告诉我们的只是项或直接论元的数量；不涉及旁语论元的存在与否。动词的次范畴化告诉我们的是动词指派给其论元的所有语法关系，无论是直接论元还是旁语论元。所以，例如动词 *hit* 和 *put* 具有相同的配价（二价），但次范畴化的集合是不同的，因为 *put* 需要一个旁语论元，而 *hit* 不需要，如（9）所示。（作为实践练习，读者应该造一些例句来说明这些论元结构。）

（9）a. *hit* 　〈施事，受事〉
　　　　　　　|　　|
　　　　　　SUBJ　OBJ

　b. *put* 　〈施事，客事，目标〉
　　　　　　　|　　|　　|
　　　　　　SUBJ　OBJ　OBL

5.2.2　配价交替

我们已经看到，有些动词可以有多种用法。例如第 4 章中，我们看到动词 *give* 出现在两种不同的小句模式中，如（10）所示。我们现在可以看到动词的这两种用法包含了相同的语义角色，但语法关系的指派却不同，即不同的次范畴化。这种不同呈现在（11）

中。动词 *give* 的词条必须允许这两种构型。[3]

(10) a. John gave Mary his old radio.

约翰给了玛丽他的旧收音机。

b. John gave his old radio to Mary.

约翰把他的旧收音机给了玛丽。

(11) a. *give* 〈施事,客事,接受者〉

SUBJ OBJ$_2$ OBJ

b. *give* 〈施事,客事,接受者〉

SUBJ OBJ OBL

配价不止一种可能的其他动词的例子也不难找到。例如,在以下两组句子中,我们看到同一个动词在使用时可以带一个宾语或不带宾语:

(12) a. John has eaten his sandwich.

约翰吃了他的三明治。

b. John has eaten.

约翰已经吃了。

(13) a. Bill is writing an autobiography.

比尔正在写自传。

b. Bill is writing.

比尔正在写。

这些句子似乎表明 *eat* 和 *write* 既可以是及物的也可以是不及物的。然而,这两种模式都描述了相同类型的事件。无论你何时吃,总有东西被吃掉;无论你何时写,总有东西被写出来。所以即使在(b)句中,假定论元结构包含一个受事似乎也是合理的,尽管我们并不能确切地知道受事是什么,因为它没有明确说出来。它甚至可能是未指明的受事,如(14)所示。(14c)中的代词 *it* 指的是(14b)中未指明的受事。

> (14) a. John：I feel hungry.
> 　　　约翰：我感到饥饿。
> 　　b. Mary：Didn't you eat before we left?
> 　　　玛丽：我们离开之前你没吃吗?
> 　　c. John：Yes，but *it* wasn't very substantial.
> 　　　约翰：吃了,但不是很多。

我们可以说,这样的动词在语义上是及物的,但与其他及物动词不同,它们允许受事论元不表达出来〔由于历史原因,(12b)和(13b)中显示的模式有时被称为"未指明的宾语删除"(unspecified object deletion)。更精确的说法可能是"未指明的受事抑制"(unspecified patient suppression)〕。我们可以像(15)那样展现这些动词的论元结构,表明受事既可能是 OBJ,也可能没有在句法上表达出来:

> (15) *eat*　　〈施事,受事〉
> 　　　　　　　 ｜　 ｜
> 　　　　　　　SUBJ （OBJ）

但并非所有可变及物性的情况都可以这样处理。仔细观察以下例子:

> (16) a. John is walking the dog.
> 　　　　约翰正在遛狗。
> 　　b. John is walking.
> 　　　　约翰正在走路。

（17）a. The sunshine is melting the snow.

阳光正在使雪融化。

b. #The sunshine is melting.

阳光正在融化。

c. The snow is melting.

雪正在融化。

例（16）中，不太清楚的是，两个句子所描述的是不是相同的事件。（16b）中，约翰肯定是在走路；但是（16a）中，狗显然在走路，约翰可能在骑自行车或滑旱冰。类似地，即使句子（17b）中的词串是句子（17a）的真子集，但其意义也截然不同。将这个例子与上面的（12）和（13）进行比较。*Bill is writing an autobiography*（比尔正在写自传）这个句子显然蕴涵着 *Bill is writing*（比尔正在写）；*John has eaten his sandwich*（约翰已经吃了他的三明治）显然蕴涵着 *John has eaten*（约翰已经吃了）。然而，（17a）并不蕴涵（17b），而是蕴涵（17c）。

因此，例（16）和（17）中的可变及物性似乎与（12）和（13）中的是不同的类型。对于（16）和（17）这样的情况，我们可能会说，这个动词只是有两种不同的含义，每种含义都有它自己的论元结构〔如（18）所示〕，并且两种含义都必须在词库中列出。

（18）a. *walk₁* 〈施事〉
         |
        SUBJ

b. *walk₂* 〈施事，受事〉
         | |
        SUBJ OBJ

实际上，许多语言都有将旁语论元"变成"宾语的语法过程。结果是改变了动词的配价。这可以通过（19）中的句子来说明。在（19a）中，受益者论元表达为 OBL，但在（19b）中受益者论元表达为 OBJ。因此(19b)比(19a)多包含了一个项,动词的配价也从两个增加到了三个,但语义论元的数量没有变化。增加或减少动词配价的语法操作是句法学家们非常感兴趣的话题。我们将在第14 章中讨论其中的一些操作。

(19) a. John baked a cake for Mary.

约翰烤了一块蛋糕给玛丽。

b. John baked Mary a cake.

约翰给玛丽烤了一块蛋糕。

5.3 合规小句的属性

将第 4 章的(1)和(2)重新写在下面,如(20)和(21),它们表明好的短语结构规则是如何产出"坏的"句子的。在这两种情况下,可用论元的集合对于所涉及的具体动词而言是不正确的:(20)中我们看到的是错误的论元类型;(21)中是错误的论元数量。让我们依次来讨论这些问题。

(20) a. #The young sausage likes the white dog.

这根年轻的香肠喜欢那只白色的狗。

b. #Mary sings a white cake.

玛丽唱一个白色的蛋糕。

c. #A small dog gives Mary to the young tree.

一只小狗把玛丽给了那棵年轻的树。

(21) a. ∗John likes.

约翰喜欢。

b. ∗Mary gives the young boy.

玛丽给这个小男孩。

c. ∗The girl yawns Mary.

女孩打哈欠玛丽。

5.3.1　选择限制

(20)中的例子是合语法的,但在语义上不合规,它们没有意义。[4](22)中的例子也是如此。问题根源在于所用的词的组合: *know* 和 *sleep* 的主语通常必须是生命体; *drink* 的宾语必须是液体,而 *bite* 的宾语必须是固体。

(22) a. #My pencil doesn't know how to spell that word.

我的铅笔不知道怎么拼写那个词。

b. #John drank his sandwich and took a big bite out of his coffee.

约翰喝了他的三明治,并且咬了一大口咖啡。

c. #The idea is sleeping.

这个想法正在睡觉。

对哪些词项可以彼此组合出现的限制,被称为选择限制。对选择限制的违反,如(20)和(22)中的例子,有时被称为搭配冲突。句子(20a)显示了两种不同类型的搭配冲突。第一,香肠不能被说成"喜欢"什么东西,因为它们不是那种能感受到情感的事物。这种选择限制至少部分地基于我们关于世界的共同知识。第二,形容词 *young*(年轻的)通常只用于生物。因此,我们可以说 *a new sausage*(一根新的香肠), *a fresh sausage*(一根新鲜的香肠)或者 *an old sausage*(一根旧的香肠),但不能说#*a young sausage*(一根年轻的香肠)。这种限制似乎在本质上是 *young* 这个词的任意性事实。

乔姆斯基(Chomsky 1957)用(23)中的著名例子来说明一个句子如何在没有意义的情况下合乎语法。这个句子如此有趣,是因为它包含了许多搭配冲突:绿色(*green*)的东西不能是无色的

（*colorless*）；思想（*ideas*）不能是绿色的（*green*），或任何其他颜色，但我们也不能说它们是无色的（*colorless*）；思想（*ideas*）不能睡觉；睡觉（*sleeping*）不是一件可以狂怒地（*furiously*）做的事情；等等。

（23）#Colorless green ideas sleep furiously.

　　无色的绿色思想在狂怒地睡觉。

本节第一段中，我们注意到对 *know* 和 *sleep* 的主语以及对 *drink* 和 *bite* 的宾语的一些选择限制。然而，这种表达限制的方式有些不准确。选择限制必须用语义角色（施事、受事等）来表述，而不是用语法关系（主语、宾语等）。下面的例子可以说明这一点：

（24）a. #John drank his sandwich.　　　　　　　　　74

　　　　 约翰喝了他的三明治。

　　　b. #The sandwich was drunk by John.

　　　　 三明治被约翰喝了。

（25）a. That book is loved by children around the world.

　　　　 那本书受到了世界各地儿童的喜爱。

　　　b. #Children around the world are loved by that book.

　　　　 世界各地的儿童都被那本书所喜爱。

（26）a. #Mary taught her motorcycle classical Chinese.

　　　　 玛丽教她的摩托车古代汉语。

　　　b. #Mary taught classical Chinese to her motorcycle.

　　　　 玛丽把古代汉语教给她的摩托车。

（24）中的例子表明，*drink* 的受事必须是液体，无论它作为宾语还是主语出现。（25）中的例子表明，动词 *love* 需要一个有生命的感事，而不是一个有生命的主语：（25b）中有生命的主语显得非常奇怪,但(25a)中非生命的主语则完全合理。(26)表明 *teach* 的接受者必须是有生命的 *,不管它作为宾语还是旁语论元出现。

为了防止语法产出像(20)和(22)中那样的句子,需要各种各样的语义限制。一些限制会包含在具体的词的词条中,例如 *young* 只能用于生物。其他的或许可以表述为一般规则,例如感事和接受者通常必须是有生命的。那些与我们关于世界的非语言学知识有关的问题也许根本不需要作为语法的一部分来说明,例如女孩可以养狗,而不是反过来。这里的要点是,不需要修改短语结构规则本身来处理这些问题。

5.3.2   次范畴化

如上所述,(21)中的句子是不合格的,因为小句中参与者的数量与动词所需论元的数量不匹配。更确切地说,是动词的次范畴化要求[如(27)所示]没有得到满足;动词必须指派的语法关系集合与可用来承载这些关系的短语的数量不匹配。*like* 是及物动词,需要带一个宾语;*yawn* 是不及物动词,不需要带宾语;*give* 需要三个论元,然而在(21b)中只出现了两个 NP。

(27) a. *like* 〈感事,刺激者〉
              | |
            SUBJ OBJ

    b. *give* 〈施事,客事,接受者〉
              | | |
            SUBJ OBJ   OBL

    c. *yawn* 〈施事〉
              |
            SUBJ

---

  * 原书这里写的是"*the experiencer of teach must be animate*",但实际上例(26)中的 *motorcycle* 不是 *teach* 的感事(experiencer),而是接受者(recipient)。译文对此加以校正。——译者注

我们的短语结构(PS)规则集允许这种不匹配出现,因为扩展"S"的规则〔重写在(28)中〕只将动词后的 NP 和 PP 列为可选成分,它们可以自由地被包含或省略。

(28) S　→　NP　V　（NP）　（PP）

显然,我们需要某种方法来确保树形结构中生成的 NP 和 PP 的数量适合于所选的具体动词。一种方法可能是将"动词"(V)的范畴分成三个子集:不及物动词(V_{INTR})、及物动词(V_{TRANS})和双及物动词($V_{DITRANS}$)。然后,我们可以为其中的每个次范畴写出单独的规则,以正确的方式来扩展"S"。[5]

(29) S　→　NP　V_{INTR}

　　　S　→　NP　V_{TRANS}　　　　NP

　　　S　→　NP　$V_{DITRANS}$　　　NP　NP

然而,当我们扩展动词的清单时,我们很快发现三个规则是不够的。有些动词不仅需要一个宾语 NP,还需要一个作为旁语论元的 PP。其他动词带 PP 但不带 NP。我们将在后面的章节中看到,其他动词需要或允许一个后续的 AP 或 S。如果我们试图写出其他的规则来允许这些成分每种可能的组合,语法将变得不可救药的混乱和冗赘,我们也将以数量庞大的 V 范畴子类而收场。

为了防止生成像(21)中那样的句子,一种更有效的方法是参考动词词条中包含的次范畴化信息。当前大多数句法分析方法的基本假设是,小句的结构在很大程度上是由论元结构和动词的次范畴化决定的。我们将通过一组约束可能的小句结构的条件来表达这个原则,我们称之为合乎规范(译者按:简称"合规")的条件。

5.3.3　合规条件

在动词次范畴化中列出的成分(如主语、宾语等),常常被称为动词的补足语。我们需要制定的约束条件,要基本上确保每个小句都包含正确数量和类型的补足语。

"正确数量"意味着既不能太少也不能太多。如果一个小句缺少了动词次范畴化集合所需的一个补足语,那它的补足语就太少了。在这种情况下,我们会说这个小句是不完整的。如果一个小句包含了一个不在动词次范畴化集合之列的补足语,那它的补足语就太多了。在这种情况下,我们会说这个小句是不协调*的。在这两个条件之上,我们还将增加第三个,每个补足语的语法关系在小句中必须是唯一的。换句话说,在单个小句中不能有两个主语、两个主要宾语,等等。

我们将在后面的章节中看到,许多语言都允许一个小句嵌入另一个小句(即一个 S 可以支配另一个 S)。因此,为了确定给定小句是否包含了"正确数量"的补足语,我们需要更精确地说明两个成分属于同一个小句意味着什么。如果两个成分中包含任何一个成分的最小的小句也包含另一个成分,我们就将这两个成分称为小句伙伴。为了用树形结构重新表述这个定义,我们说如果支配 X 的最小的小句也支配 Y,那么 X 和 Y 是小句伙伴,反之亦然。例如,(30)中 A 和 B 是小句伙伴,C 和 D 也一样。但是 A 和 C 不是小句伙伴,A 和 D、B 和 C、B 和 D 也都不是。

---

* 原书用的术语是 COHERENT,但它的含义不同于篇章语言学中的术语 COHERENCE/COHERENT,即语篇底层句子间的语义关联,一般译为"连贯(的)"。为了区别这两种不同的含义,我们在此将表示补足语数量不能多于动词次范畴化要求的 COHERENT 译为"协调(的)"。——译者注

（30）
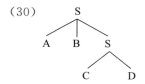

我们的三个合规条件现在可以表达为(31)[6]。当然,这些条件并不适用于附加语,因为根据定义,附加语不是动词次范畴化的一部分。

（31）**合规条件**

　　a. 完整性：动词次范畴化中必有的每种语法关系,必须指派给动词的小句伙伴。

　　b. 协调性：指派给动词的小句伙伴的每种语法关系(非附加语),必须在动词的次范畴化中被允许。

　　c. 唯一性：没有一种语法关系可以被单个动词指派一次以上。

每个句子除了必须遵守该语言的 PS 规则外,还必须符合上述三个合规条件,这样才能被认为是合语法的。换句话说,我们将合语法的(或合规的)小句结构定义为：(a)母节点和子节点的每个组合都为 PS 结构规则所允准；(b)合规条件得以满足。

5.3.4　带注释的短语结构树

77

上面的合规条件说的是将语法关系指派给出现在具体的短语结构位置上的短语,尤其是指派给动词的小句伙伴。但是我们的短语结构图中并没有标明哪种语法关系指派给哪个成分,因此无法确定一个具体的树形结构是否满足合规条件。用某种方式把这些信息添加到我们的 PS 树中会很有帮助。最简单的方法是在树形结构合适的节点上添加注释,如(32)。

（32）

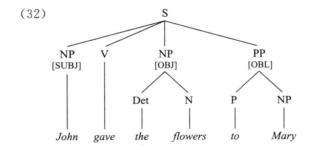

要看合规条件是否被满足，我们需要将动词的次范畴化属性与指派给动词小句伙伴的语法关系（**GR**）进行比较。虽然我们通常只给树形图中每个终端成分写上一个词，但这只是一种简化的表示法，它实际上表达了完整的词条。其他包含在词条之内的信息，包括（至少对动词而言）论元结构，也被认为是可获得的。通过让其中的某些信息在树形图上明确地表达出来，如（33），我们可以立即对完整性和协调性进行检查。

（33）

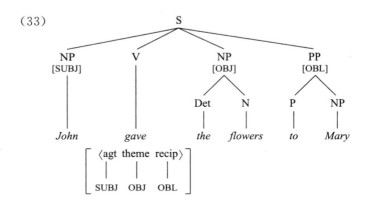

78　　这种带注释的树形图可以让我们立刻看到上面（21）中不合语法的例子错在了哪里：（21b）是不完整的，如（34a）所示；而（21c）是不协调的，如（34b）所示。

(34) a (＝21b)

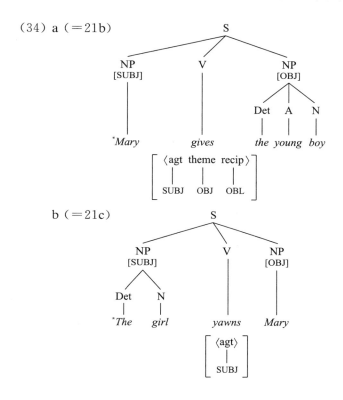

b (＝21c)

在英语这样的语言中,语序(或短语结构中的位置)是识别一个成分 GR 的最重要标志:主语通常出现在动词前面,直接宾语紧跟在动词后面,等等。语法可以具体说明位置与 GR 之间规则性关联的一种方法是,给 PS 规则本身添加注释,如(35)。这一规则将允准像(33)那样的树形结构。这些注释可以被认为是额外的信息单位,它们对于占据树形图中给定位置的成分而言必须是符合事实的。这些成分的节点标签现在不仅说明了句法范畴,而且还说明了必须被指派的 GR。

(35) S → NP V (NP) (PP)
[SUBJ] [OBJ] [OBL]

其他一些语言中,语序相当自由,并且 GR 主要通过形态特征(尤其是格标记和/或一致;见第 7 章)来区分。在这些语言中,将 GR 指派给短语的规则必须用相关的形态特征来表述。

GR 在单个短语和语义角色的关联中起着至关重要的连接作用。它们在动词的论元结构中与语义角色相关联;在短语结构表征中与 NP 或 PP 相关联〔这两种关联如(33)所示〕。具体的短语及其承载的语义角色之间的联系,使得语法能详细说明在具体情境中谁做了什么。但是这种联系是间接的,以 GR 为中介。

5.4　旁语论元的唯一性

(31)中合规条件的第三条(即唯一性)规定:"没有一种语法关系可以被单个动词指派一次以上。"这一说法似乎与(36)中那样的例子相矛盾,这些例子都有不止一个旁语论元:

(36) a. John carved a whistle [for his daughter] [with his pocket knife].

约翰用他的小折刀给他女儿雕了一个口哨。

b. Mary threw breadcrumbs [into the water] [for the fish].

玛丽把面包屑扔到水里喂鱼。

c. The farmer drew water [from the well] [with a wooden bucket].

农夫用木桶从井里打水。

这些合语法的例子和第 4 章(21a)中不合语法的例子 *John gave a bouquet of roses to his mother to Susan* 之间有一个重要的区别。这个例子之所以不合语法,是因为它含有两个同类的旁语论元,即两个接受者。然而,(36)中合语法的句子,每个都含有两个承载着不同语义角色的旁语论元。

这些观察表明,我们可以通过确认不止一种的旁语语法关系来维持唯一性约束,这似乎是其他 GR 在任何情况下都需要的。(36)中各种旁语论元的 GR 可以根据它们不同的语义角色来区分:OBL_{INSTR} 表示工具短语,OBL_{BEN} 表示受益者短语,OBL_{GOAL} 表示目标短语,等等。这些不同的 OBL 关系被称为语义限制,因为每种关系只能与特定的语义角色相关联。[7]

在英语中,各种旁语 GR 之间的差别是通过介词的选择在句法中表现的:*with* 用于 OBL_{INSTR},*for* 用于 OBL_{BEN},*from* 用于 OBL_{SOURCE},(*in*) *to* 用于 OBL_{GOAL},*by* 用于 OBL_{AGT},等等。其他一些语言中,这些 GR 可以通过特定的格标记来表示(见第7章)。

5.5　零形回指("代词脱落")

(31)中合规条件另一个明显的问题,如(37a, b)中的例子所示。这两个例子都包含两个动词,并且四个动词全都因为 SUBJ 而次范畴化,但是两个例子中都没有出现主语 NP。此外,(37a)中的及物动词 *provei* "I tried"(我尝了)缺少一个宾语 NP。这种缺失的主语和宾语似乎违反了完整性条件,但这些句子是完全合语法的。

(37) 葡萄牙语(Parkinson 1992)

　　a. Provou　　　　o　　　　　　bolo?
　　　 try-PAST.2sg　the(MASC.SG.)　cake
　　　 尝-过去.2单　定冠词(阳.单)　蛋糕
　　　 Provei!
　　　 try-PAST.1sg
　　　 尝-过去.1单

'Did you try the cake?（Yes,）I tried（it）.'

你尝了那块蛋糕吗?（是的,）我尝了（它）。

b. Digo   que   vem.

 say-PRES.1sg that   come-PRES.3sg

 说-现在.1单 标句   来-现在.3单

 'I say he is coming.'

 我说他来了。

c.（Eu） não sei.

 I   not know-PRES.1sg

 我   不 知道-现在.1单

 'I don't know.'

 我不知道。

  葡萄牙语中主语代词一般是可选的,如(37c)所示;这些代词也可加到(37a,b)中。但是,在某种意义上,主语代词是冗余的,因为主语的人称和数已经由动词的形式表明了。由于代词没有添加新信息,所以它容易被省略也就不足为奇了(与第一和第二人称代词相比,第三人称代词增加了阳性或阴性的信息,所以不太容易被省略)。然而,即使没有动词形态来保存这些信息,代词有时也可以省略。葡萄牙语动词不和它们的宾语保持一致,但如果所指对象能在直接语境中得到确认,那么宾语代词也可以省略,如(37a)。

  在这个领域,语言彼此间的差异有点不可预测。一些语言中动词和它们的主语保持一致,包括葡萄牙语和意大利语,允许主语代词自由省略。其他一些语言中也有类似的一致模式,如法语和德语,代词主语就不能自由省略。某些其他语言,包括汉语和日语,完全缺乏一致形态,但是也允许代词论元省略。允许代词省略的语言,有时候被称为"代词脱落语言"。然而,有些作者倾向于将

"代词脱落"这个术语限制在用动词一致来保存信息的情况中;而在没有动词一致的情况中使用零形回指这个术语(回指这个术语我们将在第 8 章中讨论)。

在 5.2.2 节中,我们指出英语中某些动词允许它们的宾语省略,如(38)所示。我们认为这些动词因为一种可选的 OBJ 关系而次范畴化。

（38）a. John has already *eaten*.

约翰已经吃了。

b. Mary *drinks* like a fish.

玛丽喝得很猛。

c. Arthur loves to *read*.

亚瑟热爱阅读。

但是这些例子在几个重要的方面不同于(37a,b)的葡萄牙语句子。第一,(38)中省略的宾语没有明确的对象:我们不知道约翰吃了什么,也不知道亚瑟喜欢读什么,等等。然而,(37)中,每个动词〔包括(37b)中的第三人称动词 *vem* "he is coming"(他来了)〕都被理解为有一个明确的、特定的主语。同样,(37a)的答句中省略的宾语 NP 被理解为是指一个特定的蛋糕。第二个区别在于英语中只有某些及物动词允许它们的宾语省略;这是一个必须在动词词条中列出的特征。然而,在像葡萄牙语这样的语言中,所有动词似乎都允许相同的代词脱落模式。

在这两个方面,代词脱落和零形回指都跟使用一个常规的、可见的代词非常像。分析(37a,b)这类例子的一个常用方法是假定它们含有不可见的(或空的)代词,通常用 *pro* 来表示。基于这种分析,代词脱落语言指的是那些将 *pro* 作为其词库中的成分包含在内的语言,而非代词脱落语言则不是这样。

81

5.6 对英语短语结构的进一步解释

到目前为止,我们假定的简单 PS 规则只能生成"扁平的"小句结构,动词及其全部补足语都是 S 的直接子节点,如(39a)所示。这种分析对很多语言来说似乎都是正确的,如马拉雅拉姆语(Malayalam)(Mohanan 1982)。然而,在英语和许多其他语言中,我们有充分的理由相信主语 NP 不是 V 的姐妹节点。相反,动词、动词宾语和旁语论元组成了一个以 VP 为标签的成分,并且这个 VP 是主语 NP 的姐妹节点。对英语 VP 的分析如(39b)所示。

(39) a. S → NP V (NP) (PP)
　　　　　　　　[SUBJ]　　　　[OBJ]　[OBL]

　　　b. S → NP VP
　　　　　　　　[SUBJ]

　　　VP → V (NP) (PP)
　　　　　　　　[OBJ] [OBL]

支持英语中 VP 成分的证据相当复杂,我们在这里不会详细讨论[8]。(40—41)说明了一些相关的模式。这些例子表明 V＋OBJ(＋OBL)的组合既可以作为回答(40)这个问句的句子片段,也可以作为(41)中的一个单位被重新排序或删除。这些是对成分的一些经典测试,类似于我们在第 3 章中讨论过的那些测试。

(40) Q：What are you going to do now?
　　　问：你现在要做什么?
　　　A：[*Buy a birthday card for my mother*.]

答：给我妈妈买一张生日贺卡。

（41）a. John promised that he will finish the assignment，
and [*finish the assignment*] he will.[9]

约翰承诺他会完成任务，他就会完成任务。

b. What you need to do now is [*surrender these docu-ments to the police*].

你现在需要做的是把这些文件交给警察。

c. If Mary [*gives buns to the elephant*]，then John
will ____ too.

如果玛丽把圆面包给大象，那么约翰也会这么做。

由于英语的 VP 分析被广泛接受，所以我们将在本书的其余部分采用这一分析。但是，我们将继续对其他语言采用扁平小句结构，因为我们没有时间去检验每种语言中成分的证据。一般来说，我们倾向于采用与特定语言的证据相一致的尽可能简单的结构。就短语结构而言，这意味着除非我们在具体语言中找到支持 VP 成分的确切证据，否则就采用扁平小句结构。

另一个在英语分析中出现的问题是助动词（AUX）的位置。这里的证据稍微有些模糊，而且多年来已有几种不同的分析被提出来。我们不深究这一争论的细节，而是假定英语中的 AUX 是 S 的子节点，并且是 VP 和主语 NP 二者的姐妹节点，如(42)所示。

（42）　S　→　　NP　　　AUX　　　VP
　　　　　　　　[SUBJ]

　　　　VP　→　　V　　　(NP)　　　(PP)
　　　　　　　　　　　[OBJ]　　　[OBL]

基于这些假设，我们将把(43)中所示的结构指派给像 *Mary could sell air-conditioners to an Eskimo*（玛丽可以把空调卖给一个爱斯基摩人*)这样的一个基本小句。

（43）

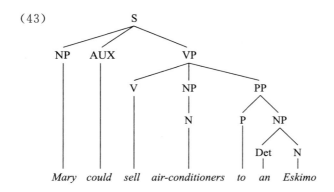

83 ## 5.7 结语

在第4章开始时,我们曾问过一个小句的基本成分是什么。现在我们可以对这个问题给出一个还算简明的回答:小句的基本成分是:(i)一个表达谓词的词(通常是一个动词);(ii)对该谓词适当数量和类型的论元进行表达的短语。因此,小句结构在很大程度上取决于其谓词的论元结构。然而,除了谓词及其论元外,许多小句还包含了其他被称为附加语的成分。

动词的词条必须至少提供关于该动词的三条信息:(i)动词所带论元的数量;(ii)动词指派给其论元的语义角色;(iii)动词指派给每个论元的语法关系。动词指派的语法关系集合被称为它的次范畴化。动词指派的项(即非旁语)关系的数量被称为它的(句法)配价。配价和及物性密切相关,及物性(在其基本意义上)是对动词所带宾语数量的表达:不及物动词没有宾语,及物动词有一个宾语,双及物动词有两个宾语。

---

    * "爱斯基摩人"(Eskimo)源于历史上印第安阿尔衮琴人(Algonquin)对因纽特人(Inuit)和尤皮克人(Yupik)的统称,这个词带有歧视和贬义,现在一般不用,而是使用他们的自称,即因纽特人和尤皮克人。——译者注

正如我们所看到的,简单的 PS 规则本身会"过度生成";也就是说,它们会生成一些事实上不合语法的句子。动词的次范畴化属性在避免这一问题上发挥着重要作用。为了让 PS 树"合规"(即合语法),作为动词补足语出现的成分必须恰好是动词次范畴化所要求和允许的。每个小句必须是完整的(即必须包含动词所需的全部补足语)、协调的(不包含任何不为动词所允许的补足语);并且每种 GR 必须在其小句内得到唯一的指派。

练习

5A. 恩巴卡语(刚果;Roberts 1999,ex. S-9.2)

为下列例子中的动词编写词条。(假定所有的 PP 都是论元而不是附加语。)

1. a　nea　ko　toa　geogeo.

   he　went　to　house　slowly

   'He went to the house slowly.'

2. a　yu.

   he　runs

   'He runs.'

3. *a　ne.

   he　goes

   ('He goes.')

4. a　yu　ko　toa.

   he　runs　to　house

   'He runs to the house.'

5. a　ne　ko　toa　do　wili　a.

   she　goes　to　house　with　husband　her

   'She goes to the house with her husband.'

6. a　gi　loso　we　wili　a.

she	cooks	rice	for	husband	her

'She cooks rice for her husband.'

7. a   nyongo   loso   do   papa.

    he   eats   rice   with   spoon

    'He eats rice with a spoon.'

8. a   a   mbeti   ko   sanduku.

    he   puts   book   in   box

    'He puts the book in the box.'

9. *a   a   mbeti.

    he   puts   book

    ('He puts the book.')

10. a   da   mbeti.

    he   throws   book

    'He throws the book.'

11. a   daa   mbeti   ko   sanduku   ze.

    he   threw   book   in   box   yesterday

    'He threw the book in the box yesterday.'

5B. 日语(材料来自 Hisatsugu Kitahara 和 Tom Pinson,北达科他州暑期语言学院,经许可使用)

为下列例子中的动词编写词条。假定所有论元都是 NP。出于本练习的目的,将 *=ga*、*=o* 和 *=ni* 等标记视为简单的后缀。这些标记的功能是什么?

1. a. Taro＝ga   ookina   inu＝o   mitsuke-ta.

    Taro   big   dog   find-PAST

    'Taro found the big dog.'

  b. *Kare＝ga   mitsuke-ta.

    3sg.m   find-PAST

    ('He found.')

2. a. Kare＝ga   hashit-ta.

3sg.m　　　　　run-PAST

'He ran.'

　　b.　*Kare＝ga　　inu＝o　　hashit-ta.

　　　　3sg.m　　　　　dog　　　run-PAST

　　　　('He ran the dog.')

3. a. Kanojo＝ga　　　ne-ta.

　　　3sg.f　　　　　sleep-PAST

　　　'She slept.'

　　b.　*Hanako＝ga　　akanbou＝o　　ne-ta.

　　　　Hanako　　　　baby　　　　　sleep-PAST

　　　　('Hanako slept the baby.')

4. a. Kare＝ga　　boru＝o　　nage-ta.

　　　3sg.m　　　ball　　　throw-PAST

　　　'He threw the ball.'

　　b.　*Kare＝ga　　nage-ta.

　　　　3sg.m　　　throw-PAST

　　　　('He threw.')

5. Taro＝ga　　　kare＝ni　　boru＝o　　nage-ta.

　　Taro　　　　3sg.m　　　ball　　　throw-PAST

　　'Taro threw the ball to him.'

6. a. Hanako＝ga　　inu＝ni　　gohan＝o　　age-ta.

　　　Hanako　　　　dog　　　rice　　　　give-PAST

　　　'Hanako gave the dog rice.'

　　b.　*Hanako＝ga　　inu＝ni　　age-ta.

　　　　Hanako　　　　dog　　　give-PAST

　　　　('Hanako gave to the dog.')

7. Kare＝ga　　Hanako＝ni　　inu＝o　　age-ta.

　　3sg.m　　　Hanako　　　　dog　　　give-PAST

　　'He gave the dog to Hanako.'

补充练习

Merrifield et al. (1987) prob. 190, 249

注释

1. *dog* 一词只有解释为不可数名词时才可能出现在(2b, c)中,即一种肉。

2. 这种方法在音系学中用得更广。

3. 这两种构型之间的关系可以表达为一条语法规则,因为有许多其他的动词允许同类的交替。参看克勒格尔(Kroeger 2004, ch.3)对这种交替的详细讨论。

4. 像(20)和(22)这样的例子,尽管听起来很奇怪但是合语法,一个原因是通常可以虚构一个语境(如在童话故事或科幻小说中)让这些句子在其中完全能接受。这对于(21)中那些不合语法的句子来说是不可能的。

5. 调整 PS 规则的另一种方法可能是使词项插入成为上下文相关的规则,但是我们在此不探讨这个选项。

6. 参看卡普兰和布雷斯南(Kaplan & Bresnan 1982)更为严谨的表述。

7. 在一些语言中,单个小句可以包含不止一个的次要宾语。在这些语言中,几种不同的次要宾语关系是可以识别出来的,它们也有语义上的限制。

8. 参看瑞德福特(Radford 1988, ch.2)和克勒格尔(Kroeger 2004, ch.2)对支持这一主张的各种证据的讨论。

9. 来自瑞德福特(Radford 1988:101)。

第 6 章

名词短语

名词短语(NP),顾名思义,是以名词为核心的短语成分。在英语和大多数其他语言中,NP可以充当主语、主要或次要宾语,以及介词宾语。在本章中,我们将讨论许多语言中可以在NP内出现的各种从属语(非核心成分)。其中最重要的三类是限定词、补足语和附加语(或修饰语)。我们还将考察领属者,它在英语中是限定词的一类,但在其他一些语言中是补足语或附加语。最后,我们将讨论英语NP的一些结构特征。

6.1　名词(N)的补足语和附加语

在研究小句结构时,我们已经区分了由动词选择的补足语和不由动词选择的附加语。名词也可以带各种范畴的补足语和附加语。在这一节中,我们将讨论在名词短语中用来区分补足语和附加语的一些标准。

如上所述,附加语对NP来说通常指修饰语。英语中最常见的修饰语是形容词,这将在6.3节中讨论。除形容词外,NP也可以包含PP修饰语,如(1)所示。介词短语 *with long hair* 在这些例子中充当修饰语;它不是由核心名词选择的,而是可以自由地添加到许多NP中,但受语义和语用合理性的制约。[1]

(1) a. a student [with long hair]

　　　一个留着长发的学生

　　b. a boy [with long hair]

　　　　一个留着长发的男孩

　　c. a girl [with long hair]

　　　　一个留着长发的女孩

　　d. a teenager [with long hair]

　　　　一个留着长发的青年

　　e. a punk [with long hair]

　　　　一个留着长发的朋克青年

　　PP 也可以在 NP 中充当补足语。在第 3 章 3.4.2 节中,我们将短语的补足语定义为由该短语的核心词所"选择"的从属(非核心)成分。补足语 PP 是词汇上指定的(LEXICALLY SPECIFIED);它们只和某些特定的核心名词共现,而不和其他的核心名词共现。例如,(2)中所有的 NP 都包含 *of Physics* 这个 PP,但只有(2a)是合语法的。这是因为名词 *student* 能带这种类型的补足语,但其他的核心名词(*boy*、*teenager* 等)却不能。

(2) a. a student [of Physics]

　　　一个学物理的学生

　　b. *a boy [of Physics]

　　　一个学物理的男孩

　　c. *a girl [of Physics]

　　　一个学物理的女孩

　　d. *a teenager [of Physics]

　　　一个学物理的青年

　　e. *a punk [of Physics]

　　　一个学物理的朋克青年

　　补足语 PP 与附加语 PP 的差异还体现在其他方面。如(3)所示,当一个给定的 NP 同时包含一个补足语 PP 和一个附加语 PP

时,补足语必须置于附加语之前,如(3a)。附加语不能将补足语PP 及其核心 N 分开,如(3b)所示。

(3) a. a student〔of physics〕〔with long hair〕

一个留着长头发的学物理的学生

b. *a student〔with long hair〕〔of physics〕

一个学物理的留着长发的学生

(4)中的短语说明补足语 PP 必须是唯一的;单个 NP 不能包含多于一个的同类型补足语 PP,如(4a)。然而,附加语 PP 可以更自由地叠加,如(4b, c)所示。

(4) a. *a student〔of Physics〕〔of Chemistry〕

一个学物理学化学的学生

b. a student〔from Philadelphia〕〔with long hair〕

一个来自费城留着长发的学生

c. a student〔with long hair〕〔with an interest in Thomas Aquinas〕

一个留着长发对托马斯·阿奎那感兴趣的学生

如(5)中例子所示,一个疑问短语可以由一个补足语 PP 构成,但不能由一个附加语 PP 构成。

(5) a. What branch of Physics are you a student of?

你是物理学哪个分支的学生?

b. *What kind of hair are you a student with?

你是留着什么类型头发的学生?

当核心名词后面跟着一个附加语 PP 时,代替形式(pro-form)

one 可以用来指代核心名词,如(6a);但当核心名词后面跟着一个补足语 PP 时,则不可以,如(6b)。

(6) a. The [student] with short hair is dating the one with long hair.

那个短发的学生正在和那个长发的约会。

b. *The [student] of Chemistry was older than the one of Physics.

那个学化学的学生比那个学物理的年长。

最后,请注意,名词的 PP 补足语通常可以改述为相应动词的 NP 论元,如(7)所示。

(7) a. a student [of Physics]

一个学物理的学生

a′. John studies Physics

约翰学物理

b. the loss [of his passport]

他护照的丢失

b′. John lost his passport

约翰丢失了他的护照

c. the attack [on Pearl Harbor]

对珍珠港的袭击

c′. the Japanese attacked Pearl Harbor

日本人袭击了珍珠港

像 PP 一样,小句也可以出现在 NP 内充当补足语或修饰语。在 NP 内充当修饰语的小句被称为关系小句。该结构将在第 12 章中详细讨论,但是(8)中给出了一些例子。

（8）**小句式修饰语（关系小句）**

　　a. the woman［that I love］

　　　　我爱的女人

　　b. the food［that I love］

　　　　我爱的食物

　　c. the color［that I love］

　　　　我爱的颜色

　　d. the idea［that I love］

　　　　我爱的主意

　　e. the theory［that I love］

　　　　我爱的理论

　　因为修饰性小句是一种附加语,所以几乎任何核心名词都可以出现在这个模式中。相反,小句式补足语只允许与某些特定的核心名词搭配,最常用于描述言说或心理活动的名词。例(9)表明有些名词接受这样的补足语小句,而另一些则不接受。

（9）**小句式补足语**

　　a. the report［that I love Margaret Thatcher］

　　　　这个报道是关于我爱玛格丽特·撒切尔的

　　b. the idea［that I love Margaret Thatcher］

　　　　这个主意是关于我爱玛格丽特·撒切尔的

　　c. the theory［that I love Margaret Thatcher］

　　　　这个理论是关于我爱玛格丽特·撒切尔的

　　d. *the woman［that I love Margaret Thatcher］

　　　　这个女人是关于我爱玛格丽特·撒切尔的

　　e. *the food［that I love Margaret Thatcher］

　　　　这个食物是关于我爱玛格丽特·撒切尔的

　　f. *the color［that I love Margaret Thatcher］

这个颜色是关于我爱玛格丽特·撒切尔的

6.2　限定词

在英语中,许多名词短语都以一个冠词(*a* 或 *the*)或一个指示词(*this* 或 *that*)开头。冠词和指示词是限定词最常见的类型。英语的量化词(*some*、*all*、*no*、*many*、*few* 等)也可以作为限定词,尽管在其他一些语言中限定词和量化词属于不同的范畴。

限定词通常提供关于有定性、数(单数和复数),以及与说话人的距离(就指示词而言)等信息。在一些语言中它们还表示其他的语法信息,如格(第 7 章)和性(第 8 章)。

限定词的表现不像典型的附加语,因为限定词的选择经常受到核心名词语法和语义属性的限制。例如第 5 章 5.1 节中,我们提到了不可数名词和可数名词之间的重要区别:前者不能变为复数形式(如 * *these rices*),后者可以变为复数形式(如 *these dogs*)。可数和不可数名词需要不同的限定词。可数名词不能以单数形式与限定词 *some* 连用,也不能以不带限定词的单数形式出现。另一方面,不可数名词不能和 *a*、*many*、*few* 等限定词或数词(*three*、*eight* 等)共现。

同时,限定词的表现也不像典型的补足语。一些语言学家把限定词分析为 DetP 这一短语范畴的核心,并将 NP 的剩余部分作为其补足语。在本书中,我们将简单地把限定词处理为从属语的一种新类型,它既不是补足语也不是附加语。

6.3　形容词和形容词短语(AP)

在许多语言中都有一种词汇范畴,其主要功能是修饰名词。这个范畴通常被称为形容词。形容词修饰语在英语中通常出现在核心名词之前。因此英语 NP 中成分的基本语序(暂时不考虑修

90

饰性小句和补足语小句)是:Det-A-N-PP,如(10)中的例子所示。

(10) a. that little dog under the table

那只在桌子下面的小狗

b. a secret admirer in the Ministry of Education

一位在教育部的秘密爱慕者

但是在限定词和核心名词之间出现多个词的情况也不罕见。例如,像(11)中的那些句子就表明,形容词修饰语本身可以被程度副词(有时称为加强词)修饰。

(11) a. You have [a *very* beautiful daughter].

你有一个非常美丽的女儿。

b. [A *surprisingly* large majority] voted in favor of the amendment.

令人惊讶的是,大多数人投票赞成修正案。

c. Mary coaxed her son to swallow [the *extremely* bitter medicine].

玛丽哄她儿子去咽下极苦的药。

d. John has just discovered [a *rather* interesting species of flatworm].

约翰刚发现了一种相当有趣的扁虫。

这些 NP 的内部结构是怎样的? 是像(12b)所示的那样,加强词加上形容词构成一个成分(一个 AP)的组合,还是像(12a)所示的那样,这两个成分各自都是 NP 的子节点?[2]

(12) a. NP　→　Det（Adv）（A）N（PP）

b. NP　→　Det（AP）N（PP）

$$AP \rightarrow (Adv) A$$

(13)中的例子表明,加强词和形容词二者在 NP 中都是可选的。当然,这是我们所期待的,因为这二者都不是 NP 的核心语。但这些例子也表明,虽然形容词出现时可以没有加强词,但没有形容词时加强词就不能出现。

(13) a. You have [a very beautiful daughter].

你有一个非常漂亮的女儿。

b. You have [a beautiful daughter].

你有一个漂亮的女儿。

c. *You have [a very daughter].

你有一个非常的女儿。

d. You have [a daughter].

你有一个女儿。

这一事实不能用(12a)中的 PS 规则来解释。然而,(12b)中的规则提供了一个直接的解释:AP 作为一个整体是可选的,所以我们可以得到一个既没有形容词也没有加强词的 NP,如(13d)。但是如果有一个 AP,它必须包含一个形容词,因为形容词是核心语。

另外一个支持(12b)中分析的证据是,可能存在几个形容词修饰同一个 NP 的核心 N 的情况,如(14a)所示;并且其中每个形容词都可以被一个加强词所修饰,如(14b)所示。

(14) a. You have a [beautiful, intelligent, considerate] daughter.

你有一个美丽、聪慧、体贴的女儿。

b. You have a [very beautiful, extremely intelligent, unusually considerate] daughter.

你有一个非常美丽、极其聪慧、特别体贴的女儿。

　　在这样的序列中能出现多少个修饰语没有固定的限制。但是为了表示一个交替使用形容词和加强词的任意长度语符串,有必要将每个这样的配对当作单个的单位来处理。

　　(15)中的"星形"符号是表示同一范畴的任意长度序列的一种方法。对于任何一种范畴 X,符号"X*"代表"任意数量(零个或多个)X 的一个序列"。所以符号"AP*"代表"零个或多个 AP 的一个序列"。我们很容易修改(12b)中的规则来解释(14b)这样的例子;这一分析呈现在(15b)中。根据(12a)的分析,我们需要写出一条更复杂的规则,像(15a)一样。[3] 因为语法系统通常青睐简明性,(12b)和(15b)为这种结构提供了一种更好的分析。

(15) a. NP　→　Det ((Adv)A)* N (PP)

　　 b. NP　→　Det AP* N (PP)

　　加强词加上形容词的组合可以在并列结构中连接,像(16)这样,这一事实进一步证明了 AP 成分的存在。这是很重要的,因为通常只有成分才能以这种方式连接。

(16) You have a [[very beautiful]$_{AP}$ but [slightly crazy]$_{AP}$]$_{AP}$ daughter.

你有一个非常漂亮但有点疯狂的女儿。

　　最后,加强词加上形容词的组合也出现在其他语境中,而不仅仅是作为 NP 内部的修饰语。(17)中的句子包含了一个充当"述谓补足语"[4] 的 AP。如果我们不认为 AP 是一个成分,我们将不得不在那些其他结构的 PS 规则中重复与(12a)相同的序列,这会导致对事实高度冗余的描写。

92

（17）Your daughter is ［very beautiful］.

你的女儿非常漂亮。

出于所有这些原因，我们将采用(12b)中的分析。当然，英语中的 AP 或许比我们所想的更为复杂，如(18)中所示的一些例子。但是我们不会试图制定一个新规则去解释所有这些可能性。我们的目的不是展现对英语的详细分析，而是举例说明能用来识别子成分(sub-constituents)的各种证据。子成分就是嵌入其他短语中的短语。

（18）a. The ［smaller than normal］ crowd disappointed the organizers.

人数少于平常让组织者感到失望。

b. The minister's ［too numerous to mention］ mistakes have seriously embarrassed the government.

这个部长的错误不胜枚举，让政府十分难堪。

6.4　领属和递归

大多数语言都允许一个名词短语包含另一个表述核心名词领属者的 NP。这个短语被称为"领属者"是因为它总是能用来表达领属或所有权的概念；但在许多语言中，它还能用来表达各种其他的关系。例如，*my picture*（我的画）这个短语可以用来表示我是画的所有者（我买了它），我是画的创作者（我画了画）；或我是画的主人公（它显示了我的肖像）。类似地，像 *John's leg*（约翰的腿）、*John's son*（约翰的儿子）或 *John's reputation*（约翰的名誉）等短语表明了领属者(John)和核心名词之间的各种关系，但这些都与"所有权"这个词的一般意义无关。

在英语中，领属者短语起着一种限定词的作用。我们能看出这一点是因为领属者短语通常不会和其他限定词一起出现在同一个 NP 中：

(19) a. the new motorcycle

新摩托车

b. Mary's new motorcycle

玛丽的新摩托车

c. *Mary's the new motorcycle

玛丽的那辆新摩托车

d. *the Mary's new motorcycle

那辆玛丽的新摩托车

然而,在其他一些语言中,情况并非如此。例(20)表明,葡萄牙语中领属者短语可以和定冠词共现,而在马来语中可以和指示词共现。

(20) a. **葡萄牙语**　　　　　　　　　　　　　　　　93

o	meu	filho
the(masc.sg)	my(masc.sg)	son
定冠词(阳.单)	我的(阳.单)	儿子

'my son'

我的儿子

b. **马来语**

anak	Ramli	itu
child	Ramli	that
孩子	拉姆里	那

'Ramli's child'; 'that child of Ramli's'

拉姆里的孩子

在 6.4.1 节中,我们将讨论一些语言中两种不同的领属关系之间的语法差异。6.4.2 节讨论"嵌套的"(nested)领属者短语结构,例如 *John's sister's husband*(约翰的姐姐/妹妹的丈夫)。

6.4.1　可让渡和不可让渡领属

在一些语言中,包括新几内亚、澳大利亚和美洲的许多语言,领属者短语可以根据所表达的领属者和核心名词之间的关系,用两种不同的方式来标记。不可让渡领属这个术语用来表示领属者和被领属物之间存在一种必要且永久的关系。需要这种标记的名词通常包括身体部位和亲属称谓。可让渡领属这个术语用来表示仅仅是有条件地或暂时性地被领属的事物,比如可以买、卖、赠送、丢失、找到的物品,等等。

例如,在哈塔姆语(Hatam)〔伊里安查亚(Irian Jaya);Reesink 1999〕中,不可让渡的被领属名词(包括身体部位、亲属称谓和一些其他的词)必须带一个表示领属者的人称和数的前缀,这一模式如(21)所示。可让渡领属用领属小品词 de 来表示,如(22)所示。

(21)　**哈塔姆语**(改编自 Reesink 1999:48—49,80—84)

　　di-cig　　　　　　　　di-bou

　　'my father'　　　　　　'my head'

　　我的父亲　　　　　　　我的头

　　a-cig　　　　　　　　　a-bou

　　'your (sg) father'　　　'your (sg) head'

　　你的父亲　　　　　　　你的头

　　ni-cig　　　　　　　　ni-bou

　　'his/her father'　　　　'his/her head'

　　他的/她的父亲　　　　他的/她的头

　　i-cig　　　　　　　　　i-bou

'our（incl）father'　　　　'our（incl）head'

我们的（包括式）父亲　　　我们的（包括式）头

＊cig　　　　　　　　　　＊bou

（for：'father'）　　　　　（for：'head'）

（意为："父亲"）　　　　　（意为："头"）

（22）a. a-de　　　　　singau

　　　　2sg-POSS　　　 knife

　　　　2 单-领者　　　　刀

　　　　'your knife'

　　　　你的刀

　　b. andigpoi　　Miller　　de　　　ig

　　　　old.man　　 Miller　　POSS　 house

　　　　老的.男人　　米勒　　领者　　房子

　　　　'Mr. Miller's house'

　　　　米勒先生的房子

　　c. a-cig　　　　　ni-de　　　　　nab

　　　　2sg-father　　3sg-POSS　　　pig

　　　　2 单-父亲　　　3 单-领者　　　猪

　　　　'your father's pig'

　　　　你父亲的猪

　　　　　　　　　　　　　　　　　　　　　　94

　　澳大利亚语言中的瓦尔格梅语（Warrgamay）和马拉克-马拉克语（Malak-Malak）都有领属格标记，仅用来标记可让渡领属的领属者短语。而要表达不可让渡领属时，领属者短语以光杆 NP 的形式出现。还要注意马拉克-马拉克语中语序的变化。

（23）**瓦尔格梅语**（Dixon 1980：293）

　　a. ŋulmburu-ŋu　　　　　mindi

　　　　woman-GEN　　　　　grass.dilly.bag

女人-属格 草.网.袋子

'the woman's grass dilly-bag'

女人的草编网袋

b. ŋulmburu bingany

woman foot

女人 脚

'the woman's foot'

女人的脚

（24）**马拉克-马拉克语**（Blake 1987:98）

a. muyiny yinya-noe

dog man-GEN

狗 男人-属格

'the man's dog'

男人的狗

b. alawarr tyet

woman leg

女人 腿

'the woman's leg'

女人的腿

6.4.2 递归规则

第 3 章最后的实践练习中，我们提出了适用于 **NP** 和 **PP** 的两个简单的 **PS** 规则，重新写在下面的（25）中。这些规则解释了一个 **PP** 可以嵌入另一个 **PP** 的事实。事实上，英语语法允许 **PP** 环环相套，只要说话人保持呼吸，一些来自第 3 章的例子重新写在（26）中。

（25）PP → P NP

NP　→　　　Det　N　（PP）

（26）a. a durian on the tree in the garden of that house in Penang

榔城那所房子花园里树上的一个榴莲

b. in the closet at the top of the stairs in that castle beside the river

在河边城堡楼梯顶端的储藏室里

例（26a）一部分的树形结构展现在（27）中。这是一个递归结构的例子：也就是说，一个具体范畴（即 PP）的成分可以嵌入同一范畴的另一个成分中，依次地，这个成分又可以嵌入另一个这样的成分中，等等。 95

（27）

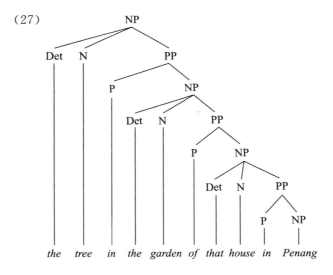

（26）中的递归是由于这样一个事实：PP 规则包含了一个内嵌的 NP，并且 NP 规则也包含了一个内嵌的 PP。现在让我们考虑另一种递归结构。在继续探讨之前，试着制定一组短语结构规则，这些规则将生成（28）中这样的名词短语。

（28）a.［John］'s sister

约翰的姐姐

b.［John's sister］'s husband

约翰姐姐的丈夫

c.［John's sister's husband］'s uncle

约翰姐姐丈夫的叔叔

d.［John's sister's husband's uncle］'s daughter（etc.）

约翰姐姐丈夫的叔叔的女儿（等等）

在最简单的情况(28a)中，NP 由一个领属者短语（用 -'s 标记）后面跟着一个核心 N 构成。但是，如其他例子所示，NP 可以包含任意数量的领属者短语。

在我们对英语的领属结构进行充分分析之前，必须注意到其语法结构的两个事实。第一，每个领属者短语都是一个完整的NP，这个 NP 可以包含其自身的修饰语等；它不像(28)中的例子所显示的那样，只是一个光杆名词。

（29）a.［my favorite uncle］'s youngest daughter

我最喜欢的叔叔最小的女儿

b.［my favorite uncle's youngest daughter］'s oldest son

我最喜欢的叔叔最小的女儿的最大的儿子

c.［my favorite uncle's youngest daughter's oldest son］'s best friend

我最喜欢的叔叔最小的女儿的最大的儿子的最好的朋友

d.［my favorite uncle's youngest daughter's oldest son's best friend］'s new bicycle

我最喜欢的叔叔最小的女儿的最大的儿子的最好的

朋友的新自行车

第二,如前所述,标有-'s 的领属者短语从不和限定词共现。事实上,领属者短语似乎取代了限定词。

(30) the old cabin

旧木屋

my old cabin

我的旧木屋

Abraham Lincoln's old cabin

亚伯拉罕·林肯的旧木屋

*the my old cabin

那间我的旧木屋

*the Abraham Lincoln's old cabin

那间亚伯拉罕·林肯的旧木屋

除了为这些 NP 生成一个适当的短语结构树,我们显然需要以某种方式解释领属标记-'s 本身。已有几种分析被提出来。我们将把表领属的-'s 当作一种领属格标记(见第 7 章),即标记领属 NP 的一个成分。我们将认识一种新的语法关系,即领属者,它是在 NP 中被指派的,而不是在小句中。基于这种方法,我们的 PS 规则根本不需要提及领属标记-'s,它将在形态层面添加到任何一个具有领属者功能的 NP 上[5]。

总之,我们已经说过,领属者短语是一个 NP,它在另一个 NP 中取代了限定词,并且在那个 NP 中承载了领属者的功能。这些事实展现在(31)这个修正后的 PS 规则中。

$$(31)\ \text{NP} \rightarrow \left(\begin{Bmatrix} \text{Det} \\ \text{NP}_{[\text{POSS}]} \end{Bmatrix}\right) \text{AP}^* \ \text{N} \ (\text{PP})$$

这条规则有一个有趣的特性,即箭头左侧的范畴(NP)也出现在了箭头右侧。任何具有这种特性的规则都称为递归规则。这条规则是说一个 NP 中可以嵌入另一个 NP(领属者短语),但它也意味着这个领属者 NP 本身也可以包含另一个领属者 NP,以此类推。这样,(31)中的规则抓住了另一个关于领属结构的重要事实:环环相套的领属者 NP 的数量是没有限制的,如(28d)和(29d)所示。这条规则会把(32)中所示的这个结构指派到(28d)的 NP 中。

（32）

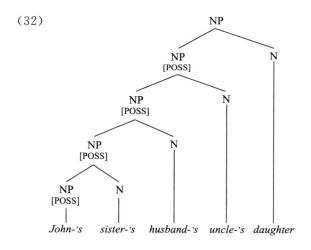

John-'s　sister-'s　husband-'s　uncle-'s　daughter

英语还有另一类使用介词 *of* 的领属结构,如 *the father of the bride*(新娘的父亲)。短语 *of the bride* 是一个普通的 PP,这个例子可以由我们在(25)中所说的规则生成。我们已经看到,这些规则可以递归地将 PP 嵌入 PP 中,同样的模式也出现在领属 PP 中,如(33)所示:

（33）a friend of a friend of a friend

　　　朋友的朋友的朋友

6.5　英语 NP 结构（续）

英语 NP 的结构异常复杂，在本书中我们不会试图对其进行细致的分析。然而，我们会进一步用英语的一些例子来说明短语结构更为一般的一些原则。让我们先仔细观察"代词性"成分 *one* 在下列句子中的分布情况：

(34) a. The [dancing fountain] in Kuching is smaller than the *one* in Singapore.

　　　古晋的舞蹈喷泉比新加坡的那个小。

　　b. The [pretty girl] in the window is my sister，the *one* on the swing is my cousin.

　　　窗户里的那个漂亮女孩是我妹妹，秋千上的那个是我堂妹/表妹。

　　c. The [old car] your brother tried to sell me was a total wreck，but the *one* my neighbor showed me actually runs.

　　　你兄弟想卖给我的旧车完全报废了，但我邻居给我看的那辆是正常运行的。

如果我们假定只有成分可以被代词性成分代替，那么(34)中的例子就表明形容词修饰语与其所修饰的名词构成了成分。这种成分通常标为 N′〔读作"N-bar"(N-杠)〕。类似的模式也可能出现在带 PP 补足语的情况中：

(35) a. The present [King of Bhutan] is more popular than the previous *one*.

　　　现任不丹国王比前任那位更受欢迎。

b. The president's public [reaction to the news] was much calmer than his private *one*.

总统在公开场合对这个消息的反应比他私下里那次平静得多。

c. This [request for help] is the last *one* we will consider.

这一求助是我们最后会考虑的那个。

对于这一点,我们无须对每个细节进行解释,这些事实表明短语结构规则应该类似于(36)。(37)给出了一个树形图,表示可以由这些规则生成的一个 NP。

(36) NP $\rightarrow$ Det N′

N′ $\rightarrow$ (AP) N (PP)

98　(37)

the merry wives of Windsor

这些规则中的 N′ 成分可能看起来像是一种奇怪的单位。它的核心语与 NP 的核心语是同一个 N;因此我们可以说 N′ 和 NP 是同心的(CONCENTRIC)。它比一个完整的短语要小,但比一个词要大。这类中层范畴(N′、V′ 等)已经在许多语言中被识别出来,一些语言学家认为它们适用于所有的语言。然而,在本书中,我们只在有明显的确凿证据证明存在一个不同层级的成分结构时,才使用这些范畴。

6.6　结语

除了核心名词外,大多数语言都允许 NP 包含限定词和/或领属者短语。领属者通常表达为 NP 或 PP,其中任何一种都构成了一个有递归潜质的结构。

不同语言中,单个 NP 内可能出现的补足语和修饰语在数量和类型上差别很大。英语可能比大多数语言更加自由,允许出现非常复杂的 NP 结构。在限制更大的语言中,当说话人想要表达的修饰语比所允许的更多(或更复杂)时,使用关系小句是相当普遍的现象。因此,第 12 章对关系小句的讨论,将会把我们带回到 NP 的结构中。

实践练习

复习 ex. 3C(恩巴卡语)

练习

6A. 阿加图语(Agatu)(尼日利亚;Roberts 1999, ex. 7.4;未标声调)

写出能生成以下所有例子的一组 PS 规则,并画出#5、8 和 12 的 PS 树。用注释来表现所有的语法关系。(注:假定标为"GEN" 99 的前缀是由形态规则插入的。)

1. ɔi　　　wa.

   child　　came

   'The child came.'

2. ewo　　wa　　ɔlɛ.

   dog　　came　　compound

'The dog came to the compound (i.e. to the houses round one courtyard).'

3. ada   wa.

    father   came

    'Father came.'

4. ɔi   ma   ewo.

    child   saw   dog

    'The child saw the dog.'

5. ada   g-ɔi   ɛpa   wa.

    father   GEN-child   two   came

    'The father of the two children came.'

6. ɔi   ma   ewo   g-ada.

    child   saw   dog   GEN-father

    'The child saw the father's dog.'

7. ɔi   ma   ewo   ɛpa.

    child   saw   dog   two

    'The child saw two dogs.'

8. ada   ma   ewo   ɛpa   g-ɔi.

    father   saw   dog   two   GEN-child

    'Father saw the child's two dogs.'

9. ɔi   ma   ɔlɛ.

    child   saw   compound

    'The child saw the compound.'

10. ada   g-ɔlɛ   ma   ɛhi   g-ɔi.

    father   GEN-compound   saw   pot   GEN-child

    'The compound-head (lit. father-of-compound) saw the child's pot.'

11. ewo   ma   ɔi   g-ada   g-ɔlɛ.

    dog   saw   child   GEN-father   GEN-compound

'The dog saw the compound-head's child.'

12. ewo　　ɛpa　　g-ada　　　　g-ɔlɛ　　　　　　wa.

　　dog　　two　　GEN-father　　GEN-compound　　came

　　'The compound-head's two dogs came.'

6B. 巴里巴语(**Bariba**)(贝宁,西非;Roberts 1999, ex. 7.5)

写出能生成以下例子的一组 PS 规则,并画出#9 和 10 的
PS 树。(注:假定＝n 是一个语缀后置词;即你的规则应将其
作为一个属于 P 范畴的独立的词。参看第 17 章关于语缀的
讨论。)　　100

1. sabii　　　　　　　　　　　'Sabi'

　　Sabii

2. sabii＝n　　　kurɔ　　　　'Sabi's wife'

　　Sabii＝POSS　　wife

3. durɔ　　　　　　　　　　'man'

　　man

4. durɔ　　wi　　　　　　　'that man'

　　man　　that

5. durɔ　　boko　　　　　　'big man'

　　man　　big

6. durɔ　　wi＝n　　　kurɔ　　'that man's wife'

　　man　　that＝POSS　wife

7. durɔ　　boko＝n　　kurɔ　　'the big man's wife'

　　man　　big＝POSS　wife

8. durɔ　　geo　　　　　wi　　'that good man'

　　man　　good　　　　that

9. durɔ　　geo　　wi＝n　　kurɔ　'that good man's wife'

　　man　　good　　that＝POSS　wife

10. sabii＝n　　　kurɔ　　geo　　wi　'that good wife of Sabi'

　　Sabii＝POSS　　wife　　good　　that

11. sabii＝n   wɔnɔ   geo

    Sabii＝POSS   younger.brother   good

    'Sabi's good younger brother'

6C. 阿美莱语(Amele)(巴布亚新几内亚;Roberts 1999, ex. 7.7)

基于以下例子,描写阿美莱语的 NP 结构。除了文字描述外,还应该包括能生成所有例子的 PS 规则以及#3、4、7、8 和 12 的树形图。用注释来表现所有的语法关系。

1. jo   nag   eu   'that small house'

   house   small   that

2. ho   caub   oso   'a white pig'

   pig   white   a

3. uqa   na   ho   'his pig'

   3sg   of   pig

4. Dege   na   jo   'Dege's house'

   Dege   of   house

5. *uqa   ho   ('his pig')

   3sg   pig

6. *Dege   jo   ('Dege's house')

   Dege   house

7. ija   cot-i   'my brother'

   1sg   brother-1sg.POSS

8. Dege   cot-ig   'Dege's brother'

   Dege   brother-3sg.POSS

9. *ija   na   cot-i   ('my brother')

   1sg   of   brother-1sg.POSS

10. *Dege   na   cot-ig   ('Dege's brother')

    Dege   of   brother-3sg.POSS

11. Dege cot-ig   na ho   'Dege's brother's pig'

    Dege brother-3sg.POSS   of pig

101

12. ija　　　cot-i　　　　　　　na　　jo　　ben

　　1sg　　brother-1sg.POSS　　of　　house　　big

　　'my brother's big house'

补充练习

Merrifield et al. (1987) prob. 151, 172, 173

Healey (1990b) ex. F.4, 5, 6, 15

注释

1. (1—6)中的例子摘自瑞德福特(Radford 1988:176ff.);(4b, c)被修改过。

2. 这一讨论仿照了比克福德(Bickford 1998, ch.7)。

3. 请注意即使在(15a)中,外面的括号也把加强词和形容词标记为构成单个的单位。

4. 参看第 10 章对这种结构的讨论。

5. 当然,-'s 不是一个普通的词缀,而是一个语缀,如第 17 章中所讨论的。

第 7 章

格和一致

正如我们在第 5 章中指出的,语序(或短语结构中的位置)是 识别英语语法关系最重要的线索:主语通常出现在动词之前,直接宾语紧跟在动词之后,等等。这条线索对马拉亚拉姆语(Malaya-lam)这样的语言不是很有帮助,该语言的语序相对自由〔如(1)中的例子所示〕。但是说马拉亚拉姆语的人必须有某种区分主语和宾语的方法,否则他们永远无法理解彼此。

每种语言都必须有某种方法来表明小句成分的语法关系,并且能将一种关系与另一种关系区别开来。正如我们已经看到的,介词经常用来标记旁语论元和附加语。就识别项关系(主语和宾语)而言,有三种基本手段可用:语序、格标记和一致。任何一种具体的语言,都会使用其中的一种或多种手段。既然我们已经在之前的章节中介绍了一些关于语序的基本理念,那么这一章将关注后两种手段,先从格开始。

7.1 格

在下列马拉亚拉姆语的句子中,如何识别主语、直接宾语和次要宾语?

(1) 马拉亚拉姆语〔德拉维达语(Dravidian)*,印度南部;改
编自 Mohanan 1982,1983〕

---

* 也译为"达罗毗荼语"。——译者注

a. kuṭṭi   kaṟaññu.

child   cried

孩子   哭

'The child cried.'

孩子哭了。

b. puucca   uraṇṇi.

cat   slept

猫   睡

'The cat slept.'

猫睡了。

c. kuṭṭi   aana-ye   ṇuḷḷi.

child   elephant   pinched

孩子   大象   掐

'The child pinched the elephant.'

孩子掐了大象。

103

d. kuṭṭi-ye   aana   ikkiḷiyaakki.

child   elephant   tickled

孩子   大象   逗乐

'The elephant tickled the child.'

大象逗乐了孩子。

e. eli-ye   puucca   tiṇṇu.

rat   cat   ate

老鼠   猫   吃

'The cat ate the rat.'

猫吃了老鼠。

f. kuṭṭi   amma-kkə   aana-ye   wittu.

child   mother   elephant   sold

孩子   妈妈   大象   卖

'The child sold the elephant to Mother.'

孩子把大象卖给妈妈。

g. kuṭṭi-kkə   puucca-ye   aana   koṭuṭṭu.

child   cat   elephant gave

孩子   猫   大象   给

'The elephant gave the cat to the child.'

大象把猫给了孩子。

h. amma   pakṣi-ye   puucca-kkə   koṭuṭṭu.

mother   bird   cat   gave

妈妈   鸟   猫   给

'Mother gave the bird to the cat.'

妈妈把鸟给了猫。

正如这些例子所示,马拉亚拉姆语依靠名词形态来识别语法关系:直接宾语带后缀-*ye*[1],接受者次要宾语带后缀-*kk*ə,主语是"无标记的"(没有添加后缀)。

这种加在名词或 NP 上来表明该 NP 的语法关系的词缀,被称为格标记。更一般地说,任何一个系统中,如果 NP 的语法关系是通过 NP 本身的某种形态标记来表明的,这个系统就被称为格系统。例如,英语中第一和第三人称代词以不同的形式出现,这反映了格的区别(*I*、*me*、*my*,*he*、*him*、*his*,*we*、*us*、*our*,等等)。[2] 这几乎是古英语中影响名词和代词的格系统所保留下来的全部了。

7.1.1 语法格和语义格

(1)中名词的格标记由 NP 在小句中承载的语法关系所决定。这种类型的格词缀有时被称为语法格标记,以区别于根据语义角色来决定的语义格标记。

语法格通常只用于项关系中(SUBJ、OBJ、OBJ₂)。用来标记直接宾语的格形式〔如例(1c)(1g)和(1h)中马拉亚拉姆语的-*ye*〕传统上被称为宾格。像马拉亚拉姆语中-*kkə*那样的格形式〔例(1f)(1g)(1h)〕,用于"间接宾语",即接受者次要宾语,传统上被称为与格。用于主语的格形式,通常被称为主格。因此,我们可以说马拉亚拉姆语中的主格是无标记的,因为主语没有添加后缀。

104

马拉亚拉姆语也有语义格标记,下面的句子中给出了一些例子:

(2) a. jooŋ-*inte*　　kuʈʈi　　aana-ye　　ṉuḷḷi.
　　 John's　　　　child　　 elephant　 pinched
　　 约翰的　　　　 孩子　　 大象　　　 掐
　　 'John's child pinched the elephant.'
　　 约翰的孩子掐了大象。

　　b. kuʈʈi　　skuuḷ-*il*　　pooyi.
　　　 child　　school　　　 went
　　　 孩子　　 学校　　　　 去
　　　 'The child went to school.'
　　　 孩子去了学校。

　　c. amma　　　kuʈʈi-ye　　waʈi-*yaal*　　aʈiccu.
　　　 mother　　 child　　　 stick　　　　 beat
　　　 妈妈　　　 孩子　　　 棍子　　　　 打
　　　 'Mother beat the child with a stick.'
　　　 妈妈用棍子打了孩子。

语义格通常用于旁语论元(可能还有一些附加语)。如果有一个用于领属者的特殊格标记〔像(2a)中马拉亚拉姆语的-*inte*〕,它通常被称为领属格。如果有一个用于处所的特殊格标记〔像(2b)中马拉亚拉姆语的-*il*〕,它通常被称为处所格。如果有一个用于工具的特殊格标记〔像(2c)中马拉亚拉姆语的-(*y*)*aal*〕,它通常被

称为工具格。马拉亚拉姆语的格后缀总结在(3)中:[3]

（3）马拉亚拉姆语格后缀

	格名称	后缀	主要用法
语法格	主格	*-Ø*	SUBJ
	宾格	*-(y)e*	OBJ
	与格	*-(kk)ə*	OBJ₂
语义格	领属格	*-inte～-(u)te*	领属者
	工具格	*-(y)aal*	工具
	处所格	*-il*	处所

除了语义格的使用,另一种标记旁语论元和附加语的常用方法是使用介词或(像马拉亚拉姆语中那样)后置词。有时用两种不同的方法来表示同一种语义角色。例如,工具角色在(4a)中用语义格来表示,但在(4b)中用后置词来表示。这两个句子意思相同,但(4a)主要用于正式言语,而(4b)更倾向于非正式言语(K. P. Mohanan,个人交流)。

(4) a. amma   kuʈʈi-ye   waʈi-*yaal*   aʈiccu.
     mother   child-ACC   stick-INSTR   beat
     妈妈   孩子-宾格   棍子-工具格   打
     'Mother beat the child with a stick.'
     妈妈用棍子打了孩子。

   b. amma   kuʈʈi-ye   waʈi   *koɳʈə*   aʈiccu.   105
     mother   child-ACC   stick   with   beat
     妈妈   孩子-宾格   棍子   用   打
     'Mother beat the child with a stick.'
     妈妈用棍子打了孩子。

7.1.2　作格

　　大多数有语法格标记的语言通常遵循两种基本模式中的一种。这些模式中更常见的一种可以在英语中看到。如上所述,现代英语中格标记仅在代词中出现,所以我们的兴趣将集中在代词形式的分布,如下列例子:

（5）a. I dance.

　　　　我跳舞。

　　　b. He dances.

　　　　他跳舞。

　　　c. I like him.

　　　　我喜欢他。

　　　d. He likes me.

　　　　他喜欢我。

　　这些例子表明,无论小句是不及物的,如(5a, b),还是及物的,如(5c, d),主语代词的形式都相同(*I* 和 *he*)。按照标准术语,我们称之为主格形式。直接宾语以不同的形式(*me* 和 *him*)出现,我们称之为宾格形式。这种格标记模式被称为主格—宾格系统,或简称为宾格。例(6)展示了英语代词形式在及物和不及物小句中的分布,以说明主格—宾格模式。

　　（6）**标准英语**

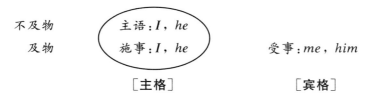

现在想象一下,你在南太平洋的一个岛上遭遇海难,你发现那里的人们说着一种先前从未被描写过的皮钦英语变体,我们称之为"伪英语"(Pseudo-English)。你记录了以下的话语:

(7) a. mi dans. 'I dance.'

我跳舞。

b. him dans. 'He dances.'

他跳舞。

c. ai laik him. 'I like him.'

我喜欢他。

d. hi laik mi. 'He likes me.'

他喜欢我。

在这些例子中,我们看到及物小句的直接宾语与不及物小句的主语采用了相同的形式,即 *mi* 或 *him*。及物小句的主语则采用一种特殊的形式,*ai* 或 *hi*。这种格标记模式,总结在(8)中,被称为作格*系统。用于及物小句主语的形式被称为作格,而用于及物小句宾语和不及物小句主语的形式被称为通格。

106

(8) **"伪英语"**

不及物

及物 施事:*ai*, *hi*

主语:*mi*, *him*
施事:*mi*, *him*

[**作格**] [**通格**]

(9)中比较了宾格和作格模式,用"S"表示不及物小句的主语,用"A"(施事)表示及物小句的主语,用"P"(受事)表示及物小句的

———————

* 除"作格"外,ergative 也被译为"施格"。——译者注

宾语。如图所示,作格模式的定义性特征是用于及物小句主语的唯一格标记,而宾格模式的定义性特征是用于及物小句宾语的唯一格标记。

(9)(根据 Comrie 1978:332)

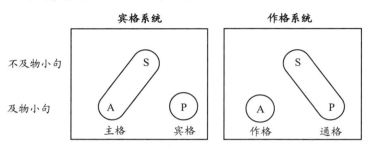

根据(1)中的例子,我们应该如何对马拉亚拉姆语的格标记模式进行归类?我们可以看到,无论小句是不及物的,如(1a, b),及物的,如(1c-e),还是双及物的,如(1f-h),主语都获得了相同的标记(即-Ø)。直接宾语获得了一个区别于主语标记的特殊格标记(-ye)。这种分布,总结在(10)中,明显符合主格—宾格模式。

(10)**马拉亚拉姆语**

根据(11)中的例子,你如何对瓦尔玛加里语(Walmatjari)中的格标记模式进行归类?

(11)**瓦尔玛加里语**(澳大利亚;改编自 Healey 1990b, ex.

E-17：材料来自 Hudson 1978）

a. parri　　　pa　　　　laparni.

　 boy　　　AUX　　　run

　 男孩　　　助动　　　跑

　 'The boy ran.'

　 男孩跑了。

b. manga　　　pa　　　　laparni. 　　　　　　　107

　 girl　　　　AUX　　　run

　 女孩　　　助动　　　跑

　 'The girl ran.'

　 女孩跑了。

c. wirlka　　　pa　　　　laparni.

　 lizard　　　AUX　　　run

　 蜥蜴　　　助动　　　跑

　 'The lizard ran.'

　 蜥蜴跑了。

d. parri　　　pa　　　　pinya　　　manga-ngu.

　 boy　　　AUX　　　hit　　　　girl

　 男孩　　　助动　　　打　　　　女孩

　 'The girl hit the boy.'

　 女孩打了男孩。

e. wirlka　　　pa　　　　nyanya　　　parri-ngu.

　 lizard　　　AUX　　　see　　　　boy

　 蜥蜴　　　助动　　　看　　　　男孩

　 'The boy saw the lizard.'

　 男孩看到了蜥蜴。

　　这些例子表明在瓦尔玛加里语中，及物小句的直接宾语获得了与不及物小句的主语相同的格标记，即-∅。及物小句的主语获得了一个特殊的格标记（*-ngu*），这种分布，总结在（12）中，遵循作格模式。

（12）**瓦尔玛加里语**

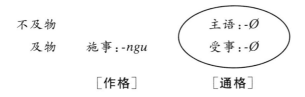

马拉亚拉姆语和瓦尔玛加里语的材料说明了一个关于格系统的有趣的事实。如果一种语言有"无标记"格，或零格标记，那么它最有可能是用于不及物小句主语的格：像马拉亚拉姆语这样的宾格语言中的主格，以及像瓦尔玛加里语这样的作格语言中的通格。[4]

7.1.3　分裂作格

在一些语言中，我们发现了作格和宾格两种标记模式。例如，代词可以用主格—宾格标记，而普通名词用作格—通格标记；或者有生名词可以用主格—宾格标记，而非生名词用作格—通格标记。

"分裂作格"这个术语指的是作格和非作格两种模式在一种语言的语法中并存的情况。换句话说，语法的一个子系统遵循作格模式，而另一个子系统则不遵循。一个典型的例子见于皮坚加加拉语（Pitjantjatjara），这是另一种澳大利亚语言。

（13）**皮坚加加拉语**（澳大利亚；Merrifield et al. 1987，prob. 208）

  a. kuḻpir-pa ŋalyapityaŋu.

   kangaroo came

   袋鼠   来

'The kangaroo came.'

袋鼠来了。

b. yuṉtal-pa　　pakanu.

daughter　　got.up

女儿　　　　起床

'(My) daughter got up.'

（我的）女儿起床了。

c. ŋali　　　　　　ŋalyapityaŋu.

we(DUAL)　　came

我们（双）　　来

'We（2）came.'

我们俩来了。

d. ɲura　　pakanu.

you　　got.up

你　　起床

'You got up.'

你起床了。

e. ampin-tu　　kuḻpir-pa　　ɲaŋu.

Ampin　　　　kangaroo　　saw

安平　　　　袋鼠　　　　看

'Ampin saw the kangaroo.'

安平看见了袋鼠。

f. ɲura　　yuṉtal-pa　　kulinu.

you　　daughter　　heard

你　　女儿　　　听

'You heard my daughter.'

你听到了我女儿。

g. kuḻpir-tu　　ɲura-ɲa　　ɲaŋu.

kangaroo　　you　　　saw

袋鼠　　　　　你　　　　　看

'The kangaroo saw you.'

袋鼠看见了你。

h. yuntal-tu　　　ŋali-ɲa　　　kulinu.

　　daughter　　　we(DUAL)　　heard

　　女儿　　　　　我们（双）　　听

　　'My daughter heard us（2）.'

　　我女儿听到了我们俩。

i. ŋali　　　　　kulpir-pa　　　ɲaɲu.

　　we(DUAL)　　kangaroo　　　saw

　　我们（双）　　袋鼠　　　　　看

　　'We（2）saw the kangaroo.'

　　我们俩看见了袋鼠。

　　名词和代词的格尾列在(14)中。这个图表显示代词遵循主格—宾格模式，不及物小句和及物小句的主语都使用相同的(零)格标记，而及物小句的宾语使用一个不同的标记(-ɲa)。另一方面，普通名词和专有名称遵循作格模式，不及物小句的主语和及物小句的宾语使用相同的格标记(-pa)，而及物小句的主语使用一个不同的标记(-tu)。

（14）皮坚加加拉语格标记	代词	普通名词/专有名称
不及物小句主语(S)	-Ø	-pa
及物小句主语(A)	-Ø	-tu
及物小句宾语(P)	-ɲa	-pa

　　(15)中列出了更多的分裂作格标记系统的例子，这些例子来自迪克森(Dixon 1979:87)。卡什纳华语(Cashinahua)的第三人称代词呈现为三分模式，有三种不同的形式出现在(15b)中。

（15）a. 迪尔巴尔语　　　　第一和　　第三人　　普通名词/
　　　（Dyirbal,　　　　第二人　　称代词　　专有名称
　　　澳大利亚）　　　　称代词

　　　不及物小句主语（S）　-∅　　　-∅　　　-∅

　　　及物小句主语（A）　　-∅　　　-ŋgu　　-ŋgu

　　　及物小句宾语（P）　　-ɲa　　　-∅　　　-∅

　　b. 卡什纳华语　　　　第一和　　第三人　　普通名词/
　　　（秘鲁）　　　　　第二人　　称代词　　专有名称
　　　　　　　　　　　　称代词

　　　不及物小句主语（S）　-∅　　　-habu　　-∅

　　　及物小句主语（A）　　-∅　　　-habũ　　-鼻化

　　　及物小句宾语（P）　　-a　　　-haa　　-∅

　　这些例子表明分裂系统基于人称—生命度等级,如(16)所示。在几乎每个分裂作格的实例中,格标记都基于名词短语本身的内在属性,靠近等级左端(＝更高)的范畴会遵循宾格模式,而靠近等级右端(＝更低)的范畴会遵循作格模式。然而,正如我们已经看到的,这两种模式的分界点是因语言而异的。

（16）人称—生命度等级[5]

第一人称代词	第二人称代词	第三人称代词	专有名词	普通名词		
				人类	动物	非生物

（高）　　　　　　　　　　　　　　　　　　　　　　（低）

　　人们不禁要问为什么语言在这个方面会如此一致。有人可能很容易认为,代词遵循作格模式而普通名词遵循宾格模式,或者专有名称遵循一种模式而所有其他的 NP 遵循另一种模式,但事实

似乎并非如此。许多学者已经指出,推动因素在于参与者充当施事或受事的相对可能性。由于非生命物体很少充当及物小句的施事,当这种情况发生时就需要一个独特的标记(作格)。人类参与者(例如,那些通常以第一、第二人称代词来称呼的)经常充当施事,所以它们被单独标记的情况是它们充当受事(宾格)。[6]

110 这种解释对非生命普通名词的情况来说似乎很有道理,但是作为区别代词和专有名称,或第一、第二人称代词和第三人称有生代词的基础,并不是那么有说服力,所有这些似乎都同样具有充当施事的可能性。此外,正如韦日比茨卡(Wierzbicka 1981)指出的,仅仅是频率,并不能成为相关因素。[7] 没有理由认为第一和第二人称代词在自然语言中充当施事的情况要比充当受事的多,韦日比茨卡认为事实可能刚好相反,至少对第一人称来说是这样。或许"新闻价值"这一更为普遍的概念要比未经分析的频率更有用。说话人会对影响自身(第一人称)的事件或者他能够辨认的其他人(包括听话人,第二人称)特别感兴趣。这种内在的兴趣可能有助于解释为什么这些参与者受到某个动作的影响(即当他们作为受事出现时),就倾向于以一种特殊的方式来标记。

分裂作格还受时和体的制约。印地语(Hindi)是著名的案例。如(17—18)中的例子所示,及物性小句施事的格标记取决于体:当动词标记为完整体时,施事用作格,当动词标记为其他的体时,施事用主格。注意,作格标记 -ne 不同于领属格标记(-ka)和工具格标记(-se)。这是有趣的现象,因为许多语言中作格标记与领属格标记或工具格标记是相同的。

（17）a. Mai-ne　　bite　　saal　　ek　　ghar

　　　　I-ERG　　last　　year　　one　　house(NOM)

　　　　我–作格　　上个　　年　　一　　房子(主格)

　　　　banawaayaa.

　　　　make-CAUSE-PFV-3sg.MASC[8]

让-致使-完整-3单.阳

'I had someone build a house last year.'

去年我让人盖了一所房子。

b. Mai　　　 agale　　 saal　　 ek　　 ghar

I(NOM)　　 next　　　 year　　 one　　 house(NOM)

我(主格)　 下个　　 年　　　 一　　 房子(主格)

banawaungaa.

make-CAUSE-FUT-1sg.MASC

让-致使-将来-1单.阳

'I will have someone build a house next year.'

明年我要找人盖一所房子。

(18) a. Raam-ne　　 kal　　　　　 apane　　 bete-ko

Ram-ERG　　 adjacent.day　 self's　　 son-ACC

拉姆-作格　 相邻.天　　　 自己的　　 儿子-宾格

(chhaḍi-se)　　 maaraa.

stick-INSTR　　 beat-PFV-3sg

棍子-工具格　　 打-完整-3单

'Ram beat his son yesterday (with a stick)'

拉姆昨天(用棍子)打了他的儿子。

b. Raam　　　　 kal　　　　　 apane　　 bete-ko

Ram(NOM)　 adjacent.day　 self's　　 son-ACC

拉姆(主格)　 相邻.天　　　 自己的　　 儿子-宾格

(chhaḍi-se)　　 maaregaa.

stick-INSTR　　 beat-FUT-3sg

棍子-工具格　　 打-将来-3单

'Ram will beat his son tomorrow (with a stick).'

拉姆明天要(用棍子)打他的儿子。

基于这个很小的数据样本,我们能就印地语直接宾语的格标记说些什么吗？乍一看，这些证据似乎是矛盾的：例(18)中宾语带宾格标记，但在例(17)中带主格标记。事实表明，这些宾语的格标记对生命度敏感：宾格只能用于有生命的宾语，这一模式与我们上文讨论的生命度等级是一致的。这种模式见于一些分散得很广的语言中，但在南亚的语言中尤为典型，包括马拉亚拉姆语。注意以下的差异(Mohanan 1982:539)：

111　　(19) a. puucca　　eli-ye　　　ṯiṉṉu.

　　　　　　　 cat　　　　rat-ACC　　ate

　　　　　　　 猫　　　　老鼠-宾格　吃

　　　　　　 'The cat ate the rat.'

　　　　　　 猫吃老鼠。

　　　　b. puucca　　roṭṭi　　　ṯiṉṉu.

　　　　　　 cat　　　bread(NOM)　ate

　　　　　　 猫　　　面包（主格）　吃

　　　　 'The cat ate the bread.'

　　　　 猫吃面包。

　　这一差异是强制性的。如果"老鼠"用主格形式，那么句子(19a)就不合语法，因为"老鼠"是有生命的。如果"面包"用宾格形式，那么句子(19b)也不合语法，因为"面包"是非生命的。

7.2　一致

　　一致是一个统称，用来描述这样一种情形：名词或名词短语的语法特征决定了与 N 或 NP 有某种句法关联的词的形态表现(Lehmann 1988；Haspelmath 2002:65ff)。这种句法关联可能是回指的，如代词与其先行词保持一致（见第 8 章），或者可能涉及核心语与其从属语之间的关系，如动词与其主语或宾语保持一致。[9]

核心语与从属 NP 一致的其他例子还包括:某些语言中被领属名词与其领属者 NP 一致;一些语言中介词与其"宾语"NP 一致。与 NP 一致的核心语在形式上所体现的 NP 特征是性、数和人称。

在名词短语内部可能出现相反的模式:NP 内一个或多个从属语可以与它们的核心名词(N)相一致。这类从属语通常包括形容词、限定词、和(或)领属代词。一些语言学家用协同(CONCORD)这个术语指称这种关系。与核心名词一致的从属语在形式上所体现的核心名词特征是性、数和格。

7.2.1 动词一致

动词一致是指这样一个系统:动词形式体现了一个或多个论元的人称、数和/或性。动词通常只与项保持一致,项是承载主语、宾语或次要宾语的语法关系的论元。如果动词只与一个论元保持一致,这个论元通常是主语;如果与两个论元保持一致,那么它们是主语和直接(或主要)宾语。如果与三个论元保持一致,那么它们是主语、主要宾语和次要宾语。

现代英语仍然保留着一些古代的主语—动词一致模式的痕迹,这在其他的日耳曼语言中保存得更为完整。在第 4 章中,我们用这一事实作为识别句子主语的测试之一。当动词的一致特征(具体是数和人称)与主语 NP 不匹配时,其结果是不合语法的:

(20) a. *John are my cousin.

约翰是我堂/表兄弟。

b. *John am my cousin.

约翰是我堂/表兄弟。

c. *I is a native speaker.

我是一个母语者。

112

葡萄牙语是另一种动词与主语一致的语言。与英语不同,葡萄牙语动词在所有人称和大多数时制中都表现出一致标记。(21)只列出了现在时的形式。

(21) **葡萄牙语**

eu falo	nós falamos
'I speak'	'we speak'
我说	我们说
tu falas[10]	vós falais
'you (sg) speak'	'you (pl) speak'
你说	你们说
ele fala	eles falam
'he speaks'	'they speak'
他说	他们说

纳瓦特尔语(Nahuatl)〔或阿兹特克语(Aztec)〕是来自墨西哥的一种语言,其中及物动词要同时与主语和直接宾语保持一致,如(22b)所示。当然,不及物动词只与主语保持一致,如(22a)。请注意,除了表达主语与宾语的人称和数的一致前缀外,当主语是复数时,动词也要带复数一致后缀-(e)h。一致词缀总结在(22c)的表中。

(22) **瓦斯特卡纳瓦特尔语**(Huasteca Nahuatl)(东部方言;Beller & Beller 1979;语素变体的交替被略去)

　　a. **不及物动词**

ni-kotʃi	ti-kotʃi-h
'I sleep'	'we sleep'
我睡觉	我们睡觉
ti-kotʃi	in-kotʃi-h
'you (sg) sleep'	'you (pl) sleep'

你睡觉　　　　　　　你们睡觉

Ø-kotʃi　　　　　　　Ø-kotʃi-h

'he sleeps'　　　　　'they sleep'

他睡觉　　　　　　　他们睡觉

b. **及物动词**

ni-mic-ita　　　　　ti-netʃ-ita

'I see you（sg）'　　　'you（sg）see me'

我看见你　　　　　　你看见我

Ø-mic-ita　　　　　ti-k-ita

'he sees you（sg）'　　'you（sg）see him'

他看见你　　　　　　你看见他

ti-mic-ita-h　　　　ti-tetʃ-ita

'we see you（sg）'　　'you（sg）see us'

我们看见你　　　　　你看见我们

Ø-mic-ita-h　　　　ti-kin-ita

'they see you（sg）'　　'you（sg）see them'

他们看见你　　　　　你看见他们

c. **位置类别表：**

主语——一致	宾语——一致	词根	主语——数
ni-"1单"	netʃ-"1单"		-Ø "单数"
ti-"2单"	mic-"2单"		-(e)h "复数"
Ø-"3单"	k-"3单"		
ti-"1复"	tetʃ-"1复"		
in-"2复"	metʃ-"2复"		
Ø-"3复"	kin-"3复"		

与主语、主要宾语和次要宾语保持一致的语言，一个例子是南蒂瓦语（Southern Tiwa）[11]。与这三个论元的一致都由一个混合前缀来表现，如(23—24)所示。

（23）**南蒂瓦语**（北美；Allen & Frantz 1983）

    a. *bey*-mu-ban

        2sg : *1sg*-see-PAST

        2单 :1单-看-过去

        'You（sg）saw me.'

        你看见了我。

    b. *a*-mu-ban

        2sg : *3sg*-see-PAST

        2单 :3单-看-过去

        'You（sg）saw him.'

        你看见了他。

    c. *i*-mu-ban

        1sg : *2sg*-see-PAST

        1单 :2单-看-过去

        'I saw you（sg）.'

        我看见了你。

    d. *ti*-mu-ban

        1sg : *3sg*-see-PAST

        1单 :3单-看-过去

        'I saw him.'

        我看见了他。

（24）a. *ka*-khwien-wia-ban

        1sg : *2sg* : *3sg*-dog-give-PAST

        1单 :2单 :3单-狗-给-过去

        'I gave you（sg）the dog.'

        我给了你这条狗。

    b. *kam*-khwien-wia-ban[12]

        1sg : *2sg* : *3pl*-dog-give-PAST

        1单 :2单 :3复-狗-给-过去

'I gave you（sg）the dogs.'

我给了你这些狗。

c. *ben*-khwien-wia-ban

2sg : 1sg : 3sg-dog-give-PAST

2单 : 1单 : 3单–狗–给–过去

'You（sg）gave me the dog.'

你给了我这条狗。

d. *ta*-khwien-wia-ban　　　seuanide

1sg : 3sg : 3sg-dog-give-PAST　man

1单 : 3单 : 3单–狗–给–过去　男人

'I gave the man the dog.'

我把这条狗给了这个男人。

如上所示，动词一致通常体现人称、数和/或性等语法特征。动词一致体现性的一个例子是俄语，在非过去时中，动词 114 与其主语的人称和数保持一致，而在过去时中，则与性和数保持一致。

（25）**俄语动词词形变化表** "to read"（阅读）（Sussex 1992）

	现在时	将来完整体	过去完整体
1 单（阳/阴/中）	ja čitáju	ja pročitáju	ja pročitál/-a/-o
2 单（阳/阴/中）	ty čitáeš'	ty pročitáeš'	ty pročitál/-a/-o
3 单 阳	on čitáet	on pročitáet	on pročitál
3 单 阴	ona čitáet	ona pročitáet	ona pročitála
3 单 中	ono čitáet	ono pročitáet	ono pročitálo
1 复	my čitáem	my pročitáem	my pročitáli
2 复	vy čitáete	vy pročitáete	vy pročitáli
3 复	oni čitájut	oni pročitájut	oni pročitáli

7.2.2　作格一致系统

在我们研究过的大多数语言中(包括英语),及物和不及物动词都表现出了相同的主语一致模式,如(26)所示。这些语言中的动词一致可以说是遵循了主格—宾格模式,因为及物和不及物动词的主语触发了相同的一致标记,而及物动词的宾语被区别对待(要么没有标记,如英语;要么有不同的一致标记)。但在这些语言中,识别一致词缀的常用方法就是"主语一致"或"宾语一致",而"主格"和"宾格"这些术语则保留为格标记。

(26) a. John *runs* every morning.

约翰每天早晨跑步。

b. We *run* every morning.

我们每天早晨跑步。

c. John *eats* noodles every morning.

约翰每天早晨吃面条。

d. We *eat* noodles every morning.

我们每天早晨吃面条。

然而,在其他一些语言中,动词一致遵循作格模式:不及物动词主语和及物动词宾语需要一种一致标记,而及物动词主语需要另一种。塔布拉罕语(Tabulahan)是这类语言中的一种,它是印度尼西亚苏拉威西(Sulawesi)的一种南岛语。塔布拉罕语中,动词在基本及物小句中带两个一致标记,如(28);但在不及物小句中只带一个一致标记,如(27)。一组后缀用于和不及物小句的主语或及物小句的宾语保持一致,而另一组不同的前缀用于和及物小句的主语保持一致。例如,后缀-*ä'* 在(27a)中用来表示不及物小句的第一人称单数主语,在(28a)中表示第一人称单数宾语;但是

(28b)中及物小句的第一人称单数主语需要用前缀 *ku*-表示。

（27）**塔布拉罕语**（印度尼西亚；Robin McKenzie，个人交流）　115

  a. Manaho-mi-ä'　　　　naung　　di　　tampo.

   fall-PFV-1sg.ABS　　　down　　LOC　　ground

   摔倒–完整–1单.通格　　向下　　处所　　地面

   'I fell to the ground.'

   我摔倒在地上。

  b. La　　le'ba'-koa'　　dinoa?

   FUT　　leave-2pl.ABS　　now

   将来　　离开–2复.通格　　现在

   'Are you（pl.）leaving now?'

   你们现在要离开吗？

  c. Menge　　hahe-Ø　　　angkanna　　änä'.

   CONT　　sleep-3pl.ABS　　all　　　child

   持续　　睡觉–3复.通格　　所有的　　孩子

   'All the children are sleeping.'

   所有的孩子都在睡觉。

  d. mao-ang.

   go-1pl.EX.ABS

   走–1复.排除.通格

   'We（excl.）are going.'

   我们（排除式）要走了。

（28）a. Na-keki'-ä'　　　kampihsi'.

   3.ERG-bite-1sg.ABS　　mosquito

   3.作格–咬–1单.通格　　蚊子

   'A mosquito bit me.'

   蚊子咬了我。

  b. Haling　　ku-painsang[ng]i-koa'.

```
already      1sg.ERG-cause.to.know-2pl.ABS
已经         1单.作格-使知道-2复.通格
'I have already told all of you.'
我已经告诉你们所有人了。
```

c. La   malaraka uN-[ng]allingk-ä'   uhase?
```
   FUT   possible   2pl.ERG-buy.for-1sg.ABS  axe
   将来  可能的      2复.作格-买.为-1单.通格    斧子
```
   'Would you（pl）be able to buy me an axe?'
   你们能给我买一把斧子吗?

d. uN-po-sabua'-ang.
```
   2sg.ERG-CAUS-servant-1pl.EX.ABS
   2单.作格-致使-仆人-1复.排除.通格
```
   'You（sg）make us your servants.'
   你让我们成为你的仆人。

e. dinoa   la   ki-posolam-o.
```
   now     FUT     1pl.EX.ERG-accompany-2sg.ABS
   现在    将来    1复.排除.作格-陪伴-2单.通格
```
   'Now we will accompany you（sg）.'
   现在我们将陪伴你。

　　为了弄清这种复杂词形变化表中的模式,将这些形式在某种工作图表中清楚地表达出来是有帮助的。(29)中的表格根据功能〔S(不及物小句主语)、A(及物小句主语)和P(及物小句宾语)〕列出了例(27—28)中出现的一致词缀。由于这些例子中的数据有限,表格中有空缺,但我们可以看到,就给定的人称和数而言,只要三种形式都有,那么 S 和 P 的形式是相同的,而 A 的形式是不同的。因此我们将这两组词缀称为作格—通格一致,而不是主语—宾语一致。塔布拉罕语一致词缀的完整集合展示在(30)这个局部的位置类别表中。[13]

（29）

功能	1单	2单	3单	1双.包括	1复.包括	1复.排除	2复	3复
S	*-ä'*					*-ang*	*-koa'*	*-Ø*
A	*ku-*	*uN-*	*na-*			*ki-*	*uN-*	
P	*-ä'*	*-o*				*-ang*	*-koa'*	

（30）

作格一致	词根＋其他词缀	通格一致
ku-"1单"		*-ä'*"1单"
uN-/mu-"2单"		*-o/-ko*"2单"
na-"3单"		*-Ø/-e'*"3单"
ta-"1双.包括"		*-ingke*"1双.包括"
ta-"1复.包括"		*-ingkea'*"1复.包括"
ki-"1复.排除"		*-ang*"1复.排除"
uN-/mu-"2复"		*-koa'*"2复"
na-"3复"		*-Ø/-ii*"3复"

当然,"作格"和"通格"这两个术语也用于格标记。然而,在说到通格一致和作格一致时,我们并不是说塔布拉罕语里的动词被标记为格。重要的是要记住,根据定义,格是标记在 NP 上的;动词不能带格标记,除非它们已经被"名词化"了(见第 13 章)。格和一致系统使用相似的标签体现了它们在功能上的相似性:格和一致都能用来区分主语和宾语。当任何一个系统将 S 和 P 标记为相同,而将 A 标记为不同时,我们就把这些标记分别称为"通格"和"作格"。

7.2.3　领属者一致

一些语言有领属词缀或语缀(见第 17 章),它们附着在被领属的名词上,并标示领属者的人称和数。只有当领属标记被羡余使用,与一个单独的词或短语指称同一个领属者的时候,我们才把这种模式称为领属者一致。如果领属标记替换了领属者 NP,即如果二者互补分布时,它可能就不能分析为一致标记了。这个问题将在第 17 章进一步讨论。

在巴布亚新几内亚的阿美莱语中,领属者一致表示不可让渡领属。注意,核心名词上的领属后缀与一个独立的领属者 NP 共现。

(31) **阿美莱语**(巴布亚新几内亚;Roberts 1999)

　　a. ija　　　cot-i

　　　　1sg　　　brother-1SG

　　　　1单　　　兄弟-1单

　　　　'my brother'

　　　　我的兄弟

117　　b. Dege　　　cot-ig

　　　　Dege　　　brother-3SG

　　　　德吉　　　兄弟-3单

　　　　'Dege's brother'

　　　　德吉的兄弟

另一个例子见于印度尼西亚东部的布鲁语(Buru)。(32)中的例子均包含一个自由代词(领属者短语),其后跟着一个核心名词,核心名词带有一个领属者一致后缀。

(32) **布鲁语**(马鲁古群岛,印度尼西亚;C. Grimes,未发表的讲稿)

　　1单　　　　　yako faha-ng　　　'my hand'

　　　　　　　　　　　　　　　　　　我的手

2 单	kae faha-m	'your (sg) hand'
		你的手
3 单	ringe faha-n	'his hand'
		他的手
1 复 包括	kita faha-nan	'our (incl.) hands'
		我们的(包括式)手
1 复 排除	kami faha-nam	'our (excl.) hands'
		我们的(排除式)手
2 复	kimi faha-nim	'your (pl) hands'
		你们的手
3 复	sira faha-nin	'their hands'
		他们/她们的手

7.2.4　与 N 一致

在许多语言中,名词短语内部的某些从属语在形态上被标记,来跟核心名词的数和性保持一致。例如,在葡萄牙语中,必须跟核心 N 在数和性上保持一致的从属语包括限定词、修饰性形容词、领属代词,以及数词"一"和"二"。

例(33)中的例子包括语法上为阳性的名词 *menino*(男孩)和 *vestido*(连衣裙),以及语法上为阴性的名词 *menina*(女孩)和 *galinha*(母鸡)。正如我们所看到的,意为"this"(这)的指示词的形式取决于核心名词的性:*este* 代表阳性,*esta* 代表阴性。类似地,当核心名词为阳性时,形容词以 *-o* 结尾;当核心名词为阴性时,形容词以 *-a* 结尾。此外,每当核心名词带复数后缀 *-s* 时,指示词和形容词也被标记为复数形式。

(33) **葡萄牙语 NP**(改编自 Healey 1990b,ex. E.2)

　　a. este menino gordo　　'this fat boy'

这个胖男孩

b. esta menina bonita   'this pretty girl'

这个漂亮的女孩

c. estes meninos gordos   'these fat boys'

这些胖男孩

d. estas meninas bonitas   'these pretty girls'

这些漂亮的女孩

e. este vestido bonito   'this pretty dress'

这件漂亮的连衣裙

f. esta galinha gorda   'this fat hen'

这只肥母鸡

g. estes vestidos bonitos   'these pretty dresses'

这些漂亮的连衣裙

h. estas galinhas gordas   'these fat hens'

这些肥母鸡

格(如本章第一节所讨论的)由小句中名词短语的功能所决定,并作为一个整体指派给 NP。在许多语言中,格在每个名词短语内只标记一次,比如在核心名词上,或在限定词上,或是添加一个单独的小品词或语缀。然而,在其他语言中,NP 的多个成分可能会发生格的屈折变化,当这种情况发生时,每个成分都必须获得相同的格标记。

卡尔卡通古语(Kalkatungu)是 NP 内的限定词和修饰语(包括领属者短语)必须跟核心 N 保持格一致的一个案例,如(34)所示。注意,(34c)中领属者短语的成分带有两种格标记:领属格标记了领属者 NP 自身的功能;而作格表明了领属者短语所属的更大的 NP 的功能。这种"格堆叠"(case stacking)相对罕见,但确实出现在很多语言中。[14]

（34）**卡尔卡通古语**（澳大利亚；Blake 1987：87）

    a. tyipa-yi   thuku-yu   yaun-tu   yanyi

       this-ERG   dog-ERG   big-ERG   white.man-ABS

       这-作格   狗-作格   大的-作格   白人-通格

       itya-mi

       bite-FUT

       咬-将来

       'This big dog will bite the white man.'

       这条大狗将咬这个白人。

    b. kalpin-ku   yaun-ku   thuku

       man-GEN   big-GEN   dog-ABS

       男人-属格   大的-属格   狗-通格

       'the big man's dog'

       这个高大男人的狗

    c. kalpin-ku[wa]-thu   yaun-ku[wa]-thu   thuku-yu

       man-GEN-ERG   big-GEN-ERG   dog-ERG

       男人-属格-作格   大的-属格-作格   狗-作格

       ityayi＝ngi

       bite＝me.ABS

       咬＝我.通格

       'The big man's dog bit me.'

       这个高大男人的狗咬了我。

7.3　结语

    格和一致是语言用来识别小句中语法关系的两种最重要的手段。格也可以用来识别旁语论元或附加语的语义角色，我们称之为语义格。语法格系统（用来标记语法关系）通常遵循两种主要模式中的一种：宾格模式，其中 S 和 A 获得相同的标记，而 P 获得不同的标记;或作格模式,其中 S 和 P 获得相同的标记,而 A 获得不同的标记。在一些语言中,这两种格标记模式都能找到,这种情况被称为分裂作格。

　　动词通常只和项论元保持一致。如果动词只和一个论元保持一致,它通常是主语;如果与两个论元保持一致,它们通常是主语和主要宾语。然而,动词一致也可能遵循作格—通格模式。另一种十分常见的一致类型存在于名词短语的核心语和其修饰语或限定词之间。在这种模式中,从属语被标记为跟核心语的特征一致,而在动词一致中,核心语被标记为跟其从属语的特征一致(因为动词是小句的核心语)。

119　　领属者一致和介词一致(我们在这里没有讨论)不太常见;这两种模式都涉及核心语与 NP 的一致。最常见的一致模式——(据我们所知)在每种人类语言中都能找到——是代词与其先行词之间的一致。这个话题将在下一章讨论。

练 习

7A. 基切语(Quiché)一致(危地马拉;Larsen 1987;Trechsel 1995)[15]

　　描写以下例子中所显示的基切语动词一致系统,并提供一个位置类别表来表现动词的结构。注:前缀 *r-* 在辅音 * 前实现为 *u:-* 。词缀中的元音音长是形态音位,可以忽略,动词后缀标注为 SUFF。提示:制作一个类似于上文(29)所示的一致标记的工作图表可能会有帮助。

　　1. a. x-at-b'iin-ik.

　　　　PFV-2sg-walk-SUFF

　　　　'You (sg) walked.'

---

　　* 这个"辅音"在原文中是"元音",根据作者提供的勘误表校改。——译者注

b. x-oj-b'iin-ik.

PFV-1pl-walk-SUFF

'We walked.'

c. ka-Ø-b'iin-ik.

IMPERF-3sg-walk-SUFF

'He walks.'

d. k(a)-e'-war-ik.

IMPERF-3pl-sleep-SUFF

'They sleep.'

e. x-in-war-ik.

PFV-1sg-sleep-SUFF

'I slept.'

f. laa　　ix　　x-ix-tzaaq-ik?

　　Q　　2pl　　PFV-2pl-fall-SUFF

'Were you (pl) the ones who fell?'

2. a. x-at-qa-ch'ay-o.

PFV-2sg-1pl-hit-SUFF

'We hit you (sg).'

b. x-oj-a-ch'ay-o.

PFV-1pl-2sg-hit-SUFF

'You (sg) hit us.'

c. jachin　　x-at-u-ch'ay-o?

who　　PFV-2sg-3sg-hit-SUFF

'Who hit you (sg)?'

d. aree　　ri　　at　　x-in-a-ch'ay-o.

FOCUS　　the　　2sg　　PFV-1sg-2sg-hit-SUFF

'You (sg) were the one who hit me.'

e. x-Ø-ii-to'-o.

PFV-3sg-2pl-help-SUFF

120

'You (pl) helped him.'

f. k(a)-ix-r-il-o.

IMPERF-2pl-3sg-see-SUFF

'He╱She sees you (pl).'

3. a. x-Ø-inw-il   ri   aaq.

PFV-3sg-1sg-see   the   pig

'I saw the pig.'

b. ka-Ø-q'ab'ar   ri   ixoq.

IMPERF-3sg-get.drunk   the   woman

'The woman gets drunk.'

c. k(a)-e'-q'ab'ar   ri   ixoq-iib'.

IMPERF-3pl-get.drunk   the   woman-PL

'The women get drunk.'

d. x-Ø-u:-paq'   ri   sii'   ri   achii.

PFV-3sg-3sg-split   the   firewood   the   man

'The man split the firewood.'

e. jas   x-Ø-u:-paq'   ri   achii?

what   PFV-3sg-3sg-split   the   man

'What did the man split?'

f. ee   jachiin   x-Ø-ki-tzaq   ki-jastaaq?

pl   who   PFV-3sg-3pl-lost   3pl-thing

'Who are the ones who lost their thing(s)?'

7B. 南阿塞拜疆语(Southern Azerbaijani)格(伊朗；Lee 1996)

描写以下例子中所显示的伊朗阿塞拜疆语(Iranian Azerbai-jani)格系统。注：后缀中的元音音质受"元音和谐"的影响。你应当假定当/ə/和/a/出现在后缀中时，二者是同一元音的变体形式；/i/和/i/也是如此。用方括号标记的辅音[n]和[y]，由音系规则插入，在这个问题中可以忽略。

1. inək   öldi.

cow die

'The cow died.'

2. Məməd inə[y]i öldürdi.   121

  Memed cow   die-CAUS

  'Memed killed the cow (lit.: caused the cow to die).'

3. ev   Ardabildə idi.

  house Ardabil   was

  'The house was in Ardabil.'

4. saat altɨda evdən cixdɨ.

  hour six   house came.out

  'He came out of the house at 6 o'clock.'

5. Fatma inəkinən evə qəyitdi.

  Fatma cow   home returned

  'Fatma returned home with the cow.'

6. (siz) evdə kitabi oxursuz.

  2pl   house book read-2pl

  'You are reading the book in the house.'

7. (siz) kitab oxursuz.

  2pl   book read-2pl

  'You are reading a book.'

8. alma[n]i Məməddən aldɨm.

  apple   Memed   bought-1sg

  'I bough the apple(s) from Memed.'

9. kitablar Bakɨdan gəldilər.

  books   Baku   come

  'The books came from Baku.'

10. Bakɨ[y]a gedəcəksən?

  Baku   go-FUT-2sg

  'Are you going to Baku?'

11. qɨz   Məmədi   gör-cək...

    girl   Memed   saw-when

    'As soon as the girl saw Memed...'

12. oğlan   qɨza   alma[n]i   verdi.

    boy   girl   apple   gave

    'The boy gave the apple to the girl.'

13. Məməd   Fatma[y]a   mektub   verdi.

    Memed   Fatma   letter   gave

    'Memed gave the letter to Fatma.'

14. Məməd   Fatma[y]a   mektubi   verdi.

    Memed   Fatma   letter   gave

    'Memed gave the letter to Fatma.'

15. Fatma   inə[y]in   ağzɨ[n]a   yuni   verirmiş.

    Fatma   cow   mouth-3sg   wool   was.giving

    'Fatma was giving wool to the cow's mouth.'

122   16. indi   dağda   qar   əriyir.

    now   mountain   snow   melts

    'Snow is melting on the mountain now.'

17. Həsən   dağa   sarɨ   irəli   getdi.

    Hasan   mountain   toward   forward   went

    'Hasan went straight toward the mountain.'

18. bir   dağ   qələ[y]ə   yaxɨn   idi.

    one   mountain   castle   near   was

    'A mountain was near the castle.'

19. Məmədin   atɨ   təz   qaçdi.

    Memed   horse-3sg   quickly   ran

    'Memed's horse ran quickly.'

20. arvad   bɨçağɨnan   qarpɨzi   kəsdi.

    woman   knife   watermelon   cut

'The woman cut the watermelon with a knife.'

21. Fatma[n]ɨn　　anasɨ　　　　dedi.

Fatma　　　　　mother-3sg　　said

'Fatma's Mother said (it).'

22. olar　　ipi　　kəsdiler.

3pl　　rope　　cut

'They cut the rope.'

23. onun　　əl-ayağ-ɨ-[n]i　　ipinən　　bagladɨlar.

3sg　　hand-foot-3sg　　rope　　　　bound

'They bound his hands and feet with rope.'

24. ağaclari　　təpə[y]ə　　daşɨdɨlar...

trees　　　hill　　　　carried...

'They carried the trees to the hill...'

25. quşlar　　dağlara　　sarɨ　　uçüşürdi.

birds　　　mountains　　toward　　were.flying

'Birds were flying toward the mountains.'

7C. 伊帝尼语(Yidiny)格(澳大利亚;Dixon 1997,1980)

根据以下例子来描写伊帝尼语的格系统。注:元音音长的变化在音系上是可预测的,可以忽略。同样,-du、-bu 和-ŋgu 等词尾应该视为同一语素的音系变体。

1. yiŋu　　wagu:ja　　galiŋ.

this　　man　　　　go

'This man is going.'

2. muja:mbu　　wagu:ja　　wawal.

mother　　　　man　　　　look.at

'Mother is looking at the man.'

3. waga:ldu　　mujam　　wawal.

wife　　　　mother　　look.at

'(My) wife is looking at mother.'

123

4. wagujaŋgu   wagal   bunjaŋ   baŋga:lda.

    man   wife   hit   axe

    'This man hit (his) wife with (the back of) an axe.'

5. galŋa:ŋ[gu]   baŋgal   budi:jiŋ.

    uncle   axe   keeps/owns

    'Uncle usually keeps (lit：'put down') an axe around.'

    (注：在第一个词的实际发音中,[gu]按照音系规则不发音。)

6. ŋanyji   mayi   galŋa:nda   wiwi:na.

    we   food   uncle   give

    'We must give some food to uncle.'

7. wagujaŋgu   minya   bujiŋ   waga:lnda.

    man   meat   talk.about   wife

    'This man is talking about meat to (his) wife.'

8. yiŋu   gurŋa   maŋgaŋ   wagujanda.

    this   kookaburra   laugh   man

    'This kookaburra is laughing at the man.'

9. gudagaŋgu   mujam   bajal.

    dog   mother   bite

    'This dog is biting mother.'

10. muja:mbu   waga:lni   guda:ga   wawal.

    mother   wife   dog   look.at

    'Mother is looking at (my) wife's dog.'

11. galŋa   galiŋ   digarrala.

    uncle   go   beach

    'Uncle is going to the beach.'

12. mujam   galiŋ   digarramu.

    mother   go   beach

    'Mother is going away from the beach.'

13. yiŋu   wagu:ja   galiŋ   minya:gu.

> this　　　man　　　　go　　　meat
>
> 'This man is going for meat (i.e. to spear animals).'

14. ganyarraŋu　　ŋuŋu　　burriburri　　baja:l.

crocodile　　　　that　　old.man　　　bit

'The crocodile bit that old man.'

15. ganyarrani　　wari　　bala:ny.

crocodile　　　mouth　　opened

'The crocodile's mouth opened.'

7D. 卡劳拉高亚语（Kalaw Lagaw Ya）格〔托雷斯海峡（Torres 124
Strait），澳大利亚；Comrie 1981b；Kennedy 1985a, b〕

根据以下例子来分析和描写卡劳拉高亚语中单数 NP 的格系统。该材料集中不包括复数 NP。提示：词干最后一个音节/a/常通过形态音位过程变为/oe/，无须解释这一过程。不要试图在第一人称代词内部确定语素的边界。

1. a. moeginakoezin　　burum　　mathaman.

boy　　　　　　　pig　　　hit

'The boy hit the pig.'

b. garkoezin　　moeginakaz　　mathaman.

man　　　　　boy　　　　　hit

'The man hit the boy.'

c. moeginakaz　　uzariz.

boy　　　　　　go.away

'The boy went away.'

d. burum　　uzariz.

pig　　　go.away

'The pig went away.'

e. garkaz　　uzariz.

man　　　go.away

'The man went away.'

f. umayn   kazi   iman.

dog   child   see

'The dog saw the child.'

g. kazin   umay   iman.

child   dog   see

'The child saw the dog.'

h. bupan   bisi   mathaman.

grass   cassava   hit

'The grass choked the cassava.'

i. garkoezin   bupa   labann.

man   grass   cut

'The man cut the grass.'

2. a. ngay   uzariz.

1sg   go.way

'I went away.'

b. ngi   uzariz.

2sg   go.way

'You (sg) went away.'

c. ngath   ngin   mathaman.

1sg   2sg   hit

'I hit you (sg).'

d. ngidh   ngoena   mathaman.

2sg   1sg   hit

'You (sg) hit me.'

e. nadh   nuyn   laban.

3sg.f   3sg.m   cut.shallow

'She cut him shallowly.'

f. nuydh   nan   niay-pa   yoelpadhin.

3sg.m   3sg.f   dwelling-DAT   lead-HIST.PAST

'He took her as his wife (long ago).'

g. na　　　patheoma.

　　3sg.f　embark-TODAY

　　'She left by vehicle (earlier today).'

h. nuy　　koesa-pa　　uzaraydhin.

　　3sg.m　river-DAT　went-HIST.PAST

　　'He went to the river (long ago).'

3. a. Kala　　uzariz.

　　　Kala　　go.way

　　　'Kala went away.'

　b. Gibuma　　uzariz.

　　　Gibuma　　go.away

　　　'Gibuma went away.'

　c. Kala　　Gibuman　　mathaman.

　　　Kala　　Gibuma　　hit

　　　'Kala hit Gibuma.'

　d. Gibuma　　Kalan　　mathaman.

　　　Gibuma　　Kala　　hit

　　　'Gibuma hit Kala.'

4. a. ngath　　burum　　mathaman.

　　　1sg　　　pig　　　hit

　　　'I hit the pig.'

　b. ngath　　Kalan　　mathaman.

　　　1sg　　　Kala　　hit

　　　'I hit Kala.'

　c. Kala　　ngin　　mathaman.

　　　Kala　　2sg　　hit

　　　'Kala hit you.'

　d. Kala　　garkaz　　mathaman.

Kala   man   hit

'Kala hit the man.'

e. garkoezin   ngin   mathaman.

   man   2sg   hit

   'The man hit you.'

f. nuydh   wapi   lumaypa.

   3sg.m   fish   search-IMPERF

   'He is searching for fish.'

g. garkoezin   Gibuman   mathaman.

   man   Gibuma   hit

   'The man hit Gibuma.'

h. nadh   kazi   lumar.

   3sg.f   child   search-CONT

   'She keeps on searching for the child.'

i. ngoena   goeygin   gasaman.

   1sg   sun   catch

   'The sun made me ill.'

补充练习

Merrififield et al. (1987) prob. 160, 205, 211

Healey (1990b) ex. E.7

注释

1. 这个后缀在辅音后面读为/-e/，在元音后读为/-ye/。

2. 第二人称代词只有两种不同的形式：领属格 *your* 和主/宾格 *you*。

3. 表(3)中省略了一些形态音位的交替形式。莫哈南(Mohanan 1982)提到的第二与格范畴"与格2"，这里也略去。

4．格林伯格（Greenberg 1963），共性♯38。

5．第一人称和第二人称代词的相对语序不能仅仅根据分裂作格来解释。然而，人称—生命度等级也跟一些其他的结构类型相关，比如许多北美语言的逆向（INVERSE）系统，该系统中的这种语序显然是有动因的。

6．这一观点最初由希尔弗斯坦（Silverstein 1976）、科姆里（Comrie 1978）和迪克森（Dixon 1979）提出。

7．韦日比茨卡（Wierzbicka 1981:67）认为分裂格标记系统中的等级效应可以用"内在话题价值"来解释。她还提出了一个很有帮助的观点，即作为感事而非施事的说话人享有独特的地位。

8．注意，这个例子中的动词与主格宾语而不是与作格主语保持一致。（我无法找到例 17—18 的最初来源。）

9．参看尼科尔斯（Nichols 1986）对"核心语标记"一致和"从属语标记"一致的讨论。

10．在现代葡萄牙语中，这些第二人称代词仅限于特定的语境：*tu* 用来表示亲密，*vós* 主要用于祈祷时对神的称呼（Parkinson 1992）。礼貌式第二人称代词 *você*（单数）和 *vocês*（复数）会触发动词上的第三人称一致标记。

11．遵循卢森（Rosen 1990）的分析。

12．此例基于艾伦和弗朗茨（Allen & Frantz 1983）的材料，并做了略微的修改。

13．第一人称包括式是指包含说话人和听话人双方在内的群体，而第一人称排除式将听话人排除在外；见第 8 章中进一步的讨论。

14．莱曼（Lehmann 1988）引用了（34）中所示那样的格一致以及其他类型的证据，来论证我们所说的"与 N 一致"实际上是与以 N 为核心的 NP 一致；换句话说，修饰语跟其作为组成部分的 NP 一致，而不是直接跟它修饰的核心名词一致。格作为一个整体指派给 NP；要求 NP 内部的从属语不能有矛盾的格特征。同样的"统一"（unification）分析也适用于数和性。

15．拉森（Larsen）将前两个位置中的前缀称为"语缀"；我遵循特雷希塞尔（Trechsel）和其他作者的做法把它们简单地写为前缀。

第 8 章
名词类别和代词

本章将讨论跟名词和名词短语的句法、形态以及语义相关的两个主题。在第一部分,我们将研究具体语言中可以根据语法标记对名词进行子类划分的方式。在第二部分,我们将研究代词和代词系统。

8.1 名词类别和性

在前一章中,我们多次提到名词的"性"。性这个术语在语言学中有非常特殊的含义。从本质上说,性系统是对具有某种特定形态结果的 N 范畴的划分。语法上有性的语言中,每个名词都被分派到一个小的、固定的子类集合中,并且每个名词所属的子类都以某类一致形态表现出来。在第 7 章中,我们看到了这样的例子:葡萄牙语中,限定词和形容词与其核心名词的性保持一致,如(33);而在俄语中,过去时的动词与单数主语的性保持一致,如(25)。

另一种标记名词子类的常用策略是使用名词分类词。分类词是特定语境中(比如,当 NP 也包含一个数词或量化词时)出现在 NP 内部的独立的词,并且用来表明核心名词的子类。我们将依次讨论每种策略。然后在 8.1.3 节中,我们将对性和分类词系统之间的关键差别进行总结。

8.1.1 性系统

非语言学家可能会认为名词的性与其所指事物的性相同。但是,这种说法很容易就能找到反例。例如,德语 *Mädchen*(女孩)一词在语法上是中性的,尽管它指的是女人。这样的例子表明,区分语法上的性和"自然的"(或生物学的)性是多么重要。生理性别(雄性和雌性)与生殖功能相关,并且只与人类、动物界的高等动物以及特定的植物种类相关。语法上的性是基于共有屈折形态的一种名词子类,并且对语言中的每个名词来说,性必须是确定的。[1]

性的类别是根据一致模式确定的。比如,我们知道 *Mädchen* 属于中性类,因为它需要各种中性形式的限定词和修饰词。例如,*das Mädchen*(女孩);比较 *die Frau*(女人)(阴性),*der Mann*(男人)(阳性)。

给性的类别贴标签有点像给句法范畴贴标签(第3章):类别是基于语法标准建立的,但标签是基于语义特征和原型来指派的。当名词类别(语法上的性)和生理性别之间有统计关联时,或者当两个类别的原型成员分别包括男人和女人时,我们可以使用阳性和阴性的标签。但是这种关联从来不是完美的。因为每个名词都必须属于某个性的类别,这种指派在许多情况下似乎相当任意。例如,在拉丁语里,*ignis*(火)是阳性的,而 *flamma*(火焰)是阴性的。

特定名词的类别可以反映关于语言群体世界观或传统信仰的有趣事实。例如,在拉丁语中,"太阳"是阳性的,"月亮"是阴性的;但在澳大利亚的迪尔巴尔语中,这些性是相反的。这是因为在这两种文化中,跟这两个天体相关的神话是不同的(在迪尔巴尔神话中,太阳是一个女人,而月亮是她的丈夫)。但是,部分是因为语言一直在变化,在大多数性系统中,有些名词的类别似乎是任意的,或者是不遵循该系统其余部分的基本语义模式。

在许多语言中,性部分地根据音系或形态模式以及语义特征来确定。回到我们的德语例子,*Mädchen*(女孩)这个词在语法上必须是中性的,因为所有包含小称后缀 *-chen* 的名词在语法上都是中性的。[2] 然而,我们要强调的事实是,虽然名词的音系形式和它所属的性类别之间通常存在关联,但它的类别成员应该始终根据该名词所触发的一致模式来识别。在葡萄牙语中,有些词以/-a/结尾,但在语法上是阳性的,例如 *o problema*(这个问题);还有些词以/-o/结尾,但在语法上是阴性的,例如 *a tribo*(这个部落)*。[3] 这些词在语法上的性由可观察到的一致模式来表明,它们存在于定冠词(*o*"阳性"和 *a*"阴性")以及任何可能出现的修饰性形容词中。

名词类别和生理性别之间通常是没有联系的。相反,一些其他的语义属性可能构成语法上性系统的基础。地峡萨波特克语有三种基于生命度的性类别:人类、动物、非生物〔见下文(15)〕。在其他语言中,性的类别可以跟大小和形状,可食用和不可食用的物体等有关。

正如我们在第 7 章中看到的,葡萄牙语在语法上只区分两种性:阳性和阴性。德语、俄语和一些其他欧洲语言在语法上区分三种性(阳性、阴性和中性)。迪尔巴尔语有四种性。核心名词的性由限定词来表明,同时限定词也表明了 NP 的格以及 NP 与说话人的接近度("这里""那里但可见"或"那里且不可见")。表示"那里但可见"的标记的各种格和性的形式在(1)中列出。

(1) **迪尔巴尔语意为"那(可见)"†的指示词**(澳大利亚;Dixon 1972:44—47)

	通格	作格/工具格	与格	领属格
类别 I	bayi	baŋgul	bagul	baŋul
类别 II	balan	baŋgun	bagun	baŋun

---

* 在葡萄牙语中,"一般来说,阳性名词都以-o 结尾,阴性名词都以-a 结尾"(李飞编译《葡萄牙语语法大全》,北京:外语教学与研究出版社,2010 年,第 192 页)。——译者注

† 这里的"那(可见)"原文为"that(visible)",上文的"那里但可见"原文为"there but visible"。——译者注

类别 III	balam	baŋgum	bagum	—
类别 IV	bala	baŋgu	bagu	baŋu

（2）中列出了各种迪尔巴尔语的词各自所属的性类别的例子。迪克森（Dixon 1972）对性类别的语义基础做了非常有趣的分析，展示了它们是如何与传统的迪尔巴尔世界观相联系的；但如（2）所示，这些模式是相当复杂的。

（2）**迪尔巴尔语性类别的语义关联**（Dixon 1972:306—311）

类别 I 男人；月亮；彩虹；风暴；袋鼠、负鼠、蝙蝠；大多数蛇、鱼、昆虫；某些鸟（比如鹰）；回旋飞镖

类别 II 女人；太阳和星星；任何跟水和火相联系的东西；狗、鸭嘴兽、针鼹鼠；有害的鱼；某些蛇；大多数鸟；大多数武器

类别 III 可食用的果实以及结这些果实的树；块茎

类别 IV 身体部分、肉类、蜜蜂和蜂蜜、风、大多数树、草、泥土、石头等

班图语（Bantu）以名词类别系统而闻名，该系统不仅包括名词及其修饰语之间的一致，还包括动词及其主语和（可选的）直接宾语的一致。这种模式如（3a）中斯瓦希里语的句子所示。一致前缀同时标示了名词的类别和数：类别 2 是类别 1 的复数形式；类别 6 是类别 5 的复数形式，等等。其中一些类别的语义关联列在（3b）中。

131 （3）**斯瓦希里语**（Hinnebusch 1992）

a. Wa-le wa-kulima wa-zuri wa-na-(ya-)lima

2-those 2-farmers 2-good 2SUBJ-TNS-(6OBJ-) cultivate

2-那些 2-农民 2-好的 2主语-时-（6宾语）-种植

ma-hindi　　mashamba-ni　　kw-ao.

6-maize　　（17）farms-LOC　　17-their

6-玉米　　（17）农场-处所　　17-他们的

'The/those good farmers are cultivating maize at their farms.'

那些出色的农民正在他们的农场种植玉米。

b. **类别 1/2**　　人类,某些动物

类别 3/4　　植物,自然现象(火、烟),精神存在,某些身体部位

类别 5/6　　水果,成对的身体部位

类别 6　　液体类不可数名词(水、油),群体或集合

类别 7/8　　人工制品,有缺陷的人

类别 9/10　　亲属关系,大多数动物,昆虫

类别 11　　线状物体(舌头、墙、栅栏、剑)

类别 14　　抽象名词(自由、美丽、人性)

8.1.2　分类词系统

分类词是独立的词,通常是名词,在名词短语中占据特殊的位置,但似乎并不以任何明确的方式来增加 NP 的意义。英语没有真正的分类词;与之最接近的可能是一些像(4a)中那样的固定表达。分类词的功能在某些方面类似于(4b)中的那些度量词,度量词使我们能够对不可数名词进行量化(或计数)。这种模式在英语中相当能产,实际上在大多数语言中都是如此。但是要注意,就语法结构而言,度量词本身就是包含其在内的 NP 的核心语。分类词不是这种情况。

（4）a. a *pair* of scissors　一把剪刀

　　　 five *head* of cattle　五头牛

b. two *pounds* of salt　两磅盐

three *liters* of wine　三升酒

five *bushels* of wheat　五蒲式耳*小麦

10,000 *barrels* of oil　10000 桶油

(5)中的汉语名词短语显示了一些真正的分类词的例子。李讷和安珊迪(Li & Thompson 1981)指出,当名词前面有数词(5a,b)、指示词(5c, d),或包括"几""某""每"等在内的某些量化词时,分类词是必须使用的。注意,与度量词不同,这些分类词主要用于 NP 的核心语为可数名词的情况。在汉语中,如果 NP 包含了度量词,就不能用分类词了。

(5) **汉语**(Li & Thompson 1981:104—105)

a. 三个人

b. 五架飞机

c. 这盏灯

d. 那条牛

e. 几件衣服

f. 这几门炮

g. 那六本书

分类词的选择取决于作为 NP 核心语的具体名词。在多数情况下,带有特定分类词的名词往往具有某些共同的语义特征,通常与大小和形状有关,但也有许多例外。例如,分类词"条"主要用于长、细的物体(比如"蛇""路""河""尾巴")和四条腿的哺乳动物;但它也用于多种其他的名词,像"新闻"和"法规"等。此外,某些长而

---

* 蒲式耳是谷物和水果的容积计量单位,1 蒲式耳相当于 36.3688 升(英制)或 35.238 升(美制)。——译者注

细的物体(例如"毛笔"和"箭")则用不同的分类词。因此,对于大多数名词来说,分类词的选择是无法预测的,只能记住(并在名词的词条中具体说明)。

马来语的分类词系统与汉语有些类似。只要有数词出现,大多数可数名词就必须带分类词,某些特定的量化词(例如"几个")也必须带分类词。下面的例句中,分类词用斜体表示,它们和数词或量化词一起构成了一个成分,并且该成分可以出现在核心名词的前面或后面:

(6) **马来语**(Asmah & Rama 1985)

    a. [dua   *orang*]   budak   'two children'
        two   person   child   两个孩子
        二   人   孩子

    或: budak   [dua   *orang*]
        child   two   person
        孩子   二   人

    b. [tiga   *batang*]   rokok   'three cigarettes'
        three   stick   smoke   三根烟
        三   棍子   烟

    或*: rokok   [tiga   *batang*]
        smoke three   stick
        烟   三   棍子

就像在汉语里一样,分类词的选择部分地根据大小和形状来确定,但是也涉及一些其他的语义特征。许多分类词也可以作为独立的名词来使用,尽管这些名词的意义有时完全不同于和分类

---

* 原文中这个"或"(or)不是和"b"处于同一列的,而是和"rokok"连写在一起,这里根据作者提供的勘误表校改。——译者注

133　词相关联的语义特征。最常用的分类词总结在(7)中：

(7) 马来语/印度尼西亚语中的分类词（基于 Coope 1976；Sneddon 1996)

分类词	字面意义	用于：
orang	人	人类
buah	水果	大的固体（房子、车、船、书等）；通用分类词
ekor	尾巴	动物，鸟，鱼
biji	种子	小的圆形物体（鸡蛋、水果、杯子等）
batang	棍子，茎	长的圆柱形物体（树、铅笔、香烟、雨伞*）；道路、河流
keping	块	有一定厚度的扁平物体（木板、面包片等）
helai	??	没有厚度的扁平物体（布、纸、叶子）
pucuk	（植物的）新芽	信，枪
bilah	细条	锐利的物体（刀、剑、针）
bidang	广阔的区域	平的、铺开的东西（垫子、帆、地）
bentuk	形状、曲线	圆的或弯曲的物体（戒指、鱼钩）
utas	线圈	绳索、线、链条
kuntum	花蕾、花簇	花
butir	颗粒	宝石，子弹
patah	缝隙	词
lembar	线、缕	扁平的东西（纸、相片）

　　*　在印度尼西亚语中，分类词 *kaki*（脚）可以用于雨伞。

8.1.3　性和分类词的区分

　　我们已经讨论了语言可以用来表明语法上所决定的名词类别的两种不同方式。由于性系统和分类词系统在很多方面是相似的,因此要判定我们所讨论的是哪个系统并不总是容易的。迪克森(Dixon 1986)列出了一些基本标准,可以帮助我们区分二者。

a. **范畴数量**:性系统包含少量、数量固定的类别,通常在 2 到 20 个之间。在分类词系统中,迪克森说 20 个通常是下限,据报道有些语言中有超过 100 个不同的分类词〔例如,柬埔寨语(Cambodian),越南语,泽塔尔语(Tzeltal)〕。此外,由于性是一个有屈折变化的范畴,因此随着时间推移,性类别的数量是相对稳定的。但是,分类词是独立的词,新成员很容易被吸纳到系统中来。

b. **覆盖范围**:在性系统中,语言中的每个名词都必须属于某个性类别。某些名词可以出现在一个以上的性类别中,例如拉丁语的"通性"(common gender)词,诸如 *exsul*(流亡者)、*parēns*(父母)、*dux*(领导)等。这些词既可以是阳性的,也可以是阴性的,取决于其所指个体的性别。不过这类词的数量通常很少。然而,在分类词系统中,可能有很多名词不与任何分类词共现,也可能有很多其他的名词可以与几个不同的分类词共现。

c. **形态**:分类词通常是自由形式,在 NP 内作为独立的词出现。性是一个屈折范畴,形态方面表现在一致成分上,即名词的从属语和/或指派其语法关系的动词。

d. **句法**:名词的性总是体现在某种一致标记上,无论是在 NP 内部(修饰语或限定词上)还是在 NP 外部(动词上)。分类词不会触发一致关系。

性和分类词系统是最常见的表明名词类别的方式,但也有几种其他的模式被报道;参看艾肯瓦尔德(Aikhenvald 2000)非常全面的评述。此外,我们偶尔会发现名词类别系统似乎具有"混合的"属性。例如,日语的分类词系统包含了几百个分类词,但是这些分类词表达为数词上的后缀而非独立的词(Downing 1986; Matsumoto 1993)[4]。艾肯瓦尔德(Aikhenvald 2000:108)指出,古西伯利亚语言(Paleosiberian)的尼夫赫语(Nivkh)有26种不同的名词类别,均由数词的屈折形式来标示。这似乎符合迪克森对性系统的描述,但类别数量却异常之多。

不过,大多数名词类别系统都很好地符合迪克森所述的两个范畴(性和分类词)中的一个;这里我们不讨论不太常见的模式。

实践练习

第7章中我们讨论了一种我们称之为"伪英语"的虚构的皮钦英语变体的格系统。现在想象一下,在邻近的岛屿上发现了一些其他的变体,你被派去调查。作为研究的一部分,你收集了以下NP的例子。根据现有数据,确定每种语言是否有性系统或分类词系统。给出你判定的理由,并说明你用来确定每个名词所属类别的标准(连字符代表词缀边界)。

伪英语 B:

(i) this-i horse   this-u bottle

    this-i hound   this-u box

    this-i hare   this-u boulder

    this-i husband   this-u budget

    this-i housewife   this-u bicycle

当你收集了斯瓦迪士核心词列表(Swadesh lists)*和其他基本词汇样本时,你发现90%的名词符合(i)中所示的模式。然而,在收集更多的数据时,你发现一些形式像(ii)中所示的那样(比较证据表明,这些形式中有许多是借词)。这些形式在哪些

---

    * 20世纪40年代至50年代,美国语言学家莫里斯·斯瓦迪士(Morris Swadesh)将存在于大多数语言中的、非文化方面的,且不易受其他语言影响的200个基本词根语素编制成词表,借以考察不同语言的词在一定时间段内的变化速度。后来,鉴于词表中有些词缺乏普遍性、易于重复或借用,以及所指范围不稳定等原因,斯瓦迪士又做了进一步的精选,编制了一个100词的词表。——译者注

方面使你的分析变复杂了？该语言中有多少个名词类别？你建议用什么标签来给这些类别命名？（ii）中的每个词都属于哪一类，为什么？

(ii) this-i behemoth　　　this-u helix

　　 this-i boy　　　　　 this-u hippopotamus

伪英语 C：

(iii) one plark pig　　　　　　　this flusp leaf

　　 that plark rooster　　　　　 one flusp mat

　　 those three plark puppies　　 those four flusp blankets

　　 my four plark buffalo

　　 that siggle rifle　　　　　　 this chorp house

　　 those two siggle blossoms　　 two chorp bicycles

　　　　　　　　　　　　　　　 those three chorp tables

　　　　　　　　　　　　　　　 four chorp nations

　　　　　　　　　　　　　　　 that chorp problem

　　你设法找到一些说这种方言的双语人士，让他们将这些短语翻译为标准英语。译文并不让人意外："one pig"（一头猪）、"this leaf"（这片叶子）、"that rifle"（那把步枪）等。你问 *plark* 是什么意思，他们告诉你它的意思是"尾巴"。你得知 *chorp* 的意思是"水果"。你问及 *siggle* 和 *flusp* 的意思，被告知："那些词没有意义，但是它们使这些短语听起来更好些。"该语言中有多少个名词类别？这是性系统还是分类词系统？为什么？

8.2　代词

　　第 3 章中我们论述了代词是一种特殊的名词短语。它们的句法分布（在许多语言中）类似于专有名称。但在语义上，代词和专有名称之间有一个重要的区别。

　　专有名称指称特定的个体。当然，两个个体可能有相同的名 136

称。我有个同事名叫温斯顿·丘吉尔（Winston Churchill），和已故的英国首相并没有关系。不过专有名称通常用于没有混淆风险的语境中，也就是说，它们的指称对象是唯一的。

然而，代词的指称（或语义解释）并不是固定的。它在很大程度上取决于使用的语境，比如，谁在什么场合对谁说话，已经说了什么，等等。代词既可以指说话发生的即时语境（时间和地点）中的人或事物，也可以指同一语篇内先前已经提及的事物。我们将非常简要地讨论这些语义问题，然后对可以决定代词形式的特征给出同样简要的总结。

8.2.1　回指与直指

对话发生的时间和地点有时被称为言语情境。有些词的解释（或指称）不是固定的，而取决于言语情境的具体细节，这类词被称为直指成分。"DEIXIS"（直指）这一术语来自希腊语（Greek），意为"显示"或"指向"。直指成分通常是指说话人在说话时能够实际指向的事物。如（8）中所示，第一和第二人称代词（如 *I* 和 *you*）总是直指的。它们的解释取决于谁正在对谁说话。

（8）**直指成分**　　　　**指称对象**

here（这里）　　　说话人所在地

there（那里）　　　被指明或指定的远离说话人的地方

now（现在）　　　言语行为的时间

this（这）　　　靠近说话人的事物

that（那）　　　远离说话人的事物

I（我）　　　说话人

you（你）　　　听话人

代词的语义解释可能取决于使用语境的另一方式被称为回指

（ANAPHORA，字面意思是"往回指"）。回指成分是指这样的词：它的解释依赖于同一语篇内某个其他成分（如名词短语）的解释。这里的其他成分被称作先行词。回指成分与其先行词指向相同的人、地点或事物。

第三人称代词（*he*、*she* 等），指示词（*this* 或 *that*），表处所的代替形式 *there*，以及一些其他的词，可以被用作直指词或回指词。以下例子中的句子说明了回指的用法：在每种情况中，对斜体词的解释取决于同一语篇中某个其他短语的解释。请识别出每个回指成分的先行词：

137

（9）a. Mrs. Thatcher promised John Major that *she* would not interfere with *his* campaign.

　　撒切尔夫人向约翰·梅杰保证，她不会干涉他竞选。

　　b. John gave Mary a dozen roses，but asked *her* to share *them* with *his* sister.

　　约翰给了玛丽一打玫瑰花，但让她和他的妹妹分享它们。

　　c. I walked all the way to the stadium，but found no one *there*.

　　我一路走到体育场，但是发现那里一个人也没有。

　　d. By the time *he* arrived at the river，John was too tired to swim.

　　当他到达河边时，约翰已经累得游不动了。

（10）Smith：Mrs. Thatcher is supposed to visit the Pope tomorrow.

　　史密斯：撒切尔夫人明天应该去看教皇。

　　Jones：I wonder what *she* wants to talk to *him* about？

　　琼斯：我想知道她想要和他谈些什么？

先行词通常先于回指成分,但是如(9d)所示,情况并非总是如此。(10)表明先行词和回指成分未必在同一个句子中,甚至未必是同一个说话人所说的。

8.2.2　反身代词与强调代词

反身代词是具有特殊语法属性的回指成分。它们受到的某些制约不适用于一般代词。例如,在大量语言中,反身代词必须在它的直接小句中找到其先行词。一些英语反身代词如(11)中所示。

(11) a. John has bought *himself* a new Mercedes.

约翰给他自己买了一辆新奔驰车。

b. I surprised *myself* by winning the dancing competition.

我为我自己赢得了舞蹈比赛而感到惊讶。

c. Mary tried to control *herself*, but could not resist tickling the Governor.

玛丽试图控制她自己,但还是没忍住去逗乐州长。

在英语和许多其他语言中,强调代词与反身代词具有相同的形式,但是它们的功能和分布有很大不同。(11)中每个反身代词都有它自己的语义角色和语法关系,不同于其先行词的语义角色和语法关系。但是强调代词,就像(12)中的那些,在小句中没有这种独立的地位。相反,它们只是用来强调某个其他短语的身份,即该短语充当了强调代词的先行词。

(12) a. The Governor *himself* will appoint the new police chief.

州长将亲自任命新的警察局长。

b. I gave that money to the Governor *myself*.

我亲自把钱给了州长。

c. I have a letter of authorization signed by the Governor *himself*.

我有一封由州长亲自签署的授权书。

当然,还有许多语言中,强调代词不同于反身代词,例如,德语的 *sich*(反身代词)和 *selbst*(强调代词)。我们可以更准确地描述强调代词的地位,即强调代词与它们的先行词处于同位关系。如果两个短语:(i)具有相同的语法关系;并且(ii)指称相同的个体时,它们就是同位关系。这两个短语也经常彼此紧挨着出现,如(13)中的例子:

(13) a. President Reagan,*a former movie star*,was very effective on television.

里根总统,前电影明星,在电视上很有影响。

b. My brother-in-law,*the new Mayor of Chicago*,has promised to get me a job.

我的姐夫/妹夫,芝加哥的新市长,已经答应给我找份工作。

因此,反身代词和强调代词的关键区别在于,反身代词在句子中的作用与其先行词不同,而强调代词在句子中的作用与其先行词相同。在具体语言中,也经常有其他的差别。比如,在英语(和许多其他语言)中,反身代词可能不会作为句子的主语出现。强调代词经常作为主语出现;事实上,这似乎是它们最常见的用法。

8.2.3 人称代词:一致特征

代词与其先行词之间的一致有助于听话人正确地理解代词。

在英语中,代词必须在人称、数和性上与它的先行词一致。这一要求阻止了句子(14)中的代词 *she* 在其句中找到一个先行词,因为没有阴性 NP 可选择。先行词必须来自话语语境,或者来自言语情境。

(14) John told Bill that *she* had won the election.
约翰告诉比尔,她已经赢得了选举。

所有语言似乎都有某种代词一致。我们在前一章中注意到,和动词一致系统一样,人称、数和性是代词系统中最常见的标记范畴。其中,人称和数似乎是在所有语言中都被标记的。约瑟夫·格林伯格(Joseph Greenberg 1963)在他对语言共性的开创性研究中指出:

"所有语言都有至少包括三种人称和两种数在内的代词范畴。"(共性 42)

所以所有语言都区分第一、第二和第三人称代词,尽管在某些语言中第三人称代词跟冠词或指示词的形式相同。除了这三种基本范畴外,最常见的进一步区分是第一人称复数在包括式和排除式两种形式间的差异。第一人称包括式代词(例如马来语 *kita*)指的是包括说话人和听话人二者在内的群体("你、我,[也许]还有其他人")。第一人称排除式代词(例如马来语 *kami*)指的是包括说话人但不包括听话人的群体("我和其他人但没有你")。

在格林伯格发表他的研究之后的几年里,已经发现一些语言中代词不需要在数上进行说明[5]。然而,大多数语言确实区分了单数和复数代词,至少在第一人称(*I* 和 *we*)中是这样。现代英语在第二人称中已经失去了数的区别,还有许多语言在第三人称中没有数的区别。除了单数和复数之间的基本差异外,许多语言还有双数范畴,用于恰好包含两个个体的群组。双数最常见的是以第一人称的形式出现。任何在第三人称中有确切的双数形式的语

139

言,几乎可以肯定,第一和/或第二人称也有确切的双数形式[6]。

有些语言有更多不同的数范畴,如三数(用于三个个体的群体)或者少数(包含少数个体的群体)。[7]即使在有三数范畴的语言中,三数形式偶尔也用于扩展的少数意义,指三个以上的个体,这是十分常见的。

据报道,巴布亚新几内亚的苏苏伦加语(Susurunga)有一套完整的四数代词,它在所有四种人称(第一人称包括式、第一人称排除式、第二人称、第三人称)中,都与单数、双数、三数,以及复数形式形成对比[8]。双数、三数和四数形式每个都包含了被组并的数字语素(分别为"二""三""四")。然而,四数形式实际上有"四个或更多"的意思,而不是"恰好四个"。它们主要用于两种特定的语境:第一,与关系词一起使用,如"我们(四个或更多)是母子关系",这里不允许用复数形式;第二,在劝告话语(规劝性演说)中,说话人经常使用第一人称包括式四数形式来和听众保持认同感。

除了人称和数之外,许多语言都有不同的代词形式来标明先行词的性或名词类别。性的标记在第三人称形式中最为常见,除非在第二人称和/或第三人称中也区分性,否则永远不会在第一人称中区分性。[9]

正如 8.1 节中提到的,欧洲语言通常区分两种性(阴性和阳性,如葡萄牙语)或三种性(阳性、阴性和中性,如德语)。另外一种常见的性分类是人类、动物和非生物,如地峡萨波特克语。请注意,只在第三人称形式中区分性:

(15) **地峡萨波特克语代词**(墨西哥;Elson & Pickett 1988:37—38)

	人	动物	非生物
1 单	naa	—	—
2 单	lii	—	—
3 单	laabe	laame	laami

	人	动物	非生物
1 复 包括	laanu	—	—
1 复 排除	laadu	—	—
2 复	laatu	—	—
3 复	laakabe	laakame	laakani

有一个重要的范畴，它与动词一致系统无关，但由于代词具有名词短语的功能，它也经常标记在代词上，这就是格。在所有 NP 都标记格的语言中，代词有特殊的屈折形式，而不用通常的那套格标记，这并不少见。即使其他的 NP 不标记格，代词也可以有格的屈折变化。英语就是这种情况（*I*、*me*、*my*、*we*、*us*、*our*、*he*、*him*、*his*，等等）。而且，就像我们在第 7 章中看到的，即使其他 NP 的格标记模式是作格，代词的格标记模式也可以是宾格。

有些语言用不同的第三人称代词形式来表示接近度（degree of PROXIMITY），即第三人称离说话人和听话人有多远。这通常涉及说话人和听话人看得见的人与看不见的人之间的区分。

最后，代词的选择常被用来表达礼貌。语言中有两个不同的第二人称单数形式是十分常见的，一个是正式的，另一个是非正式的或亲密的〔例如，德语的 *du* 和 *Sie*；法语的 *tu* 和 *vous*；比亚塔陆地达雅语（Biatah Land Dayak）的 *ku'u* 和 *ka'am*〕。更复杂的系统在东南亚很常见。马来语的说话人必须根据其与听话人之间的相对社会地位和亲密程度，在第一和第二人称单数范畴的六种或更多可能的形式中进行选择。通常说话人会使用亲属关系词或专有名称来指称第一和第二人称，以避免不得不做出这个可能令人为难的选择。

8.2.4　代词系统实例

英格拉姆（Ingram 1978）指出，世界语言中最常出现的代词系统包含六种不同的形式，表示三种人称范畴和两种数范畴所有可能的组合。这种模式可以用汉语普通话来说明：

（16）普通话代词

	单数	复数
1	我	我们
2	你	你们
3	他/她/它	他们/她们/它们

在英格拉姆的语料库中，第二个最常见的系统增加了双数范畴，并区分了第一人称的包括式和排除式。这就产生了人称和数特征的十一种不同组合，如萨摩亚语（Samoan）：

（17）萨摩亚语代词（Mosel & So'o 1997:39）

	单数	双数	复数
1 排除	a'u	mā'ua	mātou
1 包括	—	tā'ua	tātou
2	'oe	'oulua	'outou
3	ia	lā'ua	lātou

在英格拉姆的研究中，第三个最常见的系统是一种没有双数范畴但区分了包括式和排除式的系统，总共有七种不同的形式。如果我们忽略上文讨论过的礼貌因素，这是见于马来语的基本模式：

（18）马来语代词

	单数	复数
1 排除	saya	kami
1 包括	—	kita
2	awak/kamu	kamu/kalian
3	dia	mereka

这些例子只涉及人称和数范畴。如果我们还考虑其他特征，比如格和/或性，这些系统显然会变得十分复杂。而且即使是在关系相对密切的语言中，也可能有显著的差异。为了说明最后这点，仔细观察下面来自马来—波利尼西亚语系（Malayo-Polynesian languages）*西部的两种语言，它们在彼此相距几百英里的区域内使用：卡扬语（Kayan），使用于婆罗洲（Borneo）中部；基马拉冈杜逊语（Kimaragang Dusun），使用于婆罗洲东北部。基马拉冈语只有一个双数形式，即第一人称包括式；但卡扬语不仅有一套完整的双数形式，而且有一套完整的少数形式。正如通常的情况一样，卡扬语的双数和少数形式分别包含了意为"二"和"三"的词（*dua'* 和 *təlo'*）的简化形式。

142 （19）**基马拉冈杜逊语代词**（婆罗洲东北部）

	主格	**领属格**	**与格**
1 单	oku	ku	dogon
2 单	ikau/ko	nu	dikau
3 单	yalo'	yo	dialo'
1 双 包括	kito	to	daton
1 复 包括	tokou	—	daton
1 复 排除	okoi	ya	dagai
2 复	ikoo'/kou	duyu	dikoo'
3 复	yaalo'	（yo）	daalo'

（20）**卡扬语代词**（婆罗洲中部；Clayre & Cubit 1974）[10]

	单数	**双数**	**少数** （3—10）	**复数** （10 以上）
1 排除	akui	kawa'	kalo'	kame'
1 包括	—	itu'	təlo'	itam

---

* 马来—波利尼西亚语系是南岛语系的别称。——译者注

| **2** | ika' | kua' | kəlo' | ikam |
| **3** | iha' | dawa' | dalo' | daha' |

8.2.5　结语

说话人根据各种有趣的因素,在给定语境中选择合适的代词形式。人称、数和性的特征由预期的指称(是回指还是直指)来决定。代词可能会根据其句法位置而发生格的屈折变化。如果语言使用代词来编码礼貌和接近等特征,那么言语情境也可能是相关的。

在描写给定语言的代词时,第一步是明确这个系统的参数:区分了多少个人称、数和(可能有的)性的范畴?这些参数决定了可能形式的数量。第二步是确定清单,即语言中实际出现的形式。(16—18)图表所记录的系统中,实际形式的数量等于可能形式的数量;这些图表中唯一的空白对应于逻辑上不可能的"第一人称单数包括式"范畴。但情况并不总是如此。例如,请看(19)中基马拉冈语的主格集合。我们可以看到基马拉冈语使用了和(17)中萨摩亚语系统相同的参数;但是基马拉冈语主格集合中确切的形式更少,因为只有一个双数形式是被证实的。换句话说,基马拉冈语词形变化表中有系统性的空缺。(你能找出这些空缺吗?)

世界各地的代词系统通常呈现相似的模式,并通常以相似的方式发生变异。例如,我们已经说过,代词清单中的空缺更有可能出现在第三人称中而不是在第一人称或第二人称中。然而,任何一种具体的语言都可能让我们感到惊讶。例如,标准阿拉伯语在第二和第三人称中有确切的双数形式,但在第一人称中没有。此外,重要的是要检查清单中明显的空缺是系统性的(即该语言真正的特征),还是仅仅因为数据不足而导致的意外。即使在一个相当大的语料库中,也很容易出现一两个未经证实的代词形式,而且从母语人那里问出缺失的形式,有时候是异常困难的。

练习

8A. 瓦尔玛加里语代词

下列句子包含了《瓦尔玛加里语语法核心》(*The Core of Walmatjari grammar*)(Hudson 1978)这部优秀语法概要的例子中出现的所有代词形式。根据这些例子,制作一个瓦尔玛加里语代词系统表。你的表格是否预测出存在未在该语料库中得到证实的形式? 如果是的话,你能对缺失形式可能是什么样的做出假设吗?

1. ngaju-Ø   ma-rna-rla   linya   yawiyi-wu.

    I-ABS   AUX   cried   sorrow-DAT

    'I cried because of my sorrow.' [ex. 85]

2. nyantu-Ø   pa-Ø   kirrarnana   mayaru-rla   kayili.

    s/he-ABS   AUX   sitting   house-LOC   north

    'He is sitting in the house in the north.' [ex. 95]

3. mayaru-Ø   pa-Ø-lu   ngartakanana

    house-ABS   AUX-3p.SUBJ   building

    nyurrajarra-kura-rla   marnparni.

    you(two)-POSS-LOC   nearby

    'They are building a house near yours.' [ex. 97]

4. nyuntu-ngu   ma-n-Ø   ngarnung-karra   kangku.

    you(sg)-ERG   AUX   eat-MANNER   will.carry

    'Carry them and eat them.' [ex. 136]

5. ngalijarra-rla   pa-Ø-jarra-ngu-rla   laparni   rayin-Ø.

    we(two.incl)-COMIT   AUX-3s.SUBJ   ran   fear-ABS

    'He ran away from us two in fear.' [ex. 61]

6. nyurrawarnti-Ø   ma-rna-n-ta-lu   nyanya   nganampa-rlu.

    you(pl)-ABS   AUX   saw   we(excl)-ERG

    'We all (excl) saw you (pl).' [ex. 217]

7. yanku-lu　　　　kanarlany-karti　　nyantuwarnti-kura-rlawu.

will.go-PL.SUBJ　another-ALLATIVE　they-POSS-ALLATIVE

‘They should go another way to their home.’［ex. 115］

8B. 伊马斯语（Yimas）名词类别（巴布新几内亚；Foley　144
1991:119ff.）

在下面的伊马斯语短语中有多少个不同的名词类别？这是性
系统还是分类词系统？为什么？你用什么标准来识别每个类别？
列出属于每个类别的名词。注:（k）是一个增音的辅音,由音系规
则插入,而（u）是一个被删除的底层元音(即不发音)。*

NP	注释
1. apwi ama-na-kn	‘my father’
2. apwi yua-n	‘good father’
3. kalakn m-n	‘that child’
4. panmal yua-n	‘good man’
5. narmang yua-nmang	‘good woman’
6. apak yua-nmang	‘good sister’
7. apak ama-na-（k）nmang	‘my sister’
8. murang ama-na-ng	‘my paddle’
9. murang m-ng	‘that paddle’
10. nangkpuk m-ung	‘that meat’
11. nangkpuk yua-wng	‘good meat’
12. impram yua-m	‘good basket’
13. matn ama-na-kn	‘my brother’
14. kalakn yua-n	‘good child’
15. tanm ama-na-m	‘my bone’
16. tanm m-m	‘that bone’
17. antuk ama-na-wng kpa-wng	‘my big (i.e. loud) voice’

＊ 原文没有"注:……"的内容,这里根据作者提供的勘误表增补。——译者注

18. trng ama-na-ng urkpwica(k)-ng　　'my black tooth'

19. impram ama-na-m kpa-m　　　　　'my big basket'

20. tnum ama-na-(u)m kawngkra(k)-um 'my tall sago palm'

21. irpm m-um　　　　　　　　　　'that coconut palm'

8C. 雅卡尔特克语(Jacaltec)名词类别(危地马拉;基于 Craig 1977,1986a;Day 1973)[11]

描写下列雅卡尔特克语短语中所显示的名词类别系统。你用什么标准来识别每个类别?列出每个类别所包含的名词。注:字母"x"代表卷舌擦音[ʂ];"ñ"代表软腭鼻音[ŋ];符号"š"在这里用来表示腭龈擦音[ʃ],在雅卡尔特克语正字法中写作"ẍ"。

ch'en botella　　　　　　　　no? chibe

'the bottle'　　　　　　　　　'the meat'

ch'en ch'en　　　　　　　　　no? šic

'the rock'　　　　　　　　　　'the rabbit'

ch'en óme　　　　　　　　　　no? oj

'the earrings'　　　　　　　　'the coyote'

ix ix　　　　　　　　　　　　no? txitam

'the woman'　　　　　　　　　'the pig'

ix malin　　　　　　　　　　　te? hubal

'Mary'　　　　　　　　　　　　'the beans'

ixim awal　　　　　　　　　　te?ñah

'the cornfield'　　　　　　　　'the house'

ixim bitx　　　　　　　　　　 te? oñ

'the tamale(s)'　　　　　　　 'the avocado'

ixim ixim　　　　　　　　　　te? te?

'the corn'　　　　　　　　　　'the tree/stick/log'

ixim ulul　　　　　　　　　　 te? txat

'the *atole* (corn drink)'　　　'the bed'

ixim wah　　　　　　　　　　 te? šila

'the tortilla(s)'

k'ap camiše

'the shirt'

k'ap schaň

'the skirt'

metx' tx'i?

'the dog'

naj elk'om

'the robber'

naj pel

'Peter'

naj policia

'the policeman'

naj winaj

'the man'

no? cheh

'the horse'

tx'umel tu?

'that star'

no? txitam tu?

'that pig'

metx' tx'i? tu?

'that dog'

k'ap camiše ti?

'this shirt'

ch'en óme tu?

'those earrings'

no? cheh c'ej'iň

'the black horse'

'the chair'

no? šila

'the saddle'

tx'otx' tx'otx'

'the dirt'

tx'otx' xih

'the pot'

ya? comam

'the older man'

ya? cumi?

'the older lady'

ya? malin

'Mary' (elder/respect)

ya? manel

'Manuel' (elder/respect)

tx'umel

'the star'

te? ňah ac tu?

'that new house'

hin no? txitam

'my pig'

hin no? wácax

'my cow'

hin metx' tx'i?

'my dog'

hune? no? balam

'a/one tiger'

hune? no? pay

'a/one fox'

heb ix ix
'the women'

heb naj elk'om
'the robbers'

heb naj policia
'the policemen'

hune? no? cheh saj'iň
'a/one white horse'

hune? no? txitam bak'ich tu?
'that one fat pig'

oxeb te? ňah
'three houses'

oxeb no? caj-ch'elep
'three rainbows'

oxeb tx'umel
'three stars'

cac'oň (hej) no? cheh
'two horses'

oxc'oň (hej) no? cheh
'three horses'

cawaň heb naj winaj
'two men'

cawaň heb ya? cumi?
'two older ladies'

oxwaň heb ix ix
'three women'

heb naj winaj
'the men'

hej no? txitam
'the pigs'

hej te? ňah
'the houses'

hune? no? hin txitam tu?
'that one pig of mine'

cab te? ňah
'two houses'

cab k'ap camiše
'two shirts'

cab ch'en botella
'two bottles'

cac'oň (hej) no? txitam
'two pigs'

cac'oň (hej) metx' tx'i?
'two dogs'

oxc'oň (hej) metx' tx'i?
'three dogs'

cawaň heb ix ix
'two women'

oxwaň heb naj winaj
'three men'

补充练习

Merrified et al. (1987) prob. 294, 295

Healey（1990b），ex. E. 3, 12

注释

146

1. 参看第 13 章对屈折形态和派生形态之间区别的讨论。

2. 参看第 13 章。

3. 比尔·梅里菲尔德（Bill Merrifield 个人交流）指出，以/a/结尾的阳性形式往往源自希腊语词根。

4. 唐宁（Downing 1986）指出，一般说日语的人在日常用语中只使用 30—80 个不同的分类词。

5. 福利（Foley 1986:70—71）提到了一些来自新几内亚岛的巴布亚语言（Papuan languages），这些语言的代词形式不区分单数和复数。阿希尼卡坎巴语（Asheninca Campa）（秘鲁）可能是格林伯格的概括的另一个反例。里德和潘恩（Reed & Payne 1986）报道，阿希尼卡语的代词可以有选择地使用和名词相同的复数后缀变成复数形式，但事实上在数量可以从语境中推断出的情况下，很少这样做。

6. 再次说明，代词与一致系统间也有相似之处。第 7 章讨论了非常复杂的南蒂瓦语的一致模式，一个与之相关的有趣事实是，主语一致中要标记双数，但直接或间接宾语一致中只区分单数和复数，不标记双数。

7. 格林伯格的共性 34 指出："有双数的语言才会有三数。有复数的语言才会有双数。"

8. 哈奇森（Hutchisson 1986）。

9. 格林伯格的共性 44。此外，许多语言只在单数形式中区分性，但似乎没有语言只在复数形式中区分性（共性 37）。

10. 卡扬语的一些形式有跟格功能相关的细微变化。这里没有显示这些变体形式。

11. 感谢琼·施特拉特迈尔（Jean Stratmeyer）对这些例子提出了有帮助的意见。

第 9 章

时、体和情态

147

时(译者按:也称"时制")、体(译者按:也称"体貌")、情态这些
术语指的是三种通常由动词形态编码的信息。时标记以不同程度
的精确性来表明事件发生或状态存在的时间。换言之,它指明了
情状在时间中的"位置"。体与事件在时间上的分布有关:它是瞬
间的还是漫长的、缓慢的过程? 是已完成的还是进行中的? 是只
发生一次的还是反复发生的事件?

情态涵盖各种各样的语义差异,但一般来说,或是与说话人对
所表达命题的态度(比如他对命题是否为真的确定程度)有关,或
是与施动者和所描述情状的关系(比如他是否有义务以某种方式
行事)有关。我们将对情态和相关的概念语气加以区分,语气表明
了说话人的言说目的。

在许多语言中,我们发现单个词缀实际上编码了来自多个领
域的信息,比如时和体;或时和情态。因此,许多语言学家喜欢把
时-体-情态(**TAM**)作为一个复杂范畴来处理。在本章中,我们认
为它们在逻辑上是不同的,同时也承认它们在语法表达上常有
交叠。

9.1 时

每种语言都有谈论时间的方式。在大多数语言中,有多种表
达方式可以用来表示某事何时已发生或何时将发生。这些方式可
能包括时间副词(*soon*、*later*、*then*)、PP(*in the morning*、*after
the election*)、NP(*last year*、*that week*、*the next day*)、助动词

（*will*、*has*、*did*）、动词词缀，等等。时这个术语只用于语法上有标记的时间参照，也就是用词缀、助动词或小品词等纯粹的语法成分来标记。这种特性反映在时的标准定义中，如下：

148　　科姆里（Comrie 1985）："时是时间定位的语法化表达。"

拜比（Bybee 1985）："时指的是命题中所描述情状的时间相对于其他某个时间的语法表达。"

有些语言学家只在时间参照由动词形态表明时才使用时这个术语。我们将采取稍微灵活一些的方法，如上所述；但在特别关注动词形态的地方，我们会说形态时（MORPHOLOGICAL TENSE）。按照这种用法，常见的英语词形变化 *look*、*looked*、*will look* 涉及三种语义区分，但只有两种形态时：过去（*looked*）和非过去（*look*）。

正如我们的两个定义所表明的，时系统提供了一种在时间中给事件"定位"的方法，即指明其在时间中的位置。请注意，当我们谈论时间参照时，我们经常使用空间位置的词汇：*on the table*（在桌子上）～*on Tuesday*（在星期二）；*in the house*（在房子里）～*in ten minutes*（十分钟后）；*at school*（在学校）～*at midnight*（在午夜）；*next door*（隔壁）～next week（下周）；*plan ahead*（提前计划），*think back*（回想），等等。这并非偶然，也不是英语独有的。在许多语言中，我们思考和谈论时间的方式与我们思考和谈论空间的方式之间，有很强的相似性。

当然，它们之间也有重要的区别。我们对空间的体验是三维的，没有哪个方向是有特殊地位的。时间是一维的，且只朝一个方向移动。想象一下你自己沿着一条没有岔道的单行道行进，你就会对思考时系统有一个很好的空间类比。另一个可能的类比——反映在某些语言用来指称时间的词中——是想象你自己面向下游坐在河岸上。时间像河水一样，朝着一个方向流逝。你能"看到"

已经流过去的东西,但无法看到正流向你的东西。

正如拜比的定义所指出的,时系统总是根据其他某个时间的参照来定义一个情状的时间。通常这个参照点是言语事件的时间,这种情况我们称为绝对时系统。在一些语言中,可以选择另一个时间作为参照点;这被称为相对时系统(见下文)。

就空间位置而言,说话人所在的地方(即言语情状的所在地)称为 *here*(这里)。其他位置,如果位于说话人正在面对或移动的方向,称为 *ahead*(前面)或 *in front*(在前面);而位于相反方向的,称为 *behind*(后面)或 *in back*(在后面)。就时间参照而言,言语情状的时间称为 *now*(现在)。相对于这一时间点,所有位于"行进"方向的时间都称为将来时,而那些位于相反方向的都称为过去时。

9.1.1 有多少种时?

虽然我们用来谈论时间的词可以在过去、现在和将来之间进行三分,但实际上,一种语言在形态上对这三种范畴都进行编码却有点罕见。立陶宛语(Lithuanian)就是一种具有这种特性的语言;注意以下例子中不同的动词形式:

（1）**立陶宛语**(Chung & Timberlake 1985:204)

  a. dirb-au   'I worked/was working'

   work-1sg.PAST   我工作过/之前在工作

   工作-1 单.过去

  b. dirb-u   'I work/am working'

   work-1sg.PRES   我工作/正在工作

   工作-1 单.现在

  c. dirb-s-iu   'I will work/will be working'

   work-FUT-1sg   我将工作/将在工作

   工作-将来-1 单

最常见的形态时系统是二分的：或是过去与非过去，或是将来与非将来。上面我们已经指出英语只有两种形态时：过去和非过去。基马拉冈杜逊语有一个类似的系统：中缀 *-in-* 用来表示过去的动作（2a）；但不能用来表示现在的动作（2b）或将来的动作（2c）。[1]

（2）基马拉冈杜逊语

    a. M[in]ongoi   oku   sid＝talob.

       go[PAST]   1sg.NOM   DAT＝market

       去[过去]   1单.主格   与格＝市场

       'I went to the market (some time in past).'

       我（之前某个时间）去了市场。

    b. Mongoi   oku   sid＝talob.   （ditih）.

       go   1sg.NOM   DAT＝market   this

       去   1单.主格   与格＝市场   这个

       'I am going to the market (on the way right now).'

       我正去市场呢（现在在路上）。

    c. Mongoi   oku   sid＝talob   suwab.

       go   1sg.NOM   DAT＝market   tomorrow

       去   1单.主格   与格＝市场   明天

       'I will go to the market tomorrow.'

       明天我将要去市场。

在区分将来和非将来的语言中，将来时形式通常在引申义上用于未实现的、可能的或潜在的情状，而非将来形式用于实际的情状。在这样的系统中，将来时形式可以称为"非现实"，相反，非将来形式称为"现实"。

印度尼西亚苏拉威西的穆纳语（Muna）提供了一个很好的例子。现实（非将来）时是无标记的，而非现实（将来）时用中缀 *-um-*

和/或主语一致前缀形式的变化来标记。非现实用于将来事件
(3a，b)；它在否定小句中是必有的(3c)；而且它也出现在许多条
件小句中(3d)。

(3) **穆纳语**(印度尼西亚；van den Berg 1989：58—59，259)　　150

  a. naewine a-k[um]ala   we Raha.（非现实）

    tomorrow 1sg-go[IRR] LOC Raha

    明天   1 单-去[非现实] 处所 拉哈

    'Tomorrow I will go to Raha.'

    明天我将去拉哈。

  cf*：indewi   a-kala   we   Raha.   （现实）

    yesterday 1sg-go   LOC Raha

    昨天   1 单-去 处所 拉哈

    'Yesterday I went to Raha.'

    昨天我去了拉哈。

  b. naefie   na-gh[um]use?   （非现实）

    when   3sg-rain[IRR]

    什么时候 3 单-下雨[非现实]

    'When will it rain?'

    什么时候会下雨？

  cf：na-ghuse.   （现实）

    3sg-rain

    3 单-下雨

    'It is/was raining.'

    正在/之前正在下雨。

---

 * "cf"是拉丁语"confer"一词的缩写形式,在英语书面语中用来提示读者将某一
内容与另一内容进行比较,类似于汉语中的"参看"。——译者注

c. miina-ho   na-r[um]ato-a.   （非现实）

     not.yet   3sg-arrive[IRR]-CLITIC

     还没有   3 单-到达[非现实]-语缀

     'She hasn't arrived yet.'

     她还没到。

cf：no-rato-mo   （现实）

     3sg-arrive-PERF

     3 单-到达-完成体

     'She has arrived.'

     她已到达。

d. ane   na-r[um]ato   kapala，a-k[um]ala

     if   3sg-arrive[IRR]   ship   1sg-go[IRR]

     如果   3 单-到达[非现实]   船   1 单-去[非现实]

     we   Jakarta.

     LOC   Jakarta

     处所   雅加达

     'If a ship came，I would go to Jakarta.'

     如果船来了,我就去雅加达。

     尽管包括两种形态时的时系统是最常见的,但也有不少语言是区分三种以上时范畴的。让我们暂时回到时和空间位置之间的类比上来。几乎所有语言的空间直指词都能区分靠近说话人的事物和远离说话人的事物(*this* / *that* 、*here* / *there* 等)。然而,很多语言允许两种以上的选择。例如,葡萄牙语和杜逊语中指示词都根据与说话人的距离(或接近)区分三种程度。

（4）   **葡萄牙语**   **杜逊语**   **标注**

近指   este   iti   'this'(near speaker)

                                  这(靠近说话人)

中指	esse	ino	'that'(near hearer)
			那(靠近听话人)
远指	aquele	ilo'	'that'(far from both speaker
			and hearer)
			那(远离说话人和听话人双方)

类似地,有些语言的时系统在过去时和将来时中区分不同的 **151**
距离程度。奇努克语(Chinook)的威士兰—瓦索(Wishram-
Wacso)方言有四种不同的过去时。

（5）**威士兰—瓦索（奇努克语）**（Chung & Timberlake 1985：
  208）

遥远过去时	ga-tʃ-i-u-χ	'he did it long, long ago'
		他在很久很久之前做了这事
远过去时*	ni-tʃ-i-u-χ	'he did it long ago'
		他在很久之前做了这事
近过去时†	na-tʃ-i-u-χ	'he did it recently'
		他近期做了这事
最近过去时	i-tʃ-u-χ	'he just did it'
		他刚刚做了这事

在这种语言中,不同范畴之间的界限相当模糊,但近过去时最
有可能表示在过去一周内发生的事,而远过去时可以用来表示至

---

* 例(5)中"远过去时"的原文是"far past",例(6)中"远过去时"的原文是"removed past"。鉴于这两个术语不是在同一种语言的时系统中使用的,这里将它们都译为"远过去时"。——译者注

† 例(5)中"近过去时"的原文是"recent past",例(6)中"近过去时"的原文是"near past"。鉴于这两个术语不是在同一种语言的时系统中使用的,这里将它们都译为"近过去时"。——译者注

少在过去几个月内发生的事。其他一些语言有非常具体的分界点,比如"今天"和"昨天","昨天"和"昨天之前",等等。班图语的奇本巴语(ChiBemba)中有一个很好的例子,〔除了现在时,如下文(37)所示〕它有一个包括四个过去时和四个将来时的对称集合。

(6) **奇本巴语(班图语)**(Chung & Timberlake 1985:208)

遥远过去时　ba-*àlí*-bomb-*ele*

'they worked(before yesterday)'

他们工作过(昨天之前)

远过去时　ba-*àlíí*-bomba

'they worked(yesterday)'

他们工作过(昨天)

近过去时　ba-*àcí*-bomba

'they worked(today)'

他们工作过(今天)

最近过去时　ba-*á*-bomba

'they worked(within the last 3 hours)'

他们工作过(在过去三小时内)

最近将来时　ba-*áláá*-bomba

'they'll work(within the next 3 hours)'

他们将要工作(在接下来的三小时内)

近将来时　ba-*léé*-bomba

'they'll work(later today)'

他们将要工作(今天晚些时候)

远将来时　ba-*kà*-bomba

'they'll work(tomorrow)'

他们将要工作(明天)

遥远将来时　ba-*ká*-bomba

'they'll work（after tomorrow）'

他们将要工作（明天之后）

9.1.2　绝对时与相对时（参照点）

言语事件的时间通常充当其他事件在时间上定位的参照点。这种类型的时标记称为绝对时。在相对时系统中，使用不同的参照点——时标记用来定位一个情状相对于另一个情状的时间，而不是与言语事件相关。这种模式在从句中最常见，尤其是非限定动词形式，但也存在于某些语言（例如古典阿拉伯语）的主句中。

我们可以用英语的分词小句来说明这个模式，分词小句允许（通常倾向于）相对时的解读。下列例子中分词 *flying* 最自然的解读是：飞行事件与给予事件（大约）同时发生。相对于言语事件的时间，我们在（7a）中将分词解读为指向过去，但在（7b）中将其解读为指向将来。

(7) a. Last week Qantas gave free tickets to all passengers flying to Darwin.

上周澳洲航空公司向所有飞往达尔文的乘客提供了免费机票。

b. Next week Qantas will give free tickets to all passengers flying to Darwin.

下周澳洲航空公司将向所有飞往达尔文的乘客提供免费机票。

科姆里（Comrie 1985）指出，在因巴布拉盖丘亚语（Imbabura Quechua）中，主句动词有绝对时指称，而大多数从句动词获得相对时的解读。[2] 在下面的例子中，从句动词"live"（住）根据其所指情状是在主要动词情状之前、之间还是之后，被标记为过去时、现

152 在时或将来时。但是，由于主要动词被标记为过去时，所以即使从
句动词被标记为"将来"时，它所指的实际时间也可能在言语事件
的时间之前，如(8c)：

(8) **因巴布拉盖丘亚语**(秘鲁；Cole 1982：143)

    a. [Marya   Agatu-pi   kawsa-j]-ta

       Mary   Agato-in   live-PRES-ACC

       玛丽   阿加托-在里面   住-现在-宾格

       kri-rka-ni

       believe-PAST-1SUBJ

       相信-过去-1 主语

       'I believed that Mary was living（at that time）in
       Agato.'

       我之前相信玛丽（当时）正住在阿加托。

    b. [Marya   Agatu-pi   kawsa-shka]-ta

       Mary   Agato-in   live-PAST-ACC

       玛丽   阿加托-在里面   住-过去-宾格

       kri-rka-ni

       believe-PAST-1SUBJ

       相信-过去-1 主语

       'I believed that Mary had lived（at some previous
       time）in Agato.'

       我之前相信玛丽（以前的某个时候）曾住在阿加托。

    c. [Marya   Agatu-pi   kawsa-na]-ta

       Mary   Agato-in   live-FUT-ACC

       玛丽   阿加托-在里面   住-将来-宾格

       kri-rka-ni

       believe-PAST-1SUBJ

       相信-过去-1 主语

'I believed that Mary would（some day）live in Agato.'

我之前相信玛丽（有一天）会住在阿加托。

9.2 体

我们已经说过,时定义了事件在时间中的位置。体则定义了事件在时间中的形状、分布或"内部组织"（Bybee 1985）。体与以下问题有关:

该情状是变化的还是静态的?

该事件是延续了一段时间,还是被认为是瞬间发生的?

该情状是否有一个明确的终点,还是无终点的?

该情状包含的是单个的唯一事件,还是一个不断重复的事件?

在本章中,我们主要关注的是形态体,也就是通常以动词词缀来表示的各种体的差异。然而,体也是许多谓词基本意义的重要组成部分。我们将这些作为意义的组成部分的体称为词汇体。

9.2.1 词汇体

谓词分类最基本的方法之一与上面列出的第一个问题有关:这个谓词描述的是随时间变化的情状,还是相对静止(不变)的情状? 第一种类型的谓词称为事件,而第二种类型的谓词称为状态。

杰肯道夫（Jackendoff 1983：170ff.）列举了几种简单的测试来区分英语中的状态和事件。第一,事件可以说成"happen"（发生）,而状态不能。如果一个具体的动词（或动词短语）能自然地用来回答"*What happened*?"（发生了什么?）这个问题,那么它表达的是事件,如(9a—d);如果不能,它表达的是状态,如(9e—h)。

（9）What happened was that...

发生的是……

a. Mary kissed the bishop.

玛丽吻了主教。

b. the sun set.

太阳下山了。

c. Peter sang Cantonese folk songs.

彼得唱了广东民歌。

d. the grapes rotted on the vine.

葡萄在藤上腐烂了。

e. *Sally was Irish.

萨莉是爱尔兰人。

f. *the grapes were rotten.

葡萄是腐烂的。

g. *William had three older brothers.

威廉有三个哥哥。

h. *George loved sauerkraut.

乔治喜欢德国泡菜。

第二,通常只有事件才能用进行体来表达(10a—c)。当状态以这种形式来表达时,其结果通常是不合语法的(10d—g)。然而,有时说话人可以用这种结构来表达暂时的状态(对比 10g 和10h);或者是被重新解读为事件的状态,比如以某种方式行事,就像(10i)那样。

(10) a. Mary is kissing the bishop.

玛丽正在吻主教。

b. The sun is setting.

太阳正在落山。

c. Peter is singing Cantonese folk songs.

彼得正在唱广东民歌。

d. *This room is being too warm.

这个房间正在太暖和。

e. *Sally is being Irish.

萨莉正在是爱尔兰人。

f. *William is having a headache.

威廉正在头痛。

g. *George is loving sauerkraut.

乔治正在喜欢德国泡菜。

h. George is loving all the attention he is getting this week.

乔治非常喜欢他在本周获得的所有关注。

i. Arthur is being himself.

亚瑟在做自己*。

　　第三种测试涉及一般现在时的用法。在英语中,用一般现在时表达的事件带有惯常义的解读,而状态则不可以。例(11a—c)包含事件谓词,表示主语习惯于实施谓词所描述的动作。然而,例(11d—e)包含静态谓词,只表示所描述的事态(state of affairs)在特定时间为真。它们并不意味着这个房间总是太暖和,或者威廉总是头痛。

(11) a. Mary kisses the bishop (every Saturday).

玛丽(每周六)亲吻主教。

b. The sun sets in the west.

太阳在西边落山。

---

　　* *be oneself* 的意思是(身体、精神等)处于正常状态,或显得自然、真诚。——译者注

      c. Peter sings Cantonese folk songs.

        彼得唱广东民歌。

      d. This room is too warm.

        这个房间太暖和了。

      e. William has a headache.

        威廉头痛。

154   事件可以分为两个基本类别：有界的(或终结的)和无界的(或非终结的)。终结事件是指那些有自然终点的事件。例如，仔细观察动词 *die* 和 *give birth*。当一个人死亡时，死的行为就结束了。当婴儿被完全分娩时，生育的行为也就结束了。这些终点是谓词本身意义的固有部分。将这些终结的例子与 *walk* 或 *shine* 这样的非终结动词进行对比。从逻辑上讲，我们知道一个人最终必定停止行走；我们甚至知道太阳最终必定停止照耀。但是动词本身的意义并不含有终点的存在，也没有表明什么时候这些事件才能说是完结了。

    道蒂(**Dowty** 1979:56ff.)列出了几种区分终结和非终结事件的测试。仅举一种，非终结谓词通常可以很自然地与表持续的短语共现，比如 *for ten minutes*(12a—c)；而终结谓词与这样的短语共现就不那么自然了(12d—f)。相反，终结谓词可以非常自然地与表达时限的短语共现，比如 *in ten minutes*(13d—f)；而这样的短语与非终结谓词共现就不那么自然了(13a—c)。[3] 类似的对比还出现在 *spend an hour x-ing* 和 *take an hour to x* 这些短语中。

    (12) For ten minutes Peter...

        彼得……持续了十分钟。

      a. sang in Cantonese.

        用粤语唱歌

b. chased his pet iguana.

追赶他的宠物鬣蜥

c. stared at the man sitting next to him.

盯着坐在他旁边的男人

d. ＊broke three teeth.

打碎了三颗牙

e. ＊recognized the man sitting next to him.

认出了坐在他旁边的那个男人

f. ＊found his pet iguana.

找到了他的宠物鬣蜥

（13）In ten minutes Peter...

彼得在十分钟内······

a. ??sang in Cantonese.

用粤语唱歌。

b. ＊chased his pet iguana.

追赶他的宠物鬣蜥。

c. ＊stared at the man sitting next to him.

盯着坐在他旁边的男人。

d. broke three teeth.

打碎了三颗牙。

e. recognized the man sitting next to him.

认出了坐在他旁边的那个男人。

f. found his pet iguana.

找到了他的宠物鬣蜥。

　　这些例子表明，*break*、*recognize* 和 *find* 是终结动词，而 *sing*、*chase* 和 *stare at* 是非终结动词。在对词汇体做了简要介绍之后，让我们把注意力转向通常用形态来标记的体特征。

9.2.2　形态体

继科姆里(Comrie 1976a)之后,许多语言学家都对完整体和
未完整体做了根本的区分。完整体将事件呈现为一个单一的、不
可分析的整体,不关心组成该事件的各个阶段。未完整体以某种
方式关注事件的"内部结构",即所涉及的过程。科姆里提到了未
完整体的两种主要类型:进行体,例如 *John was working* (*when I
entered*)〔约翰正在工作(当我进去的时候)〕;惯常体,例如 *John
used to work here*(约翰曾在这里工作)。

英语没有特定的完整体标记,但有进行体形式。一般过去时
和过去进行体形式之间的对比,在某些语境中可以用来说明完整
体和未完整体之间的差异。(14a)中的一般过去时有一个完整体
解读;该事件被视为一个整体,包括开始和结束,所以说它没有完
成似乎是矛盾的。(14b)中的过去进行体有一个未完整体(具体来
说是进行体)的解读;它指的是事件的"中间"阶段,无论预期结果
是否真的实现了。

(14) a. When I got home from the hospital，my wife wrote
a letter to my doctor（??but she never finished it）.
（完整体）
当我从医院回到家时,我妻子给我的医生写了一封信
(但她没有完成)。

b. When I got home from the hospital，my wife was
writing a letter to my doctor（but she never finished
it）.（未完整体）
当我从医院回到家时,我的妻子正在给我的医生写一
封信(但她没有完成)。

科姆里(Comrie 1976a)提到西班牙语的两种过去时形式之间存在形态上的差异:完整体(15a),传统上被称为过去式(PRETERIT),以及未完整体(15b)。注意,正如英语翻译所体现的那样,未完整体形式在进行体和惯常体的意义上是有歧义的。

(15) a. Juan　leyó　　　el　　libro.

　　　Juan　read(PFV)　the　book

　　　胡安　读(完整)　这本　书

　　　'Juan read the book.'

　　　胡安读了这本书。

　　b. Juan　leía　　　el　　libro.

　　　Juan　read(IMPERF)　the　book

　　　胡安　读(未完整)　这本　书

　　　'Juan was reading/used to read the book.'

　　　胡安之前正在/经常读这本书。

西班牙语还有一种包含助动词 *estar* 的特殊进行体形式,如(16)所示。同样,(16c)的未完整体形式在某种程度上是有歧义的,而进行体形式(16b)没有歧义。

(16) a. Juan　*estaba.cantando*　cuando　　entré.

　　　Juan　was.singing　　　when　　I.entered

　　　胡安　正在唱歌　　　当……的时候　我进去

　　　'Juan was singing when I entered.'

　　　我进去的时候,胡安正在唱歌。

　　b. Juan　sabía　　　que　*estaba.hablando*

　　　Juan　knew(IMPERF)　that　was.speaking

　　　胡安　知道(未完整)　标句　正在说

　　　demasiado　de.prisa.

too.much   fast

太   快

'Juan knew that he was speaking too fast. '

胡安知道他说得太快了。

156   c. Juan   sabía   que   *hablaba*

Juan   knew(IMPERF)   that   speak(IMPERF)

胡安   知道(未完整)   标句   说(未完整)

demasiado   de.prisa.

too.much   fast

太   快

'Juan knew that he was speaking too fast.'

胡安知道他说得太快了。

or：'Juan knew that he always spoke too fast.'

(Comrie 1976a：34)

或：胡安知道他总是说得太快。

当终结谓词用完整体来表达时，它表示事件的"终点"实际上
已经达成了；但是用未完整体来表达，就没有这种含义了。例如，
在俄语中，完整体和未完整体之间的差异非常显著，像(17)这样的
例子是完全正常的(Comrie 1976a：48)。

(17) a. Kolja   umiral,   no   ne   umer.

Kolja   die(IMPERF)   but   not   die(PFV)

科尔加   死(未完整)   但   没有   死(完整)

'Kolja was dying but didn't die.'

科尔加快要死了，但还没死。

b. on   ugovarival   menja,   no

he   persuade(IMPERF)   me   but

他   劝说(未完整)   我   但

ne　　ugovoril.

not　　persuade（PFV）

没有　　劝说（完整）

'He was persuading me, but he didn't persuade (me).'

他在劝说我,但没说服(我)。

　　然而,完整体与上一节中使用的"有界性"或"终结性"的意义是不同的。科姆里指出,在许多语言中,像 *for ten minutes* 这样的短语既可以用于完整体动词,也可以用于未完整体动词。(18)中的两个西班牙语句子都是完全合语法的,但它们之间存在细微的差别。完整体形式(18a)就像给整个三十年的周期拍了一张快照,可以用在总结陈述中。未完整体形式(18b)将统治描述为一个持续了三十年的过程;在那个时期的任何时候,卡洛斯先生都在统治。这种形式可以用来引入对统治更为详细的、逐年的报道。

(18) a. Don.Carlos　　reinó　　　　treinta　　años.

　　　　Don.Carlos　　rule（PFV）　thirty　　years

　　　　卡洛斯先生　　统治（完整）　三十　　　年

　　　　'Don Carlos ruled for thirty years.'

　　　　卡洛斯先生统治了三十年。

　　b. Don.Carlos　　reinaba　　　　treinta　　años.

　　　　Don.Carlos　　rule（IMPERF）　thirty　　years

　　　　卡洛斯先生　　统治（未完整）　三十　　　年

　　　　'Don Carlos ruled for thirty years.'

　　　　卡洛斯先生统治了三十年。

　　固有的静态谓词用未完整体来表达可能会更加自然。西班牙语中意为"to know"(了解)的动词,表达其过去时的常见方式是未完整体,如(16b, c)和(19a)。完整体(19b)会赋予谓词一种事件性的意义,在这里是"came to know"(开始了解到)。如上所述,状态通常不能用进行体来表达(19c)。

(19) a. sabía(未完整体)

    'I knew'

    我了解

b. supe(完整体)

    'I realized,came to know'

    我意识到,开始了解到

c. *Juan estaba sabiendo(进行体)

    'Juan was knowing...'

    胡安之前在了解……

157 与西班牙语不同,英语的过去时有两种不同的未完整体形式:进行体和惯常体;而且进行体形式不允许做惯常体的解读(20)。

(20) When we were in high-school,John used to swallow/
*was swallowing goldfish.

我们上高中的时候,约翰经常吞食金鱼/正在吞食金鱼。

科姆里(Comrie 1976a:27—28)指出,惯常体描述了一种重复事件或持续状态,这种事件或状态是某一时间段的特征属性。很明显,一个事件必须多久发生一次才能被认为是所讨论时间段的"特征",这并没有硬性规定。但是,在某种意义上可以从(21)和(22)的对比中看出这是什么意思。如果玛丽使用(21)中的惯常体形式,约翰似乎有理由反对,因为所描述的行为只发生过几次。另一方面,如果玛丽使用像(22)中那样的一般过去时,同样的反对似乎就不合逻辑了。

（21）Mary："When we were in high-school，John *used to swallow* goldfish *to frighten the teachers*."

玛丽："我们上高中的时候，约翰经常吞下金鱼来吓唬老师。"

John："Don't exaggerate，I only did it a few times. "

约翰："不要夸张，我只做过几次。"

（22）Mary："When we were in high-school，John *swallowed* goldfish *to frighten the teachers*."

玛丽："我们上高中的时候，约翰曾吞下金鱼来吓唬老师。"

John：#? "Don't exaggerate，I only did it a few times."

约翰："不要夸张，我只做过几次。"

　　未完整体的另一种类型是反复体（或重行体），它在某些语言中用来表示反复发生的事件〔*keep on X-ing*（不断地做某事）〕。这些形式在英语中经常被翻译为 *over and over*（反复）、*more and more*（越来越）、*here and there*（到处）等短语。

　　有些语言有一种特殊的体范畴，即起始体，指的是一种情状的开始〔例如，*about to X*（即将做某事）、*on the point of X-ing*（正要做某事的时候）〕。始动体这个术语有时也有同样的用法，但更多的时候这个术语指的是状态的变化或进入一种状态〔*to become X*（变成 X）；例如，*get fat*（变胖）、*get old*（变老）、*get rich*（变富）〕。许多语言都有始动体词缀，它们使静态动词或形容词派生为状态变化动词（见第 13 章）。最后，完结体用来描述已经完结的事件。这些形式在英语中可以翻译为像 *he finished X-ing*（他完成了某事）这样的短语。

　　具体语言中还会标记其他一些体的区别，但我们在此不再列举。相反，让我们把注意力转向完成体，它通常被当作一种体来归类，但在某些方面其功能更像是一种时。

¹⁵⁸ 9.3　完成体和完整体

　　"完成体"和"完整体"这两个术语经常被混淆,或者互换使用,但它们之间有一个重要的区别。如上一节所述,完整体是指将整个事件作为一个整体的体范畴。完成体〔例如英语 *I have arrived*(我已经到达)〕用来表达与现在情状相关的过去事件。也就是说,它表示过去的某个事件已经造成了某种事态,这种事态目前仍然是真实和有意义的。

　　为了说明这是什么意思,请比较(23—24)中的各对句子。(23)中状语小句表明了很久以前的一个时间,骨折到现在应该已经完全愈合了,因此与现在不再相关。这种语境用一般过去时是可以的,但是用完成体就很不自然了。同样,(24a)这个句子的第二个小句也非常自然,但(24b)中同样的小句听起来就很奇怪。(24b)只能在"经历完成体"的意义(见下文)中使用,例如回答 *"Have you ever lost your glasses?"*(你曾经丢过你的眼镜吗?)这个问题,并且在该语境中,它可能还需要稍微标记一下语调模式〔*I háve lost my glasses*, *but ...*(我丢过我的眼镜,但是……)〕。

(23) a.**一般过去时:**

　　When I was a small boy,I *broke* my leg.

　　当我是个小男孩的时候,我摔断了我的腿。

　　b.**完成体:**

　　＊When I was a small boy,I *have broken* my leg.

　　当我还是个小男孩的时候,我已经摔断了我的腿。

(24) a.**一般过去时:**

　　I *lost* my glasses,but fortunately my husband found them the next day.

　　我丢了我的眼镜,但幸运的是第二天我丈夫找到了它。

b. **完成体**：

I *have lost* my glasses（??but fortunately my husband found them the next day）.

我已经丢了我的眼镜（但幸运的是第二天我丈夫找到了它）。

在俄语例子(25a)中，完成体形式的使用表示由所描述的事件带来的事态目前仍是真实的：房子仍然矗立着。在相同的语境(25b)中使用一般过去时，就没有这样的含义了：房子可能矗立着也可能不是(Comrie 1976a:54)。

(25) a. dom 　　 postroen 　　　　　 v prošlom godu.

　　　 house 　　 was.built（PERF*）　 last year

　　　 房子 　　　 被建好（完成）　　　 去年

　　　 'The house has been built last year.'（implies still standing）

　　　 房子去年已经建好了。（含有仍然矗立着的意思）

　　b. dom 　　 byl postroen 　　　　 v prošlom godu.

　　　 house 　　 was.built（PAST）　　 last year

　　　 房子 　　　 被建好（过去）　　　 去年

　　　 'The house was built last year.'（no implication about present state）

　　　 房子去年建好了。（没有关于现在状态的含义）

在英语中，完成体不能与表示过去事件具体时间的短语一起使用(26a, b)。可以用短语来表示相关的时间(26c)，或过去事件所出现的时间段(26d, e)。然而，请注意，在其他一些语言中（如

159

＊　这里的 PEFR 在原文中是 PFV，根据作者提供的勘误表校改。——译者注

西班牙语),像(26a，b)这样的句子是可以接受的。[4]

（26）a. *I have interviewed ten students *yesterday*.

我昨天已经面试了十个学生。

b. *I have arrested 20 drug dealers *last Monday*.

我上周一已经逮捕了 20 个毒贩。

c. I have *now* arrested 20 drug dealers.

我现在已经逮捕了 20 个毒贩。

d. I have interviewed ten students *today*.

我今天已经面试了十个学生。

e. I have arrested 20 drug dealers *in the past year*.

过去一年中，我已经逮捕了 20 个毒贩。

语言学家们在将完成体归类为时还是体的问题上存在分歧。它似乎有二者的特征，因为它同时包含了完结（体貌）的概念和相对于某个时间参照点的位置（时制）的概念。这是我们在本章开头提到的时和体交叠的一个很好的例子。

科姆里发现了完成体的四种主要用法:(a)结果完成体,(b)经历完成体,(c)持续情状完成体,(d)近过去完成体。"结果完成体"这个术语是指用完成体动词来描述结果状态。例如,如果我说 *The governor has arrived*(州长已经到了),我的听众通常会认为州长现在就在这里。阿什顿(Ashton 1947:37)指出斯瓦希里语的完成体既可以用来表达动作的完结,也可以用来表达动作所造成的状态。在后一种情况(结果完成体)中,翻译成英语时通常最好使用动词 *to be* 或其他一些静态谓词(如 *understand*)。

（27）**斯瓦希里语**(Ashton，1947:37)

词根　　　　　　　　**完成体形式**

-fika　　'arrive'　　a-me-fika　　'he has arrived'

	到达		他已经到了
-iva	'ripen'	ki-me-iva	'it is ripe'
	成熟		它成熟了
-choka	'get tired'	a-me-choka	'he is tired'
	累		他累了
-simama	'stand up'	a-me-simama	'he is standing'
	站起来		他站着
-sikia	'hear, feel'	a-me-sikia	'he understands'
	听到,感到		他理解了

　　"经历完成体"表示一个事件至少已经在过去发生过一次,但是没有说明任何具体的时间。在英语中,一般过去时通常含有具体的时间参照,而相应的完成体形式则没有。因此,如(28)所示,一个人可能会根据问句中使用的动词形式给出相反的答案。

(28) a. I spent my holidays in Sabah last month.

　　　　上个月我在沙巴度假。

　　b. Did you climb Mt. Kinabalu?

　　　　你爬了基纳巴卢山吗?

　　　N o(, not this time.)

　　　　没有(,这次没有。)

　　b′. Have you climbed Mt. Kinabalu?

　　　　你爬过基纳巴卢山吗?

　　　Yes(, many years ago.)

　　　　是的(,很多年前。)

　　科姆里(Comrie 1976a:59)用(29)中的这对句子来说明经历完成体和结果完成体之间的差别。结果完成体(29b)表示比尔仍在美国,或仍在去那里的路上;而经历完成体(29a)仅表示他一生

160

中至少去过那里一次,并且很可能现在已经回家了。

> (29) a. Bill has been to America. 经历完成体
>
>   比尔去过美国。
>
> b. Bill has gone to America. 结果完成体
>
>   比尔去了美国。

汉语普通话有一个特殊的小品词"过",用来标记经历完成体。如(30b)所示,并与(30a)中的完整体结构形成了对比。同样,马来语中也有一个特殊的助动词 *pernah*,它仅用于表达经历完成体。

> (30) a. 你看见了我的眼镜吗?
>
> b. 你看见过我的眼镜吗? (Li & Thompson 1981:227)

科姆里的"持续情状完成体"用来描述一种从过去开始并一直持续到现在的情状,例如:*I have known him for 10 years*(我已经认识他十年了)或 *I have been waiting for hours*(我已经等了几个小时了)(注意,第二个例子包含了完成时和非完整体的组合。这表明了区分完成体和完整体的重要性)。在英语中,如果时间表达形式包含了到当下时刻为止的一个延续的时段,那么用完成体要比用一般过去时更为自然:

> (31) He has lived/?* lived in Canberra since 1975.
>
>   从 1975 年开始,他就已经住在堪培拉了。
>
>   In the past four days I have eaten/?* ate three dozen doughnuts.
>
>   在过去四天里,我已经吃了三打甜甜圈了。

完成体的这种用法在英语中很常见,但科姆里指出,在其他一些语言中,也可以用一般现在时来代替。德语就是这样一种语言,如(32)所示:

（32）Ich　　warte　　　schon　　drei　　Tage
　　　　I　　　wait（PRES）　already　three　days
　　　我　　等（现在）　　已经　　三　　天
　　　'I have been waiting for three days.'（Comrie 1976a:60）
　　　我已经等了三天了。

"近过去完成体"指的是用完成体形式来描述与当前情状相关的过去事件,因为它是最近发生的。完成体的这种用法在收音机或电视的新闻广播中经常听到,如(33),新闻广播会在事件发生后的几小时甚至几分钟内进行报道。

（33）A terrorist has just assassinated the Mayor.
　　　一个恐怖分子刚刚暗杀了市长。
　　　Brazil has won its fifth World Cup championship.
　　　巴西第五次赢得世界杯冠军。
　　　The American president has announced new trade
　　　sanctions against the Vatican.
　　　美国总统宣布对梵蒂冈实施新的贸易制裁。

到目前为止,所有例子中,完成体动词所表达情状的参照点都与现在(即言语事件的时间)相关。动词的这种形式被称为现在完成体。但是,完成体形式也可能与其他某个参照点相关。过去完成体〔或过去完成时（PLUPERFECT）〕表示给定的情状在过去某个参照点之前完成并与之相关,如(34b)。将来完成体表示给定的情状将在将来某个参照点之前完成并与之相关,如(34c)。

161

（34）a. **现在完成体：**

My secretary *has destroyed* the evidence.

我的秘书已经销毁了证据。

b. **过去完成体（过去完成时）：**

When the police arrived，my secretary *had*（already）
destroyed the evidence.

警察到达时，我的秘书已经销毁了证据。

c. **将来完成体：**

Before the police arrive，my secretary will *have de-
stroyed* the evidence.

在警察到达之前，我的秘书会销毁证据。

过去完成体和将来完成体形式可以被认为是绝对时和相对时的组合。助动词 *have* 的形式表示参照点的绝对时间（过去或将来），而所描述情状的时间相对于参照点而言总是过去的。

9.4 时和体的组合

时和体在原则上是独立的范畴，因此一种有三个时范畴和四个体范畴的语言可能有十二种不同的时—体组合。然而，实际上，具体语言中哪些组合是可能的，通常有一些限制。

奇本巴语有三种形态体范畴：完成体、完整体和未完整体。然而，只有在某些（不是全部）过去时中才可能出现完整的三元对立。钟和汀布莱克（Chung & Timberlake 1985：227—228）基于吉冯（Givón 1972）的材料说明，完整体用于已完结的事件，完成体用于具有持久结果的事件，未完整体用于持续或者反复的事件。

（35）**奇本巴语（班图语）—遥远过去时**

a. ba-*àlí*-bomb-*ele*

'they worked（before yesterday）'（完整体）

他们工作了（昨天之前）

　　b. ba-*àlí*-bomba

'they had worked（before yesterday）'（完成体）

他们已经工作了（昨天之前）

　　c. ba-*àléé*-bomba

'they were working/kept on working/worked repeatedly（before yesterday）'（未完整体）

他们正在工作/一直工作/反复工作（昨天之前）

　　将来时可以和完整体（36a）或未完整体（36b）组合，但不能与完成体组合。现在时只允许未完整体；但进行体和反复体之间是有区别的：前者使用一般的未完整体形态（37a），后者使用特殊的惯常体形式（37b）。 162

（36）**奇本巴语（班图语）**——遥远将来时

　　a. ba-*ká*-bomba

'they will work（after tomorrow）'（完整体）

他们将要工作（明天之后）

　　b. ba-*káláá*-bomba

'they will be working/keep on working/work repeatedly（after tomorrow）'（未完整体）

他们将正在工作/一直工作/反复工作（明天之后）

（37）**奇本巴语（班图语）**——现在时

　　a. ba-*léé*-bomba

'they are working'（未完整体）

他们正在工作

　　b. ba-*là*-bomba

'they repeatedly work'（惯常体）

他们反复工作

为了总结我们关于体的讨论,让我们仔细观察他加禄语(Ta-galog)中的一些时—体组合。每个他加禄语动词都有三种基本的限定形式,通常被称为过去时、现在时和将来时。但这种标签具有误导性。"现在时"形式可以用作过去进行体〔"She was singing the Ave Maria when I arrived"(我到达的时候她正在唱圣母颂)〕,也可以用作现在进行体〔"She is singing the Ave Maria"(她正在唱圣母颂)〕或现在惯常体〔"She sings the Ave Maria beauti-fully"(她的圣母颂唱得很优美)〕。同样,他加禄语的"过去时"形式也能用作像英语那样的一般过去时〔"she sang"(她唱了)〕、现在完成体〔"she has sung"(她已经唱了)〕或过去完成体〔"she had sung"(她之前已经唱了)〕。[5]

这三种形式涉及两种不同的词缀:(1)鼻音中缀-in-(在以mag-开头的主动语态形式中实现为首位的/n-/);(2)重叠(见第16章)。动词不定式尽管被用来标记语态,但没有这两种词缀。这些形式的一些例子如(38)所示:[6]

(38) 不定式	"过去时"	"现在时"	"将来时"
bigy-an	b〔in〕igy-an	b〔in〕i-bigy-an	bi-bigy-an
'to be given'			
被给予			
mag-luto	nag-luto	nag-lu-luto	mag-lu-luto
'to cook'			
烹饪			
gawa-in	g〔in〕awa	g〔in〕a-gawa	ga-gawa-in
'to be made, done'			
被制成,被完成			

许多学者指出,这四种形式的对立可以根据两个基本区别来分析。[7] 中缀 *-in-* 标记已经开始的动作,这很好地符合了现实时和非现实时的对立。CV 重叠标记未完结的动作;没有这种重叠的动词是完结体,而有重叠形式的是未完结体。

下表显示了这两个范畴如何组合产生了(38)中的形式。"过去时"是那些既已开始且已完结的形式,即现实时和完结体。"现在时"是那些已开始但尚未完结的形式,即现实时和未完结体。"将来时"是那些既未开始也未完结的形式,即非现实时和未完结体。当然,没有开始的是不可能完结的,所以非现实时和完结体的组合应该是不可能的。事实上,这种与形态上无标记的形式相对应的组合,用于表示"没有时"的范畴,如不定式和祈使句。

163

(39)	现实(**-in-**)	非现实(**Ø**)
未完结体(重叠)	现在时	将来时
完结体(Ø)	过去时	(不定式)

9.5　语气

拜比(Bybee 1985:22)把语气定义为在具体的话语环境中"说话人想要用命题做什么"的一种标志。换句话说,语气是说话人的言说目的在语法上的体现。

语言学家把陈述语气、祈使语气和疑问语气称为主要语气范畴。这些范畴中的每一个都对应于三种基本言语行为中的一种:分别是陈叙、命令和提问。这些可能是语气如何标示"说话人在做什么"的最直接的例子。到目前为止,我们在这本书中讨论的大多数例子都是用陈述语气表达的陈叙行为。祈使语气和疑问语气的用法将在第 11 章中讨论。在本节中,我们将介绍在许多语言中都能找到的一些其他的语气范畴。然后,在下一节,我们将讨论情态。

　　有些语言学家不区分语气和情态〔或语式(MODE)〕,他们用一个或另一个标签作为下面讨论的所有范畴的覆盖性术语。我们将按照本章开头所建议的思路,试图维持这些术语之间的区分:语气(正如我们刚才所说的)表达的是说话人想要做什么,因此某些语气与特定的言语行为密切相关。情态表达了(i)说话人对所表达命题的态度(比如,他对命题真实与否的确定程度);或者(ii)施动者和所描述情状的关系(比如,他是否有义务以某种方式行事)。

　　有些语言有用于弱化命令或规劝的特殊语气,通常被称为劝告语气。劝告语气经常和第一人称包括式指称一起使用,如英语句式 *Let's go*(我们走吧)。另一种类似的范畴是祈愿语气,它标记说话人希望的事物,或可能成真的愿望。请注意下面古隆语(Gurung)中三种语气的对比:

(40) **古隆语**(尼泊尔;Glover 1974:123—124)

　　a. **祈使语气**

tʰai-dú!	togó	ax-cá-d!
wait-IMPER	now	not-eat-IMPER
等-祈使	现在	不-吃-祈使

　　　'Wait, don't eat (me) now!'

　　　等一下,现在不要吃(我)!

　　b. **劝告语气**

kʰiba-d	bi-di,	"dxeró	ró-le."
old.man-ERG	say-PAST	now	sleep-HORT
老.人-作格	说-过去	现在	睡-劝告

　　　'The old man said, "Let's go to sleep now."'

　　　老人说,"我们现在去睡觉吧"。

　　c. **祈愿语气**

saě	ramailó	ta-rgé.
mind	pleasant	become-OPT

精神　　　愉悦　　　　变得-祈愿

'May（our）minds be happy.'

愿（我们的）精神快乐。

虚拟语气范畴用来标记说话人不断言为真的命题。英语仍然
保留着一些虚拟屈折形式的痕迹，大多是古老的或固化的表达。
这些可以从标准的主语—动词一致模式的失效中看出：

（41）英语虚拟语气实例：

    a. If I *were* you，I wouldn't do that.

       如果我是你，我就不会那样做。

    b. God *bless* you!

       上帝保佑你!

    c. Long *live* the king!

       国王万岁!

要求用虚拟语气的最常见的语境是条件结构（41a）或违实结
构，例如：*If you* <u>had been</u> *on time*，*we* <u>could</u> *have caught that
bus*（如果你准时的话，我们已经赶上了那辆公交车）。虚拟语气在
主句中也可以有祈愿语气和/或劝告语气的用法（42b—c），某些种
类的从属小句也可能要求用虚拟语气。下面的例子展示了拉丁语
中虚拟语气的一些用法：

（42）**拉丁语虚拟语气**（Allen & Greenough 1931：278—283，
    327—328）

    a. **可能事件**

    aliquis　　　　dīcat

    somebody　　　say-3sg.PRES.SBJNCT

    某人　　　　　说-3单.现在.虚拟

'somebody may say…'

有人可能说……

b. **劝告语气**

hōs	latrōnēs	interficiāmus
those(ACC)	thieves(ACC)	kill-1pl.PRES.SBJNCT
那些（宾格）	贼（宾格）	杀-1复.现在.虚拟

'Let us kill those robbers!'

让我们杀了那些盗贼吧!

c. **祈愿语气**

dī	tē	perduint
gods(NOM)	you(SG.ACC)	ruin-3pl.PRES.SBJNCT
神（主格）	你（单.宾格）	毁灭-3复.现在.虚拟

'May the gods confound you!'

愿神击败你!

d. **条件句**

sī	quis	deus	mihi
if	some	god(NOM)	me(DAT)
如果	某个	神（主格）	我（与格）

largiātur,		valdē	recūsem
grant-1sg.PRES.SBJNCT		stongly	reject-1sg.PRES.SBJNCT
授予-1单.现在.虚拟		强烈地	拒绝-1单.现在.虚拟

'If some god were to grant me this, I would stoutly refuse it.'

如果神赐予我这个机会,我会坚决地拒绝。

e. **违实句**

sī	vīveret,	verba	êius
if	live-3sg.IMPERF.SBJNCT	words(ACC)	his
如果	活着-3单.非完整.虚拟	话（宾格）	他的

audīrētis

hear-2pl.IMPERF.SBJNCT

听到-2复.非完整.虚拟

'If he were living, you would hear his words.'

如果他还活着，你就会听到他的话。

　　虚拟语气、祈愿语气和劝告语气在某些重要方面是相似的。它们都表明说话人不是在断言小句所表达命题的真实性，而且小句所描述的情状也不是真实的。因此，这三者有时被称为"非现实"语气。

　　我们已经看到，在区分将来和非将来的时系统中，非现实语气和将来时之间经常存在联系，因为将来时表达的情状还不是真实的。这些范畴也会跨越语气和情态之间的边界。祈愿语气和劝告语气可以和特定的言语行为（祝愿和规劝）或意图联系在一起，因此非常符合我们对语气的基本定义。但是虚拟语气的某些用法（例如 42a 中的那种）似乎主要与说话人对其所说内容的确定程度有关。这是情态的一种类型，我们现在要把注意力转向情态范畴。

9.6　情态

　　"情态"这个术语涵盖各种各样的语义差异。为了对其中所涉及的若干参项有一个认识，让我们仔细观察一些英语情态助动词的表现。下列例子说明了哪种类型的歧义？

（43）a. The older students *may* leave school early（unless the teachers watch them carefully）.

年长一些的学生可能提早离开学校（，除非老师仔细地看着他们）。

　　b. The older students *may* leave school early（if they inform the headmaster first）.

年长一些的学生可以提早离开学校（，如果他们先知会了校长）。

（44）a. Your agent *must* be a close personal friend of the ambassador（otherwise he would never have gotten into the embassy）.

你的代理人肯定是大使的密友（，否则他永远不可能进入大使馆）。

b. Your agent *must* be a close personal friend of the ambassador（in order to carry out this mission successfully）.

（为了顺利地完成这项任务，）你的代理人必须是大使的密友。

166 　　这两对句子表明 *may* 和 *must* 可以用于两种不同的意义。在（a）句中，情态助动词表达的意义与说话人对所表达命题的知识状态或信念有关。在这个意义上，（43a）的 *may* 表示说话人相信该命题可能为真；（44a）的 *must* 表示说话人非常确定该命题为真，尽管这种确定性是基于推断或推测而不是直接知识。在（b）句中，情态助动词表达的意义与施事的某种义务或许可有关。在这个意义上，（43b）的 *may* 表示施事被允许做某事，而（44b）的 *must* 表示施事被要求或有义务做某事。

　　和说话人知识状态或信念（可能性、盖然性、确定性，等等）相关的语义差异被认为涉及认识情态。和施事的义务或许可相关的语义差异被认为涉及道义情态。但这些范畴可以看作是一种更为一般的区别的子集，即说话人指向情态和施事指向情态之间的区别。说话人指向范畴在各种语言中具有特殊的语法标记，它们包括：可能性或潜在性、确定性、推测、怀疑（怀疑情态）和示证性（反映说话人信念的基础，例如，传闻与直接观察）。施事指向范畴包括能力、许可、义务、意愿（意愿情态）、意图，等等。

正如我们已经注意到的,情态和时或体之间经常有联系。例如,对于有将来时参照的 *must*,只有道义情态的解读(义务)是可能的,因此(45a)只能被解读为表义务。在完成体中,只有认识情态的解读(某种推断)是可能的,如(45b)。上文所展示的歧义现象只可能存在于现在时状态或惯常动作;因此一般现在时允许两种解读,如(45c, d),但是现在持续体形式(45e)是没有歧义的(对45e 来说,哪种解读是正确的?)。

(45) a. Your must leave tomorrow.

你明天必须离开。

b. Your must have offended the Prime Minister very seriously.

你肯定很严重地冒犯了首相。

c. Your must read the market reports every day.

你必须/肯定每天看市场报告。

d. Your must be very patient.

你必须/肯定很有耐心。

e. Your must be reading the market reports every day.

你肯定每天都在看市场报告。

我们并不打算在此对这个话题做详细的评述,但是给出见于各种语言的其他情态范畴的一些例子,会很有帮助。一个相当常见的施事指向情态是意愿情态,它表达的是意愿而不是真实的事件。下面的例子来自基马拉冈杜逊语,这是东马来西亚的一种语言。

(46) **基马拉冈语意愿情态**　　　　　　167

基本形式	意愿情态
mang-akan 'eat'	ti-akan 'want to eat'

	吃		想吃
m-odop	'sleep'	ti-odop	'feel sleepy，want to sleep'
	睡		犯困，想睡觉
s[um]obu'	'urinate'	ti-sobu'	'feel urge to urinate'
	小便		有小便的冲动

再看说话人指向情态,有些语言有特殊的怀疑情态标记,表示说话人对所表达命题的真实性有些怀疑。

(47) **瓦尔玛加里语怀疑情态**(Hudson 1978:82—83)

    a. mimi-jarti   pa-lu

       sick-COMITATIVE   AUX-3pl

       生病-伴随   助动-3复

       'They are sick.'

       他们生病了。

    b. mimi-jarti   pa-rta-lu

       sick-COMITATIVE   AUX-DUB-3pl

       生病-伴随   助动-怀疑-3复

       'Maybe they are sick.'

       他们或许生病了。

许多语言都有一些方法来表明说话人断言命题的依据,即知识是如何获得的。该领域中常见的区别包括直接知识(目击者的报道)、传闻和推断,一些例子展现在(48—49)中。

(48) **夏尔巴语(Sherpa)示证标记**(Givón 1984:308)

    a. ti-gi   cenyi   caaq-sung

       he-ERG cup   break-PFV/DIRECT

       他-作格 杯子   打破-完整/直知

'He broke the cup (eyewitness or direct evidence).'

他打破了杯子(亲眼所见或直接证据)。

b. ti-gi   cenyi   caaq-no

he-ERG   cup   break-PFV/INDIRECT

他-作格   杯子   打破-完整/间知

'He broke the cup (hearsay or indirect evidence).'

他打破了杯子(传闻或间接证据)。

(49) 华拉加盖丘亚语(**Huallaga Quechua**)示证标记(Weber 1989:421)

a. Qam-pis   maqa-ma-shka-nki   =mi

you-also   hit-1OBJ-PERF-2SUBJ   =DIRECT

你-也   打-1 宾-完成-2主   =直知

'You also hit me (I saw and/or felt it).'

你也打了我(我看见了且/或感到了)。

b. Qam-pis   maqa-ma-shka-nki   =shi

you-also   hit-1OBJ-PERF-2SUBJ   =HEARSAY

你-也   打-1 宾-完成-2主   =传闻

'(Someone told me that) you also hit me (I was drunk and can't remember).'

(有人告诉我说)你也打了我(我喝醉了不记得了)。

c. Qam-pis   maqa-ma-shka-nki   =chi

you-also   hit-1OBJ-PERF-2SUBJ   =INFERENCE

你-也   打-1 宾-完成-2主   =推断

'(I infer that) you also hit me.'

(我推断)你也打了我。

(I was attacked by a group of people, and I believe you were one of them.)

(我被一群人袭击了,我相信你是他们中之一。)

有些语言有特殊的标记来表明说话人对他所报道的内容表示惊讶。这种形式通常被称为意外情态(MIRATIVE*):

168　　（50）**拉萨藏语**(Payne 1997:255)

　　　　　a. ngar　　　　dngul　　　tog＝tsam　　yod.

　　　　　　 1sg.DAT　　 money　　 some　　　　EXIST

　　　　　　 1单.与格　　 钱　　　　一些　　　　存在

　　　　　　 'I have some money.'(expected)

　　　　　　 我有一些钱。（意料之中的）

　　　　　b. ngar　　　　dngul　　　tog＝tsam　　'dug.

　　　　　　 1sg.DAT　　 money　　 some　　　　EXIST.MIRATIVE

　　　　　　 1单.与格　　 钱　　　　一些　　　　存在.意外

　　　　　　 'I have some money!'(unexpected)

　　　　　　 我有一些钱！（意料之外的）

　　　　泰米尔语(印度南部的一种德拉维达语)有相当复杂的语气和情态系统,包括屈折后缀和情态动词二者。有些情态如(51)所示。注意,后缀-*laam* 标记一种劝告语气,也被用于许可情态和可能情态。在这些例子中它被标注为"PERM"(表示"许可情态")。

　　　　（51）**泰米尔语情态**(Asher 1985:167—172)

　　　　　　a. **义务(义务情态)**

　　　　　　　avan　　　angke　　　pooka-ŋum.

　　　　　　　he　　　　there　　　go-DEB

　　　　　　　他　　　　那里　　　去-义务

　　　　　　　'He must go there.'

　　　　　　　他必须去那里。

---

* 除"意外"外,mirative 也被译为"惊讶"或"惊异"。——译者注

b. **生理能力**

ennaale　　naalu　mail　duuram　　naʈakka　　muʈiyum.

1sg.INSTR　four　mile　distance　walk-INF　able

1单.工具　　四　　英里　距离　　　走-不定　能

'I can walk 4 miles.'

我能走 4 英里。

c. **许可情态**

avan　　　kuuʈʈattile　　　peeca-laam.

he　　　meeting-LOC　　speak-PERM

他　　　会议-处所　　　说-许可

'He can speak at the meeting.'

他可以在会上说话。

d. **可能性**

Kantacaami　　vantaalum　　　　vara-laam.

Kandaswami　come-CONCESS　　come-PERM

康达斯瓦米　　来-让步　　　　　来-许可

'Kandaswami may perhaps come.'

康达斯瓦米也许会来。

e. **传闻/间接知识**

neettu　　cengkattle　　maz̤e

yesterday　Chengam-LOC　rain

昨天　　　金格阿姆-处所　雨

peñcut-aam.

fall-PAST-3sg.N-HEARSAY

落-过去-3单.中-传闻

'Apparently it rained in Chengam yesterday.'

显然金格阿姆昨天下雨了。

9.7 结语

　　本章触及一些困难且复杂的问题,关于这些问题已经写了许多书,还有更多的东西有待了解。我们的主要目标之一是帮助你们理解和正确地使用语言学家们为描述时-体-情态系统而创制的术语。

　　当然,第二个目标是为分析这些系统奠定基础。我们在本章中讨论的语义差异并不总是容易识别的,在这些方面不同语言彼此之间通常有非常细微的差异。即使两种语言有表面上相似的时-体-情态词缀集,但一种语言中某个具体词缀的特定语义内容,通常在另一种语言中没有完全等同的对象。因此,我们不能将对这些系统的分析建立在简单地翻译成英语或当地贸易语言的基础上。相反,我们必须寻找两个相关词缀或标记之间最小对比对的例子,然后试图确定一个可接受但另一个不能接受的特定语境。这是一个费时的过程,但它是我们能够确定哪些语义特征与所观察到的语法差异相关联的唯一方法。

练习

9A. 埃克佩耶语(Ekpeye)(尼日利亚;Roberts 1999, ex. M-4.5)
用一个位置类别表来展现下列动词的结构:

1. edi　　　　　　'he will eat'

2. edikpo　　　　'he will finish eating'

3. edilɛ　　　　　'he has eaten'

4. adikpolɛ　　　'we have finished eating'

5. edikpohwɔ　　'he will eventually finish eating'

6. adigbalɛ　　　'we have eaten again'

7. emekpohwɔlɛ　'he has eventually finished making'

169

8. emegba   'he will make again'

9. amekpogbalɛ   'we have finished making again'

10. amegbahwɔ   'we will eventually make again'

11. eme   'he will make'

9B. 恩吉亚姆巴语(Ngiyambaa)(澳大利亚;Donaldson 1980;
Palmer 1986)

根据下列例子,说明标注为"??"的语素的意义/功能。这些成分中有些是语缀助词,它们必须附着于所在小句的第一个词上(见第17章)。请描写这些例子中所反映的恩吉亚姆巴语的时-体-情态系统。

1. yuruŋ-gu   ŋidj-iyi.

   rain-ERG   rain-PAST

   'It rained.'

2. yuruŋ-gu   ŋidja-ɽa.   170

   rain-ERG   rain-PRES

   'It is raining.'

3. yuruŋ-gu   ŋidjal-aga.

   rain-ERG   rain-??

   'It might/will rain.'

4. guya＝ndu   dha-yi.

   fish＝2NOM   eat-PAST

   'You ate a fish.'

5. guya＝wa:＝ndu   dha＝yi.

   fish＝??＝2NOM   eat-PAST

   'So you ate a *fish*!!'

6. minja＝wa:＝ndu   dha-yi.

   what＝??＝2NOM   eat-PAST

   'You ate *what*?!'

7. guya＝ga:＝ndu   dha-yi.

fish＝??＝2NOM　　eat-PAST

'Maybe you ate a fish, I don't know.'

8. minjaŋ＝ga:＝ndu　dha-yi.

what＝??＝2NOM　　eat-PAST

'You ate something, I don't know what.'

9. ŋalu＝ynja　　　walga-dha.

that＝up　　　　climb-??

'Climb up (that tree)!'

10. ŋindu　　bawuŋ-ga　　yuwa-dha.

you　　　middle-LOC　lie-??

'(You) lie in the middle!'

11. ŋadhu　　bawuŋ-ga　　yuwa-giri.

1sg　　　middle-LOC　lie-??

'I must lie in the middle.'

12. yana-buna-giri.

go-back-??

'We must go back.'

13. ŋadhu　　dhi:rba-nha　　guruŋa-giri.

1sg　　　know-PRES　　swim-??

'I know how to swim.'

14. ŋindu　　giramb-iyi.

you　　　sick-PAST

'You were sick.'

15. ŋindu＝gara　　giramb-iyi.

you＝??　　　sick-PAST

'One can see that you were sick.'

16. ŋindu＝dhan　　giramb-iyi.

you＝??　　　sick-PAST

'They say you were sick.'

171

17. wara:y＝gara＝dhu＝na　　bungiyam-iyi　　dhiŋga:＝dhi:.
　　bad＝??＝1NOM＝3ABS　　burn-PAST　　meat＝1POSS
　　'I have burned my meat so it's no good, to judge by the smell.'
　　(said outside the house where the meat was cooking)

18. gabuga:＝gara＝lu　　ŋamum-iyi.
　　egg＝??＝3ERG　　lay-PAST
　　'It has laid an egg, by the sound of it.'
　　(said of a chicken that was out of sight)

19. ŋadhu＝dhan　　wiri-nji.
　　1sg＝??　　cook-PAST
　　'People say I have cooked.'

20. guni:m＝baɽa＝nu:　　baluy-aga.
　　mother＝??＝2POSS　　die-??
　　'Your mother will certainly die (if you point at a rainbow).'

21. wiriwal＝baɽa＝ni　　ga-ɽa.
　　heavy＝??＝3ABS　　be-PRES
　　'It certainly is heavy, that's for sure.'

22. guyan＝baga:＝dhu　　ga-ɽa
　　shy＝??＝1NOM　　be-PRES
　　'But I'm shy (contrary to what you seem to think)!'

23. gali:-ŋinda＝gila　　ŋiyanu　　baluy-aga.
　　water-desired＝??　　we　　die-??
　　'I guess maybe we will die for lack of water.'

24. guya＝gila＝ga:＝lu　　dha-yi.
　　fish＝??＝??＝3ABS　　eat-PAST
　　'I guess maybe he ate a fish, I don't know.'

25. minjaŋ＝ga:＝ma＝ndu　　dha-yi.

what＝??＝??＝2NOM　　　　eat-PAST

'You might have eaten I don't know what, but you didn't.'

26. waŋa:y＝baga:＝dhan＝du　　　ŋudha-nhi.

NEG＝??＝??＝2NOM　　　　　　give-PAST

'But people say you *didn't* give anything (contrary to what you claim).'

27. ŋindu＝gila＝ga:＝dhan　　　guɻuŋay-aga.

you＝??＝??＝??　　　　　　swim-??

'I don't know, but I hear that maybe you will swim.'

28. ŋindu:＝ma＝ni　bura:y　giyi,　　ŋindu＝ma＝ni

your＝??＝3ABS　child　be-PAST　your＝??＝3ABS

yada　guraw-iyi.

well　look.after-PAST

'If the child had been yours, you would have looked after it well.'

172　补充练习

Merrifield et al. (1987) prob. 30, 32, 38, 150;以及有挑战性的 prob. 29

Healey (1990b), ex. A.17, 19, 25, 26, 27; D.9

注释

1. 对中缀的讨论见第 16 章第 16.2.1 节。

2. 相对时参照和绝对时参照也可以用一组不同的时标记来区分。

3. 在某些语境中,像(13a—c)这样的例子是可以接受的,但只有当时间短语解读为说明事件的开始时才可以,而不是像(13d—f)那样说明事件的完结。

4. 科姆里(Comrie 1976a:61)指出,在其他几种罗曼语中,包括法语、意大利语和罗马尼亚语,以前标记完成体的结构已经失去了完成体意义,现在只用作过去时标记。

5. 如这个例子所示,他加禄语的某些结构使用了"相对时"系统。注意下面例子中带有过去参照的"将来时"形式 *aalis* 的用法:

Nang	aalis	na	ako,
when	leave(FUT)	COMP	1sg
当……的时候	离开(将来)	标句	1 单
tinawag	niya	ako.	
called(PAST)	by.him	1sg	
叫(过去)	被他	1 单	

'When I was <u>about to leave</u>, he called me.' (Schachter & Otanes 1972:477)

当我正要离开的时候,他叫了我。

6. 注意,在最后一个例子中,当体标记中缀 *-in-* 出现时,被动后缀 *-in* 不会出现。据我所知,每一种菲律宾语言都是如此。

7. 布龙菲尔德(Bloomfield 1917);沃尔芬登(Wolfenden 1961);德·古兹曼(de Guzman 1978)。

第 10 章

非动词谓语

在第 5 章中,我们看到许多谓词都对其论元施加了选择限制,
如(1)所示。当动词的论元属于某个特定语义类别时,这些例子中
的每个动词都要求有一个选择限制:(1a,c)中是生物;(1b)中是
重要公众人物。如果违背了这些限制,所产生的句子在语义上是
奇怪的或不可接受的。

(1) a. #My pencil doesn't know how to spell that word.
　　　我的铅笔不知道如何拼写那个单词。

　　b. #John assassinated a big cockroach.
　　　约翰暗杀了那只大蟑螂。

　　c. #Mary taught her motorcycle classical Chinese.
　　　玛丽教她的摩托车古汉语。

(2a,b)中的例子也涉及选择限制,但有一个有趣的区别:所
有这些例子中使用的动词都是相同的,即 *is*。这表明,与我们之前
考虑的例子不同,*John is in love* 和 *# My guitar is in love*,或
#John is easy to play 和 *My guitar is easy to play* 等之间的差异,
不是由动词本身的词汇属性决定的。相反,跟在动词后面的词或
短语似乎决定了小句主语的选择限制。

(2)
a.
$$\left\{\begin{array}{l}\text{John} \\ \text{约翰} \\ \text{\#My guitar} \\ \text{我的吉他}\end{array}\right.$$
is happy/sick/in love/eager to play.
很快乐/生病了/恋爱了/很想玩。

b. $\begin{cases} \#\text{John} \\ 约翰 \\ \text{My guitar} \\ 我的吉他 \end{cases}$ is broken/out of tune/easy to play.
坏了/走调了/很好弹。

(2a，b)中 AP 和 PP 成分可以施加选择限制这一事实，表明它们充当了语义谓语。到目前为止，我们讨论的大多数小句都包含动词谓语，但本章中我们将考察各种类型的小句，它们的语义谓语由其他范畴的词或短语来表达(回想一下，第 4 章 4.1 节中，我们将谓语定义为用小句来描述的"表示属性或关系的意义成分")。

动词 *to be*〔在(2a，b)中实现为 *is*〕本身几乎没有意义。它在语法上是一个动词，因为时和一致而发生屈折变化，但本质上是没有语义的。由于这个原因，它通常被称为连系动词(LINKING VERB)，或者系词。小句的意义是由连系动词后面的短语决定的，例如 *in love* 或 *eager to play*。这种短语被称为述谓补足语，理由将在第 10.1.1 节中讨论。

连系动词对句子意义的贡献很小，但它确实满足了英语语法的一个基本要求，即每个句子必须包含一个动词。然而，这一要求并不适用于所有语言。在许多语言中，像(2)中这样的句子可以完全不用动词来表达。一些他加禄语的例子呈现在(3)中。[1]这三个句子的语义谓语分别由属于 AP、NP 和 PP 范畴的短语来表达(在他加禄语的动词小句中，动词通常最先出现；在非动词小句中，谓语短语通常排在第一位[2])。在每种情况中，英语译文都包含连系动词 *is*，但在他加禄语中却没有对应的形式。

(3) a. [Matalino]$_{\text{AP}}$ ang＝batà.
    intelligent NOM＝child
    聪明 主格＝孩子

'The child is intelligent.'

孩子很聪明。

b. [Anak　　　ni＝Belen]~NP~　　si＝Romy.

　　child　　　GEN＝Belen　　　NOM＝Romy

　　孩子　　　属格＝贝伦　　　主格＝罗密

'Romy is Belen's son.'

罗密是贝伦的儿子。

c. [Nasa　　　Maynila]~PP~　　ang＝gusali.

　　at.DAT　　Manila　　　　　NOM＝building

　　在.与格　　马尼拉　　　　　主格＝大楼

'The building is in Manila.'

大楼在马尼拉。

　　在第 4 章中,我们把小句定义为表达谓词及其论元的最小语法单位。(3)中的例子不同于我们迄今为止讨论过的任何例子,因为它们没有动词;但它们仍然是基于这个定义的小句,因为它们每个都包含了一个谓词及其论元。它们的特别之处在于它们的谓词不是用动词来表达的。

　　英语和他加禄语代表了包含非动词谓语小句结构的两种基本模式。许多语言用连系动词来表达这类谓语,如英语。在其他语言中,像他加禄语,则不需要动词。而且相当一部分语言在某些语境中使用连系动词,而在另一些语境中则不使用。在本章中,我们将讨论每种类型的例子。

10.1　有系词和无系词的基本小句模式

　　非动词谓语的句法范畴与其语义功能之间是有联系的。像(3a)这样的小句,其中的语义谓语由形容词短语来表达,一般描述对主语而言为真的特质或属性。我们(遵循 Payne 1997)将这类例

175

子称为属性小句。

等同小句是用名词短语来表达语义谓语的小句,如(3b)。小句的语义功能取决于谓语 NP 是有定的还是无定的。如果谓语 NP 是有定的,如(4a),等同小句基本上表示两个 NP 指的是同一个个体。如果谓语 NP 是无定的,如(4b, c),那么等同小句表示主语 NP 是谓语 NP 所命名的类别中的一员。

(4) a. George Washington was the first President of the United States.

乔治·华盛顿是美国的第一任总统。

b. George Washington was a surveyor.

乔治·华盛顿是一名测量员。

c. George Washington was a tall man.

乔治·华盛顿是个高个子。

d. George Washington was tall.

乔治·华盛顿很高。

在后一种情况中,等同小句的意义与属性小句非常相似;比较一下(4c)中的等同小句和(4d)中的属性小句。但无论谓语 NP 是有定的还是无定的,等同小句的语法结构通常是相同的。以汉语普通话为例,属性小句(那些带 AP 谓语的)不使用系词,如(5a)所示。然而,无论谓语 NP 是有定的(5b)还是无定的(5c),等同小句都使用系词(连系动词)(在这些例子中,谓语短语用括号括起来)。

(5) 汉语普通话

a. **属性小句**(AP 作谓语):

那个女人[很漂亮]。

b. **等同小句**(谓语 NP 有定):

那个女人是［我太太］。

c.**等同小句**（谓语 NP 无定）：

那个女人是［潮州人］。

　　像(3c)这样的小句,其语义谓语由介词短语表达,通常被称为处所小句。顾名思义,这种类型的小句通常用来说明主语的处所,如(3c)。不过,这种结构还可以广泛地用来表达其他语义功能;其中一些如(6)中的他加禄语例子所示。

176

（6）a. Galing　　sa＝Maynila　　si＝Ben　　dati.[3]

　　　　from　　DAT＝Manila　　NOM＝Ben　　previous

　　　　从　　　与格＝马尼拉　　主格＝本　　以前

　　　　'Ben is originally from Manila.'

　　　　本来自马尼拉。

　　b. Para　sa＝iyo　　ang＝mga＝liham　　na　　iyon.

　　　　for　　DAT＝2sg　　NOM＝PL＝letter　　LNK　　that

　　　　给　　与格＝2单　　主格＝复＝信　　连接*　　那

　　　　'Those letters are for you.'

　　　　那些信是给你的。

---

　　*　他加禄语中的连接标记(linker)与英语等语言中的连系动词(linking verb)不是一个概念。连接标记用来将不同的成分连接成一个词或结构。他加禄语中最主要的两个连接标记是-*ng* 和 *na* / -*ng*。前者将不同的成分连接成一个复合词,例如将 ngipin(牙齿)和 aso(狗)连接成 ngipingaso(锋利的牙齿)。后者将不同的成分连接成一个修饰结构,包括形容词修饰名词、指示词修饰名词、领属者修饰被领属者、副词修饰形容词等类型。*na* / -*ng* 加在修饰语上,如果修饰语的最后一个辅音是喉擦音[h]、喉塞音[']或鼻音[n],就用-*ng* 来替换这个辅音,例如将 mayaman(富有的)和 tao(人)连接成 mayamang tao(富有的人)。如果修饰语的最后一个辅音不是[h]['] 或 [n],就在修饰语的后面加上 na,并且 na 是作为独立的词来拼读的,例如将 masipag(勤奋的)和 tao(人)连接成 masipag na tao(勤奋的人)(参看 Schachter, Paul. & Fe T. Otanes. 1972. *Tagalog Reference Grammar*. Berkeley and Los Angeles：University of California Press.)。——译者注

c. Para sa＝mga＝Nasyonalista   ang＝kapatid   niya

   for   DAT＝PL＝Nationalist   NOM＝sibling   3sg.GEN

   给   与格＝复＝民族主义者   主格＝兄弟   3 单.属格

   'His brother is for(i.e.supports)the Nationalists.'

   他的兄弟是为了(即支持)民族主义者。

d. Nasa   babae   ang＝libro.

   at.DAT   woman   NOM＝book

   在.与格   女人   主格＝书

   'The woman has the book.'

   这个女人有这本书。

10.1.1　英语:系词加述谓补足语

如上所述,英语中的属性小句、等同小句和处所小句必须包含系词或连系动词 *be*。跟在系词后面的 **AP**、**NP** 或 **PP**,分别如(7a, b、c),称为述谓补足语。这个术语的传统定义是"使谓语意义完整所必需的成分"。

（7）a. The Mayor is [extremely angry at the press]~AP~.

                                 属性小句

    市长对这家出版社极为愤怒。

   b. Arthur is [a former Governor]~NP~.　　　等同小句

    亚瑟是前任州长。

   c. His money is [under the mattress]~PP~.　　处所小句

    他的钱在床垫下面。

在第 3 章中,我们将补足语定义为由核心词所选择的短语从属语。动词补足语是指动词次范畴化集合中被明确规定的那些成分。到目前为止,我们已经讨论了承载 SUBJ、OBJ、OBJ~2~

和 OBL 等语法关系的补足语，并大体上确定了参与者。但是像句子(7a—c)中那样跟在系词后面的短语，并不承载这些关系(原因我们将在第 10.5 节中讨论)；它们是一种不同的补足语。在语义上，这些补足语表达的是谓语，而不是参与者；因此命名为述谓补足语。

　　系词绝不是英语中唯一带述谓补足语的动词。(8)中给出了要求带述谓补足语的其他动词的一些例子。

(8) a. Arthur *became* [the Governor of Texas].

　　　亚瑟成为了得克萨斯州的州长。

b. The Mayor *seems* [extremely angry].

　　市长看起来极其愤怒。

c. We *elected* John [chairman of the board].

　　我们选举约翰为董事长。

d. They all *consider* me [crazy].

　　他们都认为我疯了。

我们将使用 XCOMP 这一标注来标示述谓补足语的语法关系。这个"X"代表任何主要范畴(N、A、V 或 P)，反映出述谓补足语可以是 NP、AP、PP，甚至是 VP(尽管我们在此不讨论 VP 补足语)这一事实。我们可以用(9)这样的规则表示包含述谓补足语的英语句子的结构，其中 XP 代表任何短语范畴(NP、AP、PP 或 VP)。注意，这条规则可以解释(7)中包含系词的句子，以及(8)中包含其他动词的句子。

(9) S　→　NP　　　V　　(NP)　　(XP)

　　　　　[SUBJ]　　　　　[OBJ]　　[XCOMP]

(8)中动词的词条，还有系词的词条，都必须包含一个述谓补足语,作为动词次范畴化的一部分。要明确规定能与具体英语动词共现的述谓补足语范畴(NP、AP 或 PP),这个问题有点复杂。[4] 为了简单起见,我们假定每个动词的词条都明确规定了其 **XCOMP** 的可能范畴。正如规则(9)所预测的那样,不管述谓补足语的范畴如何,在同一个小句中,任何动词都不能带超过一个的述谓补足语。(10—11)中给出了 *consider* 和 *become* 这两个动词可能的词条。

(10) a. I consider John honest/my friend/?*out of the country.

我认为约翰是诚实的/是我的朋友/在国外。

b. *consider* 〈感事, 受事, 状态〉

|　　|　　|
SUBJ　OBJ　XCOMP

［XCOMP 范畴＝AP, NP］

(11) a. Mary became very sick/a world-famous poet/?*in trouble.

玛丽病得很重/成为一位闻名世界的诗人/在困境中。

b. *become* 〈受事, 状态〉

|　　|
SUBJ　XCOMP

［XCOMP 范畴＝AP, NP］

为系词设计词条在某种程度上更具挑战性,主要是因为缺乏词汇语义内容。[5]然而,暂时忽略这一复杂性,我们可以采用(12)作为第一近似的词条〔例句在(7)中给出〕。

(12) *be* 〈客事/受事, 状态〉

|　　|
SUBJ　　XCOMP

［XCOMP 范畴＝AP, NP, PP］

10.1.2 他加禄语:无动词小句

正如我们在(3)中看到的,他加禄语中的属性小句、等同小句和处所小句都不包括系词。(13)中给出了一些稍微复杂点的例子。(13a)是带无定谓语 NP 的等同小句;(13b)是带有定谓语 NP 的等同小句;(13c)是复杂 AP 做谓语的属性小句;而(13d)是处所小句。[6]

(13) a. Opisyal   sa＝hukbo   ang＝panganay.
       officer   DAT＝army   NOM＝eldest
       官员   与格＝军队   主格＝最大的
       'The eldest child is an officer in the army.'
       最大的孩子是一名军官。

    b. Si＝Rosa   ang＝paborito   ko＝ng   kaklase.
       NOM＝Rosa   NOM＝favorite   my＝LNK   classmate
       主格＝罗莎   主格＝最喜欢的   我的＝连接 同学
       'My favorite classmate is Rosa.'
       我最喜欢的同学是罗莎。

    c. Talaga＝ng   ma-ya-yaman   ang＝mga＝doktor.
       really＝ LNK   STAT-PL-rich   NOM＝PL＝doctor
       的确＝连接   状态-复-富有   主格＝复＝医生
       'The doctors are really rich.'
       医生们的确富有。

    d. Nasa   gitnâ   ng＝silíd   ang＝mesa.
       at.DAT   middle   GEN＝room   NOM＝table
       在.与格   中间   属格＝房间   主格＝桌子
       'The table is in the middle of the room. '
       桌子在房间的中间。

我们如何展现这些无动词小句的结构？一些语言学家认为，像他加禄语这样的语言使用了一种"无声的"（或无形的）系词，这些小句的结构本质上与其英语译文的结构一样。然而，至少对他加禄语来说，似乎没有语言内部的证据来支持这一假设。事实上，有很好的证据表明，无动词小句的结构与包含动词的小句的结构有很大的不同。[7]（至少在他加禄语中）简单地假设语法核心是表达语义谓语的 NP、AP 或 PP 似乎更可取，而不是假设一个看不见的系词作为这些小句的语法核心。这种分析表现在(14)的 PS 规则中。

（14）a. **属性小句：**

$$S \rightarrow AP \quad NP$$
$$[SUBJ]$$

b. **等同小句：**

$$S \rightarrow NP \quad NP$$
$$[SUBJ]$$

c. **处所小句：**

$$S \rightarrow PP \quad NP$$
$$[SUBJ]$$

179 但这些规则提出了一个有趣的问题。第 5 章中所说的协调性条件表明，补足关系（SUBJ、OBJ、OBJ$_2$、OBL，以及现在的 XCOMP）只有被次范畴化，即被它们的谓词词条所选择，才能出现在小句中。如果他加禄语无动词小句具有如(14)所示的结构，那么(3)和(13)中的 SUBJ 短语是如何被次范畴化的？形容词、名词和介词能指派 SUBJ 关系吗？

布雷斯南（Bresnan 2001）认为答案是"是的"，不仅对他加禄语这样的语言来说是这样的，就连英语也是如此。她提出了各种各样的证据（我们在此不讨论），表明任何范畴的 XCOMP 都必须将 SUBJ 关系指派给它所述谓的短语。例如，(8a，b)中的

XCOMP 将 SUBJ 关系指派给句子的主语,而 (8c,d) 中的 XCOMP 将 SUBJ 关系指派给句子的宾语[8]。布雷斯南认为形容词有类似于动词的论元结构,其中包括一个主语论元;而名词和介词可以通过谓语构造的常规流程选择性地获得论元结构。

我们将采用布雷斯南的分析,但不详述其形式上的细节。由 (14) 中 PS 规则生成的小句是合乎规范的,因为它们的非动词谓语具有论元结构并指派 SUBJ 关系。

即使是没有系词的语言也可能包含其他要求带述谓补足语的动词。他加禄语中有一个这样的动词 *maging* "become"(变得/成为),它可以带 AP(15a)或 NP(15b)补足语。[9]动词 *maging* 与其述谓补足语构成了紧密的成分,并且这个动词有时也被写作前缀。[10]然而,它的补足语是一个完整的短语范畴,而不只是一个单词,如 (15c)的例子所示;因此它(至少在其句法属性上)是一个自由形式,而不是一个词缀。其他一些带述谓补足语的他加禄语动词如 (16—17)所示。

(15) a. Nagiging　　　　mahal　　　　ang＝bigas.
　　　 become-IMPERF　expensive　　NOM＝rice
　　　 变得-未完整　　　贵　　　　　主格＝大米
　　　 'Rice is getting expensive.'
　　　 大米变得很贵。

　　 b. Naging　　　　opisyal　　　ang＝anak　　ko.
　　　 become-PFV　　officer　　　NOM＝child　　my
　　　 成为-完整　　　官员　　　　主格＝孩子　　我的
　　　 'My son became an officer.'
　　　 我儿子成为了一名官员。

　　 c. Magiging　　　[unang　presidente　ng＝samahan]
　　　 become-FUT　first　　　president　　GEN＝organization
　　　 成为-将来时　第一　　　主席　　　　属格＝组织

si＝Armand.

NOM＝Armand

主格＝亚曼

'Armand will become the first president of the organization.'

亚曼将成为这个组织的第一任主席。

(16) a. Ipinapalagay   ko   si＝Juan＝ng   matalino.

consider-IMPERF 1sg NOM＝Juan＝LNK intelligent

认为-未完整   1单 主格＝胡安＝连接 聪明

'I consider Juan intelligent.'

我认为胡安聪明。

b. Inihalal   namin   si＝Ben＝ng   presidente.

elect-PFV   1pl.EXCL NOM＝Ben＝LNK president

选择-完整   1复.排除 主格＝本＝连接   主席

'We elected Ben president.'

我们选举本为主席。

(17) a. Nagkunwari   si＝Juan＝ng   duktor.

pretend-PFV   NOM＝Juan＝LNK   doctor

假装-完整   主格＝胡安＝连接   医生

'Juan pretended to be a doctor.'

胡安假装是医生。

b. Nagkunwari   si＝Juan＝ng   galit.

pretend-PFV   NOM＝Juan＝LNK   angry

假装-完整   主格＝胡安＝连接   愤怒

'Juan pretended to be angry.'

胡安假装愤怒。

10.2 存在小句和领属小句

正如他加禄语的例子(6d)所示,领属是一种可以通过处所(即介词式的)小句类型来表达的关系。但是那个例子所涉及的是一种特殊的领属关系:暂时的物质领属,而不是所有权。这个句子告诉我们这本书在哪里,而不是它属于谁;因此处所小句模式的使用似乎是相当合适的。

比较(6d)〔这里重写为(18a)〕与(18b,c)中的领属结构。[11] 虽然这三个句子都表达了某种领属关系,但每个句子都有不同的功能。例(18a)描述的是暂时的物质领属,正如我们已经提到的,而(18b)描述的是所有权;但在这两种情况下,被领属物都是一个有定的、特指的物体(一本特定的书)。句子(18c)可以描述暂时的物质领属或者实际的所有权,但被领属物是某种无定的或类指的物体;听话人无法说出所指的是哪本特定的书,甚至说话人也可能不知道。

（18）a. Nasa　　　babae　　ang＝libro.　　　（＝ex. 6d)

　　　　at.DAT　　woman　　NOM＝book

　　　　在.与格　　女人　　　主格＝书

　　　　'The woman has the book.'(or：'The book is in the woman's possession.')

　　　　这个女人有这本书。（或:这本书为这个女人所有。）

　　b. Sa＝babae　　　ang＝libro.

　　　　DAT＝woman　　NOM＝book

　　　　与格＝女人　　　主格＝书

　　　　'The woman owns the book.'(or：'The book belongs to the woman.')

　　　　这个女人拥有这本书。（或:这本书属于这个女人。）

　　c. May　　　libro　　ang＝babae.

　　　　EXIST　　book　　NOM ＝woman

　　　　存在　　　书　　　主格＝女人

　　　　'The woman has/owns a book.'

这个女人有/拥有一本书。

与这些语义差异相对应,我们也发现了语法结构上的差异。(18a)中主语(被领属物)是一个有定 NP,谓语(表达领属者)是一个 PP。(18b)中主语再次把被领属物表达为有定 NP,谓语也再次表达领属者,但这次是一个光杆与格 NP,而不是一个 PP。除了这一点不同之外,这两个小句在结构上是相同的。然而,例(18c)有一个非常不同的结构:主语 NP 表达领属者,而被领属物作为谓语短语的一部分出现,谓语短语中包含存在谓词 *may*。

请比较无定领属例(18c)与存在小句(19a)。正如你看到的,两个句子都包含相同的存在谓词(*may*),后面跟着一个光杆 NP,即没有格标记的 NP。[12](19b)是存在小句的另一个例子,但它包含了一个不同的存在谓词:(19b)用表达否定存在(某物确实不存在)的 *walâ*,替换了表达肯定存在(某物确实存在)的 *may*。这两个存在谓词也可以分别用来表达肯定领属和否定领属,如(20)所示。

(19) a. May   tao   sa＝bahay.[13]

       exist   person   DAT＝house

       存在   人   与格＝房子

       'There is someone in the house.'

       有人在房子里。

    b. Wala＝ng   mais   sa＝palengke.

       not.exist＝LNK   corn   DAT＝market

       不存在＝连接   玉米   与格＝市场

       'There is no corn in the market.'

       市场里没有玉米。

(20) a. May   pera   si＝Juan.

       exist   money   NOM＝Juan

       存在   钱   主格＝胡安

'Juan has(some) money.'

胡安有(一些)钱。

  b. Wala＝ng　　　　　pera　　　　si＝Juan.

    not.exist＝LNK　　　money　　NOM＝Juan

    不存在＝连接　　　　钱　　　　主格＝胡安

    'Juan has no money.'

    胡安没有钱。

(19—20)中的存在谓词不能整齐地归入任何一种句法范畴。他加禄语的动词带有各种各样的屈折和派生词缀,但是存在谓词 *may*(或者更长的形式:*mayroon*)不能带其中的任何一个词缀。[14]存在谓词 *may* 也不具有任何其他词汇范畴的属性(这样的形式在许多语言中都能找到;它们通常被称为不完全动词,意思是它们缺乏该语言中大多数动词所表现出的常规屈折形式)。因此,很难说上述存在结构严格来说是否为"非动词"小句;但它们明显不同于一般的动词小句。

10.3　跨语言模式

到目前为止,我们一直互换地使用系词和连系动词这两个术语。然而,有些语言有不是动词的系词。例如,豪萨语(Hausa)中,动词通常出现在小句中间,基本语序是 S-Aux-V-O,带有表示人称、数、性和时/体的助动词成分。然而,用在等同小句中的系词,出现在句末的位置并且只有性的屈折变化,如(21)所示。它不能很好地与动词范畴或助动词范畴相符。

(21) **豪萨语**(尼日利亚;Schachter 1985:55)

  a. Ita　　yarinya　　*ce*.　　　　'She is a girl.'

    she　　girl　　　COP.FEM　　她是女孩。

她	女孩	系.阴

b. Shi   yaro   *ne*.   'He is a boy.'

he   boy   COP.MASC   他是男孩。

他   男孩   系.阳

　　在其他语言中,系词可能是一个不变的小品词:它从不发生屈折变化,总是以相同的形式出现,并且只充当非动词小句的标记。潘恩(Payne 1997:117)引用了巴西的苏皮雷语(Sùpyìré)作为这种现象的一个例子。

　　一些语言有仅用于非现在时的动词性系词。例如,现代希伯来语(Modern Hebrew)中,属性小句、等同小句和处所小句在现在时中都不包含任何系词,如(22)所示,尽管它们可以选择性地包含一个能使主语 NP 加倍的主格代词(这里没有显示)*。然而,在过去时或将来时中,一个有屈折变化的系动词(词根:$h.y.y$)是必须的,如(23)所示。

(22) 现代希伯来语(Doron 1986:314—315)

　　a. dani   more   ba-universita.

　　　　Dani   teacher   in-the.university

　　　　达尼   老师   在-大学

---

　　* 如下例所示,主格代词 *hu*(他)是可选的,如果它出现了,就使句子的主语 NP 由一个增加到了两个(即"加倍")。这样的代词经常被标注为英语中的 *be* 动词,这种做法仅仅是为了方便,而非实质性的要求。

　　dan   (hu)   rəcini   miday

　　Dan   (he)   serious   too much

　　丹   (他)   严肃的   太

　　'Dan is too serious.'

　　丹太严肃了。

　　更多关于现代希伯来语系词结构的内容,请参看 Berman, Ruth Aronson. 1978. *Modern Hebrew Structure*. Tel Aviv: University Publishing Projects(第 6 章)。——译者注

'Dani is a teacher at the university.'

达尼是一位大学老师。

b. dani　　ha-more　　　le-matematika.

　　Dani　　the-teacher　　to-mathematics

　　达尼　　定冠词-老师　　对于-数学

'Dani is the mathematics teacher.'

达尼是数学老师。

c. dani　　nexmad　　　ad.meod.

　　Dani　　nice　　　　very

　　达尼　　友好　　　　非常

'Dani is very nice.'

达尼非常友好。

d. dani　　al　　　　ha-gag.

　　Dani　　on　　　　the-roof

　　达尼　　在……上　定冠词-屋顶

'Dani is on the roof.'

达尼在屋顶上。

(23) a. dani　　*yihye*　　more　　ba-universita.

　　　Dani　　be.FUT　　teacher　in-the.university

　　　达尼　　是.将来　　老师　　在-大学

'Dani will be a teacher at the university.'

达尼将成为大学老师。

b. dani　　*haya*　　ha-more　　le-matematika. 183

　　Dani　　be.PAST　the-teacher　to-mathematics

　　达尼　　是.过去　定冠词-老师　对于-数学

'Dani was the mathematics teacher.'

达尼曾是数学老师。

c. dani　　*haya*　　nexmad　　ad.meod.

　　Dani　　be.PAST　nice　　　very

达尼	是.过去	友好	非常

'Dani was very nice.'

达尼以前非常友好。

d. dani *yihye* al ha-gag.

Dani	be.FUT	on	the-roof
达尼	是.将来	在……上	定冠词-屋顶

'Dani will be on the roof.'

达尼将在屋顶上。

西班牙语有两个不同的系动词：*ser* 和 *estar*。选用哪个系词部分地取决于述谓补足语的范畴，也部分地取决于语义因素。卡德纳斯(Cárdenas 1961)指出 *ser* 总在述谓补足语是 NP 时使用，如(24a)；而 *estar* 总在述谓补足语是副词性成分时使用，如(24b)。

(24) a. La señora Alvarez *es* una

the	Mrs.	Alvarez	SER	one
定冠词	夫人	阿尔瓦雷斯	系词	一

profesora conocida.

teacher	known
教师	知名的

'Mrs. Alvarez is a well-known teacher.' (Schmitt 1972:125)

阿尔瓦雷斯夫人是一位知名教师。

b. La madre *está* aquí/cerca/lejos.

the	mother	ESTAR	here/close/far
定冠词	母亲	系词	这里/附近/远处

'The mother is here/near-by/far away.' (Cárdenas 1961:3)

这位母亲在这里/附近/远处。

当述谓补足语是介词短语时, *ser* 与介词 *de* "of, from"(的、来自)一起使用,不论其意义如何;而 *estar* 与介词 *en* "in, on"(在……中、在……上)或介词 *a* "at"(在)一起使用。(25—26)给出了一些例子。

(25) a. El　　　señor　González　*es*　　de　　　México.

　　　 the　　　Mr.　　González　SER　　from　　Mexico

　　　 定冠词　先生　　冈萨雷斯　　系词　　来自　　墨西哥

　　　 'Mr. González is from Mexico.' (Schmitt 1972:126)

　　　 冈萨雷斯先生来自墨西哥。

　 b. El　　　coche　*es*　　del　　　　señor　　González.

　　　 the　　　car　　SER　　of.the　　Mr.　　　González

　　　 定冠词　轿车　　系词　　的.定冠词　先生　　冈萨雷斯

　　　 'The car belongs to Mr. González.' (Schmitt 1972:126)

　　　 这辆轿车属于冈萨雷斯先生。

　 c. El　　　anillo　*es*　　de　　　plata.

　　　 the　　　ring　　SER　　of　　　silver

　　　 定冠词　戒指　　系词　　的　　　银

　　　 'The ring is (made of) silver.' (Schmitt 1972:126)

　　　 这枚戒指是银(做)的。

(26) a. Carlos　　*está*　　ahora　　en　　　Nueva York.

　　　 Carlos　　ESTAR　　now　　　in　　　New York

　　　 卡洛斯　　系词　　现在　　在　　　纽约

　　　 'Carlos is now in New York.' (Schmitt 1972:126)

　　　 卡洛斯现在在纽约。

　 b. Madrid　　*está*　　en　　España.

　　　 Madrid　　ESTAR　　in　　Spain

马德里　　　系词　　　在　　　西班牙

'Madrid is in Spain.'(Schmitt 1972:126)

马德里在西班牙。

184　　　　　c. La　　　　hermana　*está*　　a　　la　　　derecha.

the　　　　sister　　ESTAR　at　　the　　　right

定冠词　姐姐/妹妹 系词　　在　　定冠词　右边

'The sister is at the right.'(Cárdenas 1961:1)

姐姐/妹妹在右边。

　　注意,在处所小句中,系词的选择只取决于所使用的特定介词;无论处所被理解为暂时的(26a)还是永久的(26b),*estar* 都与介词*en* 一起使用。然而,当述谓补足语是形容词短语时,任何一个系词都有可能使用。基于语义做出选择:*ser* 用来表达固有的属性或特征;*estar* 用来表达暂时的状态。这一差异如(27—28)所示。有些形容词可以有两种不同的意义,取决于使用的是哪个系词,如(29—30)所示。

（27）a. Maria　　　*está*　　bonita　　（hoy）.

Maria　　　ESTAR　pretty　　today

玛利亚　　　系词　　漂亮　　今天

'Maria looks pretty（today）.'

玛利亚（今天）看上去很漂亮。

b. Maria　　　*es*　　bonita.

Maria　　　SER　　pretty

玛利亚　　　系词　　漂亮

'Maria is pretty/a pretty girl.'(Schmitt 1972:128)

玛利亚很漂亮/是个漂亮的女孩。

（28）a. Carlos　　　*está*　　borracho.

Carlos　　　ESTAR　drunk

卡洛斯　　系词　　醉

'Carlos is drunk.'

卡洛斯醉了。

b. Carlos　　*es*　　borracho.

Carlos　　SER　　drunk

卡洛斯　　系词　　醉

'Carlos is a drunkard.' (Schmitt 1972:128)

卡洛斯是个酒鬼。

(29) a. Maria　　*está*　　aburrida.

Maria　　ESTAR　　bored

玛利亚　　系词　　厌烦的

'Maria is bored.'

玛利亚感到厌烦。

b. Maria　　*es*　　aburrida.

Maria　　SER　　bored

玛利亚　　系词　　厌烦的

'Maria is boring.'

玛利亚令人厌烦。

(30) a. Carlos　　*está*　　malo.

Carlos　　ESTAR　　bad

卡洛斯　　系词　　坏的

'Carlos is sick.'

卡洛斯生病了。

b. Carlos　　*es*　　malo.

Carlos　　SER　　bad

卡洛斯　　系词　　坏的

'Carlos is an evil person.'

卡洛斯是恶人。

在上一节中,我们看到领属结构的构造可能取决于被领属物的有定性。这不是他加禄语语法的特殊特征,实际上是一种跨语言的普遍模式:有定性通常是决定领属小句结构的一个主要因素。

185　他加禄语表达对特指、有定物品所有权的小句,如例(18b),在结构上和处所小句十分相似。许多其他语言也表现出有定领属结构和处所小句之间强烈的相似性(Clark 1978)。

他加禄语表达无定或非特指物品的领属或所有权的小句,如(18c),在结构上同存在小句更为相似。在许多语言中,无定领属小句和无定存在小句之间有一个重要的相似之处,就是两种结构都使用相同的存在谓词。实际上,他加禄语中用于这两种小句类型的谓词,不能在静态、等同或处所小句中使用。同样的情况在杜逊语、陆地达雅语和许多其他的南岛语中也能找到:有一个用于存在小句和无定领属小句而不用于其他小句类型的独特的谓词。除南岛语系外,克拉克(Clark 1978)指出相同的模式也见于以下语言:阿姆哈拉语(Amharic)、爱尔兰语(Irish)、汉语普通话 * 、爱斯基摩语(Eskimo)、法语、现代希腊语、希伯来语、特维语(Twi),可能还有阿拉伯语。

当然,其他模式也常见。在马来语中,存在谓词在领属小句和处所小句中都能用,而且克拉克报道土耳其语和尤罗克语(Yurok)中也有相同的模式。英语用系词 *be* 表达存在小句和处所小句,但用 *have* 表达领属小句。有些语言使用相同的系词来表达所有这些小句类型。[15]

如上所述,他加禄语有两个存在谓词:肯定的 *may*(或 *may-roon*)和否定的 *walâ*。否定存在谓词不同于其他语境中使用的各

---

　　* 汉语普通话中,领属小句的谓词用"有",不区分有定领属和无定领属,例如:张三有这本/几本书。存在小句的谓词也用"有",例如:桌子上有这本/几本书。处所小句的谓词用"在",例如:这本书在桌子上。但是,当处所小句的主语是无定 NP 时,前面通常要加"有",例如:有几本书在桌子上;而有定的主语 NP 前则不能加"有",例如:* 有这本书在桌子上。——译者注

种否定词。同样,其他一些语言也有特殊的否定存在形式。下表显示了来自各种不同语言的一些例子:

（31）**语言**　　　　　　　　　存在　　　　　不存在

他加禄语	may(roon)	walâ
基马拉冈杜逊语	waro	aso?
比亚塔陆地达雅语	əgi	mating
闽南话	wu	bo
爱斯基摩语 * 16	qar	-it-
希伯来语	yeš	eʸn

10.4　关于"非人称结构"的说明

我们已经多次注意到,(19a)和(20a)在结构上十分相似。然而,这两个句子之间也有一个重要的差别。两个句子中,存在谓词 *may* 后面都跟着一个没有格标记的 NP 补足语。在领属小句(20a)中,另一个 NP(领属者)被标记为主格,表明它是主语。但(19a)中却没有主格 NP;这个句子似乎缺少主语。多种句法测试证实,像(19a)和(19b)这样的句子是没有语法主语的。这一事实并不令人意外:大多数语言中,无定存在小句要么没有主语,要么包含假位主语,就像(19a)和(19b)英语译文中的 *there*。[17]

不包含主语的句子被称为非人称结构。然而,我们必须将真正的非人称结构跟仅仅是主语没有用确切的词或短语来表达的小句区分开来。例如,在许多具有充分发达的主语—动词一致系统的语言中,主语代词可以是选择性的或只用于特别强调(回想一下我们在第 5 章中对"代词脱落"的讨论)。另一个例子是,在英语(和许多其他语言)中,祈使句的主语通常不表达出来,尽管它被

186

＊　现在称因纽特语。——译者注

"理解"为是存在的。这些例子都不能算作是真正的非人称结构。

非人称结构经常用于气象小句,如(32—33)中他加禄语的例子。这些小句里的谓词有时被称为"气象动词",但它们不一定都是动词。(32a)和(33a—c)中的小句都有动词谓语,这是由它们的形态结构表明的,但(32b)的谓语是一个形容词。

(32) a. Umuulan.　　　'It is raining.'

　　　raining

　　　下雨　　　　　下雨了。

b. Mainit.　　　'It is hot.'

　　　hot

　　　热　　　　　(天气)很热。

(33) a. Lumindol　　　nang　　　malakas.

　　　earthquake-PAST　ADVBL　strong

　　　地震-过去　　　状标　　严重

　　　'There was a strong earthquake.'

　　　发生了严重的地震。

b. Babagyo　　　raw　　　bukas.

　　　storm-FUT　　REPORT　tomorrow

　　　暴风雨-将来　报道　　明天

　　　'They say there will be a storm tomorrow.'

　　　他们说明天会有暴风雨。

c. Bumabaha　　　sa＝Maynila.

　　　flood-PRES　　DAT＝Manila

　　　洪灾-现在　　与格＝马尼拉

　　　'There is flooding in Manila.'

　　　马尼拉正暴发洪灾。

注意,(19)(32)和(33)中例子的英语译文都包含了一个假位主语,即 *it* 或 *there*。假位主语是指没有语义内容而只占据主语位置的成分。假位主语通常有一个代词的形式,但它们并不指称任何事物。下面给出了德语中一些包含假位主语 *es* "it"(它)的非人称结构例子。例(34c)是一个典型的气象小句,而例(34d)是一个无定存在小句。

(34) a. Es　　wurde　　getanzt.

　　　it　　PASSIVE　danced

　　　它　　被动　　跳舞

　　　'There was dancing.'(lit：'It was danced.')

　　　有人在跳舞。(字面义:舞被跳。)

b. Es　　tut　　mir　　leid.　　　　　　　　　187

　　it　　does　to.me　sad

　　它　　助动词　对.我　难过

　　'I am sorry.'

　　我很抱歉。

c. Es　　schneit.

　　it　　snows

　　它　　下雪

　　'It is snowing.'

　　下雪了。

d. Es　gibt　ein　Buch　auf　dem　Tisch.

　　it　gives　a　book　on　the　table

　　它　给　一　书　在　定冠词　桌子

　　'There is a book on the table.'

　　桌子上有一本书。

10.5　关于述谓补足语关系的进一步说明

在 10.1.1 节中,我们指出,像英语例句(7)和(8)中的那些述谓

补足语短语,必须承载一种新的语法关系,我们将其标记为
XCOMP。但是,我们有什么证据可以证明这个假设确实是正确
的?比如,我们怎么知道这些短语真的是补足语而不只是附加
语呢?

　　一个非常重要的证据是述谓补足语通常是必有的;请比较
(35)和(8)中的例子。附加语从来不是必有的,如(36)中的描述性
(DEPICTIVE)谓语附加语所示。因此,(7—8)中谓语短语是必有
的这一事实,为它们是补足语提供了证据。

(35) a. *Arthur became.

　　　　亚瑟成为了。

　　b. *The Mayor seems.

　　　　市长看起来。

　　c. *They all consider me.[18]

　　　　他们都认为我。

(36) a. Henry arrived at the courtroom (*drunk*).

　　　　亨利(醉醺醺地)到达法庭。

　　b. Susan served the oysters (*raw*).

　　　　苏珊提供了(生的)牡蛎。

　　布雷斯南(Bresnan 2001:267ff.)提出了其他几种证据来证明
述谓补足语和谓语附加语之间的差别。我们将简要地提及其中的
两点。第一,附加语通常可以出现在句中的各种位置,如(37)所
示;但述谓补足语的位置是相对固定的,如(38)所示。

(37) **谓语附加语**

　　a. Mary ran from the room, *ashamed of herself*.

　　　　玛丽从房间里跑出来,为她自己感到羞愧。

　　b. Mary, *ashamed of herself*, ran from the room.

玛丽,为她自己感到羞愧,从房间里跑出来。

c. Woolsey, *as a loyal officer*, refused to join the rebellion.

伍尔西,作为一名忠诚的军官,拒绝加入叛军。

d. *As a loyal officer*, Woolsey refused to join the rebellion.

作为一名忠诚的军官,伍尔西拒绝加入叛军。

（38）**述谓补足语**   188

a. Mary didn't sound *ashamed of herself*.

玛丽听起来好像没有为自己感到羞愧。

b. *Mary, *ashamed of herself*, didn't sound.

玛丽,为自己感到羞愧,听起来好像没有。

c. Woolsey strikes me *as a loyal officer*.

伍尔西给我的印象是一名忠诚的军官。

d. #Woolsey, *as a loyal officer*, strikes me.(different meaning!）

伍尔西,作为一名忠诚的军官,打了我。（意义不同!）

第二个差别是,多个附加语可以出现在一个小句内,如(39)所示。然而,述谓补足语像其他论元一样,必须是所在小句中唯一的,如(40)所示。

（39）**谓语附加语**

a. *Ashamed of herself*, Mary returned to her office *ready to apologize*.

为自己感到羞愧,玛丽回到她的办公室准备道歉。

b. *As an outspoken critic*, Woolsey had made a number of enemies *as a junior officer*.

作为一个直言不讳的批评家,伍尔西还是个下级军官时就已树敌无数。

(40) **述谓补足语**

a. *Mary didn't sound [*ashamed of herself*][*ready to apologize*].

玛丽听起来好像没有为自己感到羞愧准备去道歉。

b. *Woolesy strikes me [*as a loyal officer*][*as an outspoken critic*].

伍尔西给我的印象是一个忠诚的军官一个直言不讳的批评家。

好了,那么,我们如何知道这些补足语短语事实上不是语法上的宾语呢? 至少在(7b)和(8a)那样动词后 NP 的情况中,这似乎是个合理的假设(当然,事实上,AP 可以作为述谓补足语出现这一事实本身就是一个重要证据,因为宾语通常不能是 AP)。在一些语言中,例如拉丁语,有来自格标记的证据:直接宾语带宾格标记,而述谓补足语 NP 和 AP 与主语(通常是主格)的格标记保持一致。[19] 即使是只在人称代词上标记格的英语中,宾语和述谓补足语之间也可能有格标记上的细微差别,如(41)所示。

(41) a. That's her/That is she.[20]

那是她。

b. John loves her/*she.

约翰爱她。

但这一差别很少被注意到,因为〔除了某些像(41a)这样的等同小句外〕人称代词几乎不会用作述谓补足语。代词的这种限制,如(42)所示,是区分述谓补足语和宾语的另一种证据。

(42) a. Arthur became a policeman.

亚瑟成为了一名警察。

  b. *Arthur became him.

  亚瑟成为了他。

  c. Arthur slugged a policeman.

  亚瑟狠揍了一名警察。

  d. Arthur slugged him.

  亚瑟狠揍了他。

在英语中,数的一致被证明是比格标记更有效的:如(43)所示,述谓补足语必须与主语 NP 保持数的一致,但宾语却没有这种限制。 189

（43）a. Arthur is / became a lawyer.

  亚瑟是/成为了一名律师。

  b. *Arthur is/became some lawyers.

  亚瑟是/成为了一些律师。

  c. Arthur hired a lawyer.

  亚瑟雇用了一名律师。

  d. Arthur hired some lawyers.

  亚瑟雇用了一些律师。

另一种证据来自这一事实,述谓补足语 NP 不能出现在某些结构中,但直接宾语可以。例如,宾语 NP 可以成为被动句(44b)的主语,或某些形容词(如 *hard*、*easy* 等)的主语,这些形容词需要带动词补足语或小句补足语(44c)。然而,述谓补足语 NP 从不出现在这些位置,如(45)所示。

（44）a. Mary tickled an elephant.

  玛丽给一头大象挠痒痒。

b. An elephant was tickled（by Mary）.

一头大象被（玛丽）挠了痒痒。

c. An elephant is hard（for Mary）to tickle.

（对玛丽来说）大象很难被挠痒痒。

（45）a. Mary became an actress.

玛丽成为了一名女演员。

b. ＊An actress was become（by Mary）.

一名女演员被（玛丽）成为了。

c. ＊An actress is hard（for Mary）to become.

（对玛丽来说）女演员很难被成为。

最后，定冠词在述谓补足语 NP 中通常是可选的，但在宾语 NP 中却不是，如（46）所示。因此，我们有非常有力的证据来区分充当宾语的 NP 和充当述谓补足语的 NP。

（46）a. Mary became（the）Queen of England.

玛丽成为了英国女王。

b. Mary tickled ＊（the）Queen of England.

玛丽给英国女王挠痒痒。

10.6 结 语

我们已经讨论了不同语言中可以用非动词短语（NP、AP 或 PP）来表达小句语义谓语的两种不同方式。有些语言，如英语，使用没有语义的连系动词或系词，它们选择谓语短语＊作为补足语（XCOMP）。其他语言，如他加禄语，允许谓语 NP、AP 或 PP 充

＊ 原文这里写的是 predicate phase，phase 应是 phrase 一词之讹，译文对此加以改正。——译者注

当小句的语法核心,不需要动词(有形的或无形的)。有些语言在不同的语境中使用这两种模式,例如,现在时与非现在时;或属性小句与等同小句。两种结构具有相同的基本功能,即断言主语 NP 有某种属性、处所或同一性。

另一种通常具有特殊属性的小句是存在小句,它用来断言某种事物的存在或者不存在。存在小句通常包含一个特殊的谓词,其特性不同于一般的动词。在许多语言中,相同的基本模式也用来表达无定或非特指的物品的领属或处所。

190

练习

10A. 托克皮辛语(Tok Pisin)(巴布亚新几内亚;Woolford 1979;Verhaar 1995;Dutton 1973)

描写下列例子中的小句结构,并写出一个或多个表现 S 可能的扩展形式的 PS 规则。为你找到的每个要求带述谓补足语的动词写出词条。

注:你不需要解释 NP 和 AP 的内部结构,或"谓语标记"*i* 的分布。这个标记的出现,部分取决于主语的人称和数,如(1)所示,来自 Verhaar(1995:71);但是其他更复杂的因素也与之相关。

1. mi amamas.

'I am happy.'

yu amamas.

'You (sg) are happy.'

em i amamas.

'He/she is happy'

yumi amamas.

'We (incl.) are happy.'

mipela i amamas.

'We (excl.) are happy.'

yupela i amamas.

'You (pl) are happy.'

ol i amamas.

'They are happy.'

2. yu paitim pik bilong mi.

'You hit my pig.'

ol meri i brumim ples.

'The women are sweeping the village.'

3. dispela meri i tisa.

'This woman is a teacher.'

nem bilong en Ikolichimbu.

'His name is Ikolichimubu.'

yu man bilong giaman.

'You are a liar (lit: a man of lies).'

mi bos bilong dispela ples ia.

'I am the boss of this place here.'

em masalai bilong papa bilong mipela.

'It is the spirit of our father.'

mi kol tumas.

'I am very cold.'

yu kros?

'Are you angry?'

win i gutpela.

'The wind is good.'

skin bilong pikinini i hat tumas.

'The child's skin is very warm.'

dispela haus i [moa bik long arapela].

'This house is [bigger than the other one].'

nus bilong en i [sotpela nogut tru].

'His nose is [extremely short].'

em i stap bos.

'He is in charge.'

ol i stap as nating.

'They were naked.'

mi stap gut.

'I am well.'

em Praim Minista.

'That person over there (unknown to hearer) is the Prime Minister.'

em i stap Praim Minista.

'He (a person already known to hearer) is (currently) the Prime Minister.'

4. em i stap long haus.

'He is in the house.'

*em (i) long haus.

ol pik i stap long ples.

'The pigs are in the village.'

olgeta abus i stap long bus.

'All the animals are in the bush (i.e.forest).'

5. mi gat tripela pikinini meri.

'I have three daughters.'

Malolo i gat sampela buai.

'Malolo has some betel nut.'

yu gat hamas krismas nau?

'How old are you now?'

meri i gat bel.

'The woman has a stomach (i.e.is pregnant).'

i gat tupela tim.

'There are two teams.'

i gat kaikai bilong mi.

'I have some food.'

i gat wanpela draipela meri i stap long stua.

'There is* a huge woman in the store.'

no gat supia long haus.

'There is no spear in the house.'

no gat papa bilong yu?

'Don't you have a father?'

bipo tru i no gat poteto long Papua Niugini.

'A long time ago there were no potatoes in Papua New Guinea.'

6. Debit i kamap king.

'David became king.'

pikinini bilong mi i kamap dokta nau.

'My child is becoming a doctor now.'

meri bilong en i kamap sik.

'His wife got sick.'

tupela i kamap bikpela.

'The two of them grew up (became big).'

as bilong diwai i kamap waitpela.

'The base of the tree becomes white.'

10B. 阿美莱语(巴布亚新几内亚;Roberts 1999,ex.14.3)

描写见于以下例子中的阿美莱语小句的结构。除了文字描述外,你还应该:(a)分别给 *lec* "to go/to become"(去/变得), *mec* "to put/to become"(放/变得)和 *nijec* "to lie(down)/to be"〔躺(下)/是〕写出两个词条,每个词条表示一种意义;并且(b)写出一

---

* 原文中没有这个"is",根据作者提供的勘误表增补。——译者注

组能生成材料中所有小句的 PS 规则。(注:假定表达目标的 PP
是论元,而不是附加语。)

1. Dana　　leia.

   man　　　he.went〔PAST〕

   'The man went.'

2. Leia.

   he.went〔PAST〕

   'He went.'

3. Dana　　eu　　jo　　　na　　leia.　　　　　　192

   man　　　that　house　to　　he.went〔PAST〕

   'That man went to the house.'

4. *Dana　　eu　　jo　　leia.

   man　　　that　house　he.went〔PAST〕

   '(That man went to the house.)'

5. Caja　　cabi　　na　　leia.

   Woman　garden　to　　she.went〔PAST〕

   'The woman went to the garden.'

6. *Caja　　cabi　　leia.

   woman　garden　she.went〔PAST〕

   '(The woman went to the garden.)'

7. Ho　　cus　　leia.

   pig　wild　it.went〔PAST〕

   'The pig went wild.'

8. *Ho　　cus　　na　　leia.

   pig　wild　to　it.went〔PAST〕

   '(The pig went wild.)'

9. Cus　　leia.

   wild　it.went〔PAST〕

   'It went wild.'

10. Ma   qao   leia.

    taro   rotten   it.went [PAST]

    'The taro went rotten.'

11. *Ma   qao   na   leia.

    taro   rotten   to   it.went [PAST]

    ('The taro went rotten.')

12. Qao   leia.

    rotten   it.went [PAST]

    'It went rotten.'

13. Dana   eu   bahu   leia.

    man   that   bush   he.went [PAST]

    'That man went bush, i.e.he went to live in the forest.'

14. Dana   eu   bahu   na   leia.

    man   that   bush   to   he.went [PAST]

    'That man went to the bush, i.e. he went to the toilet.'

15. Tu   lena.

    dark   it.is.going [PRESENT]

    'It is getting dark.'

16. Dana   eu   sigin   cabal   na   meia.

    man   that   bushknife   bed   on   he.put [PAST]

    'That man put the bushknife on the bed.'

17. Sigin   meia.

    bushknife   he.put [PAST]

    'He put the bushknife.'

18. Meia.

    he.put [PAST]

    'He put.'

19. Mel   eu   ben.

    boy   that   big.

193

'That boy is big.'

20. Mel　　eu　　dana.

boy　　that　　man

'That boy is a man.'

21. Mel　　eu　　ben　　meia.

boy　　that　　big　　he.became [PAST]

'That boy has become big.'

22. Mel　　eu　　dana　　meia.

boy　　that　　man　　he.became [PAST]

'That boy has become a man.'

23. Toia　　meia.

old　　he.became [PAST]

'He has become old.'

24. Wa　　camasac　　mena.

water　　clear　　it.is.becoming [PRESENT]

'The water is becoming clear.'

25. Dana　　cabal　　na　　nijia.

man　　bed　　on　　he.lay [PAST]

'The man lay on the bed.'

26. Dana　　nijia.

Man　　he.lay.down [PAST]

'The man lay down.'

27. Mel　　aid　　eu　　gohic.

boy　　female　　that　　short

'That girl is short.'

28. Mel aid　　eu　　gohic nijoloi.

boy female　　that　　short　　she.used.to.be [PAST HABITUAL]

'That girl used to be short.'

29. Dana　　eu　　utuqa-ni.

man   that   neighbor-1sg.POSS

'That man is my neighbor.'

30. Dana eu   utuqa-ni   nijoloi.

man   that neighbor-1sg.POSS he.used.to.be [PAST HABITUAL]

'That man used to be my neighbor.'

31. Jo   i   ija   na.

house   this   1sg   of

'This house is mine.'

32. Jo   i   ija   na   nijina.

house   this   1sg   of   it.is [PRESENT]

'This house is mine.'

33. Jo   i   ija   na   nijigian.

house   this   1sg   of   it.will.be [FUTURE]

'This house will be mine.'

34. Sab   me   i   hina   nu.

food   good   this   2sg   for

'This good food is for you.'

35. Sab   me   i   hina   nu   nijigian.

food   good   this   2sg   for   it.will.be [FUTURE]

'This good food will be for you.'

36. Hatin   ben   we   nijia.

cave   big   like   it.was [PAST]

'The cave seemed big.'

37. Ben   we   nijia.

big   like   it.was [PAST]

'It seemed big.'

38. Nijina.

it.is.lying [PRESENT]

'It is/It is lying.'

补充练习

Merrifield et al. (1987) prob. 230, 231, 233, 234, 238

Healey (1990b), ex. D. 6

注释

1. 本章中许多他加禄语的例子都取自沙赫特和欧塔涅斯（Schachter & Otanes 1972），通常有轻微的改动。

2. 更准确的说法是，谓语短语的核心语通常是小句的第一个成分，因为在他加禄语中谓语短语可以表达为不连续的成分。

3. (6a)来自西塔尔（Sityar 1989:21）。

4. 马林（Maling 1983）认为对哪类述谓补足语能和哪个动词共现的限制，实际上是语义的，而不是范畴的。然而，其他作者认为，一些关于范畴的信息必须包含在动词的次范畴化中。

5. (7)中的主语 NP 可能不应该被认为是系词的语义论元。因此，系词的词条应该可能与提升（Raising）谓词的词条相似；见克勒格尔（Kroeger 2004），第 5 章。

6. 他加禄语的谓语通常作为小句开头的成分出现，这显然是(13a)(13c)和(13d)中的情况。在(13b)中，两个 NP 都是有定的，对于哪个应该被识别为谓语，哪个应该被识别为 SUBJ，存在一些分歧。这种结构有时被视为分裂句，并且在这种分析中，"分裂"NP(即位于句首位置的 NP)被认为是主语。

7. 这一证据可能与不连续成分以及第二位置语缀的分布有关；详见克勒格尔（Kroeger 1993, 1998）。

8. 在这种分析下，XCOMP 的 SUBJ 有两种语法关系，正如在 *John persuaded Mary to dance*（约翰说服玛丽跳舞）这个句子中 Mary 有两种语法关系（*persuaded* 的 OBJ 和 *dance* 的 SUBJ）一样。进一步的解释见克勒格尔（Kroeger 2004），第 5 章。

9. 在这些例子中，开头的/n-/表示现实体。

10. 在 *maging* 和它的补足语之间不能有任何语缀代词或小品词。见第

195

17 章对语缀及相关问题更为详细的讨论。

11. 材料来自沙赫特和欧塔涅斯(Schachter & Otanes 1972:257)。

12. 事实上,(18c)和(19)中的被领属物仅仅是光杆名词;但是 *may* 的 NP 补足语也可以包含修饰语,如:*May tatlong bagong bahay sa aming kalye*. "There are three new houses in our street."(我们街上有三幢新房子。)(English 1986)。

13. (19a—b)取自拉莫斯(Ramos 1971:160—161)。

14. 否定存在词根 *walaê* 出现在许多派生形式中;但在它的基本用法中(即在存在小句中),它和 *may*(*roon*)一样是"不完全"的;它不带任何常规的屈折形态,这些屈折形态是他加禄语中真正的动词所具有的特征(如体、语态和情态的屈折形态)。

15. 克拉克从芬兰—乌戈尔语族(芬兰语、匈牙利语和爱沙尼亚语)和印度—伊朗语族〔印地语、克什米尔语(Kashmiri)和孟加拉语[过去时]〕中引用了一些例子。

16. 爱斯基摩语和希伯来语的例子来自克拉克(Clark 1978:109)。

17. 参看克拉克(Clark 1970);沙赫特(Schachter 1977)。有定存在小句〔如:*God exists*(上帝存在)〕通常包含一个常规的不及物动词〔如:*exist*(存在)〕,该不及物动词带一个常规的主语 NP。在缺乏这种动词的语言中,翻译这样的句子是相当困难的。

18. 当动词 *consider* 是别的意义时,句子(35c)是合语法的,但当它是(8d)中所使用的意义时,句子就不合语法。

19. 赫德尔斯顿(Huddleston 1984:188);比克福德(Bickford 1998:184)。

20. 主格形式 *she* 主要用于正式的言语风格中。

第 11 章

特殊句子类型

说话人可以用他们的语言来实施各种行为:陈叙、提问、命令、
祝愿、祈福、诅咒;主持典礼和仪式(如婚礼)、赦免或判刑、开始或
结束会议,等等。这类行为通常被称为言语行为。前三种(陈叙、
提问和命令)是最常见的。所有文化背景的人都需要实施这些行
为,并且在大多数(如果不是全部的话)语言中,我们发现了与每种
行为相对应的不同句子模式。

在第 4 章中我们提出最基本的句子结构是一个简单的陈叙,
即陈述小句。在本章中我们将讨论疑问句、命令句和其他各种"非
基本"的句子模式,主要关注它们的语法结构,而不是它们的语用
功能。不同的语言用形态、句法和音系手段的不同组合来标记句
子类型,但正如我们将要看到的,在跨语言中可以观察到某些相似
的模式。既然我们把陈述句视为最基本的句子类型,我们将关注
那些使其他句子类型与基本陈述小句相区别的特征。我们将从对
言语行为的一些简要评述开始。

11.1　直接和间接言语行为

如上所述,说话人用说话来做的三种最常见的事是:(i)做出
陈叙(STATEMENTS)(断言或否认命题的真实性);(ii)提出问题
(QUESTIONS)(质疑命题的真实性,或询问关于命题的附加信息);
(iii)发布命令(COMMANDS)。大多数语言都有用来表明说话人想
要实施哪一种行为的特定语法模式:表陈叙的陈述句、表提问的疑
问句和表命令的祈使句。这三种句子类型与第 9 章提到的主要语

气范畴相对应。每种主要语气类型的基本功能如(1)所示。

(1) **言语行为**　　　　　**句子类型(语气)**
　　陈叙　　　　　　　陈述句
　　命令　　　　　　　祈使句
　　提问　　　　　　　疑问句

表(1)显示了典型的或符合预期的句子类型(即语法形式),它们用来表达既定的语用功能。直接言语行为使这种符合预期的关联维持原状:句子形式与话语的目的或意图力(intended force)相匹配。(2)中给出了一些例子。

(2) a. I don't care whether you vote for me or not.

(用陈述句形式陈叙)

我不在乎你是否投票给我。

b. Would you like to buy this watch?

(用疑问句形式提问)

你想买这块手表吗?

c. Be quiet! 　　　　　(用祈使句形式命令)

安静!

然而,说话人并不总是选择符合预期的句子类型来表达他们意欲达到的功能。有时说话人用其他形式来产生想要的效果。间接言语行为中,句子类型与意图力不匹配。(3)中给出了一些例子。反问句是一种很常见的间接言语行为,它是指疑问句形式表达某种非提问目的的用法,如(3a)和(3c)。

(3) a. Why don't you just be quiet? 　(用疑问句形式命令)

你为什么不保持安静?

b. Don't tell me you lost it!　　　（用祈使句形式提问）

别告诉我你把它弄丢了！

c. Who cares?　　　　　　（用疑问句形式陈叙）

谁在乎呢？

d. I don't suppose you'd like to buy this from me?

（用陈述句形式提问，带有语调变化）

我想你不愿从我这里买这个吧？

　　在 11.3 节和 11.4 节中，我们将着重于祈使和疑问句子模式的语法特征；在 11.5 节中，我们将讨论句子否定的模式。但首先，在 11.2 节中，我们对语序变化做一些一般性的观察，因为语序在区分一种类型的句子与另一种类型的句子时通常是很重要的。

11.2　基本语序

　　语序变化经常被用来使句子的一部分比另一部分更显著。即使在像英语这样语序相当严格的语言中，句子成分也能以不同的方式重新排列，从而产生意义的细微差别。请比较句子(4a)中基本语序与句子(4b—d)中"有标记"语序的效应。

（4）a. I gave my Klingon dictionary to Mr. Spock.　　　198

我把我的克林贡语词典给了斯波克先生。

b. My Klingon dictionary I gave to Mr. Spock

我的克林贡语词典，我给了斯波克先生。

c. As for my Klingon dictionary，I gave it to Mr. Spock.

至于我的克林贡语词典，我给斯波克先生了。

d. What I gave to Mr. Spock was my Klingon dictionary.

我给斯波克先生的是我的克林贡语词典。

　　这四个句子都包含相同的命题意义；也就是说，它们都描述了相同的基本事件，并且在相同的环境下都为真。然而，它们通常不会在相同的语境中或出于相同的目的而被说出来。句子(4d)似乎假定我们已经知道给了斯波克先生某个东西(SOMETHING)；问题是什么(WHAT)？这个句子提供的新信息的关键部分(即句子的焦点)是克林贡语词典。句子(4b，c)也特别突出了克林贡语词典，这一次是作为话题(这个句子是关于什么的)。在这些句子中，给的行为是新信息，而不像(4d)中那样是预设信息。句子(4a)遵循了基本的、一般的英语语序规则，没有给任何一个具体成分赋予特殊的显著性；它只是以一种相对"中性"的方式来描述这个事件。

　　如这些例子所示，特殊的(或有标记的)语序通常用来表示特殊的语用功能，如话题或焦点。[1]但是，除非我们知道"无标记的"或基本的语序，否则我们无法识别有标记的语序。在英语这样的语言中，确定基本语序并不太难，至少就小句的主要成分而言是这样(SVO，后面跟着旁语论元和补足语小句)。但是许多其他语言允许比英语更为自由的语序。那么，对于一个具体的句子类型，我们如何确定其可能的语序中哪一种是最基本的？比克福德(Bickford 1998:214—216)提出了以下标准：[2]

　　a. **频率**：基本语序通常是在话语中使用最频繁的语序。

　　b. **中性的语义和语用**：基本语序的句子通常是直陈的(陈叙，而不是疑问或命令)和肯定的(不是否定的)；而且它们也不会给任何一个成分赋予特殊的(有标记的)语用显著性。在大多数语法理论中，主动句也被认为比被动句更基本。

　　c. **避开代词**：代词通常有特殊的语序属性，所以基本语序应该是基于完整的 NP 和 PP 论元的语序。

　　d. **从句优先**：在许多语言中，主句的语序变化比从句更大(见第 12 章)；因此，从句中观察到的语序更可能是基本语序。

　　e. **分布**：有标记的句子类型通常只适用于某些特定的语境。中性语序通常是分布最广的语序，即能够在最多的不同语境中出现的语序。

然而,有些语言可能无法确定"基本"语序。莫哈南(Mohanan 1982)指出,在马拉亚拉姆语中,只要动词出现在句末位置,小句成分的任何一种排列都是允许的,如(5)所示。此外,这些语序变化在句子语义或语调上没有显著差异。莫哈南认为,马拉亚拉姆语的小句结构最好用(5e)中的 PS 规则来描写,该规则是说一个小句由任意数量的短语成分以及跟在其后的动词所组成。在这种语言中,语序是如此自由,以至于确定一种比其他语序更基本的特定语序似乎没有什么意义。

(5) **马拉亚拉姆语**(德拉维达语,印度南部);改编自 Mohanan (1982:509)

    a. kuṭṭi   aana-ye   amma-kkə   koṭuṭṭu.
       child(NOM) elephant-ACC mother-DAT   gave
       孩子(主格)   大象-宾格   母亲-与格   给
       'The child gave the elephant to the mother.'
       孩子把大象给了母亲。

    b. amma-kkə   kuṭṭi   aana-ye   koṭuṭṭu.
       mother-DAT   child(NOM)   elephant-ACC gave
       母亲-与格   孩子(主格)   大象-宾格   给
       'The child gave the elephant to the mother.'
       孩子把大象给了母亲。

    c. aana-ye   kuṭṭi   amma-kkə   koṭuṭṭu.
       elephant-ACC child(NOM)   mother-DAT   gave
       大象-宾格   孩子(主格)   母亲-与格   给
       'The child gave the elephant to the mother.'
       孩子把大象给了母亲。

    d. amma-kkə   aana-ye   kuṭṭi   koṭuṭṭu.
       mother-DAT   elephant-ACC child(NOM)   gave

　　　　母亲-与格　　大象-宾格　　孩子(主格)　给

　　孩子把大象给了母亲。

e. S　→　XP*V

11.3　命令(祈使句)

现在让我们来考察命令句在各种语言中是如何构建的。命令的定义性属性是听话人(或受话人)被告知去做某事。这意味着祈使动词总是有一个第二人称施动者,它(在大多数语言中)是主语。因此,任何指称主语的显性成分,无论是 NP 还是用动词一致表达,都可能是冗余的。祈使动词往往不标记人称,即使在那些通常要求动词与主语人称一致的语言中也是如此;祈使小句通常缺少主语 NP。如果祈使句中有一个显性的主语 NP,那么它一定是第二人称代词。

200　　这些特征可以在(6)的英语例句中观察到。大多数英语动词中,一致标记的缺失并不明显,因为祈使形式和第二人称现在时的形式相同。但一致形态的缺失可以在动词 *to be* 中看到,如(6b),因为标准的第二人称形式是 *are*。

(6) a. (You) give me that letter!

　　　(你)给我那封信!

b. (You) be good!

　　(你)乖一点!

c. Don't (you) forget to lock the door!

　　(你)不要忘了锁门!

在有形态时的语言中,祈使动词一般不会发生时的屈折变化。这似乎很自然,因为祈使动词总是和将来事件相关,而且最常用于表示最近将来时。例如,在拉丁语中,祈使动词不发生时、体或人称的屈折变化。因此,它有别于不定式或动词的任何定式形式,如

（7)所示[3]。不过,祈使动词有数的标记,其他许多语言也是如此。

（7）**不定式**

amāre	'to love' 爱	portāre	'to carry' 搬

现在时

amō	'I love' 我爱	portō	'I carry' 我搬
amās	'you love' 你爱	portās	'you carry' 你搬
amat	'(s)he loves' 他(她)爱	portat	'(s)he carries' 他(她)搬
amāmus	'we love' 我们爱	portāmus	'we carry' 我们搬
amātis	'you (pl) love' 你们爱	portātis	'you (pl) carry' 你们搬
amant	'they love' 他们爱	portant	'they carry' 他们搬

将来时

amābō	'I will love' 我将爱	portābō	'I will carry' 我将搬
amābis	'you will love' 你将爱	portābis	'you will carry' 你将搬
amābit	'(s)he will love' 他(她)将爱	portābit	'(s)he will carry' 他(她)将搬
amābimus	'we will love' 我们将爱	portābimus	'we will carry' 我们将搬
amābitis	'you(pl) will love' 你们将爱	portābitis	'you (pl) will carry 你们将搬

amābunt	'they will love'	portābunt	'they will carry'
他们将爱		他们将搬	

祈使形式

amā!	'Love!（sg）'	portā!	'Carry!（sg）'
爱!（单）		搬!（单）	
amāte!	'Love!（pl）'	portāte!	'Carry!（pl）'
爱!（复）		搬!（复）	

正如这些例子所示,祈使动词在形态上通常比相应的陈述形式简单。在许多语言中,祈使形式只是一个光杆词根。即使在有特定词缀来标记祈使语气的语言中,祈使动词通常也缺乏一致和/或时的典型标记。斯瓦希里语提供了另一个显著的例子。在大多数语境中,斯瓦希里语动词必须有标记主语一致和时的前缀,如(8)所示[4]。然而,祈使动词不带有这些前缀*。它们不标记时或人称,而只标记数:-Ø 表示单数,*-eni* 表示复数。(9—10)中给出了一些例子:

201　　（8）**斯瓦希里语**（Ashton 1944；Hinnebusch 1992）

　　　　a. ni-li-soma　　　kitabu

　　　　　1sg-PAST-read　book

　　　　　1单-过去-读　　书

　　　　　'I（have）read the book.'

　　　　　我（已经）读了书。

　　　　b. u-li-soma　　　kitabu.

　　　　　2sg-PAST-read　book

　　　　　2单-过去-读　　书

＊　原文这里写的是"suffixes"（后缀）,结合前一句话以及例(8)来看,这个"后缀"应是"前缀"之讹,译文对此加以校正。——译者注

'You (sg)（have）read the book.'

你（已经）读了书。

c. a-li-soma　　　kitabu.

　3sg-PAST-read　book

　3单–过去–读　　书

　'He（has）read the book.'

　他已经读了书。

d. m-li-soma　　　kitabu.

　2pl-PAST-read　book

　2复–过去–读　　书

　'You（pl）have read the book.'

　你们已经读了书。

e. u-ta-soma　　　kitabu.

　2sg-FUT-read　book

　2单–将来–读　　书

　'You（sg）will read the book.'

　你将读书。

f. m-ta-soma　　　kitabu.

　2pl-FUT-read　book

　2复–将来–读　　书

　'You（pl）will read the book.'

　你们将读书。

（9）a. soma　　　kitabu!

　　read　　　book

　　读　　　　书

　　'（you sg）read the book!'

　　（你）读书！

　 b. someni　　　kitabu!

　　read-PL　　book

读–复　　书

'(you pl) read the book！'

（你们）读书！

(10) a. ondoa　　　viti！

　　　remove　　chairs

　　　移走　　　椅子

　　　'(you sg) take away the chairs！'

　　　（你）把椅子拿走！

　　b. ondoeni　　viti！

　　　remove-PL　chairs

　　　移走–复　　椅子

　　　'(you pl) take away the chairs！'

　　　（你们）把椅子拿走！

　　在一些语言中，动词的"祈使"形式带人称标记，甚至可以带第一或第三人称的一致标记。然而，祈使形式的这些用法并不是真正的命令句。第一人称形式通常有劝告的意义〔例如：*Let's eat*！（我们吃吧！）〕，而第三人称形式通常有祈愿的功能〔*May he win the battle*！（愿他赢得比赛！）〕。

　　除了动词形态，标记祈使句的另一种可能的方法是使用特殊的小品词。如(11)中柬埔寨语〔即高棉语（Khmer）〕的例子所示：

202

(11) **柬埔寨语**（Spatar 1997：121）[5]

　　a. kuːn　　mak　　n'aːm.

　　　child　　come　　eat

　　　孩子　　来　　　吃

　　　'The child came/comes to eat.'

　　　孩子来吃。

b. kuːn　　mak　　n'aːm̱　　cuh.

child　　come　　eat　　　IMPER

孩子　　来　　　吃　　　祈使

'Child，come and eat！'

孩子，来吃吧！

　　当我们直接对某人发出命令时，意味着我们觉得自己有权发出这样的命令，无论这种权力是基于社会地位、官职还是私人的亲密度。地位和亲密度总是敏感的问题，所以大多数语言都有各种各样的方法来弱化命令或者使其听起来更礼貌。例如，在马来语中，简单的祈使句由光杆动词词干来表达。像"read"（读）这样的及物动词，涉及主动语态前缀 *meN-* 的脱落；请比较（12a）中的动词与（12b—e）中所用的形式。弱化命令的一种方法是让焦点小品词＝*lah* 附着在祈使动词上（12c）[6]。其他构成更礼貌的命令句的方法包括插入动词 *tolong*，字面义是"帮助"，如（12d）；或者用动词的被动形式，如（12e）。

（12）a. Saya　　telah　　mem-baca　　surat　　itu.

　　　　 I　　　 pfv　　　ACT-read　　letter　　that

　　　　 我　　　完整　　主动-读　　　信　　　那

　　　　 'I have read that letter.'

　　　　 我已经读了那封信。

　　　 b. Baca　　surat　　ini　　sekarang　　juga！

　　　　 read　　letter　　this　　now　　　　also

　　　　 读　　　信　　　这　　 现在　　　　也

　　　　 'Read this letter right now！'

　　　　 现在读这封信！

　　　 c. Baca＝lah　　surat　　ini！

　　　　 read＝FOC　　letter　　this

读＝焦点　　信　　　这

'Read this letter.'

读这封信。

d. Tolong　　baca　　surat　　ini.

help　　　　read　　letter　　this

帮助　　　读　　信　　　这

'Please read this letter.'

请读这封信。

e. Surat　　itu　　di-baca　　nanti.

letter　　that　　PASS-read　　later

信　　那　　被动-读　　稍后

'Read that letter later.'

稍后读那封信。

　　和其他许多语言一样，在马来语中否定命令句由一个特殊的否定助动词 *jangan* "do not!"（不要！）来构成。(13a，b)中的弱化手段也适用于肯定命令句。

（13）a. Jangan(＝lah)　　baca　　surat　　itu!

do.not(＝FOC)　　read　　letter　　that

不要(＝焦点)　　读　　信　　那

'Don't read that letter!'

不要读那封信！

b. Surat　　itu　　jangan　　di-baca　　sekarang.

letter　　that　　do.not　　PASS-read　　now

信　　那　　不要　　被动-读　　现在

'Don't read that letter now.'

现在不要读那封信。

203

11.4　提问(疑问句)

几乎所有语言都有两种基本的问句类型:(a)是非问句和(b)实质问句[7]。它们的差异如(14)所示:

(14) a. **是非问句**

Did Mary win the marathon?

玛丽赢了马拉松吗?

Did Barry buy a new Land Rover?

巴里买了一辆新的路虎吗?

b. **实质问句**

Who won the marathon?

谁赢了马拉松?

What did Barry buy?

巴里买了什么?

是非问句有时被称为"封闭式疑问句",因为可能的答句的集合是封闭的,只包含两个成员(是和不是)。实质问句有时被称为"开放式疑问句",因为可能的答句的集合是开放的,(理论上)潜在的回答没有数量限制。但就语法结构而言,这两类问句最重要的区别是,实质问句包含疑问词〔*who*(谁)、*what*(什么)、*where*(哪里)、*why*(为什么)、*when*(什么时候)等〕,而是非问句则没有。实质问句有时也称为"Wh-问句",因为英语中大多数疑问词都以*wh-*开头。

11.4.1　是非问句

既然是非问句不包含疑问词,那么一定有一些其他的方法将

它们与简单陈述句区分开来。(15)中按照频率的降序列出了最常用的标记是非问句的手段:

（15）a. 语调

b. 语缀[8]或小品词

c. 动词词缀（疑问语气）

d. 语序变化

大多数语言的是非问句都有一种特殊的语调模式。问号"?"是书面语中用来表示这种特殊语调的正字法手段。问句语调模式通常涉及句末升调,与陈述句的句末降调相反,但这绝不普遍。在许多语言中,仅仅通过改变语调模式就能将陈述句变成是非问句,而且在有些语言(例如雅卡尔特克语)中,这是唯一可用的策略。

在许多语言中,是非问句必须包含一个特殊的语缀或小品词。疑问小品词通常出现在三个位置之一:句首、句尾或者句子的第二个成分。疑问语缀可以附着在一个特定成分上,比如句中第一个或最后一个成分,或是问句中任何一个"焦点"成分上。

在动词上使用屈折词缀来标记疑问语气,似乎要比使用语缀或小品词少见得多。有疑问语气词缀的语言中,一个有意思的例子是格陵兰语(Greenlandic),它实际上有两种不同的疑问形式,一种是真性问句,另一种是反问句:

（16）**格陵兰语**(Sadock & Zwicky 1985:180)

陈述句	naalanngilatit	'You do not obey.'
		你不服从。
真性问句	naalanngilit	'Do you not obey?'
		你不服从吗?
反问句	naalanngippit	'Do you not obey?'
		你(居然)不服从?

（i.e.‘You should obey.’）

（即：你应该服从。）

通过语序变化来标记问句,通常涉及动词或助动词成分向句子前面移动,如(17)中英语例子所示。这也是一个相对少见的策略,尽管它见于许多著名的欧洲语言。

（17）Ken will be working this afternoon.

肯今天下午会工作。

Will Ken be working this afternoon?

肯今天下午会工作吗?

与是非问句密切相关的一种结构是选择问句。这类问句中,提供给听话人的可以是"是"或"不是"之间的选择,如(18a);或是在两个(或多个)其他选项之间的选择,如(18b):

（18）a. Do you want to see the movie or not?

你想不想去看电影?

b. Do you want coffee or tea?

你想要茶还是咖啡?

另一种相关的结构是附加问句。如(19)所示,英语中的附加问句由主句第一个助动词成分(或者是 do,如果主句不包含助动词的话)的拷贝(copy)构成,后面跟着主句主语的代词拷贝。附加问句通常与主句的极性相反:如果主句是肯定的,则附加问句是否定的;如果主句是否定的,则附加问句是肯定的。

（19）a. You have been studying Russian,haven't you?

你一直在学俄语,不是吗?

b. Bill isn't going to Paris next week，is he?

比尔下周不去巴黎,是吗?

205　　　附加问句可以区分出两种不同的用法。一般的用法是请求
确认。这种结构和简单的陈述性表达非常相似,附加问句只是
用来对听话人的反馈提出请求。英语中附加问句的第二种用法
是构成偏向问句。这种结构是对信息的真实请求,因为说话人
需要听话人的回答;但它表明了说话人对给出某个特定回答的
期望或偏好。

在英语中,偏向问句和确认附加问句主要通过语调来区分。
如果(19)中的例子用句末降调来读,它们就有一般的确认附加问
句的效力;如果同样的句子是以句末升调来读,它们就有偏向问句
的效力。同样,在第一个助动词成分上标记焦点重音,如(20),在
偏向问句中更为常见。在确认附加问句(20b)中,这种重音模式可
能传达一种新发现的和令人惊讶的信息。

(20) a. You áre singing in the school concert，aren't you?

你要在学校音乐会上唱歌,是吗?

(with rising intonation：BIASED QUESTION

You'd better have a very good reason if you say no!）

(带有升调:偏向问句

如果你说不,你最好有一个很好的理由!)

b. You áre singing in the school concert，aren't you?

你要在学校音乐会上唱歌,是吗?

(with falling intonation：CONFIRMATION TAG QUESTION

I suspected as much all along!）

(带有降调:确认附加问句

我一直都很怀疑!)

11.4.2　实质问句

在实质(或信息)问句中,疑问词替代了相应陈述句中的某个成分〔见(21)〕。这个疑问词总是问句的焦点成分,代表被提问的新信息的关键部分。关于实质问句的结构,首先要解决的问题是:疑问词出现在句中的哪个位置? 大多数语言使用了两种基本策略中的一种:或是疑问词出现在句首[9],如英语;或是疑问词出现在它所替代的那个成分在陈述句中通常出现的位置(参看 11.4.3.1 节的例子)。第一种策略通常被称为"Wh-前移"。[10] 对于采用第二种策略的语言,我们说疑问词保留在原位(*in situ*)(这个拉丁语短语的意思是"在原地")。

(21) a. John gave his mother a jade necklace on her birthday.

约翰在他母亲生日那天送给了她一条玉项链。

b. *Who* gave John's mother the jade necklace on her birthday?

约翰的母亲生日那天,谁送给了她那条玉项链?

c. *What* did John give his mother on her birthday?

约翰在他母亲生日那天送给了她什么?

d. *Who* did John give the jade necklace to?

约翰把那条玉项链送给了谁?

e. *When* did John give his mother the jade necklace?

约翰在什么时候把那条玉项链送给了他母亲?

有些语言中,用来标记是非问句的手段——小品词、疑问语气词缀、特殊语调等——也(可选地或必须地)出现在实质问句中。例如,格陵兰语中,疑问语气在是非问句和实质问句中都是必有的(22)。但这些特征在实质问句中是次要的。实质问句关键的定义

206

性特征是疑问(Wh-)词的出现。

(22) **格陵兰语**(材料来自 Sadock & Zwicky 1985:184)

陈述句　　Piniarpoq.　　　　　　　'He is hunting.'

　　　　　　　　　　　　　　　　　他在打猎。

是非问句　Piniarpa?　　　　　　　'Is he hunting?'

　　　　　　　　　　　　　　　　　他在打猎吗?

实质问句　Kina piniarpa?　　　　　'Who is hunting?'

　　　　　(﹡Kina piniarpoq?)　　谁在打猎?

11.4.3　案例研究

11.4.3.1　普通话

普通话有两个构成是非问句的基本策略。一个涉及句末小品词"吗"的使用(23c);另一个涉及一种选择问句,它有时被称为正反问("A-not-A")模式(23d)。如(24)所示,这种选择问句可以包括动词自身的重复(24b),动词加宾语作为一个单位的重复(24c)﹡,或系动词"是"的重复(24d)。

(23) **普通话**(改编自 Merrifield et al. 1987,prob. 255)

　　a. 他来。

　　b. 他不来。

　　c. 你来吗?

　　d. 你来不来?

(24) a. 他买书。

　　b. 他[买不买]书?

———————

﹡　原文这里写的是"(26c)",结合上下文来看应该是(24c),译文对此加以校正。——译者注

　　c. 他[买书]不[买书]?

　　d. 他[是不是]买书?

　　这两个策略(句末小品词和正反选择问句)似乎有相同的功能,像(23c)和(23d)这样的一对句子,通常是可以互换的。然而,李讷和安珊迪(Li & Thompson 1981)指出,这两种模式的使用方式有所不同。正反问句只能用在"中性"语境中,即提问者对问题的回答没有事先的假设或预期。小品词问句既可以用在中性语境中,也可以用在提问者希望表明某种事先预期的语境中,即对回答应该是什么的预期。仔细观察(25)中的句子,来自李讷和安珊迪(Li & Thompson 1981:551):

(25) a. 你喝酒吗?

　　　b. 你喝不喝酒?

　　如果说话人正和一个新认识的人在餐馆吃饭,并且想知道用餐时点酒是否合适,那么(25a)和(25b)都是可接受的。这是一个中性的语境,因为说话人对回答没有事先的知识或预期。但如果说话人是正在和一位老朋友一起吃饭,他知道这位朋友是绝对禁酒的浸礼会教徒,并且惊讶地看到这位朋友用餐时点了酒,那么只有(25a)是合适的。正反问模式(25b)就显得非常不自然,因为说话人对回答有明确的事先预期。

　　附加问句是通过在陈述句的末尾添加一个简单的正反问句构成的。(26)的例子来自李讷和安珊迪(Li & Thompson 1981:546)。

(26) a. 你们是九点钟开门的,对不对?

　　　b. 他在耕田,是不是?

　　一个很常用的是非问句是只由系词后面带疑问小品词组成

207

的:"是吗?"

在普通话的实质问句中,疑问词保留在原位,如(27—28)所示。还有一个句末小品词"呢"可以选择性地出现在实质问句中(29a,b),不过是非问小品词"吗"不能出现在实质问句中。如果"吗"加在了实质问句上,那么疑问词就会被重新解读为量化词(29c),整个句子就变成了是非问句。

(27) a. 我要买书。

b. 谁要买书?

c. 你要买什么?

(28) a. 你去了哪里?

b. 我去了美国。

(29) a. 谁来了(呢)?

b. 你要买什么(呢)?

c. 你要买什么吗?

11.4.3.2 华拉加盖丘亚语

盖丘亚语中是非问句用一个语缀小品词＝*chu* 来标记。如果这个语缀附着在动词上,如(30b),则提问的是整个命题。但是这个语缀通常附着在句中另一个成分上,如(30c)。在这种情况下,语缀的宿主是问句的焦点成分:命题的其余部分被假定为真,提问者只对这个特定部分的信息是否正确进行提问。

(30) **华拉加盖丘亚语**(秘鲁;Weber 1989:19—20,328—330)

a. Maria   Hwan-ta   maqa-sha.

Mary   John-ACC   hit-3SUBJ.PERF

玛丽   约翰-宾格   打-3主.完成

'Mary hit John.'

玛丽打了约翰。

b. Maria   Hwan-ta   maqa-sha＝chu?

Mary   John-ACC   hit-3SUBJ.PERF＝QUES

玛丽   约翰-宾格   打-3主.完成＝问标

'Did Mary hit John?'

玛丽打了约翰吗?

c. Maria   Hwan-ta＝chu   maqa-sha?

Mary   John-ACC＝QUES   hit-3SUBJ.PERF

玛丽   约翰-宾格＝问标   打-3主.完成

'Was it John that Mary hit?'

玛丽打的是约翰吗?

在选择问句(31a，b)中,两个选项都标有是非问语缀;连词 *o*
"or"(或)可以选择性地出现在它们之间。确认附加问句(31c)只
需在陈述句末尾加上用快速上升调说出的词 *aw* "yes"(是)来
构成。

(31) a. Kanan＝chu   o   wara＝chu?   209

today＝QUES   or   tomorrow＝QUES

今天＝问标   或   明天＝问标

'Today or tomorrow?'

今天还是明天?

b. Aywa-nki＝chu   mana＝chu?

go-2SUBJ＝QUES   not＝QUES

去-2主＝问标   不＝问标

'Are you going or not?'

你去还是不去?

c. Pillku-ta   aywa-yka-nki,   aw?

Pillku-DIR   go-IMPERF-2SUBJ   yes

皮尔库-趋向   去-未完整-2主   是

'You are going to Pillku, right？'

你要去皮尔库,是吗?

在实质问句中,疑问词通常出现在句首,并用另一个疑问语缀来标记。这个 Wh-语缀有两种变体形式：＝ *taq* 和＝ *raq*。如果疑问词是更大成分的一部分〔例如(32d)中的"how much bread"(多少面包)〕,那么这个 Wh-语缀就附着在整个成分的末尾,而不能附着于疑问词本身(32e)。

（32）a. Pi＝raq   suwa-paa-maa-sha?

       who＝WH   steal-BEN-1OBJ-3SUBJ.PERF

       谁＝WH   偷-受益-1宾-3主.完成

       'Who might have stolen it on me?'

       谁有可能从我这里偷走了它?

     b. Pi-ta＝taq   qoyku-shka-nki?

       who-ACC＝WH   give-PERF-2SUBJ

       谁-宾格-WH   给-完成-2主

       'To whom did you give it?'

       你把它给了谁?

     c. Imay＝taq   aywa-nki?

       when＝WH   go-2SUBJ

       什么时候-WH   去-2主

       'When will you go?'

       你什么时候去?

     d. ［Ayka   tanta-ta］＝taq   chara-nki?

       how.much   bread-ACC＝WH   have-2SUBJ

       多少   面包-宾格＝WH   有-2主

       'How much bread do you have?'

       你有多少面包?

e. *［Ayka＝taq　　tanta-ta］　chara-nki?

　　how.much＝WH　　bread-ACC　　have-2SUBJ

　　多少＝WH　　　　　面包-宾格　　有-2主

11.4.3.3　俄语

　　俄语中的是非问句既可以通过单独使用疑问语调来构成,如(33b),也可以通过使用语缀小品词＝*li* 来构成,如(33c)。语缀的宿主成分出现在句首位置。像盖丘亚语一样,语缀可以附着在动词或句子的其他成分上。如果语缀附着在动词上,如(33c)和(34b),那么整个命题被提问。如果语缀附着在其他成分上,如(34c),那么这个成分就成了问句的焦点。

（33）**俄语**（King 1995:137—139）　　　　　　　　　

　　a. On　　　živet　　　zdes'.

　　　 he　　　 live　　　 here

　　　 他　　　 住　　　　这里

　　　 'He lives here.'

　　　 他住在这里。

　　b. On　　　živet　　　zdes'?

　　　 he　　　 live　　　 here

　　　 他　　　 住　　　　这里

　　　 'He lives here?'

　　　 他住在这里?

　　c. živet＝li　　　　on　　　zdes'?

　　　 live＝QUES　　 he　　　here

　　　 住-问标　　　　他　　　这里

　　　 'Does he live here?'

　　　 他住在这里吗?

（34）a. Anna　　　pročitala　　　knigu.

Anna   read   book

安娜   读   书

'Anna read a book.'

安娜读了书。

b. Pročitala＝li   Anna   knigu?

read＝QUES   Anna   book

读＝问标   安娜   书

'Did Anna read a book?'

安娜读了书吗？

c. Knigu＝li   Anna   pročitala?

book＝QUES   Anna   read

书＝问标   安娜   读

'Was it a book that Anna read?'

安娜读的是书吗？

俄语实质问句的疑问词总是出现在句首位置。疑问语缀＝*li*不能与疑问词共现(35f)。

(35) **俄语**(King 1995:59，67，89，91，140)

a. *Kto*   priexal   k   vam?

who   came   to   you?

谁   来   到   你

'Who visited you?'

谁拜访你了？

b. *čto*   ty   kupila?

what   you   buy

什么   你   买

'What did you buy?'

你买了什么？

　　c. *Kuda*　　ty　　ideš'?

　　　where　　you　　go

　　　哪里　　　你　　　去

　　　'Where are you going?'

　　　你要去哪里?

　　d. *Komu*　　ženščina　　xotela　　napisat'?

　　　who-DAT　woman　　　want　　write-INF

　　　谁-与格　　女人　　　　想　　　写-不定

　　　'Who did the woman want to write to?'

　　　这个女人想给谁写信?

　　e. *S*　　*kem*　　vy　　ezdili　　v　　London?

　　　with　whom　you　went　　to　London

　　　和　　谁　　你　　去　　　到　伦敦

　　　'Who did you go to London with?'

　　　你和谁一起去伦敦了?

　　f. *čto＝li　　ona　　delaet?

　　　what＝QUES　she　　do

　　　什么＝问标　她　　做

11.5　否定

　　在本节中,我们将简要讨论否定句最常见的构成方式。首先,我们需要能够区分否定句和肯定句。

　　在 11.4.1 节中,我们提到英语附加问句通常与主句的极性形式相反:如果主句是肯定的,那么附加问句是否定的;如果主句是否定的,那么附加问句是肯定的。克里玛(Klima 1964)指出,这种模式提供了一种测试,我们可以用它来区分英语的肯定句与否定句:如果句子带有否定附加问,那么它很可能是肯定句,反之亦然。在下列每个句子中,这种测试告诉了我们主句的什么信息?

（36）a. Arthur is not happy，is he?

　　　亚瑟不开心,是吗?

　　b. Arthur is unhappy，isn't he?

　　　亚瑟不开心,不是吗?

（37）a. Bill doesn't like sushi，does he?

　　　比尔不喜欢寿司,是吗?

　　b. Bill dislikes sushi，doesn't he?

　　　比尔不喜欢寿司,不是吗?

句子(36a)和(36b)几乎是同义的——它们差不多表示同一件事,但附加问句的极性是不同的。根据上文提出的测试,(36a)的主句是否定句,而(36b)的主句是肯定句,即使它包含一个否定词(*un-happy*)。类似地,(37a)和(37b)几乎是同义的,但极性不同:(37a)的主句是一个否定句,而(37b)的主句是包含了否定词(*dislikes*)的肯定句。这些例子表明句子否定〔如(36a)和(37a)〕与词汇或形态否定〔如(36b)和(37b)〕之间的区别。我们将在第 13 章中讨论 *un-* 和 *dis-* 等词缀的形态功能。在本节中,我们将着重讨论句子否定。

克里玛还提出了另外两种测试,可用于识别英语的否定句:只有否定句后面可以接 *neither* 或 *not even* 。这些测试如(38—39)所示。注意,它们与(36—37)中附加问句测试得出的结论相同:

（38）a. Arthur is not happy，and neither is Peggy.

　　　亚瑟不开心,佩吉也不开心。

　　b. Arthur is unhappy，and so/*neither is Peggy.

　　　亚瑟不开心,佩吉也是/也不开心。

（39）a. Bill doesn't like coffee，not even with sugar.

　　　比尔不喜欢咖啡,连加糖的也不喜欢。

　　b. Bill dislikes coffee，(*not) even with sugar.

　　　比尔不喜欢咖啡,连加糖的也不喜欢。

当然，这些测试是针对英语的，在许多其他语言中不能以同样的方式发挥作用。但是，在我们研究的每种语言中，找到一些识别否定句的语法标准是很重要的。正如前面的例子所示，我们不能假定每个包含否定语义成分的句子在句法上都是否定的。

(36a—39a)中的否定句表明了英语中标记小句否定的主要策略：自由词 *not* 及其简化或缩略形式 *-n't*。潘恩(Payne 1985)指出，还有其他几种构成否定句的方式，包括量化词的否定表达(40a)，固有否定量化词(40b)和固有否定副词(40c)。

(40) a. *Not many* Americans like durian，do they?

　　　　没有多少美国人喜欢榴莲，是吗？

　　 b. *Nobody* wears bell-bottoms anymore，do they?

　　　　没人再穿喇叭裤了，是吗？

　　 c. Bill *rarely* eats sushi, and neither does Arthur.

　　　　比尔很少吃寿司，亚瑟也是。

潘恩(Payne 1985)提出，在任何具体的语言中，小句否定的主要标记都可以用不带论元的气象谓词来识别，例如，*It is not raining*(没下雨)。这类句子可能非常有用，因为它们不太可能包含量化词或否定副词，也不太可能包含派生否定(例如：*un-* 和 *dis-*)。但是，我们应该记住，有些语言使用不止一种策略来标记小句否定。例如，马来语中，当谓词是动词(41a)或形容词(41b)时，使用否定成分 *tidak*；当谓词是 NP(41c)或 PP(41d)时，使用 *bukan*。此外，还有用于存在小句(*tiada*，41e)和祈使小句(*jangan*，41f)的特殊否定形式。[11]

(41) a. Adek 　　　　 saya 　 *tidak* 　 makan 　 durian.

　　　　 yg.sibling 　　 1sg 　 NEG 　 eat 　　　 durian

　　　　 年轻.兄弟姐妹 　 1单 　 否定 　 吃 　　　 榴莲

'My little brother does not eat durian.'

我弟弟不吃榴莲。

b. Jawaban   itu   *tidak*   betul.

   answer   that   NEG   correct

   回答   那   否定   正确

   'That answer is not correct.'

   那个回答是不正确的。

c. Adek   saya   *bukan*/*tidak   guru   besar.

   yg.sibling   1sg   NEG   teacher   big

   年轻.兄弟姐妹   1单   否定   老师   大的

   'My little brother is not a headmaster.'

   我弟弟不是校长。

d. Keretapi   itu   *bukan*/*tidak   dari   Ipoh.[12]

   train   that   NEG   from   Ipoh

   火车   那   否定   来自   怡保

   'That train is not from Ipoh.'

   那趟火车不是从怡保来的。

e. *Tiada*   pokok   durian   di   New York.

   NEG   tree   durian   in   New York

   否定   树   榴莲   在   纽约

   'There are no durian trees in New York.'

   纽约没有榴莲树。

f. *Jangan*   makan   durian   itu!

   don't   eat   durian   that

   不要   吃   榴莲   那

   'Don't eat that durian!'

   不要吃那个榴莲!

马来语中的这些否定标记都是独立词形式,相当于英语中的

not。[13]使用自由词或小品词来表达小句否定是一种很常见的模式。但是,在许多其他语言中,否定用动词词缀来表达。[14](42—43)给出了一些例子。

(42) **希伯来语**(Givón 1984:337)

    a. Yoáv   axál   et   ha-léxem.

       Yoáv   ate   ACC   the-bread

       亚娃   吃   宾格   定冠词-面包

       'Yoáv ate the bread.'

       亚娃吃了这个面包。

    b. Yoáv   ló-axál   et   ha-léxem.

       Yoáv   NEG-ate   ACC   the-bread

       亚娃   否定-吃   宾格   定冠词-面包

       'Yoáv did not eat the bread.'

       亚娃没吃这个面包。

(43) **土耳其语**(Underhill 1976:48, 57)

    a. kitab-ï   oku-du-nuz.

       book-ACC   read-PAST-2pl

       书-宾格   读-过去-2复

       'You (pl) read the book.'

       你们读了这本书。

    b. kitab-ï   okú-ma-dï-nïz.

       book-ACC   read-NEG-PAST-2pl

       书-宾格   读-否定-过去-2复

       'You (pl) did not read the book.'

       你们没有读这本书。

在少数语言中,小句否定由特殊的否定助动词标记。例如,在芬兰语中,否定助动词必须与主语的人称和数保持一致,如(44)

所示。

(44) **芬兰语**(Aaltio 1964:66)

a. minä   *en*   lue.

   I   NEG.1sg   read

   我   否定.1单   读

   'I do not read.'

   我不读。

b. sinä   *et*   lue.

   you(sg)   NEG.2sg   read

   你   否定.2单   读

   'You (sg) do not read.'

   你不读。

c. hän   *ei*   lue.

   he/she   NEG.3sg   read

   他/她   否定.3单   读

   'He/she does not read.'

   他/她不读。

d. me   *emme*   lue.

   we   NEG.1pl   read

   我们   否定.1复   读

   'We do not read.'

   我们不读。

最后,用一对标记来表示否定也不罕见。例如,盖丘亚语中,最常见的小句否定模式是自由形式 *mana* "not"(不)加上一个语缀小品词＝*chu* "NEG"(否定)。小品词＝*chu* 可能出现在主动词上,如(45a, b),也可能附着在焦点成分上,如(45c)。

（45）**华拉加盖丘亚语**（Weber 1989：335—337）　214

    a. *mana*　　rura-shka-：＝*chu*.

      not　　　　do-PERF-1SUBJ＝NEG

      没　　　　做-完成-1主＝否定

      'I didn't do it.'

      我没做。

    b. *mana*　　papa　　ka-ra-n＝*chu*…

      not　　　　potato　　be-PAST-3SUBJ＝NEG

      没　　　　土豆　　存在-过去-3主＝否定

      'There were no potatoes.'

      没有土豆。

    c. *mana*　　rura-ra-n　　　Hwan-paq＝*chu*…

      not　　　　do-PAST-3SUBJ　　John-BEN＝NEG

      不　　　　做-过去-3主　　约翰-受益＝否定

      'He didn't do it for John，(he did it for Paul).'

      他做这个不是为了约翰,(他做这个是为了保罗)。

    所有这些策略的共同点是,为了构成否定句,必须在基本的肯定小句上添加一些东西。这是我们认为肯定小句比相应的否定小句更"基本"的原因之一。

11.6　结语

    在本章的讨论中,我们描述特殊句子模式结构的策略是从更"基本"的模式开始的,即在我们所讨论的任何方面都不特殊的模式。我们把肯定的、陈述的、语用中性的小句作为基本形式,然后描述祈使句、疑问句或否定句与这些小句的不同之处。一些经常与之相关的特征包括动词形态、特殊语缀或小品词、语序,以及语调。实质问句总是使用特殊疑问词,并且可能需要或不需要额外的标记。

祈使小句和疑问小句的形式特征显然与它们通常表达的言语行为的性质有关。这在祈使小句中尤为明显：当一个人向另一个人给出直接的命令时，言语环境本身使得对时制和施动者/主语的说明变得多余。但是，正如我们在第 1 章中提到的，单靠功能并不能给语言形式提供完整的解释。我们对这些结构的语法描写会包含一些看似任意的特征，以及其他看似有功能动因的特征，所有这些都作为一个协调系统的一部分而共同运作。

实践练习

托克皮辛语疑问句（巴布亚新几内亚；Woolford 1979；Verhaar 1995；Dutton 1973）

描写下列例子中疑问句构成的策略：

215

(1) Q：ol kago i kam?

'Did the goods（cargo）arrive?'

A1：yes，ol kago i kam.

'Yes，the goods have arrived.'

A2：nogat，ol kago i no kam.

'No，the goods have not arrived.'

(2) mi kaikai pinis.

'I have eaten.'

yu kaikai pinis o nogat?

'Have you eaten（or not）?'

em i orait o nogat?

'Is he all right?'

yu no sem a?

'Aren't you ashamed of yourself?'

tru，a?

'Is that so?'

（3）Q：ol i no save tok pisin a?

'Do they not know how to speak Tok Pisin?'

A1：yes，ol i no save tok pisin.

'Yes，they don't know Tok Pisin.'

A2：nogat，ol i save tok pisin.

'No，they do know Tok Pisin.'

（4）yu givim mani long husat?

'Who did you give money to?'

husat i sanap long rot?

'Who is standing on the road?'

yu kisim ka bilong husat?

'Whose car did you get?'

dispela pikinini i kukim wanem?

'What is this child cooking?'

mama bilong yu i stap we?

'Where is your mother?'

yu kisim haumas muli?

'How many oranges did you get?'

yu gat haumas krismas?

'How old are you?'

练习

11A. 叶三—梅奥语（Yessan-Mayo）命令句（巴布亚新几内亚；
Roberts 1999，ex. S-17.2）

基于下面的材料，描写叶三—梅奥语的祈使结构：

1. an sini yim.　　　　　'I went back'

2. an yibwa.　　　　　　'I am going'

3. pere Wuswar ki yibwa.

'The canoe is going down the Wuswar River.'

4. nim bi lam.　　　　'We did not see.'

5. ni lati.　　　　　　'You will see.'

6. rim otop yiti.　　　'They will go together.'

7. nim bul ki toknati.　'We will sleep in the bush.'

8. hayi!　　　　　　'Go!'

9. bul ki hatokna!　　'Sleep in the bush!'

10. hala!　　　　　　'Look!'

11B. 芬兰语疑问句（Roberts 1999, ex. S-16.3）

基于下面的例子,描写芬兰语的基本小句结构和疑问句构成的策略。〔注意小品词 *ko* 和 *kö* 是同一个语素的变体形式(即语素变体)。〕

1. Kuka　　　kirjoitti　　kirjeen?

who　　　wrote　　　letter

'Who wrote the letter?

2. Pekka　　kirjoitti　　kirjeen.

　　　　　　wrote　　　letter

'Pekka wrote the letter.'

3. Mitä　　Pekka　　kirjoitti?

what　　　　　　wrote

'What did Pekka write?'

4. Hän　　kirjoitti　　kirjeen.

3sg　　wrote　　　letter

'He wrote a letter.'

5. Missä　　Pekka　　kirjoitti　　kirjeen?

what.in

'Where did Pekka write the letter?'

216

6. Hän　　　kirjoitti　　　kirjeen　　　koulussa.

　　3sg　　　　　　　　　　　　　　　school.in

　　'He wrote the letter at school.'

7. Milloin　　　Pekka　　　kirjoitti　　　kirjeen?

　　when

　　'When did Pekka write the letter?'

8. Hän　　　kirjoitti　　　kirjeen　　　eilen.

　　3sg　　　　　　　　　　　　　　　yesterday

　　'He wrote the letter yesterday.'

9. Kenelle　　　Pekka　　　kirjoitti　　　kirjeen?

　　who.to

　　'To whom did Pekka write the letter?'

10. Hän　　　kirjoitti　　　kirjeen　　　äidilleen.

　　　　　　　　　　　　　　　　　　mother.to.his

　　'He wrote the letter to his mother.'

11. Kirjoitti＝ko　　　Pekka　　　kirjeen?

　　wrote　　　　　　　　　　　　　letter

　　'Did Pekka write the letter?'

12. Meni＝kö　　　Pekka　　　kouluun?

　　go　　　　　　　　　　　school.to

　　'Did Pekka go to school?'

13. Hän　　　otti　　　omenan.

　　3sg　　　took　　　apple

　　'She took the apple'

14. Mitä　　　hän　　　otti?

　　what　　　3sg　　　took

　　'What did she take?'

15. Otti＝ko　　　hän　　　omenan?

　　took　　　　　3sg　　　apple

· 371 ·

'Did she take an apple?'

16. Omenan＝ko   hän   otti?

    apple   3sg   took

    'Was it an apple that she took?'

17. Hän＝kö   otti   omenan?

    3sg   took   apple

    'Was it she who took the apple?'

补充练习

Merrifield et al. (1987) prob. 228, 229, 259, 260

Healey (1990b), ex. D.7, 8, 9, 10, 11

注释

1. 关于这些语用功能的更详细的讨论,见克勒格尔(Kroegar 2004),第 6 章。

2. 标准(a—d)来自比克福德;标准(e)来自其他关于标记性的研究。

3. 然而,拉丁语确实有一种独特的"将来时祈使"形式,用于有显性状语短语标明将来时的时候,或者用于一直有效的"无时间性的"永恒指令中(Allen & Greenough 1931)。(7)中只显示了现在时和将来时;过去时形式的例子见第 2 章的(24)。

4. 在许多班图语言中,"直陈"后缀-a 的准确功能还是一个谜,在后面的例子中这个后缀没有被标注。

5. (11)中使用的正字法是高棉语字母的音译,而不是对实际的现代读音的表征。符号"m̱"代表随韵(*anusvara* 或 *nikhahit*),符号"ẖ"代表止声(*visarga*)。

6. 这一点对马来西亚人来说是正确的。然而,斯内登(Sneddon 1996: 328)指出,在现代印度尼西亚语口语中,对大多数说话人来说,＝*lah* 在祈使句中已经不再具有这种功能了。

7. 萨多克和兹威基(Sadock & Zwicky 1985)提到霍皮语(Hopi)可能是一种缺乏实质问句的语言。

8. 语缀可以定义为在音系上黏着于另一个词的成分,尽管它在句法上充当一个独立的词。详见第 17 章。

9. 更准确地说,是在焦点的位置。在许多语言中,这是指句首位置。但在匈牙利语这样的语言中,焦点成分占据非句首的位置,疑问词也会出现在那里。

10. 这一名称源自转换生成语法对这些结构的分析。根据这里采用的方法,我们假定这些结构是由特殊的 PS 规则直接生成的。但是,在本书中我们不会详述这种分析的细节;见克勒格尔(Kroeger 2004)以及其中所引的参考文献。

11. *bukan* 也被用来否定整个命题的真实性。其他一些具有特殊的否定存在谓词的语言已在第 10 章的(31)中列出。

12. 尼克·萨菲亚等(Nik Safiah et al. 1986)。

13. *not* 一词有时被描述为"副词",但实际上它并不天然地属于任何词汇范畴。

14. (42—43)涉及屈折否定,而不是像 *unhappy* 和 *dislike* 这类词中的派生否定。参看第 13 章对这种差异的讨论。

第 12 章
从属小句

大多数人类语言都有这样一些结构,它们"可以扩展"到说话 人所希望达到的任何程度。我们已经看到了英语 NP 可以无限 "扩展"的几种不同方式;其中两个例子如(1)所示。

(1) a. my favorite uncle's youngest daughter's oldest son's best friend's new bicycle

我最喜欢的叔叔的小女儿的大儿子的最好的朋友的新 自行车

b. the portrait at the top of the stairs in that castle on a hill beside the river

河边小山上那座城堡中楼梯顶端的画像

为了解释(1a)中的领属 NP 结构,我们提出了一个递归的短 语结构规则(第 6 章,第 6.4.2 节)。递归规则允许某个范畴(在本 例中是 NP)的母节点拥有同一范畴的子节点。如果有两个短语范 畴,其中每个短语范畴都能支配另一个短语范畴,这样也能生成递 归结构。例如,如(1b)所示,一个 NP 可以选择性地包含一个 PP 修饰语,这个 PP 通常包含一个 NP 宾语,而这个 NP 宾语接着又 可以包含一个 PP,依此类推。

递归结构的存在是人类语法系统中一个非常重要的方面。当 一个小句(范畴 S)嵌入另一个小句时,会出现一种特别有趣的递 归类型。这是句法学家研究的一个主要关注点。在过去的四十年 里,大量的研究致力于理解这种结构的语法属性,要在一章甚至一整本书中回顾所有这些研究,显然是不可能的。在本章中,我们的目标是简单地介绍内嵌小句最常见的类型,并讨论在充分描写这些结构时必须要确定的一些结构特征。

12.1 并列小句和从属小句

将一小句嵌入另一个小句,有两种基本的方式:并列和从属。在并列结构中,属于同一范畴的两个成分结合起来构成该范畴的另一个成分。这种结构通常被认为是双核心的,因为两个被结合的成分都充当更大单位的核心语。并列 NP 的一些简单例子如 (2) 所示:

(2) a. [[Snow White]$_{NP}$ and [the seven dwarfs]$_{NP}$]$_{NP}$

白雪公主和七个小矮人

b. [[two turtle doves]$_{NP}$ and [a partridge in a pear tree]$_{NP}$]$_{NP}$

两只斑鸠和梨树上的一只鹧鸪

c. [[the lady]$_{NP}$ or [the tiger]$_{NP}$]$_{NP}$

这位女士或这只老虎

d.

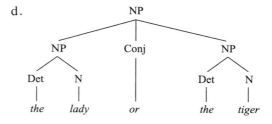

在并列句中,两个(或多个)S 成分作为更高 S 的子节点和共同核心语出现。每个子节点小句都具有独立句的内部结构,且二者都不嵌入另一个小句。英语的并列句通常由 *and*、*but* 和 *or* 等连词连接,如(3)中的例子。在其他语言中,并列句可以由两个独立的小句并置(juxtaposing)而成,只有第二个小句带句末语调。

(3) a. [[The Archduke was murdered by a Serb nationalist]ₛ and [the whole world was plunged into a terrible war]ₛ]ₛ

大公被一名塞尔维亚民族主义者谋杀了,整个世界陷入了一场可怕的战争

b. [[Give me liberty]ₛ or [give me death]ₛ]ₛ

不自由,毋宁死

c. [[The spirit is willing]ₛ but [the flesh is weak]ₛ]ₛ

心有余而力不足

d.

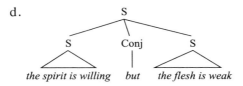

从属小句(译者按:以下简称"从句")的功能是充当从属语,而不是共同核心语。我们将讨论从句的三种基本类型:

a. 补足语小句

b. 附加语(或状语)小句

c. 关系小句

补足语小句是作为动词补足语出现的小句;换句话说,它们是由动词的次范畴化特征所要求或允准的。它们通常充当另一个小句的主语或宾语,这个小句被称为主句。附加语小句,顾名思义,是充当另一个小句的附加语或状语成分的小句。关系小句是在 NP 中充当修饰语的小句。

为了简单起见,我们将主要用英语例子来讨论补足语小句和附加语小句(第 12.2—12.4 节)。但是,在第 12.5 节中,我们将讨

220

论多种语言中关系小句的例子。

12.2 补足语小句

在前面的章节中,我们主要讨论了简单小句,它们的补足语被表达为 NP 或(就旁语论元而言)PP。然而,很多动词也允许或要求一个小句补足语。例(4—7)表明,对一些动词来说,无论是 NP 还是补足语小句,都可以出现在相同的位置。补足语小句既可以是定式的(即带有时制),如(4b)和(5b);也可以是非定式的,如(6b)和(7b)。

（4）a. John believes〔Mary's story〕.

约翰相信玛丽的故事。

b. John believes〔that the airplane was invented by an Irishman〕.

约翰相信飞机是由一个爱尔兰人发明的。

（5）a. John told the girls〔a story〕.

约翰给女孩们讲了一个故事。

b. John told the girls〔that their father had won the election〕.

约翰告诉女孩们她们的父亲已经赢得了选举。

（6）a. Mary planned〔her trip〕carefully.

玛丽仔细地计划她的旅行。

b. Mary planned〔for John to arrive in Dallas on New Year's Day〕.

玛丽计划让约翰在元旦抵达达拉斯。

（7）a. John promised his wife〔a diamond ring〕.

约翰答应给他妻子一枚钻戒。

b. John promised his wife [to stop smoking].

约翰答应他妻子戒烟。

　　注意,补足语小句通常由一个特殊的词(或者,在某些语言中是一个小品词)来引导,这个词被称为标句词*。在英语中,动词形式的选择与标句词的选择有关。*that* 用来引导一个定式补足语小句,如(4b)和(5b)。不定式补足语小句如果有一个显性的(可见的)主语,用 *for* 来引导,如(6b);如果没有显性的主语,就不使用标句词标记,如(7b)。

　　如前所述,补足语小句经常和 NP 宾语占据相同的位置。在直接宾语置于动词之前的语言中,补足语小句也经常置于动词之前。例如,阿美莱语的基本语序是 SOV,如(8a)所示。阿美莱语中的补足语小句通常置于动词之前,如(8b)。

(8) **阿美莱语**(巴布亚新几内亚;Robert 1988:54—55)

　　a. Uqa　　sab　　man-igi-an.

　　　　3sg　　food　　roast-3sg-FUT

　　　　3 单　　食物　　烤- 3 单-将来

　　　　'She will cook the food.'

　　　　她将烹饪食物。

　　b. Ija　　[dana　　age　　ija　　na　　ho

　　　　1sg　　man　　PL　　1sg　　POSS　　pig

　　　　1 单　　男人　　复　　1 单　　领者　　猪

　　　　qo-ig-a]　　　　　　d-ugi-na.

　　　　hit-3pl-REC.PAST　　know-1sg-PRES

　　　　打- 3 复-近过　　　　知道- 1 单-现在

---

* 除"标句词"外,complementizer 也被译为"标句符""标补词"等。——译者注

'I know that the men killed my pig.'

我知道男人们杀了我的猪。

221   (9—10)给出了主语位置补足语小句的一些例子。在一般的口语风格中,用假位主语来改写这样的句子,通常更自然,如(11—13);这种结构被称为外置*。

(9) a. [That John believes Mary's story] surprises me.

约翰相信玛丽的故事,这令我感到惊讶。

b. [That the airplane was invented by an Irishman] is not widely known.

飞机是由一个爱尔兰人发明的,这并不广为人知。

(10) a. [For John to believe Mary's story] would surprise me.

约翰要是相信玛丽的故事,会令我感到惊讶。

b. [For the President to be re-elected] would cause panic on Wall Street.

总统要是再次当选,会在华尔街引起恐慌。

c. ??[For you to read this book] is necessary.

你读这本书是有必要的。

(11) a. It surprises me [that John believes Mary's story].

令我感到惊讶的是,约翰相信玛丽的故事。

b. It is not widely known [that the airplane was invented by an Irishman].

并不广为人知的是,飞机是由一个爱尔兰人发明的。

---

  * 外置(extraposition)是指将某个成分从其常规位置移至句末位置的句法操作,比如(11a)是由(9a)将中括号内的主语小句外置并在句首添加假位主语 it 后形成的。——译者注

（12）a. It would surprise me ［for John to believe Mary's story］.

约翰要是相信玛丽的故事，这会令我感到惊讶。

b. It is necessary ［for you to read this book］.

你读这本书是有必要的。

（13）a. It disappointed the General's supporters ［that he refused to run］.

令将军的支持者们感到失望的是，他拒绝竞选。

b. It is obvious ［that Mrs. Thatcher still controls the party］.

很明显，撒切尔夫人仍然控制着政党。

在(11—13)外置的例子中，标句词和它引导的小句始终在一起，这一事实表明这两个部分组成了短语结构中的一个成分。(14)中这些例子为这种成分的存在提供了进一步的证据。

（14）a. Simon believes ［［that the Earth is flat］ and ［that the moon is made of green cheese］］.

西蒙相信地球是平的并且月亮是绿奶酪做的。

b. I sincerely hope，but unfortunately can't assume，［that Arthur will tell the truth from now on］.

我真诚地希望，但不幸的是无法假设，［从现在开始亚瑟会说出真相］。

这个成分通常标记为 S′ 或 S̄〔读为"S-bar"（S-杠）〕。它包含两个子节点：COMP（表示"标句词"）和 S（补足语小句本身）。这个结构如(15)中的树形图所示，它表示一个包含定式小句补足语的句子。

（15）

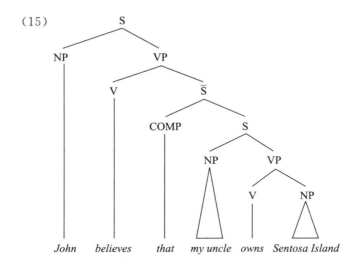

222

正如我们在(4—7)中提到的,补足语小句可以经常和 **NP** 补足语出现在相同的位置。这一发现表明,补足语小句可以与它所替代的 **NP** 承载相同的语法关系,如(16)所示。这是一个有点争议的问题:一些语言学家认为,补足语小句必须承载一种不同的语法关系。[1]但是,为了简便起见,在这本书中我们将采用(16)中所显示的这种分析。基于例(16d)的带标注的树形图如(17)所示。

（16）a. John believes [Mary's story]$_{OBJ}$.

约翰相信玛丽的故事。

b. John believes [that the airplane was invented by an Irishman]$_{OBJ}$.

约翰相信飞机是由一个爱尔兰人发明的。

c. John told [the girls]$_{OBJ}$[a story]$_{OBJ_2}$.

约翰给女孩们讲了一个故事。

d. John told [the girls]$_{OBJ}$[that their father had won the election]$_{OBJ_2}$.

约翰告诉女孩们,她们的父亲已经赢得了选举。

> e. [That John believes Mary's story]_{SUBJ} surprises me.
>
> 约翰相信玛丽的故事,这令我感到惊讶。

（17）

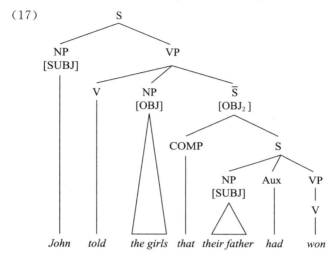

　　一般来说,从句,尤其是补足语小句,通常具有主句或独立句中所没有的结构特征。分析和比较不同类型的从句时需要考虑的结构特征包括:

　　a. 动词形式: 用来陈叙和提问的主句通常包含一个定式动词。但在某些种类的从句中,动词可能是非定式的(如不定式或分词),也可能以不同的语气(如虚拟语气)来呈现;或是从句动词可能必须名词化。[2]

　　b. 主语: 某些类型的从句缺少主语 NP,无论是必有的还是可选的。在其他情况中,从句唯一允许的主语是代词,它与主句中的某个成分同指。其他类型的从句可能包含一个独立的主语 NP,就像主句一样。

　　c. 语序: 从句可能受到不同于主句的语序约束。正如我们在第 11 章中提及的,从句语序的自由度和变异性通常比主句要少。

　　d. 主句动词: 补足语小句由具体的主句动词所选择(次范畴化),因此确定哪些动词选择哪种类型的小句补足语,是很重要的。

223

e. **标句词**:不同类型的补足语小句可能要求不同的标句词。

正如在(d)点中指出的,补足语小句的形式通常由主句中具体的动词所决定。属于同一个一般语义类的动词通常带相同类型的补足语。下面是各类英语谓词的一些例子。每类的例句在下面的(18)中给出。[3]

语义类	例子	补足语动词形式
a. 言说和知悉 (saying and knowing)	*know*, *think*, *say*, *report*, *suspect*, *fear*, *hope*, *imply*, *tell*, *etc*.	定式
b. 影响义动词 (influence verbs*)	*force*, *persuade*, *cause*, *request*, *urge*, *command*, *order*	不定式
c. 情态谓词 (modality predicates)	*want*, *intend*, *plan*, *try*, *prefer*, *threaten*, *willing*, *afraid*, *eager*, *able*, *know how*	不定式
d. 体貌谓词 (aspectual predicates)	*begin*, *finish*, *keep on*, *go around*	进行体分词
e. 要求("命令") 〔demands("jussives")〕	*insist*, *demand*, *essential* (*that*), *important* (*that*)	现在时虚拟语气 (=光杆不定式)

(18) a. John *believes* 〔that the airplane was invented by an Irishman〕.

约翰相信飞机是由一个爱尔兰人发明的。

b. John *told* the girls 〔that their father had won the election〕.

约翰告诉女孩们,她们的父亲已经赢得了选举。

c. John *persuaded* his wife 〔to sell her old car〕.

约翰敦促他的妻子出售她的旧汽车。

---

* 原文为 manipulation verbs,这里根据作者提供的勘误表改为 influence verbs。——译者注

d. John *intends* [to buy his brother's rubber estate].

约翰打算购买他兄弟的橡胶庄园。

e. Next week John will *begin* [studying for his A-levels].

下周约翰将开始为他的 A 级考试而学习。

f. John *keeps on* [looking for a way to retire at age 35].

约翰继续寻找在 35 岁退休的方法。

g. I *insist* [(that) this man be arrested immediately].

我执意要求立即逮捕这个人。

h. It is *essential* [that the President sign this document today].

至关重要的是,总统今天签署了这份文件。

根据上面列出的重要结构特征,我们可以按照下面的思路对这些结构进行简要描写:

(19) a. 英语的言说动词和知悉动词带一个由 *that* 引导的补足语小句。这个补足语小句的结构与独立句基本上相同,包括一个定式动词,一个完整的 NP 主语,常规语序,以及通常情况下可能出现的助动词。

b. 英语的影响义[†]谓词和情态谓词(如动词 *persuade* 和 *intend*)所带的补足语小句中,动词以不定式呈现,前面有 *to*。这些补足语小句没有标句词和主语。补足语小句的主语被理解为跟主句的主语或宾语相同。

像(18a, b, g, h)那样包含自身的主语 NP 的补足语小句,有

---

† 原文为 manipulation,这里根据作者提供的勘误表改为"影响义"(influence)。——译者注

时被称为句子式补足语,因为它们包含了一个句子的所有必要部分。在大多数语言中,只要补足语动词是定式的,补足语小句就会有它自己的主语。像(18c—f)那样缺少主语 **NP** 的补足语小句,可以分析为述谓补足语的特殊类型。[4]

12.3　直接引语和间接引语

包括英语在内的许多语言中,说话人用两种不同的方式报道别人的话。直接引语(至少在理论上)包含其他人说的原话,嵌入一个简单小句(引述式),比如"John said ... "(约翰说⋯⋯)。间接引语表达所说的内容,但不是说话人的原话。下面的例子说明了陈叙、提问与命令在直接引语和间接引语之间的区别。

（20）**直接引语：**

  a. John said，"I do not want this kind of ice cream."

   约翰说："我不想要这种冰淇淋。"

  b. Mary asked，"Can you help me?"

   玛丽问："你能帮我吗?"

  c. Father asked Mother，"Who has been calling me?"

   爸爸问妈妈:"谁一直给我打电话?"

  d. Mother told John，"Stop pinching that elephant!"

   妈妈命令约翰:"别掐那头大象了!"

（21）a. **间接陈叙：**

John said(that) he did not want that kind of ice cream.

约翰说他不想要那种冰淇淋。

  b. **间接是非问：**

Mary asked whether I could help her.

玛丽问我是否能帮她。

c. **间接实质问**：

Father asked Mother who had been calling him.

爸爸问妈妈谁一直给他打电话。

d. **间接命令**：

Mother told John to stop pinching the elephant.

妈妈让约翰别掐那头大象了。

将(20)中的直接引语和(21)中的间接引语进行比较,我们会立即注意到几种词的变化:代词(第一人称被第三人称替换,第二人称被第一人称替换)、动词(现在时变成过去时),以及其他直指成分(*this* 变为 *that*, *here* 变为 *there* 等)。看似复杂的"时制序列"(sequence of tenses)＊,经常被以英语作为外语的学生记忆, 225 这只是这种更广泛的变化模式的一部分。

我们可以用间接引语中语用参照点的变换来解释所有这些变化。在直接引语中,参照点是原先(所报道的)言语事件的时间和地点,观察点是原先说话人〔(20a)中的 *John*,(20b)中的 *Mary* 等〕的时间和地点。在间接引语中,参照点是第二言语事件(报道第一言语事件的事件)的时间和地点,观察点是第二说话人(进行报道的人)的时间和地点。因此,所有的直指成分(指称言语语境中某物的那些成分)都必须调整以适应新的参照点。

12.3.1　间接引语

间接的陈叙、提问和命令是补足语小句中最常见的例子,它们的语法特征应该用跟任何其他补足语小句相同的方式来描写。间

＊ 一些语言对复杂句中不同小句间的时制序列有严格的规定。在英语中,补足语小句的谓词如果使用定式动词的话,其时制就要受到主句谓词时制的制约。比如,当主句谓词是过去时时,补足语小句的谓词也一定要用过去时,(21b, c)中的 *could* 和 *had* 如果换成 *can* 和 *have*,句子就不合语法。——译者注

接疑问句通常有特殊的特征,在一些语言中,间接是非问句(21b)与间接实质问句(21c)之间存在结构上的差异。仔细观察下列英语例子:

(22) a. **直接是非问句:**

John asked Mary, "Will you marry me?"

约翰问玛丽:"你愿意嫁给我吗?"

b. **间接是非问句:**

John asked Mary [whether she would marry him].

约翰问玛丽,她是否愿意嫁给他。

(23) a. **直接实质问句:**

Mary asked John, "What are you eating?"

玛丽问约翰:"你在吃什么?"

b. **间接实质问句:**

Mary asked John [what he was eating].

玛丽问约翰,他在吃什么。

英语的主句问句,包括直接引语中的问句,表现出一种特殊的语序模式:第一个助动词必须放在主语之前,如(22a)和(23a)。[5]但是,如(b)例所示,这种"主语—助动词倒置"模式在两类间接问句中都不存在。间接是非问句(22b)和间接实质问句(23b)都表现出了与陈叙中相同的基本语序,即主语—助动词—动词—宾语。

间接实质问句很容易识别,因为它们包含一个疑问词,这是它们与主句实质问句共有的特征。间接是非问句在英语中通过特殊标句词的使用来识别,要么是 *whether*,要么是 *if*。

226 12.3.2 直接引语

直接引语实际上根本不是补足语。正如韦伯(Weber 1989:

20)(在谈到华拉加盖丘亚语时)所指出的,"直接引语嵌入,但不从属于……框住它们的小句",并且"它们与任何动词都没有语法关系(如主语、宾语等)"。直接引语,实际上是一个独立的话语,可以包含任何数量的语言材料,从一个单词到整个故事。

海曼(Haiman 1992)指出:"普遍被提到的是,引语材料在语法上独立于"主句。例如,尽管英语中的引述式通常包含及物动词 *say*,但引语本身的表现并不像一般的直接宾语。在(24a)中,*say* 的宾语被前置于主语—助动词倒置;但是这种结构是不可能用直接引语(24b)来表达的。

(24) a. Not a word did she say.

她一句话也没有说。

b. "Not a word," she said/ *did she say.

"一句话也没有",她说。

海曼用(25)中的例子来说明这样一个原则,所引述的话是"被提及的"而不是"被使用的"。

(25) a. I don't like myself.

我不喜欢我自己。

b. I don't like "I" in essays.

我不喜欢文章里的"I"。

在(25a)中作为直接宾语出现的第一人称代词,通常用来指称说话人。既然它与小句的主语是同指的,就必须使用反身形式(*myself*)。(25b)中被引述的代词"*I*"不以反身形式出现,甚至不以宾格(*me*)形式出现,因为它根本没有被用作代词;它指的是一个词(*I*)而不是一个人(说话人)。当我们使用直接引语时,我们是在报道说话人使用的语言表达,而不是说话人所表达的内容或信息。因此,我们的话(引述式)和说话人的话(引语)之间通常没有语法上的联系。

虽然许多语言(包括英语)在引述式中使用了言说动词,但情况并非总是如此。在基马拉冈杜逊语中,引述式不需要包含任何动词,但几乎总是包含一个引述小品词 *kah*。这个小品词既不是动词也不是名词:它只有一个音节的长度,而在基马拉冈杜逊语中,实义词最小的长度是两个音节;它不能带任何动词词缀;它以 -*h* 结尾(表明缺少一个末尾的喉塞音),这在实义词中很少见,但在话语小品词和其他功能词中却很常见。

如(26)所示,可以用引述小品词后面的领属格 **NP** 或代词来表明说话人。只有在小句(b)和(d)句中,引述式才包含动词;在这两种情况下,动词都是 *simbar*(回答),不过,当然,许多其他的言说动词也是可能的。这段话节选自一个关于大鹏或毗湿奴(马来语:*Garuda*)之鸟的故事,它绑架了一个女人,以阻止她嫁给她的求婚者。

(26) a. "Ai,   adi,"   *kah*   di   kurubau,
　　　　hey   yg.sibling   QUOT   GEN   Roc
　　　　嘿   年轻的.姐妹   引标   属格   大鹏

　　　　"isai   ot   tulun   Sitih?"   *kah*.
　　　　who   NOM   person   here   QUOT
　　　　谁   主格   人   这里   引标

　　b. Simbar   nopoh   it   tongondu   "Amuso,"   *kah*.
　　　 answer   only   NOM   woman   not.exist   QUOT
　　　 回答   只有   主格   女人   不存在   引标

　　c. "Nokuroh.tu   kiwaro   ot   tawau   o-singud
　　　　why   exist   NOM   scent   PASS-smell
　　　　为什么   存在   主格   气味   被动-闻

　　　　kuh?"   *kah*   di   kurubau,

1sg.GEN　　QUOT　　GEN　Roc

1 单.属格　引标　　属格　大鹏

d. om　simbar　it　　tongondu，　"Dongon　dot

　 and　answer　NOM　woman　　　1sg.DAT　LNK

　 和　　回答　主格　女人　　　　1 单.与格　连接

　 tawau　itih，"　kah．

　 scent　this　　QUOT

　 气味　这　　引标

e. "Amu，　dikau　　　dot　tawau　suwai，　itih

　 no　　2sg.DAT　　LNK　scent　different　this

　 不　　2 单.与格　连接　气味　不同　　这

　 tawau　ditih　suwai，"　kah　　di　kurubau．

　 scent　this　different　QUOT　GEN　Roc

　 气味　这　　不同　　引标　属格　大鹏

f. "M［in］an-sabun　okuh，"　kah　　di　tongondu．

　 use［PAST］-soap　1sg.NOM　QUOT　GEN　woman

　 使用［过去］-肥皂　1 单.主格　引标　属格　女人

" Hey，little sister (i.e. wife)，" said the Roc bird，
"who is the person that is here?" The woman an-
swered，"There is no one."

"嘿，小妹（即妻子），"大鹏鸟说，"在这里的人是谁?"
女人回答："没有人。"

" Why is there a（human）scent which I smell?"said
the Roc bird，and the woman answered，"That is
my scent."

"为什么我闻到一种（人的）气味?"大鹏鸟说。女人回
答："那是我的气味。"

" No，your scent is different from this one，" said
the Roc bird. "I bathed with soap，"said the woman.

"不,你的气味和这个不一样,"大鹏鸟说。"我用肥皂洗了澡,"女人说。

12.4 附加语(或状语)小句

在第 4 章中,我们将附加语定义为不是被动词次范畴化的,而是添加到句子中提供各种信息的成分。几种不同类型的表达都可以充当附加语。最常见的类型是副词(27a)、介词短语(27b)和附加语小句(27c):

(27) a. Mary *seldom* makes her bed.

玛丽很少整理床铺。

b. Mary makes her bed *on Tuesdays*.

玛丽每星期二整理床铺。

c. Mary makes her bed *when her mother comes to visit her*.

玛丽的妈妈来看她时,玛丽都要整理床铺。

这三类附加语都可以用来表达类似的信息:时间、地点、方式、原因等。英语中用于引导 PP 附加语的许多介词也可以用于引导定式和非定式(分词的)附加语小句,如(28—29)中的例子所示。[6]

(28) a. Mary opened her presents〔before dinner〕.

玛丽晚饭前打开了她的礼物。

b. Mary opened her presents〔before finishing her dinner〕.

玛丽吃完晚饭前打开了她的礼物。

c. Mary opened her presents〔before John finished his dinner〕.

玛丽在约翰吃完晚饭前打开了她的礼物。

（29）a. The elephant's child was spanked [for his curiosity].   228

大象的孩子因为好奇心而被打了屁股。

     b. The elephant's child was spanked [for asking too many questions].

大象的孩子因为问了太多问题而被打了屁股。

当这些介词用来引导状语小句时，它们有时被称为"从属连词"。在这种语境中，一些语言学家倾向于将它们分析为标句词，并将它们引导的状语小句归入 S' 范畴。然而，鉴于（28—29）中所示的平行关系，我们将把它们视为介词，并将状语小句归入 PP 范畴，如（30）所示。这种分析要求我们将英语的 PS 规则稍作修改，以允许介词所带的宾语属于 NP 或 S 两种范畴中的一种。

（30）

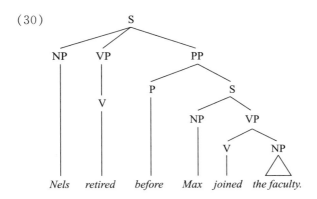

英语中还有其他的"从属连词"，包括 *because*、*while*、*if*、*unless*、*although* 等，它们只引导附加语小句；它们不像一般的介词那样带 NP 宾语。为了对所有的附加语小句有一个单一的、一致的处理，我们将假定这些连词也属于 P 范畴。把从来没有在"常规"介词短语中出现过的东西（即从不带 NP 宾语）称为介词，可能看起来奇怪。但我们面对的是跟动词有点类似的情况:有些带 **NP** 宾语(31a, b);另一些带小句补足语(31c, d);还有一些可以带二者之一(31e, f)或二者都带(31g)。我们将 *because*、*while*、*if* 等分析为只带小句宾语的介词,就类似于 *realize* 这样的动词〔在(31c, d)所示的意义中〕。[7](32)中给出了一个 *if* 小句的树形结构样本。

(31) a. Sam kissed [my sister].

　　　　山姆吻了我妹妹。

　　 b. *Sam kissed [that Elvis was dead].

　　　　山姆吻了埃尔维斯死了。

　　 c. *Susan didn't realize [my sister].

　　　　苏珊没有意识到我妹妹。

　　 d. Susan didn't realize [that Elvis was dead].

　　　　苏珊没有意识到埃尔维斯死了。

　　 e. Arthur believed [my sister].

　　　　亚瑟相信我妹妹。

　　 f. Arthur believed [that Elvis was dead].

　　　　亚瑟相信埃尔维斯死了。

　　 g. Margaret told [my sister] [that Elvis was dead].

　　　　玛格丽特告诉我妹妹,埃尔维斯死了。

229　　(32)

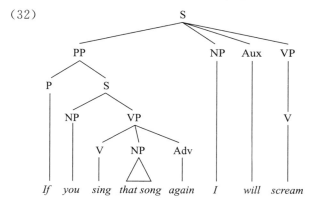

　　把附加语小句视为 PP,为英语的句子结构提供了一种更经济的描写,但并非所有的语言都是如此。例如,南阿塞拜疆语(Lee 1996)中,小品词 *ki* 用于标记各种补足语小句,如"Hasan saw that X"(哈桑看到了 X),"I hope that X"(我希望 X),"He ordered the servants to X"(他命令仆人去 X),等等。然而,同样的小品词也能用来标记目的附加语小句,如"He did X in order to Y"(他做了 X,以便 Y)。在瓦尔皮里语中,补足语小句〔用于像 12.2 节中列出的强制义(coercion)* 谓词和情态谓词那样的主句动词〕和表目的的附加语小句都用语缀小品词＝ *ku* 来标记。同样,印度尼西亚语中的 *supaya* 一词不仅用来引导相当于英语 *for…to* 的补足语小句,如(33);也用于某些附加语目的小句,如(34)(例子改编自 Sneddon 1996)。在这些情况中,有理由将这些标记视为有两种用法的标句词,将补足语小句和附加语小句都分析为 S′成分,如图(33b)和(34b)所示。

（33）a. Bung Karno ingin *supaya* 〔kami　　 menolong dia〕.

　　　 Bung Karno want COMP 1pl.EX　　 help　　 3sg

　　　 邦　　卡诺　想要　标句　1复.排除　帮助　　3单

　　　 'Bung Karno wants us to help him.'

　　　 邦・卡诺想要我们帮助他。

b.

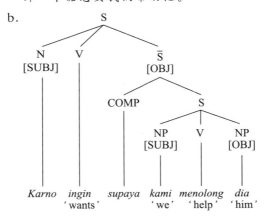

---

230 （34）a. Dia   jual   sayur   *supaya*   ［anak＝nya

3sg   sell   vegetable   COMP   child＝3sg

3 单   卖   蔬菜   标句   孩子＝3 单

dapat   bersekolah］.

get   attend.school

得到   上.学校

'She sells vegetables so that her son can go to school.'

她卖蔬菜，以便她的儿子能上学。

b.

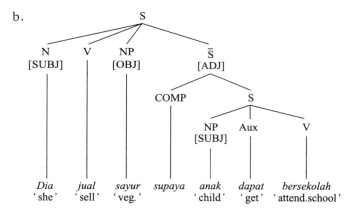

请记住，标句词是句法范畴的标签，而不是对功能的限制。这并不意味着属于这个范畴的成分只能出现在补足语小句中。事实上，相当普遍的是，它们不仅标记附加语小句，也标记关系小句。我们现在转向关系小句。

12.5 关系小句

在本章开头，我们将关系小句定义为在名词短语中修饰核心名词的小句。[8]仔细观察下面的例子：

（35）[The woman [that I love]ₛ']ₙₚ is moving to Argentina.
我爱的那个女人要搬去阿根廷了。

这个例子说明了关系小句结构的三个基本部分：核心名词（*woman*）、修饰小句（*I love*），以及将修饰小句与核心语连接起来的关系小句标记（*that*）。注意，修饰小句是不完整的：它缺少一个直接宾语，尽管它的动词（*love*）需要一个直接宾语。当然，这个例子可接受的原因是，核心名词被"理解"为 *love* 的宾语。因此，在本例中，核心名词实际上有两种不同的角色：它既是主句的主语，同时又被解读为修饰小句的宾语。

在这一节中，我们将主要关注关系小句的内部结构。前几节中讨论的结构特征在所有从句结构中都有潜在的重要意义，除此之外，还有其他一些只在关系结构中出现的议题。它们包括：修饰小句相对于核心名词的位置；关系小句标记的本质，如果有关系小句标记的话；核心名词在修饰小句内充当的功能，以及这种功能的表示方式。但在我们转向这些结构上的议题之前，让我们简要地讨论一下关系小句的语义功能。

12.5.1　限制性和非限制性关系小句

在（35）中，关系小句的核心语（*woman*）是一个普通名词，可以指称几十亿个个体中的任何一个。修饰小句的功能是确定（希望是唯一的）说话人所指的是哪个特定的女人。这是限制性关系小句的一个典型例子。在这个结构中，NP 作为一个整体，其指称分两个阶段来确定：核心名词指明了所指对象必须归属的类；修饰小句将所指对象的身份限制（或缩小）到该类的特定成员。

并非所有的关系小句都是这样的。非限制性关系小句中，核心名词的所指对象可以独立地识别，小句修饰语只是呈现有关所指对象的附加信息。限制性关系小句和非限制性关系小句的区别如(36)所示。(36a)中,核心语是一个普通名词,表示一般意义上男人的类别。修饰小句用来确定说话人所谈论的是哪个特定的人。而在(36b)中,核心语是一个专有名称;这表明说话人假定听话人已经知道阿尔·卡彭是谁。小句修饰语只是用来提供有关这个人的其他背景信息。

(36) a. **限制性**

The police are looking for [the man who escaped from prison yesterday].

警察正在寻找那个昨天越狱的男人。

b. **非限制性**

The police are looking for [Al Capone, who escaped from prison yesterday].

警察正在寻找阿尔·卡彭,他昨天越狱了。

因此,在限制性关系小句中,如(36a),修饰小句包含旧的或预设的信息,而所指对象的身份是新信息。但在非限制性关系小句中,如(36b),所指对象的身份是旧信息,而修饰小句包含新信息。

在许多语言中,限制性关系小句和非限制性关系小句在语法结构上很少或没有差别,但情况并非总是如此。在英语中,最明显的差别是语调:非限制性关系小句总是用停顿隔开,通常用逗号表示,如(36b),而限制性关系小句不是。另一个差别如(37)和(38)所示。在限制性关系小句中,如(37),修饰小句可以用 *that*、Wh-词或 Ø 引导。但在非限制性关系小句中,如(38),修饰小句必须用 Wh-词来引导;用 *that* 或 Ø 则会使结构不合语法。[9]

(37) a. The woman whom I love is moving to Argentina.

我爱的女人要搬去阿根廷了。

b. The woman that I love is moving to Argentina.

我爱的女人要搬去阿根廷了。

c. The woman I love is moving to Argentina.

我爱的女人要搬去阿根廷了。

（38）a. Mary Martin，whom I dearly love，is moving to Argentina.

我深爱的玛丽·马丁,要搬去阿根廷了。

b. *Mary Martin，that I dearly love，is moving to Argentina.

我深爱的玛丽·马丁,要搬去阿根廷了。

c. *Mary Martin，I dearly love，is moving to Argentina.

我深爱的玛丽·马丁,要搬去阿根廷了。

正如我们已经看到的,专有名称作为核心语出现在非限制性关系小句中是很自然的,但它们在限制性关系小句中就很不自然了。相反,含有 *any*、*every* 或 *some* 等量化词的短语,只能作为限制性关系小句的核心语,不适用于非限制性关系小句:

（39）a. Every student who failed the exam will be asked to repeat the course next year.

每位考试不及格的学生都要求在来年重修这门课程。

b. *Every student，who failed the exam，will be asked to repeat the course next year.

每位考试不及格的学生都要求在来年重修这门课程。

（40）a. Any student who brings cigarettes to school will be sent home.

任何把香烟带到学校的学生都将被送回家。

b. *Any student，who brings cigarettes to school，will be sent home.

任何把香烟带到学校的学生都将被送回家。

（41）a. No one who saw the new James Bond movie liked it.

　　　看过詹姆斯·邦德新电影的人都不喜欢它。

　　b. *No one，who saw the new James Bond movie，
　　　liked it.

　　　看过詹姆斯·邦德新电影的人都不喜欢它。

12.5.2　语序和形态

12.5.2.1　核心外置关系小句

　　在英语中，正如前面所有的例子表明的那样，修饰小句总是跟在核心名词之后。这可能是这些成分在跨语言中最常见的顺序，但肯定不是唯一的可能。许多语言有相反的顺序，修饰小句位于核心名词之前。这两种可能的语序都是核心外置关系小句的例子，即核心名词出现在修饰小句之外，无论在前还是在后。另一种可能的语序，即核心内置关系小句，很少见；下一节将给出一个简明的例子。

　　如果我们在许多不同的语言中考察核心外置关系结构，就会发现修饰小句（在核心名词之前或之后）的位置与该语言其他语序事实之间存在部分相关。动词居首语言（动词在基本陈述句中最先出现，VSO 或 VOS）几乎都有名词后（POSTNOMINAL）〔或后置（POST-POSED）〕关系小句，修饰小句跟在核心名词之后。很多动词居尾（SOV）语言都有名词前（PRENOMINAL）〔或前置（PRE-POSED）〕关系小句，修饰小句位于核心名词之前。（42）中给出的土耳其语例子展示了这种结构〔缩略语 NMLZ 代表名词化标记（NOMINALIZER）〕。[10]但其他动词居尾语言却相反，有名词后关系小句。

（42）［John＝'un　　Mary＝ye　　ver-dig-i］[11]

　　　John＝GEN　　Mary＝DAT　　give-NMLZ-his

约翰＝属格　　玛丽＝与格　　　给-名化-他的

patates＝i　　　yedim.

potato＝ACC　　I.ate

土豆＝宾格　　　我.吃了

'I ate the potato that John gave to Mary.'

我吃了约翰给玛丽的土豆。

(lit.：'I ate the potato of John's giving to Mary.')

(字面意思：我吃的土豆是约翰给玛丽的。)

　　大多数 SVO 语言(包括英语)使用名词后关系小句。其中一些语言也有名词前关系结构,但它们在分布上通常受到更多的限制。我们可以这样来总结这些观察结果,跨语言中,名词后关系小句比名词前关系小句更常见,而且只有在 SOV 语言中,名词前关系小句才是优先选择。

　　除了名词前的语序,(42)中土耳其语的例子和(35—41)中英语的例子之间还有一个重要的区别。在英语关系小句中,修饰小句包含一个常规的定式动词形式,在时和一致上有完整的屈折变化。然而,在土耳其语中,修饰小句内的动词必须名词化;也就是说,它变成了属于 N 范畴的形式。[12] 由于这种变化,修饰小句的主语被标记为领属格,而不是预期中的主格。这种名词前关系小句,具有名词化的动词形式和领属格主语,也见于许多其他的 SOV 语言。

　　修饰小句内动词的另一种常见模式是以分词形式出现。德语中有两种关系小句:一种是包含动词分词形式的名词前关系小句(43a);一种是包含常规定式动词形式的名词后关系小句(43b)。注意,英语也允许分词形式的关系小句,如(43a)的英语译文所示。

(43) a. der　　　[in　　seinem　　Büro　　arbeitende]　　Mann

　　　　the　　　in　　his.DAT　　study　　working　　　　man

定冠词 在　他的.与格 书房　工作　　　　　男人

'the man working in his study'

正在他书房工作的那个男人

b. der　　Mann,〔der in seinem　Büro　arbeitet〕

the　　man　　who in his.DAT　study　works

定冠词 男人　　谁　在 他的.与格 书房　工作

'the man who is working in his study'

正在他书房工作的那个男人

12.5.2.2　核心内置关系小句和相关结构

如上所述,有些语言有核心内置关系小句,其中核心名词出现在修饰小句内部。(44)中的例子来自多贡语(Dogon),这是西非的一种语言。注意,这两个例子中,核心名词〔44a 的"man"(男人),44b 的"woman"(女人)〕*都在修饰小句之内。这两个句子除了修饰小句中动词〔"insult"(侮辱)〕的形式外,是完全相同的,动词形式表明核心名词是主语(如 44b)还是非主语成分(如 44a)。

(44) **多贡语**〔马里,西非,多哥卡方言(Togo Kã dialect);Culy 1990：86〕[13]

a.〔yaa　　　nyɛ　　ãrã　　dɔɛ〕　iye.aga

yesterday woman man　insult　today.morning

昨天　　　女人　　男人　侮辱　　今天早上

Moti　　yei.

Mopti　went

莫普提　去了

---

　　* 原文是"'woman' in 44a, 'man' in 44b",但根据(44a, b)中的英语标注和译文,(44a)的核心名词是"man",(44b)的核心名词是"woman",译文中对此加以校正。——译者注

'The man whom the woman insulted yesterday went to Mopti this morning.'

昨天被那个女人侮辱了的男人今天早上去了莫普提。

b. [yaa　　　nyɛ　　　ārā　　　dɔsã]　　　iye.aga

yesterday　woman　man　insult　　　today.morning

昨天　　　女人　　　男人　　侮辱　　　今天早上

Moti　　　yei.

Mopti　　　went

莫普提　　去了

'The woman who insulted the man yesterday went to Mopti this morning.'

昨天侮辱了那个男人的女人今天早上去了莫普提。

　　另一种相当少见的关系结构是关联(CORELATIVE)结构,它的核心名词同时出现在修饰小句的内部和外部。(45)中的例子来自印地语。[14] 由于这两种结构相对少见,我们不在本书中进一步讨论它们。

(45) Jis　　　aadmi=ka　　kutta　　bemaar　　hai,

which　　man=GEN　　dog　　sick　　　is

哪个　　　男人=属格　　狗　　　生病　　　是

us　　aadmi=ko　　mai=ne　　dekha.

that　man=OBJ　　1sg=ERG　　saw

那　　男人=宾语　　1单=作格　看见

'I saw the man whose dog is sick.'

我看见了那个男人,狗生病了的那个男人。

(lit.: 'Which man's dog is sick, that man I saw.')

(字面意思:哪个男人的狗生病了,我看见的那个男人。)

12.5.3 关系代词与关系小句标记

在讨论(35)时,我们将 *that* 这个词称为关系小句标记。关系小句标记大体上是一种特殊类型的标句词,它标记的是关系小句结构中的修饰小句。在许多语言中(比如汉语和他加禄语),同一个小品词既用作关系小句标记,也用来将其他修饰语和核心名词连接起来。

在(37)中,我们看到英语关系小句并不总是包含 *that*。另一种选择是,如(37a)所示,用一个 Wh-词来引导修饰小句。英语中这种用法的 Wh-词被称为关系代词。关系代词在其他语言中可能来源于疑问词、定冠词或指示词。

我们可以从跨语言的角度来定义关系代词,说它是一种引导修饰小句并将核心名词作为其先行词的回指成分。但是,如果 *that* 和 *whom* 经常可以互换,如(37)所示,我们有什么根据将它们归入不同的范畴呢——一个称为关系代词,另一个称为关系小句标记? 更一般地说,我们为什么要在每种语言中区分这两类成分,我们如何识别它们?

关键的区别在于关系代词是一种特殊类型的代词,即回指NP,而关系小句标记不是。对于关系代词的回指本质,最明显的证据是一致,即关系代词的形式变化取决于核心名词的某些特征(性、数、生命度等)。此外,关系代词通常有格的屈折变化,这是 NP 的属性。相比之下,关系小句标记通常是不变的小品词(不改变词形),很像标句词。如果关系小句标记的词形发生了变化,它们在本质上通常是形态音系的变化,不反映一致或格的特征。

在英语中,正如我们已经注意到的,格和一致在形态上都没有很强的反映。残存的格标记可以在 *who*(主格)、*whom*(与格/宾格)和 *whose*(领属格)之间的选择中观察到,正如(46)中所看到

235

的。[15]生命度的一致决定了 *who*（用于人类）和 *which*（用于非人类）之间的选择，如(47)所示。除(46c，e)外，所有这些例子中，关系小句标记 *that* 都可以代替关系代词，并且没有形式上的变化；它不标记格或一致。

(46) a. the spy who loves me
　　　 爱我的那个间谍

　　　b. the spy who(m) I love
　　　 我爱的那个间谍

　　　c. the spy from whom I bought these documents
　　　 我从他那里买到这些文件的那个间谍

　　　d. the spy who I bought these documents from
　　　 我从他那里买到这些文件的那个间谍

　　　e. the spy whose sister I love
　　　 我爱的人是那个间谍的姐姐/妹妹

(47) a. the professor who/ *which my brother studied under
　　　 我兄弟师从的那位教授

　　　b. the monkey which/??who(m) my brother trained
　　　 我兄弟训练的那只猴子

　　　c. the book which/ *who(m) my brother edited
　　　 我兄弟编辑的那本书

　　关系代词的格和一致特征在其他语言中更为显著。德语提供了一个很明显的例子。德语指示代词〔*der*、*die*、*das* "that one"（那一个）〕也可以用作关系代词。[16]关系代词在性和数上跟核心名词一致，而其格标记表明核心名词在修饰小句内所承载的语法关系。(48)中的例子表明了跟核心名词语法上的性保持一致，而(49)中的例子表明了格标记的变化。[17]

(48) a. der   Mann，   [*den*

the(MASC)   man   who(SG.MASC.ACC)

定冠词（阳）   男人   谁（单.阳.宾格）

Marie   liebt]

Marie   loves

玛丽   爱

'the man whom Marie loves'

玛丽爱的那个男人

    b. die   Frau，   [*die*

the(FEM)   woman   who(SG.FEM.ACC)

定冠词（阴）   女人   谁（单.阴.宾格）

Hans   liebt]

Hans   loves

汉斯   爱

'the woman whom Hans loves'

汉斯爱的那个女人

    c. das   Mädchen，   [*das*

the(NEUT)   girl   who(SG.NEUT.ACC)

定冠词（中）   女孩   谁（单.中.宾格）

Hans   liebt]

Hans   loves

汉斯   爱

'the girl whom Hans loves'

汉斯爱的那个女孩

235   (49) a. der   Reiseführer，   [*der*   uns

the   guide   who(SG.MASC.NOM)   us

定冠词   导游   谁（单.阳.主格）   我们

die   Stadt   zeigt]

the	city	shows
定冠词	城市	展示

'the guide who shows us the city'

带我们参观这座城市的那个导游

b. der　　　　Reiseführer，　　[*dessen*

the	guide	who(SG.MASC.GEN)
定冠词	导游	谁（单.阳.属格）

Adresse	wir	haben	wollen]
address	we	have	want
地址	我们	拥有	想要

'the guide whose address we want to have'

我们想要他的地址的那个导游

c. der　　　　Reiseführer，　　[*dem*

the	guide	who(SG.MASC.DAT)
定冠词	导游	谁（单.阳.与格）

ich	ein	gutes	Trinkgeld	gegeben	habe]
I	a	good	tip	given	have
我	不定冠词	丰厚	小费	给	拥有

'the guide to whom I gave a good tip'

我给了他一笔丰厚小费的那个导游

d. der　　　　Reiseführer，　　[*den*

the	guide	who(SG.MASC.ACC)
定冠词	导游	谁（单.阳.宾格）

ich	Ihnen	empfehlen	kann]
I	you	recommend	can
我	你	推荐	可以

'the guide whom I can recommend to you'

我可以推荐给你的那个导游

12.5.4 关系化策略

如上所述,德语中关系代词的格标记表明了核心名词在修饰小句内所承载的语法关系。[18]这显然是一个非常重要的功能,因为如果我们不理解核心名词和修饰小句之间的语义关系,就无法准确地解释 NP 的意思。但并不是所有的语言都有关系代词,而且有些确实有关系代词的语言(如英语)也允许形成不使用关系代词的关系小句。当关系小句不包含关系代词时,听话人如何确定核心名词的功能呢?

回想一下(35)中的讨论,重复如下,我们注意到包含关系小句的 NP 充当主句的主语。我们也许可以将其称为 NP 的"外部"语法关系。同时,核心名词(*woman*)被理解为修饰小句的宾语。我们将把这种"内部"语法关系称为关系化功能:在修饰小句内指派给核心名词的语法关系。[19]因此(35)中的关系化功能是直接宾语。

(35) [The woman [that I love]$_{S'}$]$_{NP}$ is moving to Argentina.
我爱的那个女人将要搬去阿根廷。

但是,既然关系小句标记 *that* 没有提供线索,听话人又是如何确定关系化功能的呢? 答案与我们先前的观察有关——修饰小句是不完整的:尽管动词 *love* 是及物的,但修饰小句缺少一个直接宾语。修饰小句中这个"缺失"的论元必须是关系化功能。由于修饰小句需要一个宾语才能合语法,所以这种关系必须指派给核心名词。

这种表明关系化功能身份的方法通常被称为空位(GAP)策略,因为唯一的线索是修饰小句中的"空位"或缺失的论元。核心名词被理解为对这个空位的填充。这里重要的不仅仅是空位的出现:英语关系小句无论是否使用关系代词都会包含一个空位,如

(50)所示。关键点在于,关系代词出现时,它至少提供了一些关于关系化功能的信息。没有关系代词时,空位本身就是听话人唯一的线索。这种情况就是我们所说的空位策略。

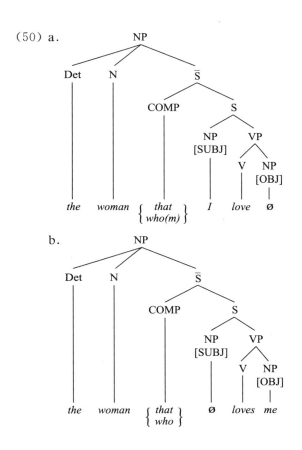

(50) a.

b.

空位和关系代词是两种不同的策略,语言可以用它们来实现相同的目的,即确定关系化功能。第三种常用的策略是代词保留。在这种模式中,关系化功能表现为核心名词的代词"拷贝"(copy)——一个出现在修饰小句内部并与核心名词在性和数上保持一致的规则的人称代词。这个代词拷贝通常被称为复述代词。(51)中的例子来自基南(Keenan 1985:146)。

238

（51）a. **现代希伯来语**

ha-sarim	she-ha-nasi	shalax
the-ministers	REL-the-president	sent
定冠词-部长们	关标-定冠词-总统	派遣

otam	la-mitsraim
them	to-Egypt
他们	到-埃及

'the ministers that the President sent（them）to Egypt'

总统派遣（他们）到埃及的部长们

b. **波斯语**（Persian）

Man	［zan-i	râ	ke	John	be
1sg	woman-the	ACC	REL	John	to
1.单	女人-定冠词	宾格	关标	约翰	给

u	sibe zamini	dâd］	mishenasam.
her	potato	gave	know
她	土豆	给	认识

'I know the woman that John gave the potato to（her）.'

我认识约翰给了（她）土豆的那个女人。

我们已经确定了语言中通常用来表示关系小句内部关系化功能的三种基本策略：(i)空位、(ii)关系代词和(iii)代词保留。[20] 关于这些策略的使用，我们可能会问三个有意思的问题：(a)哪种语言使用哪种策略；(b)在具体语言中可以关系化的特定功能有哪些；以及(c)在允许多种策略的语言中，对某些关系化功能来说，是否有一种策略优先于其他策略？

第二个和第三个问题所引出的议题超出了本书的范围。这里我们只能强调，与这些问题相关的是关系化功能（核心名词在修饰小句内所承载的语法关系),而不是外部语法关系。这一事实需要强调,因为对于语言学初学者来说,它是令人困惑的一个常见缘由。包含关系小句的 NP 的外部语法关系很少有限制;关系小句可以出现在主句中允许"常规"NP 出现的任何地方。但是语言确实对关系化功能及其标记方式设置了一些有意思的限制。

对上面第一个问题的考察,揭示了关系化策略和语序之间一些有意思的关联。空位策略见于所有类型的语言,而且几乎是用于名词前关系小句的唯一策略。关系代词(到目前为止)只见于名词后关系小句。代词保留也几乎只见于名词后关系小句。[21]

12.5.5　无核关系小句与自由关系小句

在第 12.5 节的开头,我们将关系小句结构的基本部分确定为核心名词、修饰小句和(可选的)关系小句标记。现在仔细观察下面他加禄语的名词短语。在每种情况中,(a)例是完整的、常规的关系小句结构,但是相应的(b)例看上去是不完整的。具体来说,(b)例不含核心名词;它们是"无核的"。

(52) a. ang　　mga　　baro＝ng　　binili　　ko　　　　239
　　　　NOM　　PL　　dress＝REL　bought　　by.me
　　　　主格　　复　　裙子＝关标　买　　　被我
　　　　'the dresses that I bought'
　　　　我买的裙子

　　　b. ang　　mga　　Ø　　binili　　ko
　　　　NOM　　PL　　　　bought　　by.me
　　　　主格　　复　　　　买　　　　被我
　　　　'the ones that I bought'
　　　　我买的

(53) a. ang　　babae＝ng　　nagbabasa　　ng＝diyaryo

    NOM   woman＝REL read   GEN＝newspaper

    主格   女人＝关标   阅读   属格＝报纸

    'the woman reading a newspaper'

    正在看报纸的女人

  b. ang   Ø   nagbabasa   ng＝diyaryo

    NOM   read   GEN＝newspaper

    主格   阅读   属格＝报纸

    'the one reading a newspaper'

    正在看报纸的

像(b)例这样的 NP 被称为无核关系小句。它们采用常规的 NP 标记(格、限定词等)并包含一个修饰小句;但是它们缺少核心名词。如果这些修饰小句出现在常规的关系小句中,它们的前面可以有关系代词或关系小句标记。请注意,这些例子的英语译文都包含了一个作为 NP 核心语的代词性成分 *one*,因为英语不允许真正的无核关系小句。对无核关系小句的解释将取决于语境; *the ones that I bought*(我买的东西)可以指衣服、鱼、自行车、股票等等,取决于其前面的话语。但很多时候,无核关系小句用来指人,所以(53b)可以翻译成 *the person reading a newspaper*(正在看报纸的人)。

英语中没有真正的无核关系小句结构。和它最接近的是"自由关系"(free relative)结构,就像 *You can't always get what you want*(你不可能总是得到你想要的东西)。然而,带有形容词修饰语的无核 NP〔*the rich*(富人)、*the poor*(穷人)等等〕是相当常见的,尤其是在电影和书籍的标题中: *The good, the bad, and the ugly*(《黄金三镖客》*); *The naked and the dead*(《裸者与死者》);

---

  * 直译为"好人、坏人和丑恶之人"。——译者注

Lonely are the brave(《自古英雄多寂寞》＊)等等。除了修饰语只是一个形容词而不是完整的小句外,它们与无核关系小句非常相似。

上一段提到的自由关系结构,大体上是一个看起来像实质问句的 NP;(54a)给出了一个例子。自由关系小句很容易被误认为是疑问补足语小句(54b),即间接疑问句,因为二者都以疑问词开头。关键的区别在于,自由关系小句是 NP,通常指事物,如(54a);疑问补足语小句是 S̄,通常指命题(该命题可以回答内嵌的疑问句),如(54b)所示。

(54) a. I don't eat [what he cooks on that old stove]$_{NP}$.

自由关系小句

我不吃他用那个旧炉子烧的东西。

　　 b. I don't know [what he cooks on that old stove]$_{S'}$.

疑问补足语小句

我不知道他用那个旧炉子烧了什么。

回想一下,动词 *know* 选择了一个小句补足语,而动词 *eat* 不是。这意味着(54a)中的内嵌小句不能是补足语小句,它一定是 *eat* 的 NP 宾语。同样,*ask* 选择了一个小句补足语而 *buy* 不是;因此(55a)中的内嵌小句只能是 *buy* 的 NP 宾语。

240

(55)(McCawley 1988:431—432)

　　 a. I'll buy [what he is selling]$_{NP}$.　　自由关系小句

　　　　我要买他正在出售的东西。

　　 b. I'll ask [what he is selling]$_{S'}$.　　疑问补足语小句

　　　　我要问他正在出售什么。

＊ 直译为"勇敢者是孤独的"。——译者注

布雷斯南和格里姆肖(Bresnan & Grimshaw 1978)、麦考利(McCawley 1988)都注意到了这两种结构之间的一些语法差异。[22]只有在自由关系小句中,疑问词才能以 -ever 结尾(56)。只有疑问补足语小句才能外置(57)。只有在疑问补足语小句中,Wh-短语才能包含介词(58)或领属者(59)。而且只有自由关系小句可以触发复数的一致(60)。

(56) a. I'll buy [whatever he is selling].　　自由关系小句
　　　我要买他正在出售的任何东西。

　　b. *I'll ask [whatever he is selling]. 疑问补足语小句
　　　我要问他正在出售的任何东西。

(57) a. *It isn't very popular [what he is selling].

　　　　　　　　　　　　　　　　自由关系小句

　　　他正在出售的东西不是很受欢迎。

　　b. It isn't important [how much he sold].

　　　　　　　　　　　　　　　　疑问补足语小句

　　　他卖了多少并不重要。

(58) a. *I'll buy [to what he was referring].自由关系小句
　　　我要买他提到的东西。

　　b. I'll ask [to what he was referring].疑问补足语小句
　　　我要问他提到的是什么。

(59) a. *I'll buy [whose books he is selling].

　　　　　　　　　　　　　　　　自由关系小句

　　　他正在出售谁的书,我要买。

　　b. I'll ask [whose books he is selling].

　　　　　　　　　　　　　　　　疑问补足语小句

　　　我要问他正在出售谁的书。

(60) a. [Whatever books he has written] haven't/ *hasn't
　　　sold well.　　　　　　　　　　自由关系小句

他写的任何一本书都卖得不好。

b. [What books he has written] hasn't/ *haven't been

established. 　　　　　　　　　　　　　　　　　　疑问补足语小句

他写过什么书,尚未确定。

12.6　结语

我们在本章中讨论的所有结构至少有一个共同点:它们都包含一个嵌入另一个小句的小句。这些内嵌小句可以有几种不同的功能。补足语小句充当其主句动词的论元。状语小句充当主句的附加语。关系小句在 NP 中充当修饰语,并且这个 NP(在大多数情况下)也将在某个更大的小句中充当句法成分。

正如我们在本章开头提到的,从属是句法研究中一个非常广泛且复杂的领域。本章就各类问题提供了一个基本的介绍,这些问题对具体语言中从属结构的初步研究来说可能是非常重要的。在描写这些结构时,我们需要处理它们的内部结构(例如从属动词的形式、标句词的选择、语序的制约、主语 NP 的隐现)。我们还需要处理它们相对于主句的结构关系和功能关系(在更大的句子中的位置,是补足语还是附加语或修饰语,语义功能,等等)。最后,我们应该寻找这些外部特征和内部特征之间的关联。

对于描写关系小句来说,还有一些特征也很重要:核心名词的位置;用于标记关系化功能的策略(最常见的是空位策略、关系代词或代词保留);以及对什么样的语法关系可以被关系化的限制。

实践练习

英语关系小句

找出下列句子中的关系小句。说明每个关系小句是限制性的还是非限制性的,使用了什么样的关系化策略,并确定其关系化

241

功能。

1. Mr. Darcy, whom everyone despises, wants to marry Lizzie, who is universally admired.

2. Mrs. Bennet loves any man who wants to marry one of her daughters.

3. The girl whom Mr. Darcy plans to marry has no hope of an inheritance.

4. Lizzie tried to be polite to the cousin whose proposal she had refused.

5. Mr. Bennet was astonished by the letter that his brother-in-law sent him.

6. Mr. Collins was rejected by the first woman he proposed to.

7. Mr. Collins was accepted by the second woman to whom he proposed.

8. Lizzie is going to marry a man that her relatives can't imagine what she sees in him.

练习

12A. 马来语名词短语

(a)制定一组短语结构规则来解释下列例子;(b)描写你观察到的关系小句模式。使用了什么样的关系化策略?每种策略可能有哪些关系化功能?关于 AP 的分布,你能做出怎样的概括?〔注:语缀 = *nya* 在语法上起到了一般的第三人称代词的作用。符号"... *(X) ..."表示在该例中,X 是必有的。"AV"="主动语态"。〕

1. rumah   itu   besar.

   house   that   big

'That house is big.'

2. rumah　　ini　　sangat　　besar.

　　house　　this　　very　　　big

　　'This house is very big.'

3. baju　　saya　　itu　　terlalu　　kecil.

　　shirt　　1sg　　that　　too　　　small

　　'That shirt of mine is too small.'

4. anak＝nya　　rajin　　　　　dan　　pandai.

　　child＝3sg　　industrious　　and　　clever

　　'His child is hardworking and clever.'

5. anjing　　besar　　itu　　menggigit　　anak　　saya.

　　dog　　　big　　　that　　AV-bite　　　child　　1sg

　　'That big dog bit my child.'

6. anak　　saya　　digigit　　（oleh）　　anjing.

　　child　　1sg　　PASS-bite　　（by）　　dog

　　'My child was bitten by a dog.'

7. anjing　　yang　　menggigit　　anak　　saya　　itu

　　dog　　　REL　　AV-bite　　　child　　1sg　　that

　　'the/that dog which bit my child'

8. anak　　kecil　　yang　　digigit　　（oleh）　　anjing

　　child　　small　　REL　　PASS-bite　　（by）　　dog

　　'the small child who was bitten by a dog'

9. ＊anak　　yang　　anjing　　itu　　menggigit.

　　child　　REL　　dog　　　that　　AV-bite

　　（intended：'the child whom that dog bit'）

10. ＊anjing　　yang　　anak　　saya　　digigit　　（oleh）

　　dog　　　REL　　child　　1sg　　PASS-bite　　（by）

　　（intended：'the dog by which my child was bitten'）

11. rumah   besar

    house   big

    'a big house'

12. *rumah   sangat   besar

    house   very   big

    (intended: 'a very big house')

13. rumah   yang   sangat   besar

    house   REL   very   big

    'a house which is very big'

14. baju   saya   *(yang)   terlalu   kecil   itu

    shirt   1sg   (REL)   too   small   that

    'that shirt of mine which is too small'

243

15. anak   *(yang)   rajin   dan   pandai

    child   (REL)   industrious   and   clever

    'a child who is hardworking and clever'

16. anjing   besar   *(yang)   ganas

    dog   big   (REL)   fierce

    'a big dog that is fierce'

17. gadis   yang   abang=nya   memukul   saya

    girl   REL   older.bro=3sg   AV-hit   1sg

    'the girl whose elder brother hit me'

18. *gadis   yang   saya   memukul   abang=nya

    girl   REL   1sg   AV-hit   older.bro=3sg

    (intended: 'the girl whose elder brother I hit')

19. budak   yang   buku=nya   dicuri   orang

    child   REL   book=3sg   PASS-steal   person

    'the child whose book was stolen by someone'

20. *budak   yang   orang   mencuri   buku=nya

    child   REL   person   AV-steal   book=3sg

（intended：'the child whose book someone stole'）

12B. 葡萄牙语从属结构（Sá Pereira 1948；Ellison et al. 1971）[23]

描写下列例子中的从句模式。

1. O   médico   acha   que   o   homem   está   doente.
   the   doctor   thinks   COMP   the   man   is   sick
   'The doctor thinks that the man is sick.'

2. Sinto   que   ela   esteja   doente.
   1sg.regret   COMP   she   is(SBJNCT)   sick
   'I regret that she is sick.'

3. Sei   que   êle   me   ama.
   1sg.know   COMP   he   me   loves
   'I know that he loves me.'

4. Nego   que   êle   me   ame.
   1sg.deny   COMP   he   me   loves(SBJNCT)
   'I deny that he loves me.'

5. É certo   que   o   Mário já   sabe   dançar.
   is certain   COMP   the   Mario already   knows   to.dance
   'It is certain that Mario already knows how to dance.'

6. É   provável   que   o   Mário   já
   is   likely   COMP   the   Mario   already
   saiba   dançar.
   knows(SBJNCT)   to.dance
   'It is likely that Mario already knows how to dance.'

7. O   João   diz   que   o   pai   dela
   the   John   says   COMP   the   father   of.her
   é   arquiteto.
   is   architect

'John says that her father is an architect.'

8. Espero   que   você goste   dêste restaurante.

1sg.hope COMP you   like(SBJNCT) this restaurant.

'I hope that you like this restaurant.'

9. O   Dr.Campos proíbe que   êles subam

the   forbids COMP they climb(SBJNCT)

ao   Pão   de Açúcar.

to.the bread of sugar

'Dr. Campos forbids them to climb the Sugar Loaf.'

10. Se   eu   fôr   amanhã   ao   Rio,

if   I   go(FUT.SBJNCT) tomorrow to.the Rio

irei   de autómovel.

1sg.FUT.go by car

'If I go to Rio tomorrow, I will go by car.'

11. Quando eu   vier,   falarei   com

when   I   come(FUT.SBJNCT) 1sg.FUT.speak with

ela.

her

'When I come I will speak to her.'

12. Depois que   os   rapazes saírem,

after   COMP the   boys   leave(FUT.SBJNCT)

nós faremos   o   trabalho.

we   1pl.FUT.do the work

'After the boys leave, we will do the work.'

13. Elas   vão   sair   para   que   os   rapazes

3pl.FEM FUT leave for   COMP the   boys

estudem.

study(SBJNCT)

'They (fem.) will leave so that the boys (can) study.'

14. Vou　　　esperar aqui até　 que　 ela volte.

1sg.FUT wait　　 here until COMP she returns(SBJNCT)

'I will wait here until she returns.'

15. Êles　 estavam　 dormindo　 quando　 eu　 os　　 vi.

they　　 were　　　 sleeping　　 when　　 I　　 them　 saw

'They were sleeping when I saw them.'

16. Ela　 veio　　 aos　　 Estados　 Unidos　 para　 visitar

she　 came　 to.the　 States　　 United　 for　 to.visit

a　　 filha.

the　 daughter

'She came to the United States to visit her daughter.'

补充练习

Merrifield et al. (1987) prob. 265, 267, 271, 273, 277, 281, 282, 283, 291

Healey (1990b), ex. F.8, 9, 10, 11, 14

注释

1. 例如,英语中有些动词带两个 NP 宾语(OBJ 和 OBJ$_2$)和一个小句补足语:Henry bet [his cousin] [ten dollars] [that Brazil would win the World Cup](亨利和他的表兄赌十美元:巴西会赢得世界杯)。因为英语中没有动词带三个 NP 宾语,所以在这个例子中,补足语小句的 GR 是什么并不清楚。也有人认为,在某些语言中,承载 OBJ 关系的小句补足语与不承载 OBJ 关系的小句补足语具有不同的语法属性,尽管它们可以出现在相同的短语结构位置中。但是,这些问题超出了本书的范围。　　　　　　　　　　　245

2. 见第 13 章对名词化的讨论。

3. 这里只提到了每个主句动词最主要的用法。当然,许多动词都有不止一种意义。因此 *say* 可以用作影响义动词,如 *John says to meet him in the*

library（约翰要在图书馆见他）。同样，*persuade* 也可以用作言说义动词，如 *Arthur persuaded me that he was innocent*（亚瑟说服了我，他是无辜的），等等。

4. 见克勒格尔（Kroeger 2004）第 5 章对这些结构的详细讨论。

5. 如第 4 章第 4.3.1 节所提到的，当句子的主语本身是 Wh-词时，这就不适用了，如（20c）。

6. 见克勒格尔（Kroeger 2004）第 5 章，论证了像（28b）和（29b）中那样的分词附加语实际上是小句，尽管它们不包含主语 NP。

7. 埃蒙茨（Emonds 1976：172ff）和雷德福（Radford 1988：134—137）为这种分析提供了更多的支持。麦考利（McCawley 1988：191）也采用了这种分析，同时还引用了耶斯佩森（Jespersen 1924：89）。

8. 注意：许多作者用"关系小句"这个术语来指包含小句修饰语在内的整个 NP，也包括核心名词。在本书中，"关系小句"这个术语仅指小句修饰语（或"修饰小句"，如下一段所示）；而包含关系小句在内的 NP 被称为"关系小句结构"。

9. 这些差异比克福德（Bickford 1998：332）也有讨论。有关英语限制性和非限制性关系小句的这些差异以及其他一些语法差异的更详细的讨论，见麦考利（McCawley 1988：417—432）。

10.（42—43）和（45）来自基南（Keenan 1985），本节中的许多类型学概括也是如此。

11. 名词化动词上的领属者一致标记 *-i* 跟领属格主语的人称和数保持一致，就像土耳其语名词短语中被领属名词跟其领属格领属者保持一致一样。

12. 我们将在第 13 章中更详细地讨论这一类型的形态过程。

13. 感谢克丽丝·卡利（Chris Culy）对这些例子的讨论。

14. 正如基南（Keenan 1985：164）指出的，严格来说，这些例子并不是关系小句，因为限制性小句不是名词短语中的修饰语。但在其他语言中，它们具有与关系小句相同的功能。

15. *whom* 这一形式现在很少用于非正式的会话。当关系化功能是直接宾语时（46b），它是可选的；只有当它跟在介词后面时，才是必有的，如（46c）。

16. 除了与格复数和所有的领属格形式中要添加 *-en* 之外，德语指示代词在形式上都跟定冠词相同；领属格的例子见于（49b）。

17. (48)改编自基南(Keenan 1985:149),例(49)取自斯特恩和布莱勒 (Stern & Bleiler 1961:46—47)。

18. 这是关系代词常规的格标记模式。然而,有些语言(如拉丁语)中,关系代词的格标记体现的却是外部语法关系,即包含关系小句的 NP 在更大的句子(主句)中被指派的语法关系。

19. 其他一些作者使用关系化位置(RELATIVIZED POSITION)这个术语来表达我们这里所说的关系化功能。我们创造一个不同术语的目的是,强调我们主要关注语法关系,而不是短语结构中的位置。

20. 关系小句标记既可以与空位策略共现,也可以与代词保留策略共现。 246 关系小句标记的使用并不是一种不同的策略,因为关系小句标记本身没有提供关于关系化功能的任何信息。

21. 基南(Keenan 1985:149)引用汉语作为这种概括已知的唯一反例。

22. (55—57)改编自麦考利(McCawley 1988:431—432)。

23. 感谢罗萨莉亚·杜特拉(Rosalia Dutra)对这些例子的细微改进。她指出,根据最新的拼写改革,这里显示的一些变音符号将不被使用,但我们选择保留已出版的原始资料中的拼写。

第 13 章

派生形态

仔细观察(1a，b)中的词，所有这些词都包含 *believe* 这个词外加至少一个其他的语素。直觉上，我们可能说(1a)中的例子的确是同一个词的不同形式，而(1b)中的形式实际上是不同的词，它们都由 *believe*"派生"而来。

(1) 词基：*believe*（相信）
　　a. *believe-s*〔相信（现在时）〕，*believe-d*〔相信（过去时）〕
　　b. *believ-er*（相信者），*un-believ-abl*e（难以置信的）

这种直觉的基础是什么？一个明显的因素是，(1b)中的词与 *believe* 属于不同的句法范畴：第一个是名词；第二个是形容词。另一方面，(1a)中的词都是动词，和 *believe* 一样。另一个重要的因素是，(1b)中词的意义在某种程度上不同于 *believe* 的意义。在定义(1b)中的形式时，我们需要添加一些额外的意义成分："a *believer* is a person who believes"（相信者是相信的人）；"something which is *unbelievable* is difficult or impossible for us to believe"（难以置信的事，是很难或者不可能让我们相信的）。但(1a)中形式的意义在本质上和词基形式（*believe*）是一样的[1]。这些形式中的后缀只是添加了关于特定形式在什么时候适合使用的信息。例如，"*believes* 描述的是现在的时间，而 *believed* 指的是过去的某个时间"。

表达这种差异更精确的方式是说 *believe*、*believes* 和 *believed* 都是同一个词位的形式，而 *believer* 和 *unbelievable* 是不同的词位。在 13.2 节中，我们将对词位这个术语给出更细致的解释，但直觉上它是指单个词项的所有"变体形式"。

（1a）中展现的这种词缀添加通常被称为屈折形态；而（1b）中的则被称为派生形态。这些术语的基本定义是：派生形态将一个词（或词位）变成另一个，而屈折形态创造出同一个词位的不同形式。我们将在 13.2 节中对这个定义进行更多的讨论，而在 13.3—13.4 节中，我们将讨论来自许多不同语言的各种派生词缀。但首先我们需要介绍一些其他的术语。

248　13.1　词干、词根和复合

在第 2 章中，我们讨论了两类语素之间的区别，即词根和词缀。例（1）中所有的词都具有相同的词根，即 *believe* 这个语素。但我们已经指出，一些包含这个词根的形式〔（1a）中的那些〕属于相同的词位，而其他的（1b）则不是。能够指出一个词的一部分为给定词位的所有形式所共有，这通常是有帮助的。这个单位一般被称为词干。

词干是一个词中不包含屈折形态的部分；它由词根加上任何的派生形态所组成。所以，虽然一个词根总是一个语素（根据定义，是非词缀的语素），但一个词干可能由一个或多个语素组成。如果一个给定的词同时包含派生和屈折形态，那么词根、词干和词都是不同的（2a）。如果一个词不包含屈折形态，那么词干和词是相同的（2b）。如果一个词没有添加任何词缀，那么词根、词干和词都是相同的（2c）。

（2）	词	词干	词根
a.	civil-ize-d	civil-ize	civil
	文明的	使文明	国民的
	organ-iz-ation-s	organ-iz-ation	organ
	组织（复数）	组织	机构

b. soft-en　　　　　soft-en　　　　　soft

软化　　　　　　　软化　　　　　　　柔软的

Marx-ist　　　　　Marx-ist　　　　　Marx

马克思主义者　　　马克思主义者　　　马克思

c. cat　　　　　　　cat　　　　　　　cat

猫　　　　　　　　猫　　　　　　　　猫

Mississippi　　　　Mississippi　　　　Mississippi

密西西比河　　　　密西西比河　　　　密西西比河

如果词根或词干不能在没有附加词缀的情况下单独出现,就被称为黏着;而自由形式是指可以作为一个独立的词出现的形式。在英语中,由于屈折形态相对较少,所以大多数词根和词干都是自由的,如(2)所示。(3)中给出了一些可以被分析为黏着词根的例子。

（3）a. *culp＋-able→culpable（难辞其咎的）

b. *cran＋berry→cranberry（蔓越莓）

c. re-＋*cline→recline（斜靠）

包含一个以上词根的词干被称为复合。复合可以认为是派生形态的一种特殊类型[2]。有时,很难区分一个复合词(包括一个复合词干的词)和一个短语(即两个或多个独立的词的组合)。下面有一些可以帮助我们来识别复合词的标准:

（i）一个复合词通常只包含一个主重音。但是,在一个短语中,每个词都包含它自己的重音(注意,英语拼写并不总是可靠的指南)。

（4）**复合词**　　　　**短语**

hótdog　　　　　hòt dóg

热狗　　　　　　热的狗

bláckboard	blàck bóard
黑板	黑的木板
cóldcream	còld créam
润肤霜	冷的奶油
shórtstop	shòrt stóp
游击手	短暂的停留
búll's-eye	bùll's éye
靶心	公牛的眼睛
bútterfly	
蝴蝶	
púnching bag	
吊袋	
rúnning shoe	
跑步鞋	
láughing gas	
笑气	

(ii) 在复合词中,词根原来的意义可能会丢失。例如,*hotdog*(热狗)不是一只狗,而且它可以是冷的(或者甚至是冷冻的);*blackboard*(黑板)可能是绿色的,等等。但是在短语中,每个词都保留了它原来的意义;所以 *hot dog*(热的狗)必须既是热的又是狗。

(iii) 在短语中,每个独立的词都可以带上它正常范围内的词缀(5b)。然而,在英语中,一般不能给复合词的第一个词根添加额外的后缀,只能将复合词作为一个整体来添加后缀(5a)[3]。

(5) a. doghouse   *dogs-house   doghouses   狗窝

rat-trap   *rats-trap   rat-traps   捕鼠器

mousetrap   *mice-trap   mousetraps   捕鼠器

blackboard	*blackest-board	blackboards	黑板
coldcream	*colder-cream	coldcreams	润肤霜
babysit	*babies-sit	babysitter， babysitting	临时保姆， 代人临时 照看孩子
runway	*running-way， *runner-way	runways	跑道
jack-knife （＝pocket knife）	*jack's-knife	jack-knife's， jack-knives	折刀

b. The *blackest board* is the one you should use.

最黑的那块板是你应该使用的。

Colder cream would be easier to whip.

较冷的奶油更容易搅拌。

I just found *Jack's knife* by the side of the road.

我刚刚在路边发现了杰克的刀。

（iv）短语中的词通常可以通过在它们之间插入一个或多个其他的词来将它们分开。这对于复合词来说是不可能的。如果有任何其他的词将复合词中的两个成分分开，复合词的意义就没有了，如(6)所示。

（6）a. I watched a *butterfly* out the window.

我看见窗外有一只蝴蝶。

I watched my *butter* suddenly *fly* out the window.

我看见我的黄油突然飞出了窗外。

b. I'll have a skinless *hotdog* with mustard and onion.

我要一个去皮的、加芥末和洋葱的热狗。

I'll have a *hot*, skinless *dog* with mustard and onion.

我要一只热的、去皮的、加芥末和洋葱的狗。

250 ## 13.2 区分屈折和派生的标准

在本章开头,我们介绍了屈折和派生之间的差异,说的是派生形态把一个词位变成另一个,而屈折形态创造出同一个词位的不同形式。这个说法充分体现了人们对这些术语的基本直觉。然而,作为一个定义它不是很有用,除非我们有一种可靠的方式来确定包含相同词根的两个词是不同的词位还只是同一词位的不同形式。如果我们没有任何独立的标准来指导我们做出这个判断,这个定义就变成了循环论证。

为了摆脱这个循环,让我们采取一种不同的方法。我们从词干的概念开始,这在上一节中已经介绍过了。一个词的词干由该词的词根以及该词所包含的所有派生词缀组成,但不包含屈折词缀。如上所述,如果两个词具有相同的词干,我们可以说它们是同一词位的不同形式。

根据这种方法,如果我们有某种独立的方法来区分屈折和派生,就可以明确定义词干和词位这些术语。我们必须立即指出,这是一项非常困难的任务,因为某些词缀不完全符合其中的任何一类。有些学者根本不认为有可能做出这样的区分。然而,我们可以确定一些典型的屈折形态属性以及另一些典型的派生形态属性,正如这些术语传统上所使用的那样。这些属性允许我们根据两种原型(PROTOTYPE)之间的差异来描写屈折和派生的区别。大多数语言中的大部分词缀都可以根据它们与哪个原型共有的属性最多来归入一类或另一类。

这里是定义两种原型的一些属性[4]:

a. 派生形态可能改变一个词的句法范畴(词类),因为它实际上创造了一个新的词项。但是,屈折形态一般不会改变句法范畴。[5]正如我们上面提到的,派生后缀 *-able* 把动词 *believe* 变

成形容词 *believable*，而屈折形式 *believes* 和 *believed* 仍然是动词。

b. 派生形态通常有"词汇"语义内容，即与独立词的意义相似的意义〔*X-er*："person who Xes"（X 的人），*X-able*："able to be Xed"（能够被 X 的），等等〕。另一方面，屈折形态通常只有语法意义（复数、过去时等等）。

c. 屈折形态在语义上是规则的，例如，英语中的复数标记 *-s* 总是表示复数。派生形态可能有不同的语义内容，这取决于具体的词基形式：*sing-er* 是唱歌的人；*cook-er* 是烹饪食物的工具；*speak-er* 要么是说话的人，要么是放大声音的装置；*hang-er* 是用来挂东西的钩子或其他装置。

d. 屈折形态可能是，而且通常是由句法决定的；但派生形态就不是这样了。[6]因此，如果一个具体的形态标记只在特定的句法环境中被要求或允许，它很可能是屈折的。例如，英语中的现在时动词必须在人称和数上跟它们的主语一致。标记这种一致的后缀（*-s*）是屈折的，因为它必须出现在某些句法环境中（如 7b），并且不能出现在其他句法环境中（如 7a）。

(7) **第三人称单数现在时 *-s*：**

　　a. *We all likes Mary a lot.

　　　　我们都很喜欢玛丽。

　　b. *John like Mary too.

　　　　约翰也喜欢玛丽。

英语有丰富的派生形态，但屈折范畴相对较少。其他一些例子包括名词的复数（*-s*）和动词的两种分词形式（*-ing* 和 *-en*）。在这两种情况中，某些句法环境要求屈折形式（如 8a，9a），而另一些则不允许（如 8b，9b）。

（8）**复数 -s**：

a. *My three cat are sick.

我的三只猫病了。

b. *This cats is really sick.

这只猫真的病了。

（9）**过去分词 -en**：

a. *John has eat my sandwich.

约翰已经吃了我的三明治。

b. *The tiger eaten John before we could save him.

老虎吃掉了约翰，我们没来得及救他。

没有句法环境要求一个形容词以 -able 结尾。包含这个后缀的词可以跟任何其他形容词出现在相同的位置，如(10)所示。这正是我们所预计的，根据我们先前的结论 -able 是一个派生词缀。

（10）a. Forsythe's latest novel is very good/long/readable.

福赛斯最新的小说很好/很长/很容易读。

b. Mary's silly/wild/unbelievable story failed to convince her mother.

玛丽愚蠢的/胡乱的/难以置信的故事未能说服她的母亲。

e. 屈折形态通常是高度能产的（PRODUCTIVE），意思是它适用于适当范畴中大多数或所有的词。派生形态通常只适用于某些特定的词；有些派生词缀比其他派生词缀更能产。

当我们在这个意义上说"能产性"时，我们想到的是语法和语义模式，而不是音系规律。例如，英语中几乎每个动词都因过去时而发生屈折变化。然而，有许多不同的音系过程可以用来标记这一屈折范畴：

252

（11）bake（烤）　　　baked

　　　stretch（伸展）　stretched

　　　catch（抓住）　　caught

　　　buy（买）　　　　bought

　　　think（想）　　　thought

　　　drink（喝）　　　drank

　　　sing（唱）　　　　sang

　　　run（跑）　　　　ran

　　　go（去）　　　　went

　　　is（是）　　　　was

　　　hit（打）　　　　hit

　　因此,过去时是能产的,但在音系上是不规则的。将这种情况与 -ize 这样的派生词缀实例进行对比。这个后缀在英语中实际上是相当能产的,在许多新词中使用〔例如:digit-ize（数字化）、Viet-nam-iz-ation（越南化）〕。但是,即便如此,仍有大量名词和形容词不能带这个后缀。例如,我们可以通过给某物涂上橡胶液来使其上胶（rubberize）;但是当我们给某物涂上巧克力或糖时,我们不会说 *chocolatize 或 *sugarize。同样,我们说 hospitalize（住院）,但不说 *prison-ize〔比较: im-prison（监禁）〕;我们说 legalize（合法化）、formalize（正式化）、publicize（宣传）、privatize（私有化）等,但不说 *good-ize（表示"改善"）或 *big-ize（表示"扩大"）。

　　f. 屈折形态通常以词形变化表来组织,而派生形态则不是。词形变化表可以定义为包含特定语法特征所有可能值的形式集。例如,(12)中的表格显示了芬兰语主语一致的词形变化表。表中六种动词形式只在人称和数的范畴上不同;时、语态和语气的范畴保持不变。每种可能的人称和数的组合都用一个后缀来表达,没有动词包含一个以上的这类后缀。这表明属于同一词形变化表的词缀(通常)是相互排斥的(即它们不能共现)。

（12）**芬兰语"支付"（"to pay"）、现在时、主动语态、直陈语气**
（Aaltio 1964：34）

人称	单数	复数
1	maksa-n	maksa-mme
2	maksa-t	maksa-tte
3	maksa-:	maksa-vat

253　　　g. 混合语素〔即单个词缀同时标记两个或多个语法范畴，如
（12）中芬兰语的人称—数后缀〕通常涉及屈折范畴。派生很少用
混合形式来标记。

　　h. 屈折词缀通常附加在派生词缀的"外部"（即比派生词缀离
词根更远），如：*class-ify-er-s*、*national-ize-d*。

　　i. 在同一个词中，有些派生过程可以应用两次，但每种屈折范
畴只标记一次。

　　这些标准总结在（13）中：

（13）

	派生	屈折
范畴改变	经常	一般不会
词形变化表	否	是
能产性	有限的和多变的（词汇上特定的）	高能产性
意义类型	通常是词汇义	通常只有语法义
语义规律性	通常无法预测（约定俗成的）	规律
限于特定句法环境	否	是
位置	中间（靠近词根）	外围（靠近词的边缘）
混合形式	很少	经常
可重复？	有时	从不

13.3　派生过程的实例

世界各地派生词缀的意义范围非常广泛,我们不打算在这里给出一个全面的评述。如上所述,派生形态可能会触发句法范畴、意义或(经常是)二者的变化。让我们依次说明每种可能性。

13.3.1　范畴改变,意义不变

正如第 3 章所讨论的,不同的词类通常与不同的语义类型相关:动词通常表达事件、形容词通常表达状态,等等。因此,改变词的句法范畴的派生过程一般也涉及某种语义效应。但是也有可能找到一些范畴变化过程的例子,似乎并不涉及任何显著的意义变化。

也许这类过程中最常见的是抽象名词的构造,这在(14)中用马来语的材料来说明。将属于某个其他范畴的词根或词干派生为名词的过程,如(14),被称为名词化。触发这种变化的词缀被称为名词化标记。注意,(14)中的名词化词缀实际上是一种环缀(见第 16 章):*ke-...-an*。当这个名词化标记与形容词词根结合时,就构成了一个名词,表示该形容词所指的状态或特征。当它与动词词根结合时,就构成了一个名词,表示该动词所指的事件或过程。

254

(14) 马来语中抽象名词的构造

词根		派生形式	
baik	'good' 好的	kebaikan	'goodness, kindness' 善良,好意
bébas	'free' 自由的	kebébasan	'freedom' 自由

cantik	'pretty'	kecantikan	'beauty'
	漂亮的		美丽
bersih	'clean'	kebersihan	'cleanliness'
	干净的		清洁
miskin	'poor'	kemiskinan	'poverty'
	贫穷的		贫穷
mati	'dead; to die'	kematian	'death'
	死的;死		死亡
hidup	'(to be) alive'	kehidupan	'life'
	活着		生命
lahir	'be born'	kelahiran	'birth'
	出生		出生
boléh	'can, may'	keboléhan	'ability'
	可能		能力
menang	'to win'	kemenangan	'victory'
	获胜		胜利
tiba	'to arrive'	ketibaan	'arrival'
	到达		到达
naik	'to ascend'	kenaikan	'ascent'
	上升		上坡

派生词缀(通常)只改变其词基句法范畴的另一个例子是英语后缀 -ly,它可以用来将形容词派生为副词,而很少有或没有意义上的变化:

(15) **英语的副词化**

形容词词根　　　　　**派生副词**

happy　　　　　　　happily

快乐的　　　　　　　快乐地

sad	sadly
悲伤的	悲伤地
cautious	cautiously
谨慎的	谨慎地
careless	carelessly
粗心的	粗心地
quick	quickly
快的	快地
slow	slowly
慢的	慢地
rash	rashly
轻率的	轻率地
brave	bravely
勇敢的	勇敢地
timid	timidly
胆小的	胆小地

13.3.2　意义改变，范畴不变

许多语言都有小称词缀，它们附加在名词词干上表示小的意思。德语有几个小称后缀。例如：*-lein*，用于 *Buch*（书），是 *Büchlein*（小册子）；用于 *fisch*（鱼），是 *fischlein*（小鱼）；用于 *Bach*（溪流），是 *Bächlein*（小溪、细流）。最能产的小称词缀是 *-chen*，用于 *Haus*（房子），是 *Häuschen*（小屋、附属建筑物）；用于 *Teil*（部分），是 *Teilchen*（颗粒）；用于 *Horn*（角），是 *Hörnchen*（小牛角面包、新月面包）。对某些词根而言，任何一种后缀都是可接受的，例如：*Nagel*（钉子），*Nägelchen* 或 *Näglein*（图钉）；*Vogel*（鸟），*Vögelchen* 或 *Vöglein*（小鸟）。小称经常用来表示喜爱，而不是体积小，如用于 *Frau*（女人、妻子），是 *Frauchen*（亲爱的妻

255

子）；用于 *Hut*（帽子），是 *Hütchen*（漂亮的帽子）；用于 *Hund*（狗），是 *Hündchen*（可爱的狗）〔比较：*Hündlein*（小狗）〕。[7]

　　葡萄牙语中表示小称和大称（AUGMENTATIVE）的后缀都有。最常见的小称后缀是 *-inho*（阴性形式 *-inha*），用于 *flor*（花），是 *florzinha*（小花）；用于 *bandeira*（旗帜），是 *bandeirinha*（三角旗）；用于 *café*（咖啡），是 *cafèzinho*（浓而甜的小杯咖啡）；以及2002 年世界杯冠军巴西队的两位著名队员，*Ronaldo*（罗纳尔多）和 *Ronaldinho*（小罗纳尔多）。最常见的大称后缀是 *-ão*（阴性形式 *-ona*），如用于 *sapato*（鞋子），是 *sapatão*（大鞋子）；用于 *mulher*（女人），是 *mulherona*（大女人）；用于 *caixa*（箱子），是 *caixão*（大箱子、棺材）；用于 *casa*（房子），是 *casarão*（大房子）。这个小称后缀可以加在名词和形容词上来表达喜爱、温柔或赞赏〔例如：*bonita*（漂亮），*bonitinha*（非常漂亮）〕，而这个大称后缀可以在带有滑稽或轻蔑的意图时使用。[8] 在所有这些用法中，词基形式的范畴保持不变。

　　在穆纳语（马来—玻利尼西亚语系；苏拉威西，印度尼西亚）中，小称义通过添加前缀 *ka-* 加上重叠形式来表达：*kontu*（石头），*ka-kontu-kontu*（小石头）；*wale*（棚屋），*ka-wale-wale*（小棚屋）；*tomba*（篮子），*ka-tomba-tomba*（小篮子）；*kabhawo*（山），*ka-kabha-kabhawo*（小山）。[9]

　　词缀改变词义但不改变词基形式范畴的另一个例子是英语前缀 *re-*。这个前缀添加在义为"to do X"（做 X）的动词上，产生一个义为"to do X again"（再一次做 X）的新动词。例子包括：*re-state*（重申）、*re-position*（重新放置）、*re-consider*（重新考虑）、*re-align*（重组）、*re-calibrate*（重新校准）、*re-negotiate*（重新谈判）、*re-open*（重开）、*re-appear*（重新出现）、*re-apply*（for a job）〔重新申请（一份工作）〕、*re-hire*（重新雇用）、*re-capture*（重新抓获）、*re-tune*〔重新调音（例如吉他）〕，等等。[10] 英语中还有一个类似的例子是前缀 *mis-*，意为"to do wrongly"（做错）。例子包括：*mis-*

represent（曲解）、*mis-state*（谎报）、*mis-calculate*（误判）、*mis-interpret*（误解）、*mis-use*（误用）、*mis-handle*（处理不当），等等。

在英语中，前缀 *un-* 有两种不同的用法，二者都包含一种否定义。它可以附加在义为"X"的形容词上产生义为"not X"（不 X）的新形容词，或者更准确地说，是"the opposite of X"（X 的反义词）〔*un-happy*（不开心的）、*un-lucky*（不幸的）、*un-clear*（不清楚的）、*un-welcome*（不受欢迎的）、*un-well*（不舒服的）、*un-likely*（不太可能的）、*un-tidy*（不整洁的）、*un-certain*（不确定的）、*un-sym-pathetic*（不表示同情的），等等〕。它也可以附加在义为"Y"的动词上产生义为"reverse the process or undo the effect of Y-ing"（逆转 Y 的过程或使 Y 的影响无效）的新动词〔*un-zip*（拉开拉链）、*un-tie*（解开）、*un-wrap*（拆开）、*un-seat*（罢免）、*un-leash*（释放）、*un-dress*（脱衣服）、*un-ravel*（拆散）、*un-load*（卸货），等等〕。

注意，前缀 *re-* 和 *mis-* 保留了词基形式的论元结构和次范畴化。派生动词 *re-appear* 是不及物动词，因为词基形式 *appear* 是不及物动词。派生动词 *mis-interpret* 是及物动词，因为词基形式 *interpret* 是及物动词。[11] 在下一章中我们将讨论广泛见于各种语言的一类非常重要的动词词缀，它确实改变了论元结构和/或次范畴化。其中一些"变价操作"显然是派生的，例如（大多数语言中的）致使。但其他的就很难归入屈折或派生了，它们具备每种类型的一些属性。

13.3.3 范畴改变，意义也变

如上所述，大多数派生形态涉及范畴和意义二者的改变。本节讨论几个有代表性的例子。

13.3.3.1 名词化

由动词派生而来的名词被称为动转名词。除了像(14)中那样

表示事件本身的抽象动转名词之外,许多语言都有名词化标记,表示事件的具体参与者或方面:施事、受事、工具、处所、方式、原因,等等。下列例子对其中的一些进行了说明。

　　注意,(16)和(17)中的马来语例子使用了相同的前缀,即 *peN-*,但意义不同(这里的 *N-* 代表鼻音,它会根据其环境而发生变化,也可能触发其后辅音的变化。见第15章对这些问题的讨论)。不同语言中施事名词和工具名词使用相同的名词化标记一点儿也不罕见;举例来说,这种模式见于荷兰语、英语、法语、意大利语和一些马来—玻利尼西亚语言。[12]

（16）马来语施动者名词化

词根		派生形式	
tulis	'write' 写	penulis	'writer' 作家
bantu	'help' 帮助	pembantu	'helper' 帮手
nyanyi	'sing' 唱	penyanyi	'singer' 歌手
pimpin	'lead' 带领	pemimpin	'leader' 领导者
dengar	'hear' 听	pendengar	'listener' 听者
pohon	'request, apply' 请求,申请	pemohon	'applicant' 申请人

（17）马来语工具名词化

词根		派生形式	
gali	'to dig' 挖	penggali	'spade, shovel' 铁锹,铁铲

sapu	'to sweep'	penyapu	'broom'
	扫除		扫帚
tapis	'to filter'	penapis	'a filter'
	过滤		过滤器
cukur	'to shave'	pencukur	'razor'
	剃		剃刀
tuai	'to harvest（rice）'	penuai	'harvesting knife'
	收割（稻谷）		收割刀

前缀 *peN-* 还有另一种用法。它可以添加到动词或形容词的　257
词根上，派生出一个表示人或事物的名词，该名词的特征表现为词
根所指的属性，如(18)所示。

（18）马来语特征名词化

词根		**派生形式**	
malas	'lazy'	pemalas	'lazy person'
	懒惰的		懒人
takut	'afraid'	penakut	'coward'
	害怕的		懦夫
jahat	'bad, wicked'	penjahat	'bad person'
	坏的，邪恶的		坏人
besar	'big'	pembesar	'big-shot, dignitary'
	大的		大人物，显贵
diam	'quiet'	pendiam	'quiet person'
	安静的		安静的人
malu	'shy'	pemalu	'shy person'
	害羞的		害羞的人
mabuk	'drunk'	pemabuk	'drunkard'
	喝醉的		醉汉

lupa	'forget'	pelupa	'forgetful person'
	健忘的		健忘的人

卡罗巴塔克语(Karo Batak)(马来—玻利尼西亚语系,苏门答腊北部)有两种从动词派生出"对象名词"(object nominals)的不同方式,即名词化成分表达动词所指动作的受事或产物。其中最能产的是添加后缀-(e)n,如(19a)所示。但是,某些词根要使用中缀-in-(19b)。[13]

(19) **卡罗巴塔克语对象(受事或产物)名词化**

a. 后缀 -(e)n

词根	派生形式
baba	baban
'to carry'	'load,burden'
搬	负荷,负担
inem	inemen
'to drink'	'a drink,beverage'
喝	饮品,饮料
tangko	tangkon
'to steal'	'stolen goods'
偷	被偷物品
bagi	bagin
'to divide'	'portion,share'
划分	部分,份额
turi-turi	turi-turin
'to tell,relate'	'story'
讲述,叙述	故事
kundul(-i)	kundulen
'sit(on)'	'something to sit on'
坐	用来坐的东西

tawa(-i)　　　　　tawan

'laugh（at）'　　　'laughing stock'

笑　　　　　　　　笑柄

b. 中缀 -in-

词根　　　　　　**派生形式**

suan　　　　　　　sinuan

'to plant'　　　　 'crops'

种植　　　　　　　农作物

tepa　　　　　　　tinepa

'to create'　　　　'creation，thing created'

创造　　　　　　　作品，被创造的事物

tangger　　　　　tinangger

'to cook'　　　　 'something cooked'

烹调　　　　　　　被烹调的事物

salsal(-i)　　　　 sinalsal

'to shine（on）'　 'rays，beams，glow'

照耀　　　　　　　光线，光束，光辉

gemgem　　　　　ginemgem

'to rule'　　　　　'subjects；those ruled'

统治　　　　　　　臣民；那些被统治的

jujung　　　　　　jinujung

'carry on head'　 'personal spirit'[14]

顶在头上　　　　　个体灵魂

　　作为动转名词化的最后一个例子，例(20)展示了卡罗巴塔克语中表示事件发生地的名词是如何派生的。注意这里使用的两种不同的"环缀"（见第 16 章）：*peN-X-(e)n*（大多用于及物动词词根）和 *per-X-(e)n*（用于不及物动词词根）。

258　　（20）**卡罗巴塔克语处所名词化**

词根	派生形式
tutu	penutun
'to pound(e.g. rice)'	'pounding place'
舂（例如稻米）	舂米的地方
suan	penuanen
'to plant'	'place to plant'
种植	种植的地方
kirah(-ken)	pengkirahen
'to dry (clothes)'	'place for drying clothes'
晾干（衣服）	晾干衣服的地方
cinep	percinepen
'to perch'	'a perch'
栖息	栖息地
ridi	peridin
'to bathe'	'bathing place'
沐浴	沐浴的地方
(er-)cidur	perciduren
'to spit'	'spitoon'
吐痰	痰盂
(er-)burih	perburihen
'wash fingers	'fingerbowl'
before eating'	洗指钵
进食前清洗手指	

13.3.3.2　动词化标记

动词化是由其他范畴的词根或词干派生出动词的过程。例
(21)显示了马来语中始动体形式（表变成义的不及物动词）的派

生,大部分由形容词词根派生而来。

(21) 马来语始动体

词根		派生形式	
besar	'big'	membesar	'to grow'
	大的		长大
kuning	'yellow'	menguning	'turn yellow'
	黄色的		变黄
pucat	'pale'	memucat	'turn pale'
	苍白的		变得苍白
tinggi	'high'	meninggi	'rise high'
	高的		升高
batu	'stone'	membatu	'petrify (become stone)'
	石质的		石化(变成石头)

例(22)说明了由名词词根派生出动词的过程。动词 *ber-X*(此处 X 是一个名词)可以有许多不同的意义,包括使用 X,拥有 X,或生产 X。

(22) 马来语表使用、拥有、生产等义的动词

词根		派生形式	
buah	'fruit'	berbuah	'to bear fruit'
	水果		结出果实
telur	'egg'	bertelur	'lay an egg'
	鸡蛋		孵蛋
topi	'hat'	bertopi	'wear a hat'
	帽子		戴帽子
sekolah	'school'	bersekolah	'go to school'
	学校		上学

nama	'name'	bernama	'to be named'
	名字		被命名
kuda	'horse'	berkuda	'ride a horse'
	马		骑马

13.3.3.3 形容词化标记

德语和葡萄牙语都有几个能将动词词干或名词派生为形容词的后缀。(23)列举了一些例子。注意,许多派生形式的英语标注中都包含了有相似功能的英语后缀,而且在某些情况下,它们实际上与德语或葡萄牙语的后缀有历史关联〔即同源(COGNATE)〕。

259

(23) **由动词和名词派生出的形容词**

a. **德语**(Curme 1922/1952:417ff.)

动词词根	派生形容词
danken	dankbar
'to thank'	'thankful'
感谢	感谢的
lesen	lesbar
'to read'	'legible'
阅读	易读的
beissen	bissig
'to bite'	'inclined to bite'
咬	想咬的
gefallen	gefällig
'to please'	'pleasing, agreeable'
取悦	令人愉快的,讨喜的

glauben	glaublich
'to believe'	'believable'
相信	可信的
	gläubig
	'faithful，devout'
	信任的，虔诚的
verstehen	verständlich
'to understand'	'understandable'
理解	可理解的
	verständig
	'sensible，intelligent'
	明智的，聪明的

b. **葡萄牙语**

动词词根		**派生形容词**	
amár	'to love'	amável	'lovable，amiable'
	爱		可爱的，亲切的
notár	'to notice'	notável	'remarkable'
	注意		值得注意的
crer	'to believe'	crível	'credible'
	相信		可信的

c. **葡萄牙语**

名词词根		**派生形容词**	
orgulho	'pride'	orgulhoso	'proud'
	自豪		自豪的
perigo	'danger'	perigoso	'dangerous'
	危险		危险的
mentira	'falsehood，lie'	mentiroso	'untruthful'
	谎话，谎言		不真实的
maravilha	'a marvel'	maravilhoso	'wonderful'
	奇迹		令人惊奇的

13.4 再论词结构

13.4.1 位置类别表的局限性

在第 2 章中我们介绍了位置类别表,将其作为展现词的形态结构的一种方法。这些图表特别适用于添加屈折词缀,这些词缀以固定的顺序出现,排列在词形变化集合中。由于种种原因,位置类别表用来展示派生形态时,通常不太成功。

第一,我们已经注意到,派生形态通常不构成词形变化集合,其中每个集合只有一个词缀可以出现在任何给定的词中。这意味着语言中每个派生词缀都可能在图表中占据自己的位置,在许多语言中这需要大量的位置。当然,两个派生词缀不能一起出现通常有语义上的原因。例如,曼尼普尔语(Manipuri,印度东北部使用的一种藏缅语)有一对派生的情态标记,表示动作实施的时间是否合适:-həw(及时)、-khi〔依旧(没做)〕。[15] 由于这两个概念是相互矛盾的,因此它们不能在同一动词形式中出现。

还有一些范畴上的要求限制了派生词缀的共现。例如,英语有许多名词化后缀:-ment、-tion、-ity 等。其中任何两个都不能相邻出现,因为它们每个都附加于一个非名词的词基形式并产生一个名词词干:例如 creation(创造)、containment(控制),而非 *creationment、*creationity。然而,如果这些词缀被其他一些派生出不同范畴词干的词缀隔开,那么它们是可以共现的:compart-ment-al-iz-ation(划分)、constitu(te)-tion-al-ity(合宪法性)、argu-ment-ativ-ity(好辩性)等。这些共现的可能性表明这些名词化后缀没有构成一个词形变化集合。

第二,派生词缀有时能不止一次地出现在同一个词中。至少在英语中这是有可能的,像 re-reinstate(使再次恢复)、re-reinvent(再次改造)等〔校长对教师说:*If you expel my nephew again*,*I will simply re-reinstate him* .（如果你再开除我的侄子，我会轻易地让他再次复学。）]。在其他语言中可以找到更明显的例子。曼尼普尔语还有一个情态标记，即 *-lə ～-rə*，表示可能性或者或然性。这个后缀可以重复两次甚至三次来表示确定性：*saw-rə-ni*（可能会生气）、*saw-rə-rə-rə-ni*（肯定会生气）。双重致使在许多语言里都有报道，包括土耳其语（24c）和盖丘亚语（25c）。

（24）**土耳其语**（Aissen 1974：348；Comrie 1981a：169）

    a. Müdür   mektub-u   imzala-dï.

       director   letter-ACC   sign-PAST

       主管   信-宾格   签名-过去

       'The director signed the letter.'

       主管在信上签了名。

    b. Dişçi   mektub-u   müdür-e   imzala-t-tï.

       dentist letter-ACC   director-DAT   sign-CAUS-PAST

       牙医   信-宾格   主管-与格   签名-致使-过去

       'The dentist got the director to sign the letter.'

       牙医让主管在信上签了名。

    c. Mektub-u   müdür-e   imzala-t-tïr-dïm.

       letter-ACC   director-DAT   sign-CAUS-CAUS-PAST.1sg

       信-宾格   主管-与格   签名-致使-致使-过去-1单

       'I got someone to get the director to sign the letter.'

       我叫人让主管在信上签了名。

（25）**因巴布拉盖丘亚语**（Cole 1982：183）

    a. Juzi   wañu-rka.

       José   die-PAST.3SUBJ

       何塞   死-过去-3主

       'José died.'

       何塞死了。

b. Juzi   Marya-ta   wañu-chi-rka.

    José   Maria-ACC   die-CAUS-PAST.3SUBJ

    何塞   玛丽亚-宾格   死-致使-过去-3主

    'José caused Maria to die; José killed Maria.'

    何塞导致了玛丽亚死亡;何塞杀死了玛丽亚。

c. Juzi   Juan-ta＝mi   Marya-ta

    José   Juan-ACC＝EVID[16]   Maria-ACC

    何塞   胡安-宾格＝示证   玛丽亚-宾格

    wañu-chi-chi-rka.

    die-CAUS-CAUS-PAST.3SUBJ

    死-致使-致使-过去-3主

    'José caused Juan to kill Maria.'

    何塞让胡安杀死了玛丽亚。

     第三,派生词缀的顺序可能是多变的,不同的词缀顺序代表了不同的语义解释。在库斯科盖丘亚语(Cuzco Quechua)中致使后缀和意愿情态后缀可以以任何一种顺序出现,如(26)所示。

(26) **库斯科盖丘亚语**(Muysken 1988:278)

    a. mikhu-*naya*-*chi*-wa-n

      eat-DESID-CAUS-1OBJ-3SUBJ

      吃-意愿-致使-1宾-3主

      'it causes me to feel like eating'

      它让我想吃

    b. mikhu-*chi*-*naya*-wa-n[17]

      eat-CAUS-DESID-1OBJ-3SUBJ

      吃-致使-意愿-1宾-3主

      'I feel like making someone eat'

      我想让人吃东西

在奇契瓦语(Chichewa，班图语，东非)中，致使后缀和相互后缀可以以任何一种顺序出现，如(27)。如果致使后缀和受益后缀相邻出现，致使后缀必须放在前面，如(28a)。但是，在有其他某个词缀插入的情况下，受益后缀可以出现在致使后缀前面，如(28c)。(注意，这些例子仅涉及词干，所有的屈折词缀，包括主语一致和时制，都省略了。)

(27) 奇契瓦语(Hyman & Mchombo 1992:350)

   a. mang-an-its-

      tie-RECIP-CAUS-

      系-相互-致使-

      'cause to tie each other'

      让彼此系在一起

   b. mang-its-an-

      tie-CAUS-RECIP-

      系-致使-相互-

      'cause each other to tie (something)'[18]

      让彼此去系(某物)

(28) 奇契瓦语(Hyman & Mchombo 1992:352)

   a. mang-its-ir-

      tie-CAUS-BEN-

      系-致使-受益-

      'cause to tie for (someone)'

      导致给(某人)系

   b. *mang-ir-its-

      tie-BEN-CAUS-

      系-受益-致使-

   c. mang-ir-an-its-

      tie-BEN-RECIP-CAUS-

系-受益-相互-致使

'cause to tie for each other'

导致给彼此系

这样的例子并不少见,但是它们很难在位置类别表中用任何令人满意的方式去处理。同一词缀的多次出现,或是相对于其他词缀的可变顺序,会迫使我们给一个词缀指派多个位置类别。因此,在我们的位置类别表中只显示屈折范畴,通常是更有帮助的。(29)中给出了奇契瓦语动词一个可能的位置类别表,但没有列出每个位置中的屈折词缀[19]。注意,动词词干可以只由单个词根构成,也可以由一个词根和一个或多个派生词缀构成。一般来说,词干的内部结构对于语法系统的其他部分而言是"不可见的"。

262

(29)

−2	−1	0	+1
主语−一致	时	动词−词干	语气/体

13.4.2 构词规则

在本章开头,我们介绍了派生形态,说它将一个词位变成另一个。表示这种过程的一种常用方法是写出构词规则(WORD FORMATION RULE, WFR)。虽然我们刚开始的直觉是 WFR 将一个词位变成另一个,但我们会证明,将 WFR 视为表达成对词位之间规则对应关系的模式,会更有帮助。

构词规则必须至少包含三种信息:(a)词基形式的音系结果(比如,派生词缀的形式及其附加位置);(b)与这一过程相关的语义变化;(c)词基(输入)和所造成的词干(输出)的句法范畴。举一个具体的例子,让我们从葡萄牙语的小称后缀 -inho 开始。这个后缀的 WFR 可能类似于(30)。

（30）**葡萄牙语小称(初步的)：**

$$[\text{X}]_{\text{NOUN}} \quad \rightarrow \quad [\text{X-}inho]_{\text{NOUN}}$$

meaning：'x'   meaning：'little x'

这个规则中的"X"代表词基的音系形式。这个规则表示后缀-inho能够添加到义为"x"的名词词干上,创造出另一个义为"小x"的名词。再举一个例子,让我们仔细观察(16—17)中所示的马来语前缀,它们将动词派生为名词。

（31）**马来语施事/工具名词化(初步的)：**

$$[\text{X}]_{\text{VERB}} \quad \rightarrow \quad [peN\text{-X}]_{\text{NOUN}}$$

meaning：'to x'   meaning： （a）'person who x-es'

or： （b）'instrument used for x-ing'

解释(30)或(31)这样的规则,一种方法是假定词库中只列出了词基形式,而派生形式是由语法规则产生的(确切地说,是WFR)。这在某些方面类似于词和短语、句子之间的区别,词在词库中列出,短语和句子必须由语法规则产生。然而,许多作者已经指出,这种构词观导致了一些困难。更有用的是,假定两种形式都列在词库中。我们将形态上较简单的形式作为词基,将形态上较复杂的形式作为派生形式,但这两类词条都是列出的。在这种观点中,WFR 是对成对词条之间规则对应关系的表达。

认为语言中每个派生形式(或词位)都有一个单独的词条,似乎是令人惊讶的,但采用这一假设将有助于我们解释派生形态的一些特征属性。让我们仔细观察其中的一些属性。首先,派生形态在词汇上是特定的;特定的词缀可以适用于某些词基形式,但不

263

适用于同一范畴内的其他形式。例如,英语中一个具体的名词化后缀适用于某些形容词词干,但不适用于其他形容词词干:*superior-ity*(优势)和 * *superior-ness*、*truth*(真相)和 * *true-ness*、*strange-ness*(陌生感)和 * *strange-ity*、*firm-ness*(坚定性)和 * *firm-th*,等等。同样,英语前缀 *en-* 附加在名词和形容词上构成及物动词;但是带这个前缀的词基形式的集合是相当有限的:*en-courage*(鼓励)、*enthrone*(使登基)、*entitle*(使有权)、*entangle*(使卷入)、*enliven*(使活跃)、*enlarge*(扩大)(比较 * *em-big*)、*embolden*(使有胆量)〔比较 * *em-brave*(*n*)〕、*enrich*(使富裕)〔比较 * *en-wealth*(*y*)〕,等等。

显然,词库必须以某种方式具体说明哪些词基形式可以带哪些词缀。一种方法可能是在每个词根的词条中包括一组特征,以表明哪些派生词缀或词缀组合可以添加到该词根上;但是在任何语言中,即使只有少量派生词缀,这种方法也会给词库增加巨大的复杂性。通过假设每个词位都已经在词库中列出,我们就避免了这个问题。只有在词库同时包含"输入"形式(词基)和相应的"输出"(派生)形式的情况下,**WFR** 才"适用"于具体的词根或词干。

还有一些情况是,看起来像派生形式的成分并不对应于任何实际的词基形式。例如,像 *ostracize*(排斥)和 *levity*(轻浮之举)这样的词似乎以派生后缀结尾,但在英语中并没有相应的词基形式(* *ostrac*,* *lev*)。类似的,*disambiguate*(消除歧义)明确包含前缀 *dis-*,但 * *ambiguate* 不是一个真实的动词。*ambigu-ous*(有歧义的)和 *ambigu-ity*(歧义)在意义上与 *dis-ambigu-ate* 相关,但它们的共同词根(* *ambigu-*)并不存在。如果每个真实的词都在词库中列出,那么这些例子就不是问题了。对具体的 **WFR** 来说,可能存在与词基形式或派生形式相对应的词汇空缺(即不存在的形式),但是这个规则仍然能帮助我们理解那些确实存在的形式的意义与结构。

正如我们在第 13.2 节中提到的,派生形态在语义上往往是不规则或不可预测的。德语小称名词有时具有无法单独从词基形式中预测出的特殊意义:*Frau*(女性、妻子)、*Fräulein*(未婚女性)。英语 *transmission*(传送)一词可以指传送某物的动作(可预测的意义),或汽车的某个特定部分*(不可预测的意义)。很明显,WFR 本身并不能把我们需要知道的关于每个具体派生形式的一切都告诉我们。但是,如果每个派生形式都已经在词库中列出,那么任何语义的、音系的或其他不规则的情况都将在词条中列出具体的形式。

264

我们的假设也有助于我们理解构词法的另一个方面,即在某种意义上说话人对不认识的或新奇的词的反应是"不真实的"。派生词缀偶尔被用来创造全新的词。例如,后缀 *-ize* 在 19 世纪早期就被用来创造 *mesmerize*(施催眠术)这个词(源自实践催眠术的早期先驱 F. A. Mesmer 的姓氏)。*bowdlerize*(删改)(源自 T. Bowdler 博士的名字)这个词要晚几十年;而 *Balkanize*(巴尔干化)这个术语出现在 1915 年前后。

然而,大多数时候这些词缀出现在已知的词中,也就是说,已经是词库的一部分了。如果说英语的人创造了一个新词,例如?*methodicalize*,听话人可能会猜测它的意思是"to make something methodical(使某事有条理)"〔比较:*radicalize*(使激进)〕。但他们也可能会抗议:"没有这样的词。"认为某些可能的派生形式不是真实的词的感觉,将新造词和实际存在的形式区分开来的能力,进一步支持了我们的假设,即输入和输出形式二者都已在词库中列出。

接下来,根据这些假设,葡萄牙语词库包含了 *bandeira*(旗帜)和 *bandeirinha*(三角旗)两个词条。(30)中的规则实际上并没有"创造"一个新的词干;相反,它表达了存在于这两个特定词

---

　　*　指车辆的传动装置、变速器。——译者注

干之间以及许多相似的成对词干之间的规则对应关系。因此，将这个规则显示为一个单向的过程，是有些误导性的。更准确的做法是使用双箭头，如下所示，表明 WFR 表示的是一种双向关系。

（30′）葡萄牙语小称（修改后的）：

$$[\text{X}]_{\text{NOUN}} \qquad \leftrightarrow \qquad [\text{X-}inho]_{\text{NOUN}}$$

$$\text{meaning：'x'} \qquad \text{meaning：'little x'}$$

有人可能说构词规则是多余的，因为它们不会给词库增加新词条。但这并不意味着它们是无用的或不重要的。说话人可以创造性地使用 WFR 来造出全新的词，而其他说话人也能理解这些新词，这些事实表明说话人在某种意义上（潜意识地）"知道"这些规则。了解这些规则也可以帮助说话人更有效地回想和理解复杂的词。

WFR 使我们能确定词干的形态结构，这对于语义和音系解释来说通常都是重要的。仔细观察 *unreliability*（不可靠性）这个词。这个词干明显包含了词根 *rely*（信赖），尽管不能以单一的 WFR 来表达词根和派生形式之间的关系。它需要一系列的 WFR，按正确的顺序，将二者连接起来，如（32）所示。[20] 使用带标签的括号，如（32d），是表示词干内部结构的一种常见方式。

（32）a. $[rely]_{\text{V}}$　　　　　　　　　　　*词基形式*

　　　b. $[[rely]_{\text{V}}\text{-}able]_{\text{ADJ}}$　　　　　　*-able 规则*

　　　c. $[un\text{-}[[rely]_{\text{V}}\text{-}able]_{\text{ADJ}}]_{\text{ADJ}}$　　　*un-*ADJ 规则 *

　　　d. $[[un\text{-}[[rely]_{\text{V}}\text{-}able]_{\text{ADJ}}]_{\text{ADJ}}\text{-}ity]_{\text{N}}$　*-ity 规则*

---

* ADJ 表示 *un-* 是加在形容词上的，而不是加在名词（如 *un-truth*）或动词（如 *un-lock*）上的。——译者注

13.5　结语

在第 13.2 节中,我们提出了区分屈折形态和派生形态的一些标准。我们应该再次强调,这种区分并不总是清晰明确的。我们有时会发现词缀具有这两种类型的属性,比如,可以改变意义的屈折词缀,或构成词形变化集合的派生词缀。然而,基本的原型仍然是有用的和重要的。

如果两个词除了屈折形态外都是相同的,我们就认为它们是同一词位的形式。构词规则表达了不同词位之间的派生关系:每条规则描写一个最小的派生形态单位,它可以使两个词位相互区别开来。

像(30)和(31)中那样的 WFR,表达了派生过程中规则的和可预测的部分;但是这些规则本身不能列出该过程可适用的所有词基形式,也不能列出跟具体派生形式相关的不规则的或特殊的意义。这些信息必须以某种方式包含在词库中,即说话人的心理词典中。出于这样或那样的原因,我们采纳了这样一种假设,每个词位都有它自己的词条。因此 WFR 不仅决定了每个独立词干的形态结构,而且也表达了词条之间形态关系的规则模式。根据这种观点,WFR 描写了词库自身的规则性模式。对这类规则性的解释是语言分析的一个重要目标。

实践练习

卢伊赛诺语(Luiseño)(北美;Langacker 1972:76)

写出 WFR 来表现以下例子中的派生词缀。这些词缀能在位置类别表中展示出来吗?

1. nóo ŋéeq　　　　　　　'I am leaving'
2. nóo ŋéevičuq　　　　　'I want to leave'

266

3. nóo póy ŋéeniq   'I am making him leave'

4. nóo póy ŋéevičuniq   'I am making him want to leave'

5. nóo póy ŋéenivičuq   'I want to make him leave'

6. nóo póy ŋéevičunivičuq   'I want to make him want to leave'

练习

13A. 塔瓦拉语（Tawala）派生形态（巴布亚新几内亚；Ezard 1992，以及个人交流）

描写以下例子中的动词前缀。包括 WFR 和一个"剩余"部分，前者针对所有派生前缀，后者用来讨论基于所提供的材料无法解决的任何问题。不要试图解释后缀（只有其中的一些有标注），但请在剩余部分将它们列出。

1. bulumakau   kayakayana.

   cattle   red-3s

   'It (is) a brown cow.'

2. mayau   amaka   ilata.

   tree   already   3s.grow

   'The tree has already grown.'

3. atogo   po   ayeuyeu.

   1s.wash   and   1s.clean

   'I washed and I am clean.'

4. iyana   taulona.

   fish   1p.INCL.cook

   'Let's cook fish.'

5. houga   idao.

   time   3s.long

   'The time is long (i.e. it is a long time).'

6. naka   nae   pilipilina.

that　　　go　　　rolled.up-3s

'That (is) a difficult way.'

7. wihiya　　　iwopilipilihi.

flower　　　3s.rolled.up-3p

'She crumpled flowers.'

8. towoiyana　　　pahi-yai.

1p.EXCL.fish　　　totally-1p. EXCL

'We (excl.) are loaded with fish (to take to a feast).'

9. dobu　　　iwiitala　　　duma.

area　　　3s.rat　　　really

'The village is really infested with rats.'

10. pusi　　　iluitala　　　po　　　i'man.　　　267

cat　　　3s.rat　　　and　　　3s.eat(PROG)

'The cat caught a rat and was eating it.'

11. tonae　　　tolumayau.

1p.EXCL.go　　1p.EXCL.tree

'We (excl.) are going to collect firewood.'

12. hewali　　　iwogaima.

youth　　　3s.stone

'The youth held a stone (ready to throw).'

13. bada　　　iligaimaya.

man　　　3s.stone-3s

'The man became a stone.'

14. dobu　　　iwigaigaima.

area　　　3s.stone(PROG)

'The village is very stony.'

15. Dawida　　　amaka　　　iwihewali.

David　　　already　　　3s.youth

'David has already become a young man.'

16. dobu   iwilawa.

    area   3s.person

    'The village become more populated.'

17. naka   dobu   iwiginahi   duma.

    that   area   3s.sago.palm   really

    'There are many sago palms in that village.'

18. neula   iliginahi.

    coconut   3s.sago.palm

    'The coconut palm became a sago palm.'

19. mayau   awokayakaya.

    wood   1s.red

    'I shook the fire-brand (making sparks).'

20. tu   manini   a   baha=gei   polo   ililawaya.

    person   power   3s   word=from   pig   3s.person-3s

    'At the magicians's word, the pig became a person.'

21. numa   iwibubu.

    house   3s.sand

    'The floor is covered with sand.'

22. tanae   talububu.

    1p.INCL.go   1p.INCL.sand

    'Let's go and get sand.'

23. bada   ibaha   po   kedawa   ilipoloya.

    man   3s.talk   and   dog   3s.pig-3s

    'When the man spoke the dog became a pig.'

263   24. ega   nou-we   ma   awinouna.

    NEG   sister-1s   but   1s.sister-3s

    'She is not my sister, but I call her sister.'

25. a   baha   iwidaoya.

    3s   talk   3s.long-3s

    'He spoke for a long time.'

26. a   numa   ilidaoya.

    3s   house   3s.long-3s

    'He extended his house.'

27. Gibson   meyagai   iliyeuyeuya.

    G.   village.area   3s.clean-3s

    'Gibson kept the grounds tidy.'

补充练习

Merrifield et al.（1987a）prob. 240, 242, 243, 244, 245, 246, 251

Healey（1990b）, ex. G.1, 3

注释

1. 本章中，"词基"（base）这个术语是在非专业的意义上使用的，只表示可以被添加词缀的那种形式。词基可以是词根或词干。

2. 一些学者倾向于将复合和派生形态视为两种不同的构词类型。在本书中，我们将不区分构词和派生。

3. 英语中有一些例外的情况，比如 *brothers-in-law*（配偶的兄弟；姐/妹夫；连襟）、*passers-by*（路人）、*hangers-on*（奉承者）、*attorneys general*（首席检察官），等等。

4. 这个讨论基于比克福德（Bickford 1998：114—116, 138—140）、斯顿普（Stump 1998：14ff.）和阿罗诺夫（Aronoff 1976：2）。

5. 这一原则受到了哈斯普马特（Haspelmath 1996）的质疑，他将动名词和分词这样的结构确定为"范畴改变的屈折"的例子。他还指出这种形态创造了"混合范畴"。例如，动名词和它们所基于的动词选择同类的从属语，但以它们作为核心语的短语具有 NP 的外部分布，而不是 VP 的外部分布。另见布雷斯南（Bresnan 1997）、拜比（Bybee 1985：85）。

6. 安德森（Anderson 1982）、比克福德（Bickford 1998）和其他一些作者把这一特征作为定义屈折形态特征的原则。

7. 柯姆（Curme 1922/1952:411）。

8. 萨·佩雷拉（Sá Pereira 1948:195）。

9. 见第16章对重叠的讨论。穆纳语的材料取自范·登·贝尔赫（van den Berg 1989）。

10. 注意，这个前缀有一个次重音，它有助于区分 *rè-cóver*（例如给书换新封皮或给椅子换新椅套）和 *recóver*（找回某物）这些词。

11. 同样的词基模式也适用于动词前缀 *un-*，不过像 *untie*（解开）和 *un-wrap*（拆开）这样的派生形式通常不带工具成分，即使它们的词基形式 *tie*（系）和 *wrap*（包裹）确实带工具成分。

12. 布伊吉（Booij 1986）。

13. 卡罗巴塔克语的材料取自沃勒姆斯（Wollams 1996:81—83, 89—90）。

14. 个体灵魂，被万物有灵论者所崇拜，被认为是顶在头上的。

15. 本章中所有曼尼普尔语的例子都取自切利亚（Chelliah 1992）。

16. =*mi* 是表示第一手信息的示证语缀。

17. 像（26b）这样由意愿情态后缀构成的词干上，感事所触发的是宾语一致而不是主语一致，科尔（Cole 1982:182）将这种动词称为"非人称动词"。

18. 海曼和姆琼博（Hyman & Mchombo 1992:360）指出，（27b）实际上是有歧义的；它也可以有（27a）那样的解释。然而，例（27a）只允许一种解释。

19. （29）中的图表不包括"宾语一致"的位置。布雷斯南和姆琼博（Bresnan & Mchombo 1987）提出证据证明奇契瓦语的宾语标记实际上是一个组并代词。见第17章对穆纳语中类似模式的讨论。

20. 由于 *un-* 是这个形式中唯一的前缀，所以它可以附加在派生过程的任何一个阶段，这一点可能并不明显。但是，我们知道它不能附加在名词上，所以它不能加在 *-ity* 之后；没有 *unrely* 这样的动词；因此，本例中唯一可能的词基是形容词 *reliable*，如（32c）所示。添加 *-ity* 时从 *-able* 到 *-abil* 的变化是一个语素变体的例子，这将在第15章中讨论。

第 14 章

变价形态

在第 5 章中,我们把动词(句法上)的配价定义为它次范畴化的项(即非旁语论元)的数量。不及物动词只有一个项,即主语;所以它们是一价。及物动词既带宾语,也带主语,所以它们是二价。双及物动词是三价(SUBJ、OBJ、OBJ₂)。

许多语言中都有应用于动词并改变其配价的形态过程,使项论元的数量增加或减少。例如,英语中一些不及物动词加上前缀 *out-* 后就变成了及物动词。这个前缀触发配价由一价增至二价。[1]

(1) a. Jack *ran* faster than the giant.

   杰克跑得比巨人快。

   b. Jack *outran* the giant.

   杰克跑得比巨人快。

(2) a. This watchband will *last* longer than the watch.

   这条表带比手表耐用。

   b. This watchband will *outlast* the watch.

   这条表带比手表耐用。

我们可以用两种不同的方法对这些过程进行分类:句法的和语义的。根据句法结果,我们区分了动词的增价和减价过程。(1—2)中的例子说明了增价的过程;减价的例子将在下文中给出。根据语义结果,我们区分了包含语义变化的过程和不包含语义变化的过程。(1—2)中的交替就改变了意义,因为派生的及物形式的意义包含了不及物的词基形式中没有呈现的意义成分,例如 *outrun* 的意义是"run *faster than* (someone)"〔跑得比(某人)快〕。

在 14.1 节中,我们将讨论意义保留式(MEANING-PRESERVING)交替的几个例子。我们要特别注意的是,这些操作并不会影响动词的论元结构,而只会影响语法关系的指派。在 14.2 节中,我们将着眼于意义改变式(MEANING-CHANGING)交替的例子,尤其是给论元结构添加新论元的操作。在 14.3 节,我们将着眼于名词组并这一非常有趣的过程。

271 14.1 意义保留式交替

14.1.1 被动

仔细观察下面这对日语句子(来自 Tsujimura 1996)

(3) a. Sensei＝ga　　　Taroo＝o　　　sikat-ta.
　　　 teacher＝NOM　　Taroo＝ACC　　scold-PAST
　　　 老师＝主格　　　太郎＝宾格　　　责骂-过去
　　　 'The teacher scolded Taroo.'
　　　 老师责骂了太郎。

　　 b. Taroo＝ga　　　sensei＝ni[2]　　sikar-are-ta.
　　　 Taroo＝NOM　　teacher＝OBL　　scold-PASSIVE-PAST
　　　 太郎＝主格　　老师＝旁　　　责骂-被动-过去
　　　 'Taroo was scolded by the teacher.'
　　　 太郎被老师责骂了。

很明显,这两个句子十分相似。它们的意义在本质上是相同的,因为它们描述了同一种事件,并且不可能一个为真而另外一个为假。语序在本质上也是相同的:在两种情况中,都是主语(标记为主格)最先出现,动词最后出现。事实上,似乎只有两个显著的差别。第一,(3b)中动词包含了一个附加的语素,即后缀-(r)are,它没有在(3a)中出现。第二,虽然两个句子中相同的参与者承载了相同的语义角色,但语法关系的指派发生了改变。受事 Taroo(太郎)在(3a)中是直接宾语,但在(3b)中是主语;施事 sensei(老师)在(3a)中是主语,但在(3b)中是旁语论元。

(4)中这对马拉亚拉姆语的句子显示了同样的交替。我们已经看到(第 7 章),马拉亚拉姆语的语序是相当自由的,只要动词位于最后就行。在这两个句子中,受事都出现在施事之前,但是格标记的变化再次表明了语法关系的变化:受事在(4a)中是 OBJ,在(4b)中是 SUBJ。

(4) **马拉亚拉姆语**(Mohanan 1982:583—584)

    a. kuṭṭiye   pooliissukaar   ikkiḷiyaakki.

       child-ACC   policemen-NOM   tickle-PAST

       小孩-宾格   警察-主格   逗乐-过去

       'The policemen tickled the child.'

       警察逗乐了小孩。

    b. kuṭṭi   pooliissukaaṟaal   ikkiḷiyaakkappeṭṭu.

       child-NOM   policemen-INSTR   tickle-PASS-PAST

       小孩-主格   警察-工具   逗乐-被动-过去

       'The child was tickled by the policemen.'

       小孩被警察逗乐了。

(3a)和(4a)中的例子被称为主动小句,相反,(3b)和(4b)中的例子被称为被动小句。注意,两种情况中,主动动词在形态上都比被动动词简单。[3]"主动"和"被动"这两个术语主要用于包含及物(或双及物)动词词干的小句,并且指明了语法关系指派的具体模

272

式。在主动小句中,如(3a)和(4a),施事是主语,受事是直接宾语。在被动小句中,如(3b)和(4b),受事"升级"(promoted)为主语。同时,施事"降级"(demoted)为可选的旁语论元。在日语和马拉亚拉姆语中,这都是通过旁格标记来标明的;在英语中,被动施事由介词 *by* 来标记。这两种配置在(5)中用英语动词 *bite*(咬,主动)～ *be bitten*(被咬,被动)来展现:

(5) a. *bite* ⟨施事, 受事⟩ **主动**
　　　　　　 |　　　 |
　　　　　 SUBJ　　OBJ

　　b. *bitten* ⟨施事, 受事⟩ **被动**
　　　　　　　 |　　　 |
　　　　　 (OBL)　　SUBJ

如(5)中图表所示,主动动词有两个项:SUBJ 和 OBJ,而被动动词只有一个项(它的 SUBJ)。因此被动化是一个减价的过程。它有时也被称为去及物化过程,因为它将及物动词变为不及物动词。注意,被动施事在英语中是可选的:*This rope was deliberately cut*(*by a vandal*)〔这根绳子被(一名破坏者)故意割断了〕。其他大多数拥有被动结构的语言也是如此。事实上,在许多语言中,被动施事很少被表达出来。

表示主动动词及其对应的被动动词之间关系的一种方法是,使用类似于第 13 章中介绍过的构词规则。在本书中,我们无法对被动或是我们将在本章中讨论的其他结构进行详细说明。不过,(6)中给出的规则近似于我们应该提出的那种被动规则。

(6) **日语被动规则:**

　　　[X]ᵥₑᵣ₆　　　 ↔　　 [X-(*r*)*are*]ᵥₑᵣ₆
　　⟨施事, 受事⟩　　　　⟨施事, 受事⟩
　　　 |　　 |　　　　　　　 |　　 |
　　 SUBJ　OBJ　　　　 (OBL)　SUBJ

主动—被动的对比是语态交替最常见的例子。"语态"是一个传统术语,表示对主语身份(即语义角色)有影响的交替。正如我们已经看到的,被动化使得受事(而不是施事)表达为主语。

这里有一个重要事项需要提醒。我们在第 4 章中指出像 SUBJ 和 OBJ 这样的语法关系必须基于句法属性来识别。在对被动的讨论中,我们认为格标记是语法关系的可靠标志。虽然在日语、马拉亚拉姆语这样的语言中,正常的预期是主语会带主格,宾语会带宾格,但在许多语言的某些语境中,这种预期模式并不成立。这些问题过于复杂而无法在本书中处理。[4] 就本章的目的而言,我们将继续选择的例子中,格和语序已被证明是语法关系的可靠标志。但是读者应该记住,这类说法需要句法证据来证实,我们无法在此展示这些证据。

273

14.1.2　施用

施用[*] 词缀通过引入一个新的主要宾语,来增加动词的句法配价。施用通常将旁语论元"升级"为主要宾语,因此并不影响动词的论元结构。如果动词起初是及物的,那么派生后的动词将是双及物的(带两个宾语)。潘古塔兰萨玛语(Pangutaran Sama)有一个后缀 *-an*,起到了这样的作用,如(7)所示。基础及物动词(*N*) *bəlli*(买)可以带一个标有 *ma*(与格)的可选的旁语受益者。当施用后缀添加后形成了 *N-bəlli-an*,与格标记就消失了。语序上也有变化,表受益者的 NP 出现在受事 NP 之前。

(7) **潘古塔兰萨玛语**(马来—玻利尼西亚语系,菲律宾南部;
　　　Walton 1986)

---

　　* 除"施用"外,applicative 也被译为"升宾""增宾""双系式""裨益结构"等。——译者注

a. N-bəlli   aku   taumpa'   ma

　ACT-buy   1sg.NOM   shoe   DAT

　主动-买   1单.主格   鞋子   与格

　si   Andi.

　PERS*   Andy

　人标   安迪

　' I bought some shoes for Andy.'

　我买了一些鞋子给安迪。

b. N-bəlli-*an*   aku   si   Andi   taumpa'.

　ACT-buy-*APPLIC*   1sg.NOM   PERS   Andy   shoe

　主动-买-施用   1单.主格   人标   安迪   鞋子

　' I bought Andy some shoes.'

　我买给安迪一些鞋子。

　　许多非洲语言都有施用词缀,包括班图语中的奇契瓦语。如(8—9)中的例子所示,升级后的旁语论元可以是接受者或工具;受益者和处所的用法也是可能的,但这里没有给出例证。在奇契瓦语中,旁语论元用介词来标记(*kwa* 表示接受者,*ndi* 表示工具)。当施用后缀(*-ir* ～ *-er*)加在动词上后,这个论元就变成了主要宾语,并且用光杆 NP 来表达。

(8) **奇契瓦语**(马拉维;Baker 1988:229—230,260;声调未
　　标记)

　a. Ndi-na-tumiz-a   chipanda   cha   mowa

　　1sg.S-PAST-send-ASP   calabash   of   beer

　　1单.主-过去-送-体   葫芦   的   啤酒

---

　　* 潘古塔兰萨玛语的"人名标记"(personal name)不仅可以添加在专有名词前,例如(7)中的"Andi";还可以添加在某些普通名词前,使其按照专有名词理解,例如"mma'"(父亲)和"si mma'"(专指说话人的父亲)。——译者注

kwa　　　mfumu.

to　　　　chief

给　　　首领

'I sent a calabash of beer to the chief.'

我送了一葫芦的啤酒给首领。

　b. Ndi-na-tumiz-*ir*-a　　　　　　mfumu　　chipanda　　274

1sg.S-PAST-send-*APPL*-ASP　　chief　　calabash

1单.主-过去-送-施用-体　　　首领　　葫芦

cha　　mowa.

of　　beer

的　　啤酒

'I sent the chief a calabash of beer.'

我送了首领一葫芦的啤酒。

（9）a. Msangalatsi　a-ku-yend-a　　　　　　　ndi　ndodo.

entertainer　　S.AGR-PRES-walk-ASP　　with　stick

表演者　　　主.一致-现在-走路-体　　用　拐杖

'The entertainer is walking with a stick.'

表演者正拄着拐杖走路。

　b. Msangalatsi　a-ku-yend-*er*-a　　　　　　ndodo.

entertainer　　S.AGR-PRES-walk-*APPL*-ASP　　stick

表演者　　　主.一致-现在-走路-施用-体　　拐杖

'The entertainer is walking with a stick.'

表演者正拄着拐杖走路。

　　与被动交替一样,这些例子中的施用词缀似乎不会改变动词的基本意义。在(a)和(b)两种形式中,同类事件包含了相同的参与者,这表明动词的论元结构保持不变。施用词缀的作用是改变语义角色和语法关系之间的关联(或连接),使项的数量(即句法配价)增加了一个。这种变化如(10)所示,它显示了与(8)中句子相对应的论元结构。我们可以再次用 WFR 来表达这两种动词形式之间的关系。

(10) a. *tumiz* 〈施事， 客事， 接受者〉 **基础形式(8a)**
                  | | |
                 SUBJ   OBJ OBL_{rec}

    b. *tumiz-ir* 〈施事， 客事， 接受者〉 **施用(8b)**
                  | | |
                 SUBJ OBJ_2 OBJ

注意,(7a)中的受益者和(9a)中的工具都是可选的,因此除了上述语法关系的变化外,(7b)和(9b)中的施用后缀还将一个可选论元变成了必有论元。在一些语言中,施用词缀可以把某些种类的附加语升级为论元,或者把一个新论元引入论元结构中。然而,施用的定义性功能是创造一个新的主要宾语,并且在大多数情况下不涉及论元结构的改变。

14.1.3 反身和相互

在第 8 章中,我们注意到和许多其他语言一样,英语有一组用于某些特定语境的反身代词。在语法上,反身代词的特殊之处在于它们能够(而且通常是必须)将其直接小句中的一个论元作为它们的先行词。这一模式如下面的句子所示,重写自第 8 章:

(11) a. John has bought *himself* a new Mercedes.

     约翰给他自己买了一辆新奔驰车。

    b. I surprised *myself* by winning the dancing competition.

     我对我自己赢得了舞蹈比赛而感到惊讶。

c. Mary tried to control *herself*, but could not resist tickling the Governor.

玛丽试图控制她自己,但还是没忍住去逗乐州长。

反身代词在语义功能上也很特殊。当单一个体在给定情境中扮演不止一个角色时,就会使用反身代词。在(11a)中,反身代词用来表示 *John* 既是施事也是受益者;在(11b)中,说话人既是施事也是感事;在(11c)中,*Mary* 既是施事也是受事。

另一种可以在其直接小句中使用先行词的代词成分是相互代词。如(12)所示:

(12) a. John and Mary bought *each other* new bicycles for Christmas.

约翰和玛丽给彼此买了新自行车作为圣诞礼物。

b. My wife and I blame *each other* for the collapse of our business.

我妻子和我因为我们公司的倒闭而指责彼此。

c. Fred and Martha seem to love *each other*, in a strange sort of way.

弗雷德和玛莎似乎以一种奇怪的方式爱着彼此。

反身代词和相互代词之间有两个重要的区别。第一,相互代词的先行词必须表述一个包含两个或更多个体的群体,而反身代词的先行词可以是单个个体。第二,反身代词用来描述个体和他自己之间的关系(例如,X 对 X 做了某事)。相互代词用来描述两个或多个人之间被认为是相互且对称的关系(例如,X 对 Y 做了某事,Y 也对 X 做了同样的事)。

有些语言中,这些类型的关系是用动词词缀而不是特殊类型的代词来表达的。例如,在基马拉冈杜逊语(马来—玻利尼西亚语系,婆罗洲东北部)中,前缀 *pising-* 用来构成反身动词。该前缀通常加在及物动词的词根上,如例(13)。(反身动词以一般的主动语态形式显示时,将词首的 *p-* 变为 *m-*。)派生的反身动词是不及物的,只带一个论元,因为同一个参与者同时充当了施事和受事角色。因此形态的反身化是一个去及物化或减价的过程。

(13) **词根**   **反身形式**

      garas   'slaughter'   misinggaras   'slit one's own throat'
             屠杀   割断自己的喉咙

      patay   'die,kill'   misingpatay   'kill oneself'
             死,杀   自杀

      timbak   'shoot'   misingtimbak   'shoot oneself'
             射击   射击自己

      tobok   'stab'   misingtobok   'stab oneself'
             刺   刺自己

      wanit   'poison'   misingwanit   'poison oneself'
             毒害   毒害自己

      lapis   'slap'   misinglapis   'slap oneself'
             掴打   掴打自己

      rayow   'praise'   misingrayow   'to praise oneself'
             赞扬   赞扬自己

276   我们可以将这个前缀的作用表现为(14)。(14)中规则的右侧表示反身动词为同一参与者指派了两个语义角色。参与者只承载一种语法关系(SUBJ),因此必须用单个 NP 来表达。这一规则表达了反身化将及物动词变成不及物动词的事实。

(14) **基马拉冈语反身的构词规则:**

$$[X]_{VERB} \leftrightarrow [pising\text{-}X]_{VERB}$$

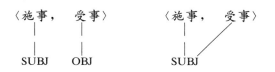

　　基马拉冈语还有一个相互前缀：*pi-* 。如(15)所示，它同样使用主动语态形式。

(15) **词根**　　　　　　　**相互形式**

　　sambat　　　　　　　m-(p)i-sambat

　　'meet'　　　　　　　'meet each other'

　　遇见　　　　　　　　遇见彼此

　　patay　　　　　　　　m-(p)i-pa-patay[5]

　　'die，kill'　　　　　'fight，kill each other'

　　死，杀　　　　　　　彼此争斗、残杀

　　bobog　　　　　　　m-(p)i-bobog

　　'beat'　　　　　　　'beat each other'

　　击打　　　　　　　　击打彼此

　　balas　　　　　　　　m-(p)i-ba-balas

　　'repay'　　　　　　　'repay each other'

　　报答　　　　　　　　报答彼此

　　talib　　　　　　　　m-(p)i-talib

　　'pass by'　　　　　　'pass each other'

　　经过　　　　　　　　彼此经过

　　boros　　　　　　　　m-(p)i-bo-boros

　　'speak，say'　　　　'speak to each other'

　　讲，说　　　　　　　对彼此说话

　　tabang　　　　　　　m-(p)i-ta-tabang

　　'help'　　　　　　　'help each other(e.g. with farm work)'

　　帮助　　　　　　　　帮助彼此(比如农活)

obpinee   m-(p)i-obpinee

'sibling'   'related to each other as siblings'

兄弟姐妹   *彼此像兄弟姐妹一样联系*

奇契瓦语是另一种有相互词缀的语言。如(16)所示,后缀 *-an* 将及物动词词干变为不及物相互动词。所以,相互动词的形成,像反身化一样,是一个减价过程。[6]

(16) **奇契瓦语**(班图语;Mchombo 1993:191)

　　a. Mbidzi　　　zi-ku-meny-a　　　　　　nkhandwe.

　　　10-zebras　　10.SUBJ-PRES-hit-ASP　　10-foxes

　　　10-斑马　　 10.主-现在-打-体　　　　 10-狐狸

　　　'The zebras are hitting the foxes.'

　　　斑马正在打狐狸。

　　b. Mbidzi　　　zi-ku-meny-*an*-a.

　　　10-zebras　　10.SUBJ-PRES-hit-*RECIP*-ASP

　　　10-斑马　　 10.主-现在-打-相互-体

　　　'The zebras are hitting each other.'

　　　斑马正在互相打斗。

像(16b)中这样的相互动词的论元结构配置,看起来跟(14)右侧的反身结构在本质上是一样的。反身形式和相互形式在意义上的区别需要作为语义表征的一部分来详细说明,我们不在这里讨论。

277　## 14.2　意义改变式交替

14.2.1　致使

在第 13 章中,我们呈现了一些包含致使动词的土耳其语例子。其中一个重写在(17b)中。

(17) **土耳其语**(Comrie 1981:169)

 a. Müdür mektub-u imzala-dï.

  director letter-ACC sign-PAST

  主管   信-宾格   签名-过去

  'The director signed the letter.'

  主管在信上签了名。

 b. Dişçi mektub-u müdür-e   imzala-*t*-tï.

  dentist letter-ACC director-DAT sign-*CAUS*-PAST

  牙医 信-宾格 主管-与格 签名-致使-过去

  'The dentist got the director to sign the letter.'

  牙医让主管在信上签了名。

  (17a)中基础动词的意思是"签名"。(17b)中的动词带有致使后缀-*t*,意思是"使……签名"。注意,句子(17b)也包含了另一个参与者。在两个小句中,信和签名者(在此例中是主管)都是参与者,但在(17b)中,有一个新的参与者负责促成签名事件。这个新的参与者被称为致使者。被致使做某事且对应于基础动词主语的参与者,被称为受使者。所以在(17b)中,牙医是致使者,而主管是受使者。

  致使总是引入一个新的参与者,即致使者,它通常是派生动词的主语。[7]如果基础动词是不及物的,如奇契瓦语的例子(18),那么派生的致使动词将会变成及物的。所以致使动词的形成是一个增价过程。

(18) **奇契瓦语**(改编自 Baker 1988:216)

 a. Atsikana a-na-vin-a.

  girls   S.AGR-PAST-dance-ASP

女孩们　　　主.一致-过去-跳舞-体

'The girls danced.'

女孩们跳舞。

b. Asilikari　a-na-vin-*its*-a　　　　atsikana.

  soldiers　　S.AGR-PAST-dance-*CAUS*-ASP　girls

  军人们　　主.一致-过去-跳舞-致使-体　　女孩们

  'The soldiers made the girls dance.'

  军人们让女孩们跳舞。

    当基础动词是及物动词时,派生的致使动词将遵循三种基本次范畴化模式中的一种。在一些语言中,受使者表达为主要宾语,而受事则被降级为次要宾语,如(19b)。在其他语言中,受使者被表达为次要宾语,如(17b)。第三种可能是将受使者表达为旁语论元,如(20b)。

278　　(19) **奇姆威尼语(Chimwi:ni)**(班图语;Baker 1988:183; Kisseberth & Abasheikh 1977:189)

  a. Wa:na　　　wa-(y-)andish-i $\dashv$ e　　xati.

    children　　S.AGR-O.AGR-write-ASP　letter

    孩子们　　主.一致-宾.一致-写-体　　信

    'The children wrote a letter.'

    孩子们写了一封信。

  b. Mwa:limu　　Ø-wa-andik-*ish*-i $\dashv$ e

    teacher　　　S.AGR-O.AGR-write-*CAUS*-ASP

    老师　　　　主.一致-宾.一致-写-致使-体

    wa:na　　xati.

    children　letter

    孩子们　信

    'The teacher made the children write a letter.'

老师让孩子们写了一封信。

（20）**奇契瓦语**（改编自 Baker 1988:163）

    a. Buluzi   a-na-meny-a   ana.

       lizard   S.AGR-PAST-hit-ASP   children

       蜥蜴   主.一致-过去-袭击-体   孩子们

       'The lizard hit the children.'

       蜥蜴袭击了孩子们。

    b. Anyani   a-na-meny-*ets*-a

       baboons   S.AGR-PAST-hit-*CAUS*-ASP

       狒狒   主.一致-过去-袭击-致使-体

       ana   kwa   buluzi.

       children   to   lizard

       孩子们   对   蜥蜴

       'The baboons made the lizard hit the children.'

       狒狒让蜥蜴袭击了孩子们。

　　由不及物基础动词派生的致使动词，像（18b）中的动词那样，其论元结构如（21a）所示。由及物基础动词派生的致使动词的相应示意图如（21b）所示。这些图表明，致使词缀引入了一个抽象的致使谓词，它带两个论元：致使者（语义角色＝施事）和致使事件。致使事件的论元结构对应于基础动词的论元结构。所以致使动词在语义上是复杂的：它表达了两个谓词，其中每个都带有自己的论元。但是，动词作为一个整体，只指派了一组语法关系。[8]

（21）a. 致使　〈施事，　事件〉　　　　　　　　（＝18b）

                  dance　〈施事〉

            SUBJ   OBJ

b. 致使 〈施事，事件〉　　　　　　　　　　（＝20b）
　　　　　　｜　　　｜
　　　　　　｜　　*hit*　〈施事，受事〉
　　　　　　｜　　　　　　｜　　｜
　　　　　SUBJ　　　　　OBL　OBJ

c. **奇契瓦语致使：**

$[\text{X}]_{\text{VERB}}$　　　↔　　　$[\text{X-}its]_{\text{VERB}}$
meaning：'X'　　　　　　　meaning：'cause to X'

（21c）中给出了一个简单的 WFR，表达的是奇契瓦语致使后缀的功能。论元结构和语法关系的变化可能是相当复杂的，所以在本书中，我们将只写出词中的意义变化。

279　**14.2.2　不利**

另一类改变动词论元结构的派生过程是不利结构＊。马来语中，充当名词化标记的环缀 *ke-X-an*（我们在第 13 章中见过）也能用来构成不利结构，如（22）和（23）所示。如这些例子所示，不利结构通过增加新的论元——即因所描述的事件而受苦的人，把不及物词根变成及物动词。

（22）a. Kelapa　　itu　　jatuh.
　　　　coconut　that　　fall
　　　　椰子　　　那　　掉落
　　　　'The coconut fell.'
　　　　椰子掉落了。

　　　b. Tomo　　*ke*-jatuh-*an*　　kelapa.
　　　　　Tomo　　-fall-ADVRS　　coconut

＊ adversative 这个术语除了指不利结构，还可以指"转折语"，即表达对立或相反情状的词和短语，如英语中的 *but*、*however*、*on the other hand* 等。——译者注

托莫　　-掉落-不利　　椰子

'Tomo was fallen on by a coconut.'

托莫被掉落的椰子砸了。

(23) a. Anak　　Tomo　　telah　　mati.

child　　Tomo　　PAST　　die

孩子　　托莫　　过去　　死

'Tomo's child has died.'

托莫的孩子死了。

b. Tomo　　*ke*-mati-*an*　　anak

Tomo　　-die-ADVRS　　child

托莫　　-死-不利　　孩子

'Tomo suffered the death of a child.'

托莫经受了孩子死亡的痛苦。

不利结构有时被描述为特殊类型的被动结构。[9]包括日语在内的一些语言,使用相同的词缀来表达被动结构和不利结构 *。比较(24b)和(25b)中的不利结构与上文(3b)中的常规被动结构。[10]

(24) a. Kodomo＝ga　　sinda.

child＝NOM　　died

孩子＝主格　　死

'A child died.'

孩子死了。

b. Taroo＝ga　　kodomo＝ni　　sin-are-ta.

Taroo＝NOM　　child＝OBL　　die-PASSIVE-PAST

太郎＝主格　　孩子＝旁　　死-被动-过去

'Taroo was adversely affected by the death of his child.'

---

* "不利结构"在日语语言学中以"迷惑受身"这个术语来命名。——译者注

太郎因其孩子的死亡而受到了不利影响。

（25）a. Sensei＝ga   kodomo＝o   sikat-ta.

teacher＝NOM   child＝ACC   scold-PAST

老师＝主格   孩子＝宾格   责骂-过去

'The teacher scolded the child.'

老师责骂了孩子。

b. Taroo＝ga   sensei＝ni   kodomo＝o

Taroo＝NOM   teacher＝OBL   child＝ACC

太郎＝主格   老师＝旁   孩子＝宾格

sikar-are-ta.

scold-PASSIVE-PAST

责骂-被动-过去

'Taroo was adversely affected by the teacher scolding his child.'

太郎因老师责骂他的孩子而受到了不利影响。

注意，两种结构中都使用了相同的被动后缀(-[r]are)。在讨论例(3)时，我们提到被动化不会影响小句的论元结构：相同的参与者在主动和被动两种结构中充当相同的语义角色。但是在(24)和(25)中，我们看到，不利句包含了一个不见于相应的主动句的额外论元。这个新参与者是受到动作不利影响的人。

280

14.3 组并

在第2章和第7章中，我们举了一些像(26)这样的例子，其中表达宾语的名词（"狗"）在形态上属于动词的一部分。这种模式被称为名词组并（NOUN INCORPORATION，NI）*，我们说宾语名词

---

* 除了"名词组并"，noun incorporation 也被译为"名词并入"或"名词融合"。——译者注

被"组并"到了动词中。NI 是一种特殊的复合类型：一个动词词根和一个名词词根组合形成一个属于 **V** 范畴的复杂词干。

（26）**南蒂瓦语**（北美；Allen & Frantz 1983）

（重写自第 7 章）

ben-*khwien*-wia-ban

2sg:1sg:3sg-*dog*-give-PAST

2单:1单:3 单-狗-给-过去

You（sg）gave me the dog.

你把狗给了我。

最常见的一种 NI[*] 是被组并的名词充当动词的宾语。有时这会导致语法配价的减少。例如，(27a)包含一个同时与 SUBJ 和 OBJ 保持一致的及物动词"磨"。主语 NP 是作格，宾语是通格。在(27b)中宾语"刀"被组并到动词中，所以动词不再标记为宾语一致。此外，(27b)的 SUBJ 现在被标记为通格，表明它是不及物小句的主语。我们把这种模式称为减价组并。[11] (28b)和(29b)给出了这种模式更多的例子。

（27）**楚科奇语(Chukchee)**（西伯利亚；Spencer 1991:255）

　　a. Morgənan　mət-re-mne-ŋənet　　　　walat.

　　　　we.ERG　　1pl.S-FUT-sharpen-3pl.O　knives（ABS）

　　　　我们.作格　1复.主-将来-磨-3复.宾　　刀（通格）

　　　　'We will sharpen our knives.'

　　　　我们将磨我们的刀。

　　b. Muri　　　　　mət-ra-*wala*-mna-gʔa.

---

*　原文为"the most common kind if NI is that..."，结合上下文来看，这里的"if"是"of"之讹，译文对此加以校正。——译者注

　　　　　we.ABS　　　　1pl.S-FUT-*knife*-sharpen-1pl.S

　　　　　我们.通格　　　　1复.主-将来-*刀*-磨-1复.主

　　　　　'We will sharpen knives.'

　　　　　我们将磨刀。

（28）**瓦特拉纳瓦特尔语**（Huahtla Nahuatl）（墨西哥；Merlan 1976:185；Mithun 1984:860—861）

　　a. aške:man　　　ti-ʔ-kʷa　　　　　　　nakatl.

　　　　never　　　　2sg.S-3sg.O-eat　　　 meat

　　　　从不　　　　　2单.主-3单.宾-吃　　　肉

　　　　'You never eat meat.'

　　　　你从不吃肉。

　　b. naʔ　　ipanima　　ni-*naka*-kʷa.

　　　　1sg　　always　　 1sg.S-*meat*-eat

　　　　1单　　一直　　　1单.主-*肉*-吃

　　　　'I eat meat all the time.'

　　　　我一直吃肉。

281　（29）**瓦特拉纳瓦特尔语**（Merlan 1976:187—189）

　　a. ti-ki-išmati　　　　　Katarina？　ke:na

　　　　2sg.S-3sg.O-know　　　Katarina　　yes

　　　　2单.主-3单.宾-认识　　卡特琳娜　　是的

　　　　ni-ki-išmati …

　　　　1sg.S-3sg.O-know

　　　　1单.主-3单.宾-认识

　　　　'Do you know Katarina？Yes，I know her …'

　　　　你认识卡特琳娜吗？是的，我认识她……

　　b. tlaʔke　　šočitl？　　aš　　　ni-*šoči*-išmati.

　　　　what　　 flower　　　NGE　　1sg.S-*flower*-know

　　　　什么　　　花　　　　否定　　1单.主-*花*-懂

　　　　'What（kind of）flower is it？I don't know flowers.'

　　　　什么（种）花？我不懂花。

这是什么花？我不懂花。

　　然而,在其他语言里,NI 不会减少动词的配价。例如,(30b)中,我们看到,即使当 OBJ 被组并后,莫霍克语(Mohawk)的动词仍然和 OBJ 保持一致。如果动词屈折变化为不及物动词,只与其 SUBJ 保持一致,如(30c),这个句子是不合语法的。同样,在南蒂瓦语中,无论宾语是独立的 NP(31a),还是一个被组并的名词(31b),及物动词都表现出相同的一致模式。我们把这种模式称为配价保留式组并。

（30）**莫霍克语**（北美；Postal 1962:123,285；Baker 1988: 125）

　　a. iʔi　　khe-nuhweʔ-s　　　　ne　　　yao-wir-aʔa.

　　　　1sg　　1sgS:3femO-like-ASP　the　　　PRE-baby-SUFF

　　　　1单　　1单主:3阴宾-喜欢-体　定冠词　前缀-婴儿-后缀

　　　　'I like the baby.'

　　　　我喜欢这个婴儿。

　　b. iʔi　　khe-*wir*-nuhweʔ-s.

　　　　1sg　　1sgS:3femO-*baby*-like-ASP

　　　　1单　　1单主:3阴宾-婴儿-喜欢-体

　　　　'I like the baby.'

　　　　我喜欢这个婴儿。

　　c. *iʔi　　k-*wir*-nuhweʔ-s.

　　　　1sg　　1sgS-*baby*-like-ASP

　　　　1单　　1单主-婴儿-喜欢-体

（31）**南蒂瓦语**（Allen，Gardiner & Frantz 1984:294—295）

　　a. yede　　seuan-ide　　　a-mū-ban.

　　　　that　　man-SUFF　　　2sg.SUBJ:3sg.OBJ-see-PAST[12]

　　　　那　　　男人-后缀　　　2单.主:3单.宾-看见-过去

'You（sg）saw that man.'

你看见了那个男人。

b. a-*seuan*-mū-ban.

2sg.SUBJ：3sg.OBJ-*man*-see-PAST

2单.主：3单.宾-男人-看见-过去

'You（sg）saw a/the man.'

你看见了一个/那个男人。

c. yede   a-*seuan*-mū-ban.

that   2sg.SUBJ：3sg.OBJ-*man*-see-PAST

那   2单.主：3单.宾-男人-看见-过去

'You（sg）saw that man.'

你看见了那个男人。

在许多有配价保留式组并的语言中，被组并的名词可以由出现在动词之外的词或短语来修饰：限定词(31c)、数词(32)，甚至是关系小句(33)。这些例子提供了额外的证据，表明动词在这些结构中依然是及物的。[13]

282   （32）**南蒂瓦语**（Allen，Gardiner & Frantz 1984：297）

a. wisi   seuan-in   bi-mū-ban.

two   man-SUFF   1sg.SUBJ：3pl.OBJ-see-PAST

两   男人-后缀   1单.主：3复.宾-看见-过去

'I saw two men.'

我看见了两个男人。

b. wisi   bi-*seuan*-mū-ban.

two   1sg.SUBJ：3pl.OBJ-*man*-see-PAST

两   1单.主：3复.宾-男人-看见-过去

'I saw two men.'

我看见了两个男人。

（33）**南蒂瓦语**（Allen，Gardiner & Frantz 1984：297）

te-*pan*-tuwi-ban

1sg.SUBJ：3inan.OBJ-*bread*-buy-PAST

1单.主：3非生.宾－面包－买－过去

ku-kha-ba-'i.

2sg.SUBJ：3inan.OBJ-bake-PAST-SUBORD

2单.主：3非生.宾－烤－过去－从标

'I bought the bread that you baked.'

我买了你烤的面包。

（34）中给出了一个简单的 WFR，将组并表示为 N＋V 的复合过程。然而，我们并不打算在这里写出具体的规则来表现减价组并和配价保留式组并之间的区别。

（34）**名词组并**：

$$[\text{X}]_{\text{NOUN}} \quad + \quad [\text{Y}]_{\text{VERB}} \quad \leftrightarrow \quad [\text{X}-\text{Y}]_{\text{VERB}}$$

'x'　　　　　　'y'　　　　　　　'do y to x'

14.4　结语

改变动词句法配价的基本方式有两种。我们在本章中已经讨论过的一些过程，尤其是致使和不利，将一个新的语义论元引入了动词的论元结构。另一些过程（比如被动）则不影响论元结构，只是改变了指派给一个或多个论元的语法关系。

这两类形态过程可以（并且经常）引起动词配价的改变。然而，并不是其中某个词缀每次出现都必然涉及句法配价的改变。例如，（20b）中致使的例子是单及物的，而派生出它的基础小句（20a）也是单及物的。因此，论元结构的改变并不总是引起句法及物性的改变。[14]只有当派生动词与基础形式拥有不同数量的项关系(主语加宾语)时,句法配价才会改变。因此,一些学者把我们在本章中讨论的各种交替称为关系改变的过程(RELATION-CHANGING PROCESSES)。无论使用哪一个术语,重要的是研究语义结果(包括但不限于论元结构的改变)和句法结果(特别是语法关系的改变)二者。

283 实践练习

A. 卢旺达语(Kinyarwanda)(卢旺达;Kimenyi 1980;Givón 1984)

用文字描写以斜体印刷的后缀,并给每个后缀写一个 WFR。

1. 原因/"目标"

   a. Karooli   y-a-fash-ije   abaantu   *ku*＝busa.

       Charles   he-PAST-help-ASP   people   *for*＝nothing

       'Charles helped the people for nothing.'

   b. Karooli   y-a-fash-*ir*-ije   ubusa

       Charles   he-PAST-help-*GOAL*-ASP   nothing

       abaantu.

       people

       'Charles for nothing helped the people.'

2. 工具

   a. Umualimu   a-ra-andika   ibaruwa   *n*＝ikaramu.

       teacher   he-ASP-write   letter   *with*＝pen

       'The teacher is writing the letter with a pen.'

   b. Umualimu   a-ra-andik-*iish*-a   ikaramu

       teacher   he-ASP-write-*INSTR*   pen

       ibaruwa.

       letter

'The teacher is using the pen to write the letter.'

3. 连带 */方式

    a. Mariya   y-a-tets-e   inkoko   *n*＝agahiinda.

       Mary   she-PAST-cook-ASP   chicken   *with*＝sorrow

       'Mary cooked the chicken with regret.'

    b. Mariya   y-a-tek-*an*-ye   agahiinda inkoko.

       Mary   she-PAST-cook-*ASSOC*-ASP sorrow   chicken

       'Mary regretfully cooked the chicken.'

4. 伴随

    a. Mariya   y-a-tets-e   inkoko   *ni*＝Yohani.

       Mary   she-PAST-cook-ASP   chicken   *with*＝John

       'Mary cooked the chicken with John.'

    b. Mariya   y-a-tek-*an*-ye   Yohani

       Mary   she-PAST-cook-*ACCOMP*-ASP   John

       inkoko.

       chicken

       'Mary together with John cooked the chicken.'

5. 受益(注:没有相应的介词形式)

    umkoobwa a-ra-som-*er*-a   umuhuungu igitabo.

    girl   she-PRES-read-*BEN*-ASP   boy   book

    'The girl is reading a book for the boy.'

B. 霍皮语(美国;Gronemeyer 1996)

描写以下例子中显示的派生过程。注:主语用主格(无标记),
而宾语、领属者和大多数其他 NP 用宾格。修饰语与核心名词的
格标记保持一致。格林迈尔(Gronemeyer)指出:"霍皮语的动词
总是同时与主语和宾语的数保持一致;因此,动词'to kill'的一致

284

---

    * 连带(associative)是指跟事件中的施事、受事或与事等互相关联的语义角色,但
它对整个事件来说并不重要。在卢旺达语中,连带和工具都能以介词 *n* 来表达,但后
缀-*an* 只能表达连带,不能表达工具。——译者注

词形变化表是四分的,如(1)所示。"

1. 'to kill' **sg/du OBJ** **pl OBJ**

   sg/du SUBJ *niina* *qöya*

   pl SUBJ *nina-ya* *qö-qya*

2. Pas nu' pu' wuko-taqa-t kaneelo-t

   PRT 1sg now big-male-ACC sheep-ACC

   niina

   kill(sg/du.OBJ-sg/du.SUBJ)

   'I killed a big male sheep this time.'

3. Itam taavok kanel-nina-ya

   we yesterday sheep-kill-(sg/du.OBJ-pl.SUBJ)

   'We killed a sheep yesterday.'

4. Höq-na'ya-t engem lööq-mu-y

   harvest-work. party-ACC for two-PL-ACC

   kanel-nina-ya.

   sheep-kill(sg/du.OBJ-pl.SUBJ)

   'They butchered two sheep for the harvesting party.'

5. Mö'wi-t engem na'ya-t ep a'ni

   bride-ACC for work.party-ACC at many

   kanèl-qö-qya.

   sheep-kill(pl.SUBJ-pl.OBJ)

   'At the bride's wedding work party they butchered a lot of sheep.'

6. Nu' pu' totokmi naalöq

   1sg this dance.day four

   kanèl-qöya.

   sheep-kill(sg/du.SUBJ-pl.OBJ)

   'This year I butchered four sheep for the dance day.'

7. Nu' lööq-mu-y ho'ap-ta.

```
1sg      two-PL-ACC      basket-make
```

'I made two baskets.'

8. Pas   wuu-wupa-t   angap-soma.

really   PL-long-ACC   cornhusk-tie

'She tied really long husks in bundles.'

9. Nu' ung   ma-qwhi-k-na-ni.

1sg   you.ACC   hand/arm-break-SINGLE-CAUS-FUT

'I'll break your arm.'

10. Piikuyi-t   paa-mòy-ta.

milk-ACC   water-take.in.mouth-CAUS

'He took a mouthful of milk'.

练习

14A. 南阿塞拜疆语 (伊朗; Lee 1996)

描写以下例子中所见的动词词缀,并写出 WFR 来表示所有派生词缀或变价词缀的功能。如练习 7B 中所提到的,后缀的元音受到了“元音和谐”的影响。你不需要解释后缀中元音音质的变化。除了这个因素,动词词缀还有其他以不止一种形式出现的情况吗?(这个话题将在第 15 章中讨论。)

1. a. Eldar   bu   məqaləni   yazdɨ.

Eldar   this   article-ACC   write-PAST

'Eldar wrote this article.'

b. Bu   məqalə   Eldar   tərəfindən   yazɨldɨ.

this   article   Eldar   by

'This article was written by Eldar.'

2. a. Məhbub   kitabɨ   aldɨ.

Mahbub   book-ACC   buy-PAST

'Mahbub bought the book.'

    b. Kitab   Məhbub   tərəfindən   alɨndɨ.

    book   Mahbub   by

    'The book was bought by Mahbub.'

    c. Nəsib   Məhbuba   kitabɨ   aldɨrdɨ.

    Nasib   Mahbub-DAT   book-ACC

    'Nasib made Mahbub buy the book.'

3. a. Ata   maşɨna   mindi.

    father   car-DAT   ride-PAST

    'Father got in the car.'

    b. Ata   məni   maşɨna   mindirdi.

    father   1sg-ACC   car-DAT

    'Father made me get in the car.'

4. a. qɨz   Məmədi   gördi

    girl   Memed-ACC   see-PAST

    'The girl saw Memed.'

    b. Məməd   qɨz   tərəfindən   göründi

    Memed   girl   by

    'Memed was seen by the girl.'

5. a. inək   öldi.

    cow   die

    'The cow died.'

    b. Məməd   inəyi   öldürdi.

    Memed   cow-ACC

    'Memed killed the cow (lit.: caused the cow to die).'

    c. inək   Məməd   tərəfindən   öldürüldi.

    cow   Memed   by

    'The cow was killed by Memed.'

286   **14B.** 萨尤拉波波洛卡语（**Sayula Popoluca**）(墨西哥；由 W. Merrifield 汇编, 基于 Merrifield et al. 1987, prob. 31 和 217)

描写以下例子中显示的语序和词缀添加模式。屈折词缀用位置类别表,任何派生或变价操作用 WFR。提示:先分别分析及物和不及物小句也许会有帮助。你可能需要假定在某些语境中运用了换位的形态音位过程(即 XY → YX);参看第 15 和 16 章中的进一步讨论。

1. tʌkoyw   'I arrived.'

2. mikoyp   'You are arriving.'

3. koyp wan   'John is arriving.'

4. tʌʔiikp ʔʌʌ   'I am playing.'

5. miʔiikw mii   'You played.'

6. ʔiikw   'He played.'

7. tʌnhuyw šʌhk   'I bought beans.'

8. mii ʔinhuyp šiš   'You are buying meat.'

9. ʔihuyw   'He bought it.'

10. ʔʌʌtʌntoʔkw šʌhk   'I sold beans.'

11. ʔintoʔkp ʔakš   'You are selling fish.'

12. wan ʔitoʔkp šiš   'John is selling meat.'

13. ʔʌʌtʌtsakp mii   'I am pushing you.'

14. ʔištsakp mii   'You are pushing me.'

15. tʌštsakw ʔʌʌ   'He pushed me.'

16. tʌʔeʔp   'I am looking at you.'

17. tʌnʔeʔp   'I am looking at him/it.'

18. ʔinʔeʔp   'You are looking at him/it.'

19. tʌšʔeʔp heʔ   'He is looking at me.'

20. ʔišʔeʔp heʔ   'He is looking at you.'

21. tʌnhuhyaw šiš   'I bought meat from him.'

22. mii ʔišhuhyap šʌhk   'You are buying beans from me.'

23. tʌtoʔhkaw ʔʌʌ   'I sold it to you.'

24. heʔ ʔištoʔhkap šiš mii 'He is selling meat to you.'

25. ʔišmoyw mii   'You gave it to me.'

26. tʌšmoyp   'He is giving it to me.'

27. ʔinmoyw šiš wan   'You gave John the meat.'

28. pek ʔimoyp šiš   'Peter is giving him meat.'

29. mišišhuyw mii   'You bought meat.'

30. šišhuyp   'He is buying meat.'

31. tʌšištoʔkp   'I am selling meat.'

32. ʔakštoʔkw pek   'Peter sold fish. '

287 补充练习

Merrifield et al. (1987) prob. 247, 248

注释

1. 这个前缀也可以出现在及物动词中;但是如果基础动词在及物义和不及物义之间是有歧义的,那么当这个前缀出现时,通常选择不及物义。

2. 语缀＝ni 也可以用来标记与格。这一标注遵循了辻村(Tsujimura)所采用的分析。

3. 因为形态音位的变化(见第 15 章),(4b)中马拉亚拉姆语动词的语素界限要比(3b)中相应的日语例子更难看出。但两个例子中,主动动词在形态上显然都比被动动词简单。有些语言中,是没有被动词缀的。相反,被动是通过使用特殊的助动成分或者其他一些功能词来标记的。

4. 见克勒格尔(Kroeger 2004,第 10 章)对格标记和语法关系之间关系的讨论;以及第 3 章关于(7—9)那样的例子中施用宾语(被升级的旁语)是主要宾语的证据。

5. 对某些词根来说,将相互形式重叠是更自然的;见第 16 章。

6. 姆琼博(Mchombo 1993, 1998)表明,相互后缀是动词词干的一部分,并起着派生词缀的作用,减少了动词的句法配价。与之相反,奇契瓦语的反身前缀不是动词词干的一部分,它和其他宾语一致的前缀一样,是一个被组并的代词。它不会减少句法配价。

7. 也就是说,当致使动词出现在主动语态中时,致使者会成为 SUBJ。

8. 见克勒格尔(Kroeger 2004)第 8 章对支持这一主张的证据的讨论。

9. 一些东南亚语言有只用于表达令人不愉快的或不受欢迎的事物的被动结构。从其句法结果来看,这些所谓的"不利被动"是正常的被动结构。与 14.2.2 节中讨论的不利结构不同,它们不改变论元结构,只影响语法关系的指派,如(6)中的被动规则所示。

10. (24—25)来自辻村(Tsujimura 1996)。

11. 罗森(Rosen 1989)和盖茨(Gerdts 1998)将这个类型称为"复合组并"(compounding incorporation),并将我们的配价保留式组并称为"分类组并"(classifying incorporation)。

12. 艾伦、加德纳和弗朗茨(Allen, Gardiner & Frantz)对宾语一致的标注实际上指的是名词类别,他们将这些类别标记为 A、B 和 C。这些类别在很大程度上(但不是完全地)依次由人称、数和生命度来决定。

13. 根据米特胡恩(Mithun 1984)和罗森(Rosen 1989)提出的分析,在(30—33)配价保留的例子中,被组并的名词不是 OBJ,而只是一种分类词,它限制了可能出现的宾语的语义类别。像(31c, 32b, 33)那样的滞留(stranded)修饰语,包含了一个空的 N 作为宾语 NP 的核心。

14. 改变语法关系的指派也可能不影响句法配价。这种类型的一个著名例子是"处所交替",*John sprayed paint on the wall*(约翰在墙上喷油漆)和 *John sprayed the wall with paint*(约翰用油漆喷墙)。印度尼西亚语的后缀 *-kan* 通常标记类似的变化。

第 15 章

语素变体

大多数语言中,都有一些语素根据其环境的不同而以不同的
形式出现。其中一个常见的例子是英语的不定冠词:

（1）a dog   an apple

　　一条狗   一只苹果

　　a man   an orchid

　　一个男人   一朵兰花

　　a bus   an elephant

　　一辆公共汽车   一头大象

　　a ticket   an umbrella

　　一张票   一把伞

在这种情况下,很容易预测在任何给定语境中会出现冠词的
哪种形式:我们总是发现 *an* 在元音之前, *a* 在辅音之前。换句话
说,冠词的形式完全取决于它后面词的音系形式。韩语的主格标
记是一个类似的例子:

（2）**韩语**

基础形式	**主格形式**	**标注**
cekkun	cekkun-i	'enemy' 敌人
haksæng	haksæng-i	'student' 学生

salam	salam-i	'person' 人
tal	tal-i	'moon' 月亮
pap	pap-i	'cooked rice' 米饭
ttok	ttok-i	'cake' 米糕
oppa	oppa-ka	'brother' 哥哥*
holangi	holangi-ka	'tiger' 老虎
tongmu	tongmu-ka	'comrade' 同伴
hæ	hæ-ka	'sun' 太阳
kho	kho-ka	'nose' 鼻子

　　同样，只需观察名词的音系形式，就很容易预测出会使用格标记的哪种形式。每当名词以元音结尾时，出现-*ka* 这一形式，每当名词以辅音结尾时，出现-*i* 这一形式。

　　然而，在其他情况中，预测哪种形式会出现就不那么容易了。仔细观察下列英语动词的过去分词后缀。一些动词用-*ed*，而另一些用-*en*；但是如(3)中列表所示，预测任何一个具体动词会带哪种后缀，都没有音系上的依据：

289

---

　　* 韩语里的 ttok 是米糕而不是蛋糕，英语应该翻译成 rice cake 更准确。韩语里的 oppa 是女性对比自己年纪略大的男性的称呼，不能用来称呼比自己年纪小的男性，英语应该翻译成 elder brother 更准确。感谢本书责编毛浩先生指出这两点。——译者注

（3）**基础形式**　　　　　　**过去分词**

　　give（给）　　　　　　given

　　take（拿）　　　　　　taken

　　hide（藏）　　　　　　hidden

　　bite（咬）　　　　　　bitten

　　know（知道）　　　　known

　　live（居住）　　　　　lived

　　bake（烘烤）　　　　baked

　　guide（指引）　　　　guided

　　sight（看到）　　　　sighted

　　owe（欠）　　　　　　owed

从（4）中惠乔尔语（Huichol）的领属标记中可以看到一个类似的模式。根据音系模式或语义特征，似乎同样无法预测领属标记的哪种形式会出现在哪个词干上。一些名词带后缀 -*ya*，而另一些名词带前缀 *yu-*，但这种选择似乎相当随意。语言学习者只能根据具体情况记住哪些名词用哪种形式。

（4）**惠乔尔语**（墨西哥；Merrifield et al. 1987，prob. 53；*音长和声调没有标出*）

　　qaicʌ　　　　　　　　qaicʌ-ya

　　'fish hook'　　　　　　'his fish hook'

　　鱼钩　　　　　　　　　他的鱼钩

　　kuka　　　　　　　　　kuka-ya

　　'bead'　　　　　　　　'his bead'

　　珠子　　　　　　　　　他的珠子

　　kʌye　　　　　　　　　kʌye-ya

　　'tree'　　　　　　　　'his tree'

　　树　　　　　　　　　　他的树

haca	haca-ya
'axe'	'his axe'
斧子	他的斧子
maku	maku-ya
'pumpkin'	'his pumpkin'
南瓜	他的南瓜
muza	muza-ya
'sheep'	'his sheep'
绵羊	他的绵羊
hauri	yu-hauri
'candle'	'his candle'
蜡烛	他的蜡烛
huye	yu-huye
'road'	'his road'
路	他的路
micu	yu-micu
'cat'	'his cat'
猫	他的猫
zʌnai	yu-zʌnai
'nit'	'his nit'
虱卵	他的虱卵

所有这些例子都有两个共同的重要特征。在每种情况下,变体形式(a)具有相同的意义,并且(b)是互补分布的,即它们从不出现在相同的环境中。正是这两个因素使我们将它们确定为同一语素的变体形式,而不是两个不同的语素。

同一语素的变体形式被称为语素变体。如果哪种语素变体出现在哪种环境中的选择,是可以根据音系模式来预测的,如(1—2),这种交替被称为音系条件语素变体。如果语素变体的选择基

本上是任意的且必须逐词学习,如(3—4),这种交替被称为词汇条
件语素变体。

音系条件语素变体可以有两种基本类型。如果形式上的变化是音系过程的结果,那么这种过程被称为形态音位变化[1]。仅仅是一种语素变体替代另一种语素变体的过程——即形式上的变化不能被描述为一种音系过程——被称为异干互补。我们将依次讨论每种可能性,从异干互补开始。

15.1 异干互补

仔细观察英语形容词里级(degree)的屈折词形变化表,如(5)所示。*good*(好的)和 *bad*(坏的)不规则的比较级和最高级形式似乎与基础(原级)形式完全无关。*better* 和 *best* 不包含词根形式 *good* 的任何痕迹,不像 *ox / oxen*(公牛),*child / children*(孩子),*criterion / criteria*(标准)等不规则的复数形式。在这些词中,原来的词根依然可以在复数形式中看到。

(5) 原级	比较级	最高级
big(大的)	bigger	biggest
fast(快的)	faster	fastest
funny(好笑的)	funnier	funniest
great(伟大的)	greater	greatest
good(好的)	better (*gooder)	best (*goodest)
bad(坏的)	worse (*badder)	worst (*baddest)

像 *good / better / best* 这样的交替,其中某个词的屈折词形变化表包含一种以上的词根形式,这在传统上被称为异干互补。英语中其他的例子还包括不规则动词形式 *go-went* 和 *am-is-are-was-were*。这些词根的异干互补形式不能由任何规律的音系规则

派生或预测出来,必须在词的词条中列出。

完全异干互补(同一个词存在两种不相关的词根或词干,如 *go-went*)主要作为屈折范畴的标记出现,并且很少(如果有的话)出现在派生过程中。由于派生形态通常在语义上是不规则的,并且不构成词形变化表,因此事实上很难将异干互补的词干确定为属于同一个语素。例如,基于语义,我们也许想要说 *kill*(杀死)是 *die*(死)的致使形式,或 *drop*(使落下)是 *fall*(落下)的致使形式。但没有证据表明这些成对的形式在形态上相关;最好的分析似乎是:它们是不同的(即不相关的)词项,只是具有某些共同的意义成分。

现代语言学家将"异干互补"这一术语的用法扩展到词缀,就和词根一样[2]。例如,(4)中惠乔尔语领属标记的两种语素变体就处于异干互补的关系中,因为两种形式都不能通过音系过程由另一种形式派生出来(一个是前缀,另一个是后缀)。由于没有办法预测哪种语素变体会跟哪个名词一起出现,所以这种选择必须以某种方式在每个名词的词条中加以说明。这是词汇条件异干互补的一个例子。

(2)中韩语主格标记的两种形式也处于异干互补关系中。然而,在这种情况中,可以预测哪种形式会和哪个名词一起出现:*-ka* 出现在元音之后,*-i* 出现在辅音之后。这是音系条件异干互补的一个例子,意思是语素变体的选择只取决于音系环境。

第三种可能是词缀的异干互补可以是形态条件的。这意味着一个具体词缀语素变体的选择取决于出现在该词中的其他特定词缀。例如,姆斯根(Muysken 1981)报道称,在盖丘亚语中,当动词带有过去时后缀-*rqa* 时,常规的第三人称一致后缀-*n* 也被一种零形式语素变体-Ø 所替代。

形态条件的异干互补似乎不如上面讨论的词汇条件的和音系条件的异干互补常见;至少找到这种分析显然正确的案例要更加困难。另一个例子是,拉拉那奇南特克语(Lalana Chinantec)中

将来时前缀有两个语素变体:当动词标记为第一或第二人称时用
/ri²-/,当动词标记为第三人称时用/ri²³-/(数字 3 代表低调,1 代
表高调)。这种声调变化不取决于音系条件。主语一致后缀以几
个不同的语素变体来呈现,它们取决于词汇条件。然而,这种与后
缀相关联的声调模式并不影响前缀的声调;这似乎是严格根据人
称来决定的,如例(6)所示。[3]

(6) **拉拉那奇南特克语**(墨西哥; Merrifield et al. 1987,
prob. 49)

动词类别 1:

ri²-kwẽ-n³¹   'I will sneeze'

FUT-sneeze-1sg   我将打喷嚏

将来-打喷嚏-1单

ri²-kwẽ-hn²   'you will sneeze'

FUT-sneeze-2sg   你将打喷嚏

将来-打喷嚏-2单

ri²³-kwẽ-h²   'he will sneeze'

FUT-sneeze-3sg   他将打喷嚏

将来-打喷嚏-3单

动词类别 2:

ri²-lø-n²³²   'I will speak'

FUT-speak-1sg   我将说话

将来-说话-1单

ri²-lø-hn²   'you will speak'

FUT-speak-2sg   你将说话

将来-说话-2单

ri²³-lø-h²³   'he will speak'

FUT-speak-3sg   他将说话

将来–说话-3单

动词类别3：

ri^2-nø̃-hn^1	'I will knead'
FUT-knead-1sg	我将揉捏
将来–揉捏-1单	
ri^2-nø̃-n^{31}	'you will knead'
FUT-knead-2sg	你将揉捏
将来–揉捏-2单	
ri^{23}-nø̃-h^2	'he will knead'
FUT-knead-3sg	他将揉捏
将来–揉捏-3单	

哈斯普马特（Haspelmath 2002）引用了威尔士语（Welsh）复数形式作为形态条件异干互补的另一个例子。威尔士语有十几种不同的名词复数标记方式。在派生名词中，复数标记的形式取决于使用了什么样的名词化后缀，如(7)所示。

(7) 威尔士语（Haspelmath 2002：119）

词基	名词化	复数
swydd	swyddog	swyddog-ion
'job'	'official'	'officials'
工作	官员	官员们
march	marchog	marchog-ion
'horse'	'horseman'	'horsemen'
马	骑士	骑士们
pechu	pechadur	pechadur-iaid
'sin'	'sinner'	'sinners'
罪	罪人	罪人们
cachu	cachadur	cachadur-iaid

'feces'	'coward'	'cowards'
粪便	懦夫	懦夫们
tywysog	tywysoges	tywysoges-au
'prince'	'princess'	'princesses'
王子	公主	公主们
Sais	Saesnes	Saesnes-au
'Englishman'	'Englishwoman'	'Englishwomen'
英国男人	英国女人	英国女人们

在 15.3 节中,我们将讨论可以用来表现每类异干互补的各种规则。但是,在我们进一步研究异干互补之前,先讨论一下语素变体的另一种主要类型(即形态音位变化)将会有所帮助。

15.2 形态音位变化

我们可以把异干互补看作是用一个语素变体替换另一个语素变体的过程,正如这个名称所显示的那样。形态音位变化涉及的不是替换,而是改变语素的音系形式。形态音位过程可以描述为由相邻语素的音系属性触发的一个或多个音位的变化。一个十分常见的例子见于英语里标记规则复数的后缀。

(8) **复数名词:**

cat-s	dog-z	kiss-ɨz
猫	狗	吻
book-s	bed-z	wish-ɨz
书	床	愿望
map-s	star-z	rose-ɨz
地图	星	玫瑰花
tusk-s	hall-z	judge-ɨz

长牙	门厅	法官
	cow-z	church-iz
奶牛	教堂	
boy-z		
男孩		

293　　英语复数名词有几种不同的标记方式,其中一些如(8)所示。同(1)和(2)一样,复数后缀变体形式的选择是由音系决定的。它只取决于词干的最后一个音位:/-iz/这种形式出现在咝音(槽状擦音＊)之后;清擦音/-s/出现在其他清辅音之后;浊擦音/-z/出现在其他位置。

　　但是(8)中的模式与(1)和(2)中的那些模式之间有重要区别。在(2)中,两个语素变体(/-i/和/-ka/)之间完全没有音系相似性。在(1)中,两个语素变体(a 和 an)之间有部分的音系相似性,但这二者似乎不太可能通过任何规则的过程联系起来。a 和 an 之间的交替是唯一的:现代英语中,没有其他总是在辅音之前删除末尾/n/或在元音之前插入/n/的语素。[4]然而,(8)中的交替是一种更为普遍的模式的一部分。本质上,同样的变化也可以在第三人称单数一致后缀(9a)和领属语缀(9b)中观察到。

（9）a. **现在时第三人称单数动词:**

eat-s	hug-z	kiss-iz
吃	拥抱	接吻
look-s	bid-z	wish-iz

　　＊ 咝擦音(sibilant fricatives)或槽状擦音(grooved fricatives)发音时,舌面中线比舌面两侧低,声道收窄部位为纵向槽状,即具有一定的纵向长度且横断面近椭圆形,因而形成湍流的效率高,噪音较强。例如,[s][z][ʃ][ʒ]等。与之相对的是非咝擦音(mon-sibilant fricatives)或缝状擦音(slit fricatives)。发音时舌面较平,声道收窄部位为横向缝状,即横断面细长扁平,因而形成湍流的效率低,噪音较弱。例如,[f][v][θ][ð][h]等。——译者注

看	出价	希望
nap-s	stir-z	rise-ɨz
打盹	搅动	上升
risk-s	call-z	judge-ɨz
冒险	喊叫	判断
think-s	bow-z	teach-ɨz
想	鞠躬	教
	enjoy-z	
	享受	
	swim-z	
	游泳	

b. **领属名词(N-'s)：**

Pat-s	Meg-z	Joyce-ɨz
Mark-s	Ted-z	Trish-ɨz
Skip-s	Bob-z	Roz-ɨz
Ernest-s	Bill-z	George-ɨz
Ruth-s	Sam-z	Butch-ɨz
	Mary-z	
	Lou-z	

　　一个语素的两种(或多种)变体形式在音系形式上相似,而且它们之间的差异遵循着能在该语言其他地方观察到的规则的音系模式,在这样的情况中,这两种形式间的关系最好分析为形态音位变化。两种形式之间的交替由一种特殊类型的音系规则来解释,被称为形态音位规则。例如,为了解释(8)中复数语素的不同形式,我们可以假定/-z/是词基形式,并制定形态音位规则来派生出另外两种形式。在本书中,我们不会详细讨论如何写出这些规则;对于先前没有受过音系学训练的读者来说,查阅一本音系学入门教材可能会有帮助。[5]不过,解释例(8)所需的规则的实质如下：

294

(10) a. 复数/-z/　→　/-iz/　　跟在咝音之后

　　　b. 复数/-z/　→　/-s/　　跟在其他清辅音之后

如(8)所示,我们已经把规则的英语复数标记的交替确定为一个形态音位过程。(2)中韩语主格标记的交替在本质上显然不是形态音位变化。正如我们已经多次提到的,尽管两种语素变体之间的选择取决于音系条件,但变体形式(/-i/和/-ka/)之间没有音系相似性。没有一个合理的音系过程可以将一种形式变为另一种形式。因此,如上一节所述,韩语的交替似乎是一个清晰的异干互补语素变体的实例。

这两种情况之间的差异,提出了一个明显的问题:对于任何一个音系条件语素变体的给定例子,我们如何确定这个交替是形态音位变化还是异干互补?[6]虽然有点过于简单化,但这里的基本直觉是:形态音位过程是用一个音位替代另一个音位,而异干互补过程是用一个语素变体替代另一个语素变体。这两种规则在概念上大不相同,它们在语法的整体组织中也扮演着不同的角色。但是在任何具体情况中,我们如何判定哪种分析才是最好的?遗憾的是这个问题还没有明确而固定的答案,但是以下标准将有助于指导我们做出决定。

a. 自然性(NATURALNESS):如果这个过程在音系上是自然的,即见于许多不同语言音系系统的过程,它就更有可能是形态音位变化。形态音位规则在音系上应该是合理的。仅这一标准就排除了(2)中韩语主格语素变体的形态音位分析。

b. 能产性(PRODUCTIVITY):如果同样的过程适用于几个不同的语素,那它更有可能是形态音位变化。仅在单个语素中观察到的模式更有可能是异干互补。回到(1)中的英语不定冠词*,每

---

　* 原文为"definite article",现根据(1)中的实际情况(a 和 an)校正为"不定冠词"。——译者注

当其后的词以辅音开头,词尾/-n/通过音系规则删除是合理可信的。这很有可能是这种交替的历史来源。然而我们在上文论述过,这一过程在现代英语中是没有能产性的,*a* 和 *an* 的交替是唯一的。我们把这一事实作为与形态音位分析相悖的证据,确切地说,将其看作音系条件异干互补的实例。

　　c. 简单性(SIMPLICITY):在语言分析的任何领域,我们一般都会尽可能寻找最简单的语法来解释材料。然而,重要的是关注整个规则系统的简单性,而不仅仅是某一个领域(比如音系)。我们总是可以通过给另一个部分添加复杂的规则来简化语法中的某一部分。当前,我们感兴趣的是比较两种迥然不同的规则。这并非易事;但是总的来说,音系规则是比异干互补语素变体规则更简单的类型。因此如果可以使用一种看似合理的形态音位分析,那么简单性标准将倾向于选择这种方法,而不是异干互补分析。

　　为了说明如何运用这些标准,让我们仔细观察(11a)中瓦恩托阿特语(Wantoat)的材料。领属后缀的语素变体总结在(11b)中。

(11) **瓦恩托阿特语**(巴布亚新几内亚;Merrifield et al. 1987, prob. 78)

　　a. **标注**　　"我的_"　"你的_"　"他的_"　"我们的_"

　　　　'hand'　katakŋa　　katakga　　katakŋʌ　　katakŋin
　　　　手

　　　　'house' yotna　　　yotda　　　yotnʌ　　　yotnin
　　　　房子

　　　　'foot'　kepina　　　kepika　　　kepinʌ　　　kepinin
　　　　脚

　　b. **环境**　　　**1 单**　　**2 单**　　**3 单**　　**1 复**

　　　　-k 之后　　　-ŋa　　　-ga　　　-ŋʌ　　　-ŋin

　　　　-t 之后　　　-na　　　-da　　　-nʌ　　　-nin

元音之后　　　-na　　　-ka　　　-nʌ　　　-nin

其中三个语素表现出完全相同的语素变体模式:软腭音之后开头的/-ŋ/与其他环境中开头的/n-/交替。如果我们将它视为音系条件异干互补的一种情况,我们必须写出三条不同的语素变体规则,每条对应于一个后缀。但也有可能只写出一条简单的形态音位规则,三种交替都能解释。

(12) /n/　→　/ŋ/　出现在软腭辅音之后

因此,形态音位分析显然更简单(一条规则对三条规则)。(12)中的规则是鼻音同化的一种情况,鼻音同化是一种极其自然且常见的音系过程。这一规则在这种语言中很能产,至少适用于三个不同的后缀。因此,上面列出的三条标准都支持对这些语素的形态音位分析。

然而,第二人称领属后缀要更为复杂。这里我们看到三个不同的语素变体存在于三种被证实的环境中。将出现在元音后面的形式作为基础形式,所涉及的音系变化是:(i)/k/出现在/k/后变为/g/(浊音异化);(ii)/k/出现在/t/后变为/d/(发音部位同化加上浊音异化)。

在这种情况下,哪种分析更可取呢? 异化规则,尤其是浊音异化,存在于许多语言中;但它们远不如同化规则那样普遍。因此自然性的标准既不能排除形态音位分析也不能为其提供强有力的支持。由于材料十分有限,故而无法提供能产性方面的证据(同样的变化是否也出现在其他语素中?)。根据这十分有限的可用材料,将一种分析与另一种分析相比,并没有简单性上的明显优势。不论哪种分析方法,我们都需要两条规则来解释这三种可能的形式。由于缺少其他的材料,对这个例子来说,两种方法都是可行的。但是,如上文所述,既然音系规则本质上比语素变体规则更简单,因此形态音位分析可能被优先作为初步假设。

15.3 异干互补语素变体的规则

语言学家花费了大量精力试图制定精确的形式符号来书写音系规则,并形成了一定的共识;但是对于异干互补语素变体规则该如何书写,却不那么一致。就我们的目的来说,该规则的确切形式并不是那么重要,但必须清晰而精确地表达出来。任何规则都表达两次的做法总是有益的,一次用文字,一次用某种更精确的符号。下面显示了一种书写异干互补规则的可能形式。

我们已经确定韩语中主格标记形式的交替是一种音系条件异干互补:在特定的音系环境中,一个语素变体被替换为另一个语素变体。除了用文字描写这一交替外,我们还需要某种形式规则来使我们的描写更为精确。一种可能如(13)所示。

$$(13)\ \{\text{-}ka\} \quad \rightarrow \quad \begin{Bmatrix} \text{-ka} \ / \ \text{V}+\_ \\ \text{-i} \ / \ \text{C}+\_ \end{Bmatrix}$$

在这条规则中,一个语素变体被选为这一语素的基础形式或标签。这一形式显示在规则左侧的大括号{xx}中,而每个具体语素变体的音位形式列在右侧。右侧环境中的"+"表示语素界限。(13)中的规则可以作如下解读:"当后缀{-ka}附加在以辅音结尾的词干上时,实现为/-i/;当它附加在以元音结尾的词干上时,实现为/-ka/。"

这一格式的可能变体还能用语法范畴来表示,例如用主格作为语素的标签,而不是用音系形式。如(14)所示。 297

$$(14)\ \{\text{-NOM}\} \quad \rightarrow \quad \begin{Bmatrix} \text{-ka} \ / \ \text{V}+\_ \\ \text{-i} \ / \ \text{C}+\_ \end{Bmatrix}$$

作为词汇条件词缀异干互补的例子,让我们回到(3)中所示的英语过去分词后缀。我们将带-*en* 语素变体的这组动词称为"类别1",将带-*ed* 语素变体的这组动词称为"类别2"(为简单起见,让我们假定这两类就是我们需要处理的全部内容)。英语中每个动词的词条必须包含一个特征,表明它属于哪个类别。语素变体规则指明,词条中出现其中哪个特征,就会据此选择哪个语素变体。书写这一规则的一种简单方式如(15b)所示。

(15) a. **类别 1**   **类别 2**

give   live

take   bake

hide   guide

bite   sight

know   owe

b. $\{\text{-}en\} \rightarrow \begin{cases} \text{-en 在 } \mathbf{V}\text{—类别 1 中} \\ \text{-ed 在 } \mathbf{V}\text{—类别 2 中} \end{cases}$

15.4　屈折类别

我们对(15)中英语过去分词形式的分析,显示出如何根据异干互补语素变体将一个词汇范畴(比如动词)划分成子类。当一个词缀的语素变体数量有限(在这个例子中是-*en* 和-*ed*),并且语素变体的选择取决于词汇条件时,我们可以根据它们所选择的语素变体对词进行分类。范畴中每个词的词条必须包含一个特征,表明该词属于哪个子类。(4)中给出了一个类似的例子,其中我们发现惠乔尔语(至少)有两个不同类别的名词:带 -*ya* 的和带 *yu*-的。

现在仔细观察(16)中的材料。显然,瓦力语(**Wali**)中单数和复数的标记有几个不同的语素变体,而且似乎没有音系模式可以让我们预测哪个语素变体将和哪个词干一起出现。每个普通名词的词条必须包含一个特征,表明该名词需要哪种数标记形式。这些特征将普通名词的集合划分成几个不同的子类:[N—类别1],[N—类别2]等。由于这种子类所基于的语素变体共有模式包含　298
屈折词缀,因此它们通常被称为屈折类别。

‥‥‥

（16）**瓦力语**（加纳;Merrifield et al. 1987,prob. 54）

单数		复数	
nuɔ	'fowl'	nuɔ-hi	'fowls'
	家禽（单数）		家禽（复数）
daa	'market'	daa-hi	'markets'
	市场（单数）		市场（复数）
biɛ	'child'	biɛ-hi	'children'
	孩子（单数）		孩子们（复数）
wadze	'cloth'	wadze-hi	'cloths'
	衣服（单数）		衣服（复数）
wɔɔ	'yam'	wɔɔ-hi	'yams'
	山药（单数）		山药（复数）
dzel-a	'egg'	dzel-ii	'eggs'
	鸡蛋（单数）		鸡蛋（复数）
n-a	'cow'	n-ii	'cows'
	奶牛（单数）		奶牛（复数）
dau	'man'	dau-ba	'men'
	男人（单数）		男人（复数）
poɣa	'woman'	poɣa-ba	'women'
	女人（单数）		女人（复数）
nɔgba-ni	'lip'	nɔgba-ma	'lips'
	嘴唇（单数）		嘴唇（复数）
kpakpa-ni	'arm'	kpakpa-ma	'arms'

	胳膊（单数）		胳膊（复数）
gbɛbi-ri	'toe'	gbɛbi-ɛ	'toes'
	脚趾（单数）		脚趾（复数）
libi-ri	'coin'	libi-ɛ	'coins'
	硬币（单数）		硬币（复数）
lumbi-ri	'orange'	lumbi-ɛ	'oranges'
	橙子（单数）		橙子（复数）
nubi-ri	'finger'	nubi-ɛ	'fingers'
	手指（单数）		手指（复数）
nimbi-ri	'eye'	nimbi-ɛ	'eyes'
	眼睛（单数）		眼睛（复数）

在传统语法中，名词的屈折子类通常被称为变格（DECLEN-SIONS）；动词的屈折子类被称为动词变形（CONJUGATIONS）。当子类不仅决定单个语素的语素变体选择，还决定整个词形变化集合的语素变体时，尤其需要使用这些标签。

拉丁语名词有格和数的屈折变化，这两个范畴都以单个混合后缀来标记。后缀如果标记格和数的具体组合，比如与格复数，可以几种不同的形式（或语素变体）出现，这些语素变体的分布取决于词汇条件。每个拉丁语名词都能被归入五个不同子类或变格中的一类，这取决于附加于具体词干的屈折语素变体的集合。其中三类变格如（17）所示；为了简单起见，只列出了单数的词形变化表。

（17）a. 拉丁语第 1 类变格名词（仅单数）

	woman（女人）	*star*（星星）	*sailor*（水手）
主格	femin-a	stell-a	naut-a
领属格	femin-ae	stell-ae	naut-ae
与格	femin-ae	stell-ae	naut-ae

宾格	femin-am	stell-am	naut-am
离格	femin-ā	stell-ā	naut-ā

b. 拉丁语第 2 类变格名词(仅单数)

	god(神)	*slave*(奴隶)	*man*(男人)
主格	de-us	serv-us	vir
领属格	de-i	serv-i	vir-i
与格	de-ō	serv-ō	vir-ō
宾格	de-um	serv-um	vir-um
离格	de-ō	serv-ō	vir-ō

c. 拉丁语第 3 类变格名词(仅单数)

	city（城市）	*lion*（狮子）	*father*（父亲）	*body*（身躯）
主格	urbs[7]	leō	pater	corpus
领属格	urb-is	leōn-is	patr-is	corpor-is
与格	urb-ī	leōn-ī	patr-ī	corpor-ī
宾格	urb-em	leōn-em	patr-em	corpus[8]
离格	urb-e	leōn-e	patr-e	corpor-e

这个词形变化表中每个后缀(即每个格—数标记)都有它自己的语素变体规则,以名词变格类别为条件。(18)中给出了两个示例规则。

(18) a. {−领属格.单数} →
$$\begin{cases} \text{-}ae \text{ 在 N—类别 1 中} \\ \text{-}i \text{ 在 N—类别 2 中} \\ \text{-}is \text{ 在 N—类别 3 中} \end{cases}$$

b. {−离格.单数} →
$$\begin{cases} \text{-}\bar{a} \text{ 在 N—类别 1 中} \\ \text{-}\bar{o} \text{ 在 N—类别 2 中} \\ \text{-}e \text{ 在 N—类别 3 中} \end{cases}$$

重要的是,将(15—17)中所示的那些屈折类别和第 8 章中所讨论的性类别区分开来。屈折类别由名词自身所出现的语素变体模式决定。性类别由跟名词共现的词(修饰词、限定词、动词等)中所观察到的一致模式来确定。因此,我们会发现两个性相同的名词出现在不同的屈折类别中,而同属一个屈折类别的名词却有不同的性。例如,拉丁语第 3 类变格将三种性的名词都包含在内。在(17c)中, *leō* "lion"(狮子)和 *pater* "father"(父亲)是阳性的; *urbs* "city"(城市)是阴性的;而 *corpus* "body"(身躯)是中性的。这些名词的性体现在它们修饰语的形式上,如 *leō magnus* "large lion"(大狮子)、*urbs magna* "large city"(大城市)、*corpus magnum* "large body"(大身躯)(均为主格单数)。

15.5　结　语

我们已经确定了语素变体的两种基本类型:形态音位变化,语素的形式被某些音系过程改变;异干互补,两个语素变体之间没有规则的音系关系。异干互补可以出现在词根或词缀中,一般用来标记屈折范畴(时、人称、数等),而不是派生过程。

在词根异干互补的情况中,所有异干互补的形式必须只在词根的词条中列出。相反,词缀异干互补可以用(13—15)和(18)中所示的那些规则进行描写。这些规则可能取决于音系形式、形态结构,或词干的词汇子类等条件。当异干互补取决于词汇条件时,相关范畴中每个词干的词条必须包含一个类别特征(例如[N—类别 1]、[N—类别 2]等)。这些类别特征根据出现在每个词上的语素变体,将该范畴内的词划分为子类。就名词而言,重要的是要记住,这些屈折类别可能不同于同一语言中的性类别,性类别是根据一致模式确定的。

这些不同类型的语素变体总结在(19)中,它改编自比克福德(Bickford 1998:163)。这个树状图显示了对各种语素变体模式进行分类的逻辑方法(这一点我们已在本章中讨论过了),但它不一定和我们在分析具体模式时所遵循的过程顺序相匹配。

（19）

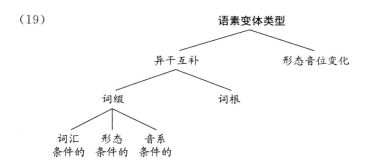

语素变体类型

当我们开始分析一组材料中的语素变体模式时，第一步通常是观察哪些语素以多于一种的形式出现。这包括要注意词根或词缀中是否发生了交替。第二步（通常）是寻找音系条件的环境。如果语素变体的选择在音系基础上是可预测的，我们需要判定它最好分析为形态音位过程，还是音系条件异干互补的情况。如果语素变体的选择在音系上是无法预测的，则有两种基本的选择。同一词根的异干互补形式在该词根的词条中列出；词缀的异干互补形式将通过一条规则联系起来，该规则涉及带有该词缀的词的词汇子类，如上文所述。

301

实践练习

A. 西班牙语动词（Merrifield et al. 1987，prob. 48；未标出对比重音）

下表包含了西班牙语动词词形变化表的一小部分。根据这里显示的材料：

（i）说明观察到了哪种类型的语素变体；

（ii）写出适当类型的规则来解释所有的语素变体；

（iii）你的分析需要将西班牙语动词分派到不同的子类（动词

变形)吗？如果需要,列出每类动词变形中的动词。

	不定式	1 单	3 单	1 复	分词
'create'	kre-ar	kre-o	kre-a	kre-amos	kre-ado
'stop'	par-ar	par-o	par-a	par-amos	par-ado
'throw out'	bot-ar	bot-o	bot-a	bot-amos	bot-ado
'burn'	kem-ar	kem-o	kem-a	kem-amos	kem-ado
'believe'	kre-er	kre-o	kre-e	kre-emos	kre-ido
'insert'	met-er	met-o	met-e	met-emos	met-ido
'eat'	kom-er	kom-o	kom-e	kom-emos	kom-ido
'drink'	beb-er	beb-o	beb-e	beb-emos	beb-ido
'depart'	part-ir	part-o	part-e	part-imos	part-ido
'stir'	bat-ir	bat-o	bat-e	bat-imos	bat-ido
'live'	bib-ir	bib-o	bib-e	bib-imos	bib-ido

B. 拉丁语名词(续)

根据下表:

(i) 辨识名词类别(变格)和每个名词的性;

(ii) 说明你用来辨识变格和性的具体标准;

(iii) 在位置类表中列出出现在修饰语(包括形容词和量化词二者)上的词缀。

标注	主格	宾格
'one good letter'	una epistula bona	unam epistulam bonam
'one good girl'	una puella bona	unam puellam bonam
'many good letters'	multae epistulae bonae	multās epistulās bonās
'many good girls'	multae puellae bonae	multās puellās bonās
'one good farmer'	unus agricola bonus	unum agricolam bonus
'one good poet'	unus poēta bonus	unum poētam bonum
'many good farmers'	multī agricolae bonī	multōs agricolās bonōs
'many food poets'	multī poētae bonī	multōs poētās bonōs
'one good mother'	una māter bona	unam mātrem bonam
'one good method/reason'	una ratiō bona	unam ratiōnem bonam

302

'many good mothers'	multae mātrēs bonae	multās mātrēs bonās
'many good methods'	multae ratiōnēs bonae	multās ratiōnēs bonās
'one good soldier'	unus mīles bonus	unum mīlitem bonum
'one good king'	unus rēx bonus	unum rēgem bonum
'many good soldiers'	multī mīlitēs bonī	multōs mīlitēs bonōs
'many good kings'	multī rēgēs bonī	multōs rēgēs bonōs

练习

15A. 南阿塞拜疆语(伊朗;Lee 1996)

列出你在下列动词形式中找到的词缀,根据其语义功能
(如时、体、情态等)进行分组。写出适当的规则来解释语素变
体的任何情况。根据现有的证据,为这些动词构建一个初步的
位置类别表,并讨论你的分析中余下的不确定之处(或“剩余
部分”)。

gəldim
'I came'

gəldin
'you (sg) came'

gəldi
'he came'

gəlirəm
'I am coming'

gəlirsən
'you (sg) are coming'

gəlir
'he is coming'

gələcəyəm

gəldik
'we came'

gəldiz
'you (pl) came'

gəldilər
'they came'

gəlirik
'we are coming'

gəlirsiz
'you (pl) are coming'

gəlirlər
'they are coming'

gələcəyik

'I will come'   'we will come'

gələcəksən   gələcəksiz

'you (sg) will come'   'you (pl) will come'

gələcək   gələcəxlər

'he will come'   'they will come'

gəlmişəm   gəlmişik

'I have come'   'we have come'

gəlibsən   gəlibsiz

'you (sg) have come'   'you (pl) have come'

gəlib   gəliblər

'he has come'   'they have come'

getdim   getdin

'I went'   'you (sg) went'

getdi   getdilər

'he went'   'they went'

gedəcəksən   gedəcək

'you (sg) will go'   'he will go'

gedirəm   gedirsən

'I am going'   'you (sg) are going'

gedirdi   getməlisən

'he was going'   'you (sg) must go'

getməli   getməlilər

'he must go'   'they must go'

getmişdi   gedib

'he had gone'   'he has gone' *

getmiş   getmisən

---

* 原文这里没有"gedib"及其英文注释,根据作者提供的勘误表增补。——译者注

'reportedly he went'　　　　　'reportedly you (sg) went'

gedirmişlər　　　　　　　　getmişlər

'reportedly they were going'　'reportedly they went'

＊getmişdi　　　　　　　　　＊getdimiş

(for：'reportedly he went')　(for：'reportedly he went')

almişix　　　　　　　　　　alacağix

'we have taken'　　　　　　'we will take'

alibsiz　　　　　　　　　　alacaxsiz

'you (pl) have taken'　　　　'you (pl) will take'

aliblar　　　　　　　　　　alacaxlar

'they have taken'　　　　　'they will take'

alsam　　　　　　　　　　alsax

'if I take'　　　　　　　　'if we take'

alsan　　　　　　　　　　alsaz

'if you (sg) take'　　　　　'if you (pl) take'

alsa　　　　　　　　　　　alsalar

'if he takes'　　　　　　　'if they take'

gəlsə　　　　　　　　　　verdi

'if he comes'　　　　　　　'he gave'

gəlirdi　　　　　　　　　　versəm

'he was coming'　　　　　　'if I give'

gəlibmiş　　　　　　　　　verirmiş

'reportedly he has come'　　'reportedly he was giving'

gedərdi　　　　　　　　　verərmiş

'he used to go'　　　　　　'reportedly he used to give'

zefer qazanmişmişam

'reportedly I have won'(*zefer* 'victory'；*qazan-* 'win')

补充练习

Merrifield et al. (1987) prob. 44, 45, 46, 47, 56, 61, 62, 63, 65, 70, 78, 110, 115, 117, 246

Healey (1990b), ex. H.4, 16, 17, 22, 23, 26

注释

1. 出于本章的目的,我们将忽略简单的音位变体。

2. 这个术语有时也适用于这样的情况,语素变体间保留了一些形式上的相似性,但其关系在音系上是不规则的,如复数形式 *man/men*, *goose/geese*, *mouse/mice* 等。所以,在该术语的这种扩展用法中,任何不能分析为形态音位变化的语素变体都能被认为是异干互补的情况。

3. 这一分析基于比尔·梅里菲尔德为梅里菲尔德等(Merrifield et al. 1987)所写的未出版的教师指南。感谢卡尔·伦施(Cal Rensch)的进一步澄清。

4. 在英语的早期形式中,这种交替确实出现在其他形式中,如 *my~mine*, *thy~thine*。这种交替的证据保留在诗歌形式中,例如:*Mine eyes have seen the glory*...(我的眼睛已经看见了荣耀……)

5. 特别是采取哪种形式作为"基础"或根本形式的问题,是极其重要的;但我们无法在本书中对其进行讨论。

6. 我们可以假定,至少就本书而言,词汇条件的语素变体都是异干互补。

7. 勒内·范·登·贝尔赫给我指出,*urbs* 中的*-s* 是对古老的主格标记的保留。

8. 中性第三类变格名词不带*-em* 后缀。

第 16 章

非线性形态

到目前为止,我们只讨论了两种形态标记:前缀和后缀。因
此,我们迄今所考察的大多数词结构都是非常"线性的":一个简单
的语素序列(词根加词缀),这些语素一个接着另一个地串在一起,
就像串在一根绳子上的珠子一样。但是,我们已经看到了一些更
为复杂的词结构的例子。

第 9 章 9.4 节中,我们讨论了他加禄语的体标记。我们看到
现实非主动动词由词缀 *-in-* 来标记,这个词缀并不出现在词根
的前面或后面,而是出现在词根内部,如(1)中"过去时"形式
所示。这个标记既不是前缀也不是后缀;我们把它称为中缀。
我们还看到,非完结体是通过复制词根的第一个辅音和元音来
标记的,如(1)中"将来时"形式所示。我们把这个过程称为
重叠。

(1)他加禄语体标记

标注	不定式	"过去时"	"将来时"
'to be given'	bigy-an	b[in]igy-an	*bi*-bigy-an
被给予			
'to be made, done'	gawa-in	g[in]awa	*ga*-gawa-in
被制成,被完成			

在第 13 章中,我们将马来语的名词化标记 *ke-...-an* 称为
环缀,如(2)所示。同样,这个词缀既不是前缀也不是后缀;它似乎
是二者兼而有之,或者更确切地说是二者的结合。

（2）马来语抽象名词的构造

词根		派生形式	
baik	'good' 好的	ke-baik-an	'goodness, kindness' 善良，好意
bersih	'clean' 干净的	ke-bersih-an	'cleanliness' 清洁
miskin	'poor' 贫穷的	ke-miskin-an	'poverty' 贫穷
mati	'dead；to die' 死的；死	ke-mati-an	'death' 死亡
lahir	'be born' 出生	ke-lahir-an	'birth' 出生

霍凯特（Hockett 1954）讨论了语言学家在分析词结构时采用的两种不同的方法。其中一种方法，他称为项目与配列（ITEM AND ARRANGEMENT，IA）模型，假定所有形态都是添加词缀。语法规则必须以正确的线性顺序来排列语素，在此之后，音系规则将用来产生实际发音的形式。

第二种方法，霍凯特称为项目与过程（ITEM AND PROCESS，IP）模型，认为添加词缀只是形态规则改变基础形式的诸多方法之一。IP 模型不将语素视为附加在词基上的一串音位，而是视为与某种一致的语义或语法效应相关联的音系变化模式。* 当然，改变

3C5

---

* 在形态分析中，"项目"是语素，而"配列"是语素在词中出现的序列。项目与配列模型只能处理离散的项目关系（例如 *looked* 这样的过去时形式）而不能处理非离散的项目关系（例如 *sang* 这样的过去时形式）。这一问题可以在项目与过程模型中得到解决。这里的"过程"是指项目变化的过程，例如 *sang* 是 *sing* 经由 *i* 转变为 *a* 的元音变化过程而得到的；同样，*looked* 是 *look* 经由添加后缀-*ed* 的变化过程而得到的。除了形态分析外，这两种模型也被用于句法分析。例如，英语中主动句和被动句的区别既可以分析为项目（词汇）配列的不同，也可以分析为被动句是主动句经由被动转换的变化过程而得到的。——译者注

基础形式的一种方式是只给其添加一串特定的音位,其结果是我们所熟悉的那种添加词缀。但是许多其他类型的改变方式也在人类语言得到了证实,正如我们将在下面章节中看到的那样。

环缀、中缀和重叠都不是简单的、线性的、添加词缀的形态标记的例子。这些模式以及其他将在下文中讨论的模式,都很难呈现在位置类别表中,并且(至少初看起来)似乎会给 IA 模型带来严重的问题。然而,音系学理论的最新发展使得有可能将其中的许多过程描述为词缀添加的特殊类型。因此 IA 和 IP 观点之间的争论将依然是形态理论中讨论的一个主要话题。

这里涉及的理论问题远远超出了本书的范围。本章中我们的主要目标是介绍用于各种类型非线性形态的标准术语,帮助你们在遇到这些模式时将它们识别出来。

16.1　词缀的非线性序列

16.1.1　中缀

如上所述,中缀是添加到另一个语素内部的词缀。见于他加禄语的两个著名例子:上文提到的现实标记 -in-,以及主动语态标记 -um-。同源形式出现在基马拉冈杜逊语中,功能略有不同。(3a)显示了被动语态中过去时标记 -in-〔见第 9 章(2)〕与及物词根的用法,而(3b)显示了两个中缀与不及物词根的用法。另一个例子是瓦哈卡琼塔尔语(Oaxaca Chontal)名词的复数标记(4)。

(3) **基马拉冈杜逊语**

　　a. 过去时标记 -in- 与及物词根(在被动语态中显示)

词根	过去时(被动)	标注
patay	p-in-atay	'was killed' 被杀死

takaw	t-in-akaw	'was stolen' 被偷
babo'	b-in-abo'	'was carried (on back)' 被携带(在背上)
garas	g-in-aras	'was butchered' 被屠杀

306

b. 主动语态-*um*-加过去时-*in*-与不及物词根

词根	非过去时	过去时	标注
talib	t-um-alib	t-in-um-alib	'to pass by' 经过
rikot	r-um-ikot	r-in-um-ikot	'to arrive' 到达
laguy	l-um-aguy	l-in-um-aguy	'to leap' 跳跃
silaw	s-um-ilaw	s-in-um-ilaw	'to turn yellow' 变黄

(4) 瓦哈卡琼塔尔语(墨西哥;Merrifield 等 1987,prob. 17)

词根		复数	
cece	'squirrel' 松鼠	ce⁺ce	'squirrels' 松鼠(复数)
sewi?	'magpie' 喜鹊	se⁺wi?	'magpies' 喜鹊(复数)
akan'o?	'woman' 女人	aka⁺n'o?	'women' 女人(复数)

　　在分析和描写中缀时,精确地指明中缀出现的位置是至关重要的。通常插入点是除去词干边缘(开头或结尾)的一个音系单位(比如一个音位或音节)。在他加禄语和基马拉冈语的例子中,中缀都直接插在首辅音之后。在琼塔尔语的例子(4)中,中缀直接插

在尾音节之前。

　　同样重要的是,要记住"中缀"这个术语并不适用于出现在词中间的每一个词缀。它专指插入到另一个语素内部的词缀。许多语言允许长串的词缀,但只要它们是一个接着一个地出现,而不是一个出现在另一个的内部,都不能称为中缀。例如,仔细观察(5b)中的否定标记,它重写自第 11 章。如果我们将(5b)中的否定动词与(5a)中相应的肯定形式进行比较,我们可以说否定词缀被插入到词的中间。然而,它并不是出现在另一个语素的内部,而是出现在词根及其后缀的中间;所以它不是一个中缀,只是另一个后缀。

　　(5) **土耳其语**(Underhill 1976:48,57)

　　　　a. kitab-ï　　　oku-du-nuz.

　　　　　book-ACC　　read-PAST-2pl

　　　　　书-宾格　　　读-过去-2 复

　　　　　'You (pl) read the book.'

　　　　　你们读了这本书。

　　　　b. kitab-ï　　　okú-*ma*-dï-nïz.

　　　　　book-ACC　　read-NEG-PAST-2pl

　　　　　书-宾格　　　读-否定-过去-2 复

　　　　　'You (pl) did not read the book.'

　　　　　你们没有读这本书。

　　中缀通常插入词根内部,但它们也可能出现在其他词缀的内部,如下面基马拉冈语的例子所示:词根 *omot* "to harvest (rice)"〔收获(大米)〕,主动语态及物动词 *mong-omot*,过去时 *m*[*in*]*ong-omot* "harvested"(收获);词根 *talib* "pass by"(经过),致使动词 *pa-talib*,过去时 *p*[*in*]*a-talib* "allowed (someone) to pass"〔允许(某人)经过〕。

16.1.2 环缀和其他不连续语素

环缀是一种不连续的词缀,在词干的前后都添加了成分,如(2)中的马来语和(6)中的巴萨里语(Basari)所示。巴萨里语中名词带有标明其名词类别和数(单数和复数)的标记。其中一些标记是环缀:

(6)巴萨里语(加纳;Healey 1990b,ex.E.1)

u-ni	'person'	bi-ni-ib	'persons'
	人		人们
u-bɔti	'chief'	bi-bɔti-ib	'chiefs'
	首领		首领们
ku-saa-u	'farm'	ti-saa-ti	'farms'
	农场		农场(复数)
ku-kabu-u	'basket'	ti-kabu-ti	'baskets'
	篮子		篮子(复数)

环缀通常被描述为前缀加后缀的组合。但是如果前缀和后缀两种成分都作为独立词缀存在于语言中,并且如果组合形式的意义可以从前缀和后缀的独立意义中预测出来,那么这种组合就不能被看作是环缀。环缀的两个部分在语义和形态上都必须充当单个单位。

例如,(2)中所示的马来语环缀由两个部分组成:ke-和-an。其中的第二个成分,即-an,本身确实能作为后缀出现;它是相对能产的并且有多种用法。然而,前缀 ke-并不能产并且只能在少数凝固形式中出现。此外,名词化标记 ke- ...-an 的意义不能从它两个组成部分本身的意义中获得。这就是这个组合为什么被看作单个词缀(即环缀)的原因。

环缀是一种相当常见的不连续语素,但也有其他类型。一个经常被引用的例子是闪米特语言（Semitic languages）中的复杂形态模式，在这种模式中词根仅由辅音构成，而元音和音节模式由派生和屈折过程决定。

（7）**希伯来语**（Saad & Bolozky 1984：106；Merrifield et al. 1987，prob. 20）

词根		致使	
naħal	'inherit'	hinħil	'bequest'
	继承		遗赠
qaraʔ	'read'	hiqriʔ	'make read'
	阅读		使阅读
tˤaraf	'devour'	hitˤrif	'feed'
	吞食		喂食
raqad	'dance'	hirqid	'make dance'
	跳舞		使跳舞
šaʔal	'borrow'	hišʔil	'lend'
	借入		借出

16.2　音系特征的改变

16.2.1　音变

音变是指基础形式中一个或多个音位的音质变化。元音音变相当常见，通常用更具体的术语元音交替来表示。德语提供了许多例子，存在于名词形式（单数和复数，类似于英语 *goose*/*geese*）和"强"动词*的词形变化表中。动词词干的元音交替有许多模

---

*　强动词是日耳曼语语法中的传统术语，指词形变化不规则（比如元音交替等）的动词；与之对应的是弱动词（weak verb），指词形变化规则（比如添加词缀等）的动词。——译者注

式,其中的一些如(8)所示。当然,英语中也能找到类似的例子:
sing / sang、*drink / drank*、*swim / swam*、*run / ran*、*eat / ate*,等
等。这些例子很有意思,因为元音音质变化本身就是过去时的标
记;至少从表面上看,似乎没有包含过去时词缀。

(8) **德语强动词**(Stern & Bleiler 1961:100—101)

	现在时词干	过去时
'offer' 提供	biet-	bot
'fly' 飞	flieg-	flog
'flow' 流动	fliess-	floss
'read' 阅读	les-	las
'give' 给予	geb-	gab
'help' 帮助	helf-	half
'roast' 烤	brat-	briet
'fall' 掉落	fall-	fiel
'catch' 抓住	fang-	fing

辅音音变中最著名的例子之一见于威尔士语:

(9) **威尔士语**(Robins 1964:201)

ta:d	'father' 父亲	garð	'garden' 花园
və nha:d	'my father' 我的父亲	və ŋarð	'my garden' 我的花园
i da:d	'his father' 他的父亲	i arð	'his garden' 他的花园
i θa:d	'her father' 她的父亲	i garð	'her garden' 她的花园
i ta:d	'their father' 他们的父亲	i garð	'their garden' 他们的花园

16.2.2　"超音缀"

　　"超音缀"这个术语有时用来指仅由一些超音段特征的变化构成的形态标记,这些特征包括:声调、重音、音长、鼻化等。一个著名的例子见于泰雷诺语(Terena),其中鼻化用来表示第一人称单数领属者:

（10）**泰雷诺语**（巴西；Bendor-Samuel 1960）

emoʔu	'his word' 他的话	ēmõʔū	'my word' 我的话
ayo	'his brother' 他的兄弟	āyō	'my brother' 我的兄弟
owoku	'his house' 他的房子	õwõkū	'my house' 我的房子

　　在一些声调语言中,声调变化被用于形态。比罗姆语(Birom) 309 中高调(high tone)用作派生词缀,标记动转名词化:

（11）**比罗姆语**（尼日利亚；Bouquiaux 1970：193—194；Mat-
thews 1997：141）

注意：中调（mid tone）是无标记的。

	动词	名词化
'surpass' 超越	dàl	dál
'break' 打破	mɔ̀pɔ̀s	mɔ́pɔ́s
'follow' 跟随	ra:	rá:
'roast' 烤	halaŋ	háláŋ
'see' 看见	dí	dí
'run' 跑步	télé	télé

16.3 复制、删除、重新排序等

16.3.1 重叠

重叠包括基础形式的完全或部分重复。重叠极其普遍，并以
多种不同的形式出现。(12)中给出了一些有代表性的例子。在分
析重叠时必须阐明的一些关键问题包括以下几点。

a. 复制了多少材料：整个词、只是一个音节、只是一个 CV 序列？

b. 如果不是整个词被复制，那被复制的是哪些特定的部分：哪
个音节或哪个 CV 序列？

c. 复制的内容附加在哪里？重叠最常以前缀或后缀的形式出
现（即在其所适用的词干的边缘）；但也能见到重叠式中缀。

d. 重叠成分是精确地复制,还是在元音音质、首辅音等上面有变化?

(12) a. 马来语的完全重叠

词基形式	重叠
kanak	kanak-kanak
'child'	'children'
孩子	孩子(复数)
negara	negara-negara
'country'	'countries'
国家	国家(复数)
pemimpin	pemimpin-pemimpin
'leader'	'leaders'
领导	领导(复数)
pelajar	pelajar-pelajar
'student'	'students'
学生	学生(复数)

b. 他加禄语的部分重叠

310

词根			主动语态现在时
bigay	'give'	给予	nag-bi-bigay
ʔusap	'converse'	交谈	nag-ʔu-ʔusap
trabaho	'work'	工作	nag-ta-trabaho

c. 马来语的变音重叠

词根			集合名词
sayur	'vegetable'	蔬菜	sayur-mayur
kuih	'cake'	蛋糕	kuih-muih
lauk	'gravy, viand'	肉汁,食物	lauk-pauk
saudara	'cousin, relation'	表/堂兄弟 姐妹,亲属	saudara-mara

gunung	'mountain'	山	gunung-ganang
rumput	'grass'	草	rumput-rampai
kayu	'wood'	木头	kayu-kayan
batu	'stone'	石头	batu-batan
asal	'origin'	起源	asal-usul

16.3.2 删减形态

删减形态〔或只说删减（SUBTRACTION）〕是一种相对少见的现象。这个术语指的是一种形态过程，它不是添加材料，实际上是从词基中删除一个或多个音位。仔细观察(13)中巴巴哥语（Papago)的形式。

（13）**巴巴哥语**（北美；Hale 1965:301；未显示重音）

		词基	完整体
'haul'	拉	huhag	huha
'laugh'	笑	hɯhɯm	hɯhɯ
'cook'	烹饪	hidoq	hido
'swing'	摇摆	wiɟut	wiɟu
'shoot'	射击	gatwid	gatwi
'wake'	醒	wuhan	wuha
'give'	给予	maak	maa
'split'	分裂	taapan	taap
'descend'	下降	huɖuɲ	huɖ
'shell corn'	给谷物去壳	kɯliw	kɯl

如果孤立地考虑任何一对，我们可能认为基础形式是通过在完整体形式上添加一个后缀来创建的。但这种分析可能要求我们

去识别跟该语言中辅音一样多的后缀语素变体[*]（根据 Hale 的分析，事实上更多），并且也无法预测哪个后缀与哪个词根一起出现。到目前为止，比较简单的分析是假设完整体通过删除基础形式的尾辅音来形成[1]。

16.3.3 换位

换位这个术语指的是两个成分的位置互换：xy → yx。音系换位（PHONOLOGICAL METATHESIS），即在一个特定的音系环境中，两个音位互换顺序的形态音位过程，这并不罕见。例如，他加禄语中一些词根在加上后缀时，会失去其尾音节的元音，如（14a）所示。如果这个元音的删除产生了一个辅音丛，其中一个唇音跟在一个齿音/齿龈音的后面，如（14b），那么这个辅音丛中辅音的顺序就是互换的。这种换位可以被看作是一种"修复策略"，语言可以用它来处理不被许可的辅音丛或其他在该语言中不被允许的音节模式。

（14）**他加禄语中的后缀添加**（Kenstowicz & Kisseberth 1979:72；Aspillera 1969；English 1986）

词根			带后缀的形式
a. bukas	'open'	打开	buks-an
putol	'cut'	切割	putl-an
bilih[2]	'buy'	买	bilh-in
sunod	'follow, obey'	跟随，遵守	sund-in
b. tanim	'plant'	种植	tamn-an
talab	'pierce, affect'	刺穿，影响	tabl-an
dilim	'dark'	黑暗	ma-diml-an

---

[*] 此处原文为"allomorphs of the perfective suffix"，译文根据作者提供的勘误表删除了"perfective"。——译者注

　　形态换位(MORPHOLOGICAL METATHESIS)，即换位本身用作特定语法特征标记的情况，这样的例子更难找到。最著名的例子之一是马来-波利尼西亚语系的罗图马语(Rotuman)，使用于斐济东部。罗图马语的基本音节模式是(C)V，所以大多数词在其基础或"引用"(citation)形式 * 中都以元音结尾。这种形式也用于名词短语中，表示有定的、特指的实体。当名词短语用于无定或非特指的指称时，NP中最后一个词通过末尾的元音和辅音互换顺序来标记。由此产生的CVVC序列会通过各种音系过程，诸如形成滑音、元音聚结等，被"压缩"成一个C(C)VC音节。其中一些过程如(15)所示(注意，这个列表中的许多词都不是名词。这是因为无定性只标记在NP的最后一个词上，这个词不一定是核心名词。例如，在关系小句中，修饰小句跟在核心名词之后，所以短语的最后一个词几乎可以属于任何范畴)。这里的关键点是，换位是由句法(或者可能是语用)特征[−有定]触发的，而不是由特定的音系环境触发的。这样的例子相当少见。

312　　　(15) **罗图马语无定标记**(Besnier 1987:208—209)

有定	无定	无定	标注	
	(底层的)	(表层的)		
pija	piaj	pyɔj	'rat'	老鼠
tife	tief	tyɔf	'pearl shell'	珍珠贝
hepa	heap	hyap	'broad'	宽阔的
puka	puak	pwɔk	'creeper species'	葡萄物种
loŋa	loaŋ	lwaŋ	'towards interior of island'	走向岛内
rito	riot	ryot	'to glitter'	闪烁

---

　　* 引用形式是指一个词被单独说出时的形式，而不是在连续话语中的发音形式。——译者注

ulo	uol	wol	'seabird species'	海鸟物种
toŋi	toiŋ	tøŋ	'to buy'	买
fuli	fuil	fül	'deaf'	失聪者
pɔti	pɔit	pɛt	'scar'	伤疤

16.4　屈折规则

本章中讨论的现象似乎对形态的项目与配列（**IA**）模型提出了问题。（乍一看）不容易看出如何只用语素的线性序列来充分地表现中缀、环缀、超音级、音变、重叠、换位和删减。正如我们在本章引言中所述，实际上，音系理论的最新发展，的确提供了将其中的许多过程作为各种词缀添加来处理的方法，尽管这是否为最好的分析仍然是一个争论激烈的问题。无论如何，这些分析所需的音系学知识要比我们在本书中呈现的更为复杂，所以我们不打算在此讨论它们。

我们的直接目标是提供一种方法来描写非线性形态过程，将其作为基本语法描写的一部分。为此，我们将采用一种更接近项目与过程（**IP**）模型的方法。在某种意义上，这种方法已被纳入我们书写构词规则的格式中。派生中所涉及的音系变化不一定是简单的词缀添加。例如，用第 13 章中提出的格式，我们可以给例（2）中的马来语环缀写出如下的规则：

（16）马来语的动转名词化：

[**X**]ᵥₑᵣᵦ　　　　　↔　　　　[*ke-*X*-an*]ₙₒᵤₙ

meaning：'to x'　　　meaning：'the act of x-ing'

但 **WFR** 只是为展现派生过程而设计的。正如我们所看到的，非线性形态过程可以用来标记屈折或派生，因此我们需要一种不同的规则来处理屈折的情况。到目前为止，我们一直假设屈折

313

形态可以展现在位置类别表中,但是我们在本章中讨论的过程恰恰有可能是图表不足以展现的。

屈折形态被用来标记时、人称、格等语法特征。有些语言学家认为,这些特征是根据词的句法环境,通过一类特殊的句法规则添加到词干上的。根据这种方法,该特征的存在将触发屈折规则来产生正确的词形,无论是通过添加词缀还是通过其他某个过程。

这里我们将采用一种略微不同的方法。让我们假设屈折规则本身引入了语法特征,同时以某种方式改变了词基的音系形式。由这些规则产生的屈折形式可用于词项插入,只要它们的语法特征与句法环境相容。

让我们仔细观察一些具体的例子,但不试图提供一个完全严格的系统来书写这些规则。泰雷诺语(10)中第一人称领属语素可以大致表现为(17)。这条规则旨在描写这样一个过程:(i)将词中所有元音鼻音化;并且(ii)添加语法特征[第一人称.领属者]。

(17) 泰雷诺语领属标记

$$[...V...]_{NOUN} \quad \rightarrow \quad [...\tilde{V}...]_{NOUN}$$
$$[\textit{第一人称.领属者}]$$

同样,基马拉冈语过去时标记 -*in*-(3)的功能可以用(18a)来表现。巴巴哥语的完整体语素(13)可以表现为删除词中尾辅音的过程,如(18b)所示。当然,如果需要的话,同样的符号也可以用来描写普通的前缀和后缀。记住,要用文字描述来补充每条规则所表达的模式。

(18) a. 基马拉冈语过去时

$$[CVX]_{VERB} \quad \rightarrow \quad [C\textit{in}VX]_{VERB}$$
$$[\textit{过去时}]$$

b. **巴巴哥语完整体**

$$[\ldots VC]_{\text{VERB}} \quad \rightarrow \quad [\ldots V]_{\text{VERB}}$$
$$[\text{完整体}]$$

16.5 结语

　　IP 方法使我们更容易地描写本章中讨论的各种非线性形态。它通过为形态过程设置一种特殊的规则来实现这一点。这些规则可能很强大,足以描写任何一种改变,但这种描写力好坏参半。它的优点是能够以相当一致的方式来解释所有已证实的形态模式。问题是,也很容易给那些未在任何人类语言中得到证实的模式写出同样的规则。因此,对这种方法来说,研究的主要关注点是如何定义可能的形态规则的问题。

314

　　IA 方法避免了识别形态过程特殊类别的需求。鉴于当前音系框架的能力和复杂性,可以从(一种有点抽象的)词缀添加外加音系规则的角度来分析上面讨论的大多数现象。这种方法使我们有可能维持一个更简单的模型,该模型是关于语法系统的不同部分之间如何相互联系的。解释这些现象所需的"音系"过程实际上是否为纯音系的,这一点并不总是清晰的。一些有问题的地方仍然存在,对此还没有找到真正充分的 IA 分析;而且在其他情况中,对于 IA 方法是否能够给材料提供真正充分的解释,也存在分歧。为克服这些问题所做的尝试是近来音系学理论发展的驱动力之一。

练习

　　16A. 贝克瓦拉语(Bekwarra)(尼日利亚;Roberts 1999,ex. M-13.2)

　　用文字和图表或适当类型的规则来描写以下材料中所示的动

词形态。

1. abe éfàà	'they grind'	
2. abe éfaà	'they learn'	
3. abe éfaa	'they roast'	
4. abe efàà	'they ground'	
5. abe èfàà	'they should grind'	
6. abe éhàrà	'they answer'	
7. abe ehàrà	'they answered'	
8. abe èhàrà	'they should answer'	

16B. 帕兰特拉奇南特克语(Palantla Chinantec)(墨西哥;基于 Merrifield et al. 1987, prob. 157, 由 W. Merrifield 改编;音位声调没有标出)

描写以下例子的语法结构,包括所有词缀添加和语素变体的例子。酌情运用 PS 规则、位置类别表或其他类型的规则,并为每个词汇范畴给出词根的完整列表。

1. laʔʔniw	'You will buy it.'	
2. kabáhni	'I struck (the animal).'	
3. kalãhni zɯy	'I bought the dog(s).'	
4. bǎza ŋyé	'He will strike the pig(s).'	
5. kalahni ʔma	'I bought the wood.'	
6. báza ŋyí	'He will strike the metal object(s).'	
7. kalãʔʔniw ŋyé pã	'You bought the fat pig(s).'	
8. báʔʔniw ow ŋyé	'You will strike two pigs.'	
9. kabáza kũw ʔma	'He struck one piece of wood.'	
10. báʔʔniw úw zɯy	'You will strike three dogs.'	
11. báhni zɯy cáʔ	'I will strike the dirty dog(s).'	
12. kalaʔʔniw ŋyí pa	'You bought the big metal objects.'	
13. kabáʔʔniw tõ ŋyí	'You struck two metal objects.'	
14. lahni ʔma cáʔ	'I will buy the dirty wood.'	

315

15. báhni ʔnɯa ŋyí cá?   'I will strike three dirty metal objects.'
16. lāhni ow zɯy cá?   'I will buy two dirty dogs.'
17. kalaʔʔniw ʔnɯa ʔma pa 'You bought three big pieces of wood.'
18. lahni kũw ŋyí cá?   'I will buy one dirty metal object.'
19. kalāhni hã ŋyé cá?   'I bought one dirty pig.'
20. kabáza hã zɯy pā   'He struck one fat dog.'
21. lāza   'He will buy (the animal).'

补充练习

Merrifield et al. (1987) prob. 16, 17, 19, 20, 21, 51, 58,
77, 86, 87, 88, 89, 96, 97, 118
Healey (1990b), ex. H.24

注释

1. (13)中给出的形式基于希尔(Hale)的语音表达式。在最后三种形式中,尾辅音前面的元音也被一个规则的但有点复杂的形态音位过程删除了。就希尔对这些动词的底层表达式(Underlying Representations)来看,完整体形成的规则总是删除词干末尾的 CV。

2. *bilih* 中末尾的-h 不是以标准正字法书写的,而是假定其存在于底层形式。

第 17 章

语　缀

在第 2 章中,我们确定了语素的两种基本类别:自由语素和黏着语素。我们说自由语素可以作为独立的词出现,而黏着语素不能单独作为完整的词出现。词缀和词根之间的一个重要区别是:词缀总是黏着的,而词根可能是(在英语中通常是)自由的。

在这一章中,我们将讨论那些难以归入自由或黏着的形式,这些形式在某些方面看起来像独立的词,但在其他方面看起来更像是词缀。这类模棱两可的成分被称为语缀*。

从一个具体的例子开始,让我们看看阿美莱语中的动词屈折,阿美莱语是新几内亚的一种巴布亚语。阿美莱语中的动词有主语一致、宾语一致(可选)、时制、语气和某些其他范畴的标记。在大多数句子中,这些标记都是作为动词后缀出现的,如(1)。

(1) **阿美莱语**(巴布亚新几内亚;Roberts 1988:59)

Waga   q-it-igi-an...

crocodile   hit-1sg.OBJ-3sg.SUBJ-FUT

鳄鱼   袭击-1 单.宾-3 单.主-将来

'The crocodile will get me...'

鳄鱼将抓住我……

---

* 除"语缀"外,clitic 也被译为"附缀"或"附着形式"。不过我们认为"语缀"这个译名能够更好地体现出它和词缀之间的同异:二者都是"缀",都具有附着性;词缀附着于词根或词干,语缀附着于短语或小句。从二者共有的附着性来看,"附缀"似乎更适合作为词缀和语缀的上位概念。——译者注

然而，在某些语境中，这些"后缀"可能与动词分离，作为自由形式出现；也就是说，它们可以作为独立的词来发音。(2—4)中给出了一些例子。

(2) **阿美莱语**（巴布亚新几内亚；Roberts 1996：26—27，37，58）

    a. Mel　　aid　　　uqa　　ahul　　　eu　　himéc

       boy　　　female　3sg　　coconut　that　only

       男孩　　女性　　3单　　椰子　　　那　　仅仅

       gel-*ad-éi-a*.[1]

       scrape-3pl.OBJ-3sg.SUBJ-REC.PAST

       刮掉-3复.宾-3单.主-接者.过去

       'The girl scraped only those coconuts.'

       那个女孩刮掉的仅仅是那些椰子。

    b. Mel　aid　　　uqa　　ahul　　　eu　　gél　　himéc

       boy　female　3sg　　coconut　that　scrape　only

       男孩　女性　　3单　　椰子　　　那　　刮掉　　仅仅

       ad-éi-a.

       3pl.OBJ-3sg.SUBJ-REC.PAST

       3复.宾-3单.主-接者.过去

       'The girl only scraped those coconuts.'

       那个女孩仅仅刮掉了那些椰子。

(3) a. Ege　　cain　　　cucui-*uq-aun*.

       1pl　　do.not!　fear-1pl.SUBJ-NEG.FUT

       1复　　不要　　怕-1复.主-否定.将来

       'We must not be afraid.'

       我们一定不要怕。

    b. Ege　　cucui　　cain　　　*uq-aun*.

       1pl　　fear　　do.not!　1pl.SUBJ-NEG.FUT

317

1复 怕 不要 1复.主-否定.将来

'We MUST NOT be afraid.'

我们一定不要怕。

(4) a. Uqa ho-*na*.

3sg come-3sg.SUBJ-PRES

3单 来-3单.主-现在

'He is coming.'

他快来了。

b. Uqa l-i l-i h-u

3sg go-PRED go-PRED come-PRED

3单 去-谓 去-谓 来-谓

h-u *ena*.

come-PRED 3sg. SUBJ-PRES

来-谓 3单.主-现在

'He comes and goes.'

他来来去去。

罗伯茨(Roberts 1996)证明时制和一致标记(在通常意义上)并不是词缀,而是出现在小句末尾的助动词。[2]当这些助动词紧邻动词词干出现时,如(1)(2a)(3a)和(4a),它们"在音系上黏着于"动词,即作为同一个音系词(PHONOLOGICAL WORD)的一部分来发音。这是最常见的模式。然而,在一些语境中,它们也可以单独作为独立的音系词出现,如(2b)(3b)(4b)所示。

注意,在这两种情况下,阿美莱语助动词的句法位置是相同的。(a)例中助动词附加在动词词干上似乎是纯音系的。决定小句内成分语序的句法规则必须将这些助动词作为独立词来处理,不论它们最终是否以这样的方式发音。因此,(1)(2a)(3a)和(4a)中助动词的黏着形式与语缀的标准定义十分匹配:语缀是"句法上自由但音系上黏着的"成分。

"句法上自由"这个短语的意思是句法规则将语缀作为独立词来处理。"音系上黏着"这个短语的意思是语缀的发音就像附着在相邻的词上一样(这个词被称为语缀的宿主)。所以我们需要能够区分音系词和句法词;语缀和它的宿主构成了一个音系词,但它们是两个独立的句法词。在接下来的章节中我们将更详细地讨论这个问题。

17.1　什么是"词"?

我们已经说过,在典型情况下,语缀具有独立词的句法地位和词缀的音系地位。这意味着语缀不能构成一个独立的音系词。说到音系词和句法词之间的差异,似乎会令人惊讶;仔细观察传统上对如下句子中英语助动词"缩约"形式的描述:

(5) a. I'm going home now.

　　我现在要回家了。

b. She'll be coming around the mountain.

　　她将绕山而来。

318　　在传统术语中,我们说像 *I'm* 和 *she'll* 这样的形式是缩约(CONTRACTIONS),意思是两个不同的句法词(一个代词和一个助动词)作为单个音系词来发音。在这些缩约形式中,第二个成分(被缩减的助动词,'*m* 和 '*ll*)被缩短到不能再单独发出有意义的声音的程度,因为它们不包含元音。因此它们不再是独立的音系词,通常被分析为语缀。

我们如何区别音系词和句法词?我们如何能确定每类词的边界?让我们先将重点放在音系词上。

第一,音系词是语言中最小的能作为话段(utterance)的单位;说话人通常不会说出比一个完整的音系词小的单位。如上所述,被缩减的助动词形式 *'m* 和 *'ll* 不能单独发出有意义的声音,因为它们太"短"了以至于不能成为独立的音系词。此外,故意的停顿和语调断裂只出现在音系词的边界,而从不出现在音系词的中间。[3]

第二,每个音系词都由一个或多个合规音节(即满足该语言中音节结构制约的音节)组成。*I'm* 和 *she'll* 这些缩约形式,每个都只包含了一个音节,因此它们不能包含一个以上的音系词。

第三,重音位置通常由音系词的边界决定,并且每个音系词通常只包含一个主重音。例如,注意(2a)和(2b)最后几个词中重音位置标示的差异;这些例子中的尖音符都标记了主重音。要特别注意的是,(2a)中词根 *gel-* 并没有主重音,因为它是一个更大的音系词的一部分。

在各种语言中,许多其他的音系规则也对音系词的边界十分敏感。和谐系统通常只在音系词内部运用,而不能越过音系词边界运用。许多音位变体的规则只适用于音系词的边界,比如各种语言中词尾塞音的清音化。这些规则为识别音系词提供了额外的测试。这些规则通常不把语缀及其宿主之间的边界看作词的边界;它们更倾向于将二者共同看作一个音系词。

现在让我们转向句法词的识别。我们在本书中采用的方法是,PS 树的终端结点永远是词。因此,句法词是语言中最小的能作为成分的单位:可以通过句法操作来移位、替代或删除的最小单位,可以由短语结构规则指派一个位置,等等。

在尝试识别语缀时,主要问题是将音系上黏着的形式区分为句法上自由的(语缀)和句法上黏着的(词缀)。在这方面,有两个一般原则能提供帮助。第一,词缀在词中的排列通常是相当严格 　319的,而词在小句或短语中的语序通常是比较灵活的;第二,与句法词的组合体(combinations)相比,词汇特有的不规则现象对添加词缀来说是更典型的。兹威基和普勒姆(Zwicky & Pullum 1983)提供了以下区分语缀和词缀的具体标准。

a. 词缀"选择"它们的词干,也就是说,它们通常只出现在某个范畴(名词、动词等)的词干上;而语缀可以附着于多种词类。

b. 对共现的限制,或是可能的组合体集合中的空缺,在词缀中比在语缀中更常见。

c. 不规则的形态音位变化和异干互补形式,在词缀中比在语缀中更常见。

d. 不规则的语义组合,在词缀中比在语缀中更常见。词＋语缀的组合体的意义通常可以分别从每个词的意义中预测出来,而具体的词干＋词缀的组合体可能具有不可预测的意义。

e. 语缀可以附着在其他语缀的外面(例如, *you'd've*),但词缀通常不能附着在语缀外面。

f. 句法规则可以将带有词缀的词(词缀加词干)作为一个单位来重新排序,但通常将语缀及其宿主看作两个独立的成分。下面的例子有力地证明了缩约形式 *should've* 包含了两个不同的句法词,因为它在疑问形式中不能作为一个单位前移。这意味着被缩减的形式 *'ve*(来自 *have*)是一个语缀,而不是词缀。

(6) a. You should've seen it.

你应该已经看到它了。

b. *Should've you seen it?

你应该已经看到它了吗?

c. Should you have seen it?

你应该已经看到它了吗?

注意,所有这些标准都是作为倾向而不是绝对原则来提出的。在具体语言中,特定的语缀可以在不同组合体中以及不同程度上表现出这些属性。作为语言学家,我们的工作是找到对给定形式所有属性做出最佳解释的分析。

17.2 语缀的类型

本章引言中引用的定义可以被认为是典型情况。实际上,"语缀"这个术语被用于如此纷繁复杂的各种小品词中,以至于很难找到一个可以完全涵盖它们的定义。语言随着时间的推移而变化,功能词经历音系缩减而变成语缀是很常见的。语缀变得"形态化"也很常见,也就是说,被组并到它们的宿主词中并被重新分析为词缀。这些变化通常是渐进的,一次可能涉及一个具体特征或属性的变化,而不是突然从一个范畴(如语缀)转变为另一个范畴(如词缀)。因此我们有时候会遇到这样的形式,它们似乎处于发展的中间阶段,有些属性是语缀的特征,有些属性是词缀的特征。不过,我们可以确定一些在跨语言中相对常见的语缀的基本类型。

给语缀分类的一种方法是基于位置:那些附着在其宿主右侧边缘的被称为后语缀,而那些附着在其宿主左侧边缘的被称为前语缀[4]。然而,更为重要的分类基础与它们在句子中的位置有关。到目前为止,我们的例子涉及阿美莱语和英语的助动词、语缀,它们的位置可以根据一般的句法规则来预测。将这些成分确定为语缀的唯一原因是它们在音系上附着于相邻的词。兹威基(Zwicky 1977)将这种类型的语缀称为简单语缀。

然而,还有一些词被确定为语缀,主要是因为特殊的句法位置。这些形式通常不重读,并且在音系上可以黏着于或不黏着于另一个词。关键的事实是,它们在句中的位置不能从一般的句法规则中预测出来;需要一些特殊的规则或过程来解释它们的分布。兹威基把这种类型的语缀称为特殊语缀。

17.2.1 简单语缀

17.2.1.1 黏着词

黏着词是最明显的一种简单语缀:这些词在音系上是黏着的

320

(附着于宿主),但在其他方面表现得像一般的词。黏着词属于该语言中既有的词汇范畴之一,通常与属于同一范畴的自由词具有相同的分布和其他句法特征。印度尼西亚语的语缀代词提供了一个典型的例子。

印度尼西亚语有两种不同的人称代词:黏着的(即语缀)和自由的。为了简单起见,我们将集中讨论第三人称单数形式:自由代词 *dia* 和后语缀 =*nya*。=*nya* 在音系上黏着于其宿主的事实可以通过重音位置来证明。科恩(Cohn 1989)指出,标准印度尼西亚语的主重音总是出现在音系词的倒数第二个音节上。这使得识别音系词的边界变得容易,因为只要我们找到一个有主重音的音节,我们就知道下一个音节必定出现在音系词的末尾。正如科恩所证明的,在添加一个后缀(7d)或后语缀(7c)后,主重音必须向右移动一个音节。

(7) a. Siapa   náma   orang   itu?

    who   name   person   that

    谁   名字   人   那

    'What is that person's name?'

    那个人名字是什么?

  b. Siapa   náma   dia?

    who   name   3sg

    谁   名字   3单

    'What is his name?'

    他的名字是什么?

  c. Siapa   namá＝nya?

    who   name＝3sg

    谁   名字＝3单

    'What is his name?'

    他的名字是什么?

321

    d. Dia   me-namá-kan   anak＝nya   Elvis.

       3sg   ACT-name-APPLIC   child＝3sg   Elvis

       3单   主动-名字-施用   孩子＝3单   埃尔维斯

       'He named his child Elvis.'

       他给孩子起名叫埃尔维斯。

    代词属于 NP 范畴,能出现在 NP 出现的任何地方。语缀代词与自由形式出现在相同的位置;在大多数语境中,这二者可以自由地互换,如(8—9)所示,但语缀代词不能出现在主语位置。注意,语缀代词＝*nya* 附着在各种不同的宿主上:名词(7c)、动词(8b)、介词(9b),等等。这种"混杂附着"的模式强有力地表明＝*nya* 是语缀,而不是后缀。

  (8) a. Narti   menúnggu   dia/Pak Sastro.

       Narti   wait.for   him/Mr.Sastro

       纳尔蒂   等候   他/萨斯特罗先生

       'Narti is waiting for him/Mr.Sastro.'

       纳尔蒂正在等候他/萨斯特罗先生。

     b. Narti   menunggú＝nya.

       Narti   wait.for＝3sg

       纳尔蒂   等候＝3单

       'Narti is waiting for him.'

       纳尔蒂正在等候他。

  (9) a. Tolong berikan buku ini   kepáda dia.

       please   give   book this   to   3sg

       请   送给   书   这   给   3单

       'Please give this book to him.'

       请把这本书送给他。

     b. Tolong berikan buku ini   kepadá＝nya.

please	give	book	this	to＝3sg
请	送给	书	这	给＝3单

Please give this book to him.

请把这本书送给他。

如(5)和(6)所示,英语的缩减助动词形式经常被当作黏着词的例子来引用。同样,这些形式在很大程度上可以与等效的自由形式互换。然而,相应自由形式的存在并不是黏着词的必要属性。例如,罗伯茨(Roberts 1996)指出,阿美莱语中所有的后置词都是语缀(黏着词);没有可交替的自由形式。

17.2.1.2 短语词缀

英语领属标记-'s 有点难分析,一直是备受争议的话题。它本身显然不是一个音系词,因为它不包含元音。[5] 有些人将它分析为语缀后置词,部分基于领属标记-'s 与介词 of 在意义和功能上的相似性。但是,英语中没有其他后置词的事实使这一分析陷入了质疑。在英语中,介词总是在宾语之前,而领属标记-'s 总是跟在与之相关联的 NP 后面。如果我们需要将-'s 确定为句法上独立的词,也没有其他词汇范畴可以被我们用来合理地指派-'s。

另一种可能的分析是把它当作标记领属格的后缀。这似乎是合理的,因为许多语言确实使用词缀来标记格。问题在于,如 17.1 节所指出的,词缀通常仅限于在某个范畴的词干上出现。领属标记-'s 标记 NP,但它并不总是附着在核心名词或任何一个名词之上。相反,它附着在 NP 中的最后一个词上,无论这个词是名词、动词,还是介词,等等。

(10) the Queen of England's crown

英国女王的王冠

a man I konw's oldest son

　　我认识的一个男人的长子

the woman you were talking with's daughter

　　和你谈话的那个女人的女儿

　　所以领属标记-'s 看起来很像一个词缀,它以整个 NP,而不是该短语中的任何单词,作为其宿主。这类成分有时被称为短语词缀(Nevis 1988)。

　　让我们总结一下这两类简单语缀之间的区别。黏着词具有"一般的"词的大部分属性:它们属于语言中常规的词汇范畴之一;经常和同范畴的自由词出现在相同的位置上;并且可以和该范畴中任何其他的词具有相同的意义范围。然而,和一般的词不同的是,它们在音系上是不独立的。

　　短语词缀具有"一般的"词缀的大部分属性:它们总是附着于另一个词;不能纳入该语言中任何既有的词汇范畴(词类);并且通常表达语法意义(特别是屈折意义)而不是词汇意义。然而,与一般的词缀不同的是,它们的附着对象是"混杂的",意思是它们可以附着于几乎所有范畴的词上。它们的位置是相对于具体某类短语的边界来界定的,而不是黏着于具体某种词干。

17.2.2　特殊语缀

　　我们已经把特殊语缀定义为占据特殊句法位置,不由一般的句法规则所决定的小品词。哈尔彭(Halpern 1998)指出,特殊语缀两种最常见的类型是:(i)第二位置(second position,2P)语缀;以及(ii)动词语缀。

17.2.2.1　第二位置语缀

　　他加禄语有许多小品词必须作为其直接小句的第二个成分出现。这些小品词包括主格和属格代词、疑问标记、体貌小品词、说话人态度的各种标记、示证标记等。在他加禄语中,常规的语序是动词居首的,所以这些语缀通常直接出现在动词之后,如(11)。当否定成分或其他状语成分出现在动词前的位置时,如(12),语缀也在动词之前。在包含两个小句的句子中,每个小句的语缀成分都出现在该小句的第二个位置上(12—13)。

（11）Ibinigay　　　　*ko*　　　　*na*　　　　ang＝pera

　　　IV-PFV-give　　1sg.GEN　　already　　NOM＝money

　　　工态-完整-给　　1单.属格　　已经　　　主格＝钱

　　　kay＝Charlie.

　　　DAT＝Charlie

　　　与格＝查理

　　　'I already gave the money to Charlie.'

　　　我已经把钱给查理了。

（12）Hindi *mo*　　　　*pa*　　　　*ako*　　　　mahahagkan

　　　not　　2sg.GEN　　IMPERF　　1sg.NOM　　ABIL.FUT-kiss-DV

　　　不　　2单.属格　未完整　　1单.主格　　能性.将来-吻-与态

　　　sa＝noo,　　　　［sariwa　　*pa*　　　　ang＝sugat].

　　　DAT＝forehead　　fresh　　　IMPERF　　NOM＝wound

　　　与格＝额头　　　　新鲜的　　未完整　　主格＝伤口

　　　'You cannot kiss me on the forehead yet, the wound is still fresh.'

　　　你还不能吻我的额头,伤口还未愈合。

　　　(Wolfenden 1967,DL-118)

（13）Sinabihan　　　　*ako*　　　　ni＝Luz　　　　na

　　　PFV-say-DV　　　1sg.NOM　　GEN＝Luz　　COMP

　　　完整-说-与态　　1单.主格　　属格.卢茨　　补标

　　　［ibinigay　　　*mo*　　　　*na*　　　　ang＝pera

　　　IV-PFV-give　　2sg. GEN　　already　　NOM＝money

工态-完整-给　2单.属格　已经　　主格＝钱

kay＝Charlie]

DAT＝Charlie

与格＝查理

'I was told by Luz that you already gave the money to Charlie.'

卢茨告诉我你已经把钱给查理了。

　　这些成分之所以被归为特殊语缀,是因为它们的位置不是由一般的句法规则决定的。例如,常规的(非代词性)NP 不会出现在动词之前,即使动词前有否定标记或副词。比较(14a)中主格 NP *si Linda* 与(14b)中相应的代词 *siya* 的位置。

（14）a. Hindi sinisisi　　　　　ni＝Charlie　　*si＝Linda* .

　　　　　not　　OV-PRES-blame　GEN＝Charlie NOM＝Linda

　　　　　没　　　宾态-现在-责备　属格＝查理　　主格＝琳达

　　　　　'Linda is not blamed by Charlie.'

　　　　　琳达没有被查理责备。

　　　b. Hindi *siya*　　　　sinisisi　　　　　ni＝Charlie .

　　　　　not　　3sg.NOM　　OV-PRES-blame　GEN＝Charlie

　　　　　没　　　3单.主格　宾态-现在-责备　属格＝查理

　　　　　'She is not blamed by Charlie.'

　　　　　她没被查理责备。

　　“第二位置”在他加禄语中是指直接跟在小句第一个成分之后的位置。这个成分可以是一个词,如(11—14),也可以是一个完整的短语,如(15a, b)。然而,在其他语言中,第二位置成分可以出现在包含它们在内的短语、小句或句子的第一个词之后。

324

（15）**他加禄语**（Schachter & Otanes 1972：496—498，512）

    a. ［Para＝kay   Pedro］   *ko*   binili

       for＝DAT   Pedro   1sg.GEN   PFV-buy-OV

       为了＝与格   佩德罗   1单.属格   完整-买-宾态

       ang   laruan.

       NOM   toy

       主格   玩具

       'For Pedro I bought the toy.'

       为了佩德罗，我买了玩具。

    b. ［Bukas   ng   gabi   nang   alas.otso］

       tomorrow   GEN   night   ADV.   eight.o'clock

       明天   属格   晚上   副词   八点

       siya   aalis.

       3sg.NOM *   FUT.AV-leave

       3单.主格   将来.主动-离开

       'It's tomorrow night at eight that he's leaving.'

       他是明天晚上八点离开。

正如我们在第 11 章中看到的，俄语的是非问句可以通过使用后语缀小品词＝*li* 来构成，它附着在句子的第一个词上，如（16）所示。从某种意义上说，俄语的疑问标记是第二位置语缀。但是，语缀的位置不仅取决于句法结构，也取决于音系成分的边界。

（16）**俄语**（King 1995：137，140，143）

    a. Pročitala＝li   Anna   knigu?

       read＝QUES   Anna   book

       读＝问标   安娜   书

---

* 原文为"3.SG.NOM"，这里根据作者提供的勘误表校改。——译者注

Did Anna read a book?

安娜读书了吗？

b. Knigu＝li　　　Anna　　　pročitala?

book＝QUES　　　Anna　　　read

书＝问标　　　　安娜　　　读

Was it a book that Anna read?

这是安娜读的书吗？

金（King 1995）指出疑问小品词作为后语缀附着在焦点成分的第一个音系词上。动词总是构成一个音系词，但短语成分（如NP）可以包含一个以上的音系词。当包含一个以上音系词的短语成分充当焦点时，语缀将出现在它所标记成分的边界之内，如（17a，b）。在（17b）中，介词 na 不是音系词；所以语缀附着于语符串 na etom "at this"（在这），这是一个音系词，即便它不是一个句法成分。

(17) a. [Interesnuju＝li　　　knigu　　　Ivana]

interesting-ACC＝QUES　　book　　　Ivan-GEN

有趣-宾格＝问标　　　　　书　　　伊万-属格

on　　čitaet?

he　　reads?

他　　读

'Is it an interesting book of Ivan's that he is reading?'

他正在读的伊万的书有趣吗？

b. [Na　ètom＝li　　zavode]　　on　　rabotaet?

at　　this＝QUES　factory　he　　works?

在　　这＝问标　　工厂　　他　　工作？

'Is it at this factory that he works?'

他是在这家工厂工作吗？

c. *[Na   ètom   zavode]＝li   on   rabotaet?

at   this   factory＝QUES   he   works

在   这   工厂＝问标   他   工作

325

17.2.2.2　动词语缀

　　动词语缀是总是以动词作为其宿主的语缀小品词(通常是代词)。例如,在西班牙语中,非强调的宾语代词表现为附着在动词上的语缀。与定式动词一起出现时,它们是前语缀,与非定式动词(不定式或动名词)一起出现时,它们是后语缀,如(18—19)所示[(19b, c)中观察到的代词位置交替将在 17.3 节中简要讨论]。同样,这些语缀的位置不同于承载相同语法关系的NP 或独立代词的一般位置,从这个意义上说,它们的位置是"特殊的"。

(18) **西班牙语**(Aissen & Perlmutter 1983:362)

　　a. Eduardo   *la*＝vio.

　　　 Eduardo   3sg.FEM＝saw

　　　 爱德华多   3单.阴＝看见

　　　 'Eduardo saw her.'

　　　 爱德华多看见了她。

　　b. Quiere   ver＝*la*.

　　　 wants   see.INF＝3sg.FEM

　　　 想要   看见.不定＝3单.阴

　　　 'He wants to see her.'

　　　 他想要看见她。

(19) a. Luis   quiere   comer   las

　　　 Luis   wants   eat.INF   the(FEM.PL)

　　　 路易斯   想要   吃.不定   定冠词(阴.复)

　　　 manzanas   amarillas.

apples　　　　yellow

苹果　　　　　黄色

'Luis wants to eat the yellow apples.'

路易斯想要吃这些黄色的苹果。

b. Luis　　　quiere　　comer＝*las*.

Luis　　　　wants　　eat.INF＝3pl.FEM

路易斯　想要　　　吃.不定＝3复.阴

'Luis wants to eat them.'

路易斯想要吃它们。

c. Luis　　　*las*＝quiere　　　comer.

Luis　　　　3pl.FEM＝wants　　eat.INF

路易斯　3复.阴＝想要　　　吃.不定

'Luis wants to eat them.'

路易斯想要吃它们。

17.3　是语缀代词还是一致标记？

许多语言都有语缀代词,无论是作为唯一可用的形式(比如他加禄语中的主格代词和领属格代词),还是作为相应自由代词的语素变体,如印度尼西亚语。在他加禄语中,很明显主格代词和领属格代词是语缀而不是词缀;不管动词在哪里,它们总是出现在第二位置。但在许多其他语言中,语缀代词总是附着在动词或助动词上。在这种情况下,很难判断这些黏着形式实际上是语缀(句法上独立的代词)还是词缀(一致标记)。

正如吉冯(Givón 1976)和其他人所指出的,语言随着时间的推移而变化,语缀代词通常会发展成为一致标记。因此,我们有时会遇到具有混合属性的中间形式,这可能很难分类。但重要的是,要尽可能设法将语缀代词和一致词缀区分开来。这里有一些标准可以提供帮助: 326

（i）如果黏着形式有时附着在除动词之外的选择它们的词上，它们几乎肯定是语缀代词；如果它们总是附着在动词上，那么它们可能是语缀代词或一致标记。

例如，（和西班牙语一样）意大利语中宾语代词通常表现为附着于动词的语缀，这个动词给宾语代词指派语义角色。在某些结构中，充当从句动词宾语的语缀代词可以选择性地出现在句子的主要动词之前（20b，21b）。西班牙语也类似，如（19）所示。这种模式通常被称为"语缀爬升"，因为语缀似乎"爬升"到一个更高的动词上。这种模式强有力地证明了语缀形式是真正的代词，而不是一致词缀。

（20）**意大利语**（Rizzi 1978；Spencer 1991：385）

    a. Mario   vuole   risolver＝*lo*   da.solo.

       Mario   wants   to.solve＝it（ACC）   alone

       马里奥   想要   解决＝它（宾格）   独自

       'Mario wants to solve it on his own.'

       马里奥想要独自解决它。

    b. Mario   *lo*＝vuole   risolver（e）   da.solo.

       Mario   it（ACC）＝wants   to.solve   alone

       马里奥   它（宾格）＝想要   解决   独自

       'Mario wants to solve it on his own.'

       马里奥想要独自解决它。

（21）a. Gianni   ha   dovuto   parlar＝*gli*

       Gianni   has   had   to.speak＝them（DAT）

       詹尼   已经   不得不   谈＝他们（与格）

       personalmente.

       personally

       亲自

       'Gianni has had to speak to them personally.'

詹尼不得不亲自跟他们谈。

b. Gianni　　 *gli* = ha　　　　　dovuto　　 parlare

Gianni　　 them(DAT) = has　　 had　　　 to.speak

詹尼　　　　他们(与格) = 已经　不得不　 谈

personalmente.

personally

亲自

‘Gianni has had to speak to them personally.’

詹尼不得不亲自跟他们谈。

（ii）如果黏着形式与自由代词（或完整的 NP 论元）互补分布，那么它们更有可能是语缀代词；如果它们可以与自由代词（或完整的 NP 论元）共现，那么它们更有可能是一致标记。

（iii）如果黏着形式出现在一个或多个屈折词缀内侧（即更靠近动词词根），则它们几乎肯定是一致标记。[6]语缀通常不会进入其宿主的词边界。

（iv）如果黏着形式是必有的，它们更有可能是一致标记。

举一个具体的例子，让我们仔细观察印度尼西亚南苏拉威西的穆纳语。穆纳语中的及物动词可以同时带主语标记前缀和宾语标记后缀。主语标记是必有的，无论句中是否有显性主语 NP，都要出现。[7]这表明主语标记是一致词缀，而不是语缀代词。 327

（22）**穆纳语**（van den Berg 1989）

a. inodi　　 *a*-leni　　　　 ‘I am swimming.’

I　　　　 *1sg*-swim　　　 我正在游泳。

我　　　　 1单-游泳

b. ihintu　　 *o*-leni　　　　 ‘You are swimming.’

you　　　 *2sg*-swim　　　 你正在游泳。

你　　　　 2单-游泳

　　c. ama-ku　　　*no*-leni　　　'My father is swimming.'

　　　 father-my　　*3sg*-swim　　我父亲正在游泳。

　　　 父亲-我的　　3单-游泳

　　d. *a*-leni　　　　'I am swimming.'

　　　 1sg[*]-swim　　我正在游泳。

　　　 1单-游泳

　　e. *o*-leni　　　　'You are swimming.'

　　　 2sg-swim　　　你正在游泳。

　　　 2单-游泳

　　f. *no*-leni　　　　'He is swimming.'

　　　 3sg-swim　　　他正在游泳。

　　　 3单-游泳

　　宾语后缀的表现在几个方面有所不同。首先,宾语标记后缀与自由宾语代词呈互补分布。也就是说,及物小句可以包含宾语后缀或宾语代词,但不能同时包含二者:

（23）a. a-ghondohi-*ko*　　　　　'I am looking for you.'

　　　 1sg-look.for-*2sg*　　　　我正在找你。

　　　 1单-寻找-2单

　　　b. a-ghondohi　　 ihintu　　'I am looking for you.'

　　　 1sg-look.for　　 you　　　我正在找你。

　　　 1单-寻找　　　 你

　　　c. *a-ghondohi-*ko*　 ihintu

　　　 1sg-look.for-2sg　 you

　　　 1单-寻找-2单　　 你

（24）a. madaho　　 fumaa-*kanau*

---

　　* 原文中这个"1sg"没有用斜体,根据作者提供的勘误表校正。——译者注

later　　　　　(IMP-)eat-*1sg*

稍后　　　　　(祈使-)吃-1单

'In a while you can eat me.'

过一会儿你可以吃我。

b. madaho　　　fumaa　　　　inodi

later　　　　　(IMP-)eat　　　me

稍后　　　　　(祈使-)吃　　　我

'In a while you can eat me.'

过一会儿你可以吃我。

c. *madaho　　　fumaa-*kanau*　　　inodi

later　　　　　(IMP-)eat-*1sg*　　　me

稍后　　　　　(祈使-)吃-1单　　　　我

　　宾语标记可以与一个完整的 NP 宾语短语共现,如(25a, b),但当它们共现时,该结构似乎包含了一种同位语。[8]范·登·贝尔赫(van den Berg 1989:164)指出:"在大多数情况中……直接宾语[NP]是为了说明起见而提供的已知实体,差不多是事后才想起的。"这强有力地表明动词的宾语"后缀"实际上是代词,也正是这个代词承载了 OBJ 关系。"宾语"NP 实际上是一种同位语短语或附加语短语。这种假设被下面的事实所支撑,当宾语 NP 被话题化(移位至动词前的位置)后,如(25c),动词通常也带有一个宾语"后缀"。

328

(25) a. na-h[um]ela-*e*　　　　kae-kabua-ha-no.

3sg.IRR-pull-3*sg*　　　NOM-fish-INSTR-his

3单.非现实-拉-3单　　　主格-鱼-工具-他的

'He will pull it in, his fishing line.'

他会把它拉上来的,他的鱼线。

b. no-wora-*e*　　　foo　　　amaitu.

3sg-see-*3sg*	mango	that
3单-看见-3单	芒果	那

'He saw it，the mango.'

他看见了它，那个芒果。

c. sabhara　　　kawaaghoo　　no-kiido-*e*.

all.kinds　　　gift　　　　　3sg-refuse-*3sg*

所有种类　　　礼物　　　　　3单-拒绝-3单

'All the different gifts，he refused them.'

所有不同的礼物，他都拒绝了它们。

因此，尽管穆纳语中的主语标记前缀具有我们对一致词缀所预计的属性，但宾语标记似乎更像语缀代词。据报道，班图语中的奇契瓦语也有非常相似的模式（Bresnan & Mchombo 1987）。

正如我们已多次提到的，我们的分析需要基于一组标准，就像本节开头所列出的那样。没有一类证据可以单独作为可靠的指标。例如，第(ii)点中提到的互补分布是语缀代词的一个重要特征，但在某些众所周知的情况中，这个测试失效了。在西班牙语（和一些其他语言）中，语缀代词可以与独立的 NP 同指，前提是那些 NP 用介词来标记。这种情况通常是就接受者（OBJ$_2$）或有定的有生宾语而言的。

语缀代词和同指的 NP 论元共现，被称为语缀复指。哈尔彭（Halpern 1998）指出，在西班牙语中，当宾语是光杆 NP 时（26a），语缀复指是不可能的；当宾语是与格 NP 时（26b），语缀复指是可选的；当宾语是自由代词时（26c），语缀复指是必有的。

（26）a. Eduardo　　（*lo＝）vio　　　　　　el

Eduardo　　3sg.MASC＝see-3sg-PAST　the（MASC.SG）

爱德华多　　3单.阳＝看到-3单-过去　定冠词（阳.单）

edificio　　　nuevo.

building　　　new（MASC.SG）

建筑　　　　新的（阳.单）

'Eduardo saw the new building.'

爱德华多看到了这栋新建筑。

 b. Eduardo　（la＝）vio　　　　　　　　a　　　Maria.

  Eduardo　3sg. FEM＝see-3sg-PAST　DAT　Maria

  爱德华多　3单.阴＝看到 - 3单 - 过去　与格　玛利亚

  'Eduardo saw Maria.'

  爱德华多看到了玛利亚。

 c. Eduardo　　＊（la＝）vio　　　　　　　a　　　ella.

  Eduardo　3sg.FEM＝see-3sg-PAST　DAT　3sg. FEM

  爱德华多　3单.阴＝看到 - 3单 - 过去　与格　3单.阴

  'Eduardo saw her.'

  爱德华多看到了她。

  因此,我们需要考虑各种证据,并采用对整个范围的材料做出最佳解释的分析。这里的一般原则是,一致标记通常具有我们预计能在屈折范畴中看到的属性,而语缀代词通常具有我们预计能在论元中看到的属性。

17.4　结语

  语缀饶有趣味的原因,也是它们难以分析的原因。它们在某些方面表现得像词缀,而在另一些方面表现得像独立词。它们的"类词缀"属性通常是音系方面的:出于重音放置和其他音系过程的目的,它们与其宿主构成了一个音系词。然而,句法规则一般不把语缀及其宿主当作一个单位。与一般的词缀不同,语缀可以附着在许多不同范畴的宿主上,而且相较于真正的词缀,语缀不太可能表现出语义或形态音位上的不规则。

　　简单语缀之所以是语缀，只是因为它们在音系上黏着于其他某个词。其中大多数是黏着词，它们具有既定词汇范畴一般的句法和语义特征。黏着词更有可能是功能词（如代词、限定词、助动词或介词），而不是实义词（名词、动词、形容词等）。

　　特殊语缀是指那些在句子中的位置不能被用来解释其他成分语序的句法规则所预测的成分。最常见的类型是附着在动词上的动词语缀，以及第二位置语缀。特殊语缀一般不重读，并且在音系上通常是黏着的，尽管它们也可以单独作为不重读的小品词。它们的特殊位置是定义性特征。

实践练习

印加语（Inga）示证（哥伦比亚；Bendor-Samuel & Levinsohn 1986, ex. E.9，以及 Healey 1990b, ex. D.9）

　　讨论以下例子中所示的示证标记的形式和功能。（印加语的材料已被简化。意译中的斜体字母用来标示焦点重音。）

1. caina　　　runa　iscay　huagra　chipi　huañuchi-mi.
   yesterday man　two　　cow　　　there　killed-DIRECT
   'Yesterday the man killed two cows there.' (action witnessed by speaker)

2. caina　　　　huagra　chipi　huañuchi-si.
   yesterday　cow　　　there　killed-INDIRECT
   'Yesterday he killed a cow there.' (action not witnessed by speaker)

3. chipi　　　runa-mi　　　huañuchi.
   there　　　man-DIRECT　killed
   '*The man* killed it there.' (witnessed by speaker)

4. huamra　　chipi　　　sug　　　cuchi-si　　　huañuchi.

boy　　　　　there　　　one　　　pig-INDIRECT　　　killed

'The boy killed one *pig* there.'（not witnessed by speaker）

5. huamra　　　cuchi　　　caina-si　　　　　　huañuchi.

boy　　　　　pig　　　　yesterday-INDIRECT　　　killed

'The boy killed a pig *yesterday*.'（not witnessed by speaker）

6. caina　　　iscay　　　cuchi　　　chipi-mi　　　　huañuchi.

yesterday　　two　　　pig　　　there-DIRECT　　　killed

'Yesterday he killed two pigs *there*.'（witnessed by speaker）

7. huañuchi-si.

killed-INDIRECT

'He killed it.'（not witnessed by speaker）

练 习

17A. 萨玛潘古塔兰语（Sama Pangutaran）（菲律宾；材料来自
C. Walton）

识别以下例子中的黏着语素。说明它们是词缀还是语缀，如
果是语缀，属于哪种类型。说明你的判定理由。（注：小品词 *si*，标
注为 PERS，是一个人名标记。）

1. Bono?na　　　iya.

fight-3sg　　　3sg

'He fights him.'

2. Bono?na　　　aku.

fight-3sg　　　1sg

'He fights me.'

3. Bono?na　　　pagkahina.

fight-3sg　　　neighbor-3sg

'He fights his neighbor.'

4. Bonoʔna   bantaʔna.

   fight-3sg   enemy-3sg

   'He fights his enemy.'

5. Bonoʔ   si   Abdul   bantaʔ   əmmaʔna.

   fight   PERS   Abdul   enemy   father-3sg

   'Abdul fights his father's enemy.'

6. Kəlloʔ   inaʔku   boheʔ.

   fetch   mother-1sg   water

   'My mother fetches water.'

331   7. Kəlloʔku   pagkahi   si   Abdul.

   fetch-1sg   neighbor   PERS   Abdul

   'I fetch Abdul's neighbor.'

8. Kəlloʔ   əmmaʔku   pagkahina.

   fetch   father-1sg   neighbor-3sg

   'My father fetches his neighbor.'

9. Bonoʔ   bantaʔ   əmmaʔku   si   Abdul.

   fight   enemy   father-1sg   PERS   Abdul

   'My father's enemy fights Abdul.'

10. Kəlloʔ   əmmaʔ   si   Abdul   pagkahiku.

    fetch   father   PERS   Abdul   neighbor-1sg

    'Abdul's father fetches my neighbor.'

17B. 特林吉特语 (Tlingit) 旁语(阿拉斯加;改编自 Bendor-Samuel & Levinsohn 1986, ex. K.4)[9]

识别以下例子中除动词形态外的所有其他黏着语素。说明它们是词缀还是语缀,如果是语缀,属于哪种类型。说明你的判定理由。

1. aχ   hídeet   uwagút.

   my   house-POSS-to   he.went

   'He went to (and arrived at) my house.'

2. aχ hídee   tlént uwagút.

  my house-POSS big-to he.went

  'He went to (and arrived at) my big house.'

3. aχ hídeedéi   woogòot.

  my house-POSS-to he.went

  'He went to (towards) my house.'

4. aχ hídee   tléndèi woogòot.

  my house-POSS big-to he.went

  'He went to (towards) my big house.'

5. du àatGáa woogòot.

  his aunt-for he.went

  'He went for (to fetch) his aunt.'

6. du àat hásGàa woogòot.

  his aunt PL-for he.went

  'He went for (to fetch) his aunts.'

7. aχ àat náq aχ hídeedéi woogòot.

  my aunt without my house-POSS-to he.went

  'He went to (towards) my house without my aunt.'

8. du àat hás náq woogòot.

  his aunt PL without he.went

  'He went without his aunts.'

9. tléil du àat tèen woogòot. 332

  NEG his aunt with he.went

  'He did not go with his aunt.'

10. du àat hás tèen wooʔàat.

  his aunt PL with they.went

  'He went with his aunts.'

17C. 他加禄语的格

根据以下例子,说明你是否会将格标记 *ang-*、*nəng-* 和 *sa-* 分析为词缀或语缀,如果是语缀,属于哪种类型。说明你的判定理由。注:"连接小品词" *na* ～ *=ng*,在下面的材料中标注为 LNK,出现在核心名词与其修饰语和限定词之间。这些成分的相对语序是非常自由的。领属代词有两种形式,一种出现在名词之前,另一种出现在名词之后。无定的、非人类的直接宾语被标记为领属格。[10]

1. a. bumili   siya   nəng-maliit   na   bahay.

buy(PFV) 3sg.NOM   GEN-small   LNK   house

'He bought a small house.'

b. bumili   siya   nəng-bahay   na   maliit.

buy(PFV)   3sg.NOM   GEN-house   LNK   small

'He bought a small house.'

2. a. i-hulug   mo   sa-koreyo   ang-akin＝ng

PASS-throw you(SG.GEN) DAT-mail   NOM-my＝LNK

sulat.

letter

'Please mail my letter.'(lit.:'My letter will be mailed by you.')

b. i-hulug   mo   sa-koreyo   ang-sulat   ko.

PASS-throw you(SG.GEN) DAT-mail   NOM-letter   my

'Please mail my letter.'(lit.:'My letter will be mailed by you.')

3. a. nagbigay   siya   nəng-pera   sa-matanda

give(PFV)   3sg. NOM   GEN-money   DAT-old

ko＝ng   kapatid.

my＝LNK   sibling

'He gave money to my older brother.'

b. nagbigay　　siya　　　　nəng-pera　　sa-kapatid

give（PFV）　3sg.NOM　　GEN-money　DAT-sibling

ko　　na　　matanda.

my　　LNK　old

'He gave money to my older brother.'

4. a. maglalakad　siya　　　　buhat　　sa-Maynila.

walk（FUT）　3sg.NOM　　from　　DAT-Manila

'He will walk from Manila.'

b. litson-in　　mo　　　ito＝ng　　baboy　　para

PASS-roast　2sg.GEN　this＝LNK　pig　　　for

sa-pista.

DAT-party

'Roast this pig for the party.'（lit.：'This pig will be roasted by you...'）

补充练习

333

Merrifield et al.（1987）prob. 187，273，275

Healey（1990b），ex. H.16.

注释

1. 如下文所述,（2）中的尖音符代表主重音。

2. 这些助动成分后面只有句末成分,如疑问小品词、句子层面的连词、标句词等。

3. 当然、犹豫、自我纠正和错启（false starts）都能够且经常导致词的中间出现停顿。

4. 比尔·梅里菲尔德（个人交流）指出 ENCLITIC（后语缀）和 PROCLITIC（前语缀）这些术语实际上要比 CLITIC（语缀）一词古老得多。这两个特定的术语都是从晚期拉丁语借来的,最终源于希腊语的词 *klít*(*os*)"slope"(斜坡);它们指的是必须"依靠于"(lean on)另一个词的形式。派克(K. L. Pike 1947:165)首次在出版物中使用了 CLITIC(语缀)这个更为一般的术语。

5. 更准确地说,不是音节音段 *。

6. 这一概括明显的反例见于葡萄牙语、波兰语,以及苏拉威西的一些语言,包括塔布拉罕语,或许还包括穆纳语。

7. 穆纳语中独立代词作为主语的用法,似乎是对主语 **NP** 的特别强调。

8. 当两个 **NP** 指的是小句中具有相同功能或角色的同一参与者时,它们处于同位关系(而不是反身等);见第 8 章。

9. 这个练习的材料最初是由吉利安·斯托里(Gillian Story)和康斯坦丝·奈什(Constance Naish)提供的。我为吉利安·斯托里的意见和建议而向她表示感谢。

10. 在标准菲律宾语的正字法中,格标记 *ang*、*nəng*(拼写成 *ng*)和 *sa* 写成独立的词,但它们从不重读,也从不单独出现。至少出于这个练习的目的,我们假定它们在音系上黏着于后面的词。

---

* 即一个音段自成一个音节,例如英语中的不定冠词 a。——译者注

附录：用于语法概要写作的斯瓦希里语材料

根据这里提供的材料,写一篇"语法概要",即对斯瓦希里语语法的简短描写。用文字写出你的描述,包括有帮助的图表和/或树形图。你可以遵循下面建议的提纲,也可以创建你自己的提纲。材料来源：Ashton（1944）、Barrett-Keach（1985）、Comrie（1976b）、Healey（1990b）、Vitale（1981）。

语法概要可能的提纲

0. 引言：语言名称,使用的地方,说话人数量,基本的类型信息。(斯瓦希里语主要使用于坦桑尼亚和肯尼亚,在两个国家中都被认定为国语。有许多不同的方言存在;这个练习基于"标准斯瓦希里语",正如各种已出版的语法书中所显示的。)

Ⅰ. 形态

A. 动词的屈折形态

B. 其他屈折形态

C. 派生形态,包括所有的变价过程

Ⅱ. 基本小句结构

A. 动词小句(包括主语、宾语等是如何区分的:格、一致、语序等等)。在一些例句中加入 PS 规则和树形图。

B. NP 结构(包括 PS 规则和树形图,一致模式)

C. 非动词谓语(静态、等同和处所/领属小句)

Ⅲ. 句子模式

  A. 疑问句、命令句等

  B. 补足语小句

  C. 状语小句

  D. 关系小句

Ⅳ. 剩余部分(列出尚不清楚且需要更多的材料和更深入的研究的问题)

材料:A 部分

  1. ninasema   'I speak'

  2. unasema   'you (sg) speak'

  3. anasema   'he speaks'

  4. tunasema   'we speak'

  5. mnasema   'you (pl) speak'

  6. wanasema   'they speak'

  7. ninaona   'I see'

  8. niliona   'I saw'

  9. nitaona   'I will see'

  10. nimeona   'I have seen'

  11. ninawaona   'I see them'

  12. nilikuona   'I saw you (sg)'

  13. ananiona   'he sees me'

  14. utaniona   'you (sg) will see me'

  15. alituona   'he saw us'

  16. nilimwona   'I saw him'

  17. aliwaona   'he saw them'

  18. nilipika   'I cooked'

  19. anapika   'he is cooking'

20. nipike   'I should cook/let me cook'

21. wapike   'let them cook!'

22. tupike   'let's cook!'

23. pika!   '(you sg) cook!'

24. pikeni!   '(you pl) cook!'(被元音和谐;底层形式:
pikani)

B 部分

1. a. mpishi   amepika   nini?

     cook   cook   what

     'What has the cook cooked?'

   b. amepika   mikate.

     cook   bread

     'He has cooked bread.'

2. waimbaji   wanaimba   vizuri.

   singers   sing   well

   'The singers are singing well.'

3. a. watoto   wapike   nini?

     children   cook   what

     'What should the children cook?'

   b. wapike   viazi.

     cook   potatoes

     'They are to cook potatoes.'

4. a. watoto   wanalala   wapi?

     children   sleep   where

     'Where are the children sleeping?'

   b. wanalala   nyumba-ni.

     sleep   in.house

     'They are sleeping in the house.'

5. a. nani   amevunja   kikombe   hiki?

who break   cup   this

'Who has broken this cup?'

 b. alifika lini mgeni huyu?

  arrive when stranger this

  'When did this stranger arrive?'

6. a. umemwona mpishi   wetu?

  see   cook   our

  'Have you seen our cook?'

 b. umeona kisu changu?

  see   knife my

  'Have you seen my knife?'

 c. kisu changu umekiona?

  knife my   see

  'Have you seen my knife?'

 d. wamesoma kitabu chako? wamekisoma.

  read   book   your read

  'Have they read your book? (Yes) they have read it.'

7. a. mtoto ali(ki)vunja kikombe.

  child break   cup

  'The child broke the cup.'

 b. kikombe kilivunjwa (na mtoto).

  cup   break   by   child

  'The cup was broken (by the child).'

8. a. mzee ali(vi)vunja vikombe.

  old.man break   cup

  'The old man broke the cups.'

 b. vikombe vilivunjwa (na mzee).

  cup   break   by   old.man

'The cups were broken (by the old man).'

9. a. mvulana   ali(ki)pika   chakula.
   boy   cook   food
   'The boy cooked food.'

   b. chakula   kilipikwa   na   mvulana.
   food   cook   by   boy
   'Food was cooked by the boy.'

   c. mvulana   ambaye   alipika   chakula
   boy   cook   food
   'the boy who cooked the food'

   d. chakula   ambacho   mvulana   alikipika
   food   boy   cook
   'the food which the boy cooked'

   e. chakula   ambacho   kilipikwa   na   mvulana
   food   cook   by   boy
   'the food which was cooked by the boy'

   f. mvulana   ambaye   chakula   kilipikwa   na   *(yeye)
   boy   food   cook   by   him*
   'the boy by whom the food was cooked'

   [回想一下,*(X)表示 X 是必有的]

10. a. kitabu   ambacho   ninakisoma
    book   read
    'the book that I am reading'

    b. vitabu   ambavyo   vilisomwa   na   mvulana
    books   read   by   boy
    'the books which were read by the boy'

    c. baarua   ambazo   zitafika

---

* 原文没有这个"him",根据作者提供的勘误表增补。——译者注

    letters   arrive

    'the letters which will arrive'

  d. baarua   ambazo   wataziandika

    letters   write

    'the letters which they will write'

  e. mtu   ambaye   nilimwona

    person   saw

    'the person whom I saw'

  f. mtu   ambaye   alimwona   simba

    person   saw   lion

    'the person who saw the lion'

  g. mtu   ambaye   aliwaponya   watoto

    person   cure   children

    'the man who cured the children'

  h. nyumba   ambazo   zilijengwa   na   wavulana

    houses   build   by   boys

    'houses which were built by the boys'

  i. wavulana   ambao   nyumba   zilijengwa   na   *(wao)

    boys   houses   build   by   them

    'the boys by whom the houses were built'

11. a. Halima   anapika   ugali.

    Halima   cook   porridge

    'Halima is cooking porridge.'

  b. Juma   alimpikia   Ahmed   ugali.

    Juma   cook   Ahmed   porridge

    'Juma cooked Ahmed some porridge.'

  c. nikupikie   chakula?

    cook   food

    'Shall I cook you some food?'

d. wagonjwa   wasagiwe   mahindi.

sick.folk   grind   maize

'Let maize be ground for the sick folk.'

12. a. mwalimu   anawaimbisha   watoto.

teacher   sing   children

'The teacher is making the children sing (i.e. giving them a singing lesson).'

b. Sudi   alimpikisha   mke   wake   uji.

Sudi   cook   wife   his   gruel

'Sudi made his wife cook some gruel.'

c. mke   wake   alipikishwa   uji   na   Sudi.

wife   his   cook   gruel   by   Sudi

'His wife was made to cook gruel by Sudi.'

d. *uji   ulipikishwa   mke   wake   na   Sudi.

gruel   cook   wife   his   by   Sudi

(for: 'The gruel was caused to be cooked by his wife by Sudi.')

13. a. msichana   ali(u)fungua   mlango.

girl   open   door

'The girl opened the door.'

b. mwalimu   alimfunguzisha   msichana   mlango.

teacher   open   girl   door

'The teacher made the girl open the door.'

14. a. Juma   anampenda   Halima.

Juma   love   Halima

'Juma loves Halima.'

b. Juma   na   Halima   wanapendana.

Juma   with   Halima   love

'Juma and Halima love each other.'

c. Juma   anajipenda.

Juma   love

'Juma loves himself.'

15. a. Sudi   alijitupa   kwa   simba.

Sudi   throw   to   lion

'Sudi threw himself to the lions.'

b. Juma   na   Ahmed   walipigana.

Juma   with   Ahmed   hit

'Juma and Ahmed hit (i.e. fought with) each other.'

16. a. Juma   yu   daktari.

Juma   doctor

'Juma is a doctor.'

b. Juma   alikuwa   daktari.

Juma   doctor

'Juma was a doctor.'

c. Fatuma   na   Halima   watakuwa   wanafunzi.

Fatuma   with   Halima   students

'Fatuma and Halima will be students.'

17. a. Ahmed   ni   mbaya.

Ahmed   bad

'Ahmed is bad.'

b. kitabu   hiki   ni   kizuri.

book   this   good

'This book is good.'

c. kitabu   hiki   kilikuwa   kizuri.

book   this   good

'This book was good.'

d. watu   ambao   walimpiga   Ahmed   ni   washenzi.

people   hit   Ahmed   savages

'The people who hit Ahmed are savages.'

18. a. nina   kisu.

     with   knife

    'I have a knife.'

   b. Ahmed   ana   mpenzi.

     Ahmed   with   lover

    'Ahmed has a lover.'

   c. Juma   alikuwa   na   pesa   nyingi.

     Juma   with   money   much

   'Juma had a lot of money.'

19. a. Juma   alimwambia   Ahmed   kwamba   Fatuma

     Juma   tell   Ahmed   Fatuma

     alikuwa   na   chunjua   upaja-ni.

           with   wart   thigh-on

    'Juma told Ahmed that Fatuma had a wart on her thigh.'

   b. Juma   aliniambia   kwamba   Ahmed   atakulipa

     Juma   tell   Ahmed   pay

     wiki   ijayo.

     week   coming

    'Juma told me that Ahmed will pay you next week.'

20. a. Juma   alimwuliza   Ahmed   aje   nyumba-ni   kwake.

     Juma   ask   Ahmed   come   to.house   his

    'Juma asked Ahmed to come to his (Juma's) house.'

   b. Ahmed   alimshurutisha   Fatuma   anywe   chang'aa.

     Ahmed   persuade   Fatuma   drink   moonshine

    'Ahmed persuaded Fatuma to drink moonshine.'

21. a. Ahmed   na   Fatuma   walienda   mji-ni   (ili)

     Ahmed   with   Fatuma   go   to.town   so.that

waone   senema.

see   movie

'Ahmed and Fatuma went to town to see a movie.'

b. Halima alimpa Juma pesa   (ili)   anunue ndizi.

Halima give   Juma money so.that   buy   banana

'Halima gave Juma some money so he could buy bananas.'

术　语　表

Ablative，离格，标记运动起始位置的语义格。（第 15 章）

Ablaut，元音交替〔见音变（MUTATION）〕

Absolutive，通格，作格系统中用于及物句宾语和不及物句主语的格或一致标记。（第 7 章）

Accompaniment（or comitative），伴随者（或伴随格），伴随某一行为实施或与之相关的实体的语义角色。（第 4 章）

Accusative，宾格，用于主要宾语的格标记。（第 7 章）

Active，主动〔见被动（PASSIVE）〕

Adjuncts，附加语，非论元；不是由动词选择的而是添加到句子中提供各种信息的小句从属语。（第 4 章）

Adversative，不利结构，或是一种只用于表示不幸的被动结构；或是一种不同的结构，它给谓词的论元结构增加了一个新论元，即因所描述事件而遭受痛苦的参与者。（第 14 章）

Affix，词缀，不是词根的黏着语素；包括前缀（PREFIX）、后缀（SUFFIX）等子类。（第 2 章）

Agent，施事，事件的致使者或发起者的语义角色。（第 4 章）

Agreement，一致，一种句法关系，由名词或名词短语的语法或语义特征决定其他某个词的形式。（第 7 章）

Allative，向格，标记运动发生所朝向的位置的语义格。（第 8 章，练习 8A）

Allomorphs，语素变体，同一个语素的变体形式。（第 15 章）

Anaphora，回指，代词或其他代替形式〔回指语（ANAPHOR）〕跟与之同指的短语〔其先行语（ANTECEDENT）〕之间的关系。（第

8 章）

Applicative,施用,通过创造一个新的主要宾语来增加动词的句法配价的词缀。（第 14 章）

Apposition,同位,当两个短语指称同一事物并在一个小句中承载相同的语义角色时,它们就彼此处于同位关系。（第 8 章）

Argument,论元,由小句谓词所选择的参与者。（第 4 章）

Argument structure,论元结构,一个谓词带多少个论元以及它给每个论元指派什么语义角色的表征。（第 4 章）

Article,冠词,像 *a* 和 *the* 这样的词,另见限定词(DETERMINER)。（第 6 章）

Aspect,体(貌),事件或情状随着时间推移的分布情况;见完整体(PERFECTIVE)、未完整体(IMPERFECTIVE)、惯常体(HABITUAL)、终结体(TELIC)、进行体(PROGRESSIVE)、起始体(INCEPTIVE)、完结体(COMPLETIVE)、始动体(INCHOATIVE)、反复体(ITERATIVE)。（第 9 章）

Attributive clause,属性小句,语义谓语是形容词短语的小句;通常用于描写主语的特质或属性。（第 10 章）

Auxiliary,助动词,一种"辅助性动词"或小品词,表达时、体、情态和/或一致等动词屈折范畴,但不像一般动词那样具有词汇语义内容。

Beneficiary,受益者,参与者的语义角色,为了该参与者的利益而实施某一行为。（第 4 章）

Biased question,偏向问句,疑问句,带有说话人对获得某个特定回答的预期。（第 11 章）

Bound morpheme,黏着语素,本身不能作为独立词出现,必须作为更大的词的一部分出现的语素。（第 2 章）

Case,格,NP 的语法关系或语义角色由 NP 本身的标记来标示的系统。（第 7 章）

Category,范畴〔见句法范畴(SYNTACTIC CATEGORIES)〕

Causative,致使,增价派生,其中增加的论元〔致使者(CAUSER)〕导致或引起了由基础谓词表述的事件。(第 14 章)

Causee,受使者,被导致做某事的参与者,对应于基础谓词的主语。(第 14 章)

Circumfix,环缀,一种不连续的词缀,在基础形式之前和之后都加上成分。(第 16 章)

Classifier,分类词,某些语境中出现在 NP 内部的一个单独的词,表示核心名词的子类;参看性(GENDER)。(第 8 章)

Clause,小句,一个简单句;表达一个完整命题的最小语法单位。(第 3、4 章)

Clause-mates,小句伙伴,两个成分是小句伙伴,如果包含其中任何一个成分的最小的小句也包含另一个成分。(第 5 章)

Clitic,语缀,一种句法上自由但音系上黏着的形式〔简单语缀(SIMPLE CLITIC)〕;或者其分布不是由该语言常规的句法模式所决定的形式〔特殊语缀(SPECIAL CLITIC)〕。(第 17 章)

Closed question,封闭式疑问句,只允许一个很小的、固定的答句范围的疑问句;例如是非问句(YES-NO QUESTIONS)〔*Do you like durian*?(你喜欢榴莲吗?)〕和选择问句(ALTERNATIVE QUESTIONS)〔*Would you like coffee or tea*?(你喜欢咖啡还是茶?)〕。(第 11 章)

Coherence,协调性〔见不协调(INCOHERENT)〕

Collocational clash,搭配冲突,违反选择限制(SELECTIONAL RESTRICTION);在语义上不可接受的词的组合体。(第 4、5 章)

Comparative,比较级,形容词的屈折范畴,表示"多于"。(第 3 章)

Complement,补足语,由短语核心语所选择的从属(非核心)成分。(第 3、5 章)

Complementary distribution,互补分布,当两个成分从不出现在相同的环境中,或由于其他原因从不共现时,它们就是互补分

布。（第 15 章）

Complementizer,标句词,引导补足语小句的特殊的词。（第 12 章）

Completeness,完整性〔见不完整（INCOMPLETE）〕

Completive,完结体,描述事件完成或结束的体貌。（第 9 章）

Compound,复合,由一个以上的词根所组成的词干。（第 2、13 章）

Conjugations,动词变形,传统语法术语，表示动词的屈折子类。（第 15 章）

Constituent,成分,充当一个单位的一组词，尤其是在语序方面；在树形图中，是由单个节点完全支配的一串词〔见短语结构（PHRASE STRUCTURE）〕。（第 3 章）

Content question,实质问句〔见开放式疑问句（OPEN QUES-TION）〕

Continuous aspect,持续体〔见进行体（PROGRESSIVE）〕

Coordinate structure,并列结构,属于同一范畴的两个成分结合起来构成该范畴的另一个成分。（第 12 章）

Copula,系词,连系动词，如英语的 *to be*。（第 10 章）

Count nouns,可数名词,可以构成复数形式的名词。（第 5 章）

Dative,与格,用于次要宾语的格标记，尤指目标宾语或接受者宾语。（第 7 章）

Declarative,陈述语气,通常用于表达陈叙的主要语气。（第 9、11 章）

Declensions,变格,传统语法术语，表示名词的屈折子类。（第 15 章）

Deictic,直指,指示即时话语情境中某物的词，如 *here*、*now*、*this*、*you*、*me*。（第 8 章）

Demonstrative,指示词,如 *this*、*that* 等；另见限定词（DETER-MINER）。（第 6 章）

Deontic,道义情态,表达义务或许可的施事指向情态。(第9章)

Dependents,从属语,短语中的非核心成分。(第3章)

Derivation,派生,将一个词〔或词位(LEXEME)〕变为另一个的形态过程。(第13章)

Desiderative,意愿情态,表达愿望而非真实事件的情态。(第9章)

Determiner,限定词,出现在名词短语中的词,表示有定性,与说话人的距离,数或量等特征;子类包括冠词(ARTICLES)、指示词(DEMONSTRATIVES),在许多语言中还包括量化词(QUANTIFIERS)。(第3、16章)

Detransitivizing,去及物化〔见减价(VALENCE-DECREASING)〕

Deverbal noun,动转名词,由动词派生而来的名词。(第13章)

Diminutive,小称,表示小的词缀,主要附着于名词。(第13章)

Direct arguments,直接论元〔见项(TERMS)〕

Direct quote,直接引语,说话人准确地报道另一个人说的话。(第12章)

Direct speech act,直接言语行为,主要语气范畴与预期功能相匹配的句子(例如用来提问的疑问句)。(第11章)

Ditransitive,双及物,一个动词带两个宾语。(第4章)

Dual,双数,数范畴,指正好包含两个个体的群组;与单数和复数形成对比。(第7、8章)

Dubitative,怀疑情态,表示说话人对所表达命题的真实性置疑的情态。(第9章)

Dummy subject,假位主语,占据主语位置但没有语义内容的代替形式(例如:英语的 *it* 或 *there*)。(第10章)

Ellipsis，省略，删去可以从语境中理解的成分，通常是因为它已经在前面提到过。（第 3 章）

Enclitic，后语缀，附着在其宿主右侧边缘的语缀。（第 17 章）

Epistemic，认识情态，表达可能性或确定性的说话人指向情态。（第 7 章）

Equative clause，等同小句，语义谓语是名词短语的小句；通常用来将一个 NP 与另一个等同起来。

Ergative，作格，一种用于及物句主语而不用于不及物句主语的形式（通常是格或一致）。（第 7 章）

Ergative system，作格系统，及物小句宾语与不及物小句主语标记方式相同，而及物小句主语标记方式不同的系统。（第 7 章）

Exclusive，排除式，不包括听话人在内的第一人称复数或双数。（第 7、8 章）

Existential，存在式，用来表示某物存在或不存在的动词或小句类型。（第 10 章）

Experiencer，感事，思考、感觉或感知某物的参与者的语义角色。（第 4 章）

Externally headed，核心外置，修饰小句出现在核心名词之前或之后的一种关系小句。（第 12 章）

Extraposition，外置，使用假位主语并将内嵌小句移至句末以避免使用句子主语的一种方法，例如：*It is strange that John doesn't eat durian*（约翰不吃榴莲，真是奇怪）。（第 12 章）

Finite，定式，时制被指定的动词或助动词。（第 12 章）

Focus，焦点，句子中新信息的关键部分。（第 11 章）

Free morpheme，自由语素，可以作为独立词出现的语素〔与黏着语素（BOUND MORPHEME）对立〕。（第 2 章）

Free relative，自由关系小句，用作名词短语的 *Wh* 疑问句，例如：[*What you see*] *is* [*what you get*]（你看到的就是你得到的）。（第 12 章）

Gap strategy,空位策略, 在关系小句内部,核心名词的角色〔即关系化功能(RELATIVIZED FUNCTION)〕仅通过修饰小句中的一个空位或缺失的论元来表示。(第 12 章)

Gender,性, 由一致模式决定的名词分类系统。(第 8 章)

Genitive,领属格, 用于领属者的格标记。(第 7 章)

Gloss,标注, 等值翻译。

Grammatical case,语法格, 标示 NP 语法关系的格标记。(第 7 章)

Habitual,惯常体, 未完整体的子类,表示某种情状是或曾经是某一时期的特征。〔例如: *I used to listen to the BBC news every evening*(我以前每晚都听 BBC 新闻)〕。(第 9 章)

Head,核心语, 一个短语中最重要的词;该词决定了整个短语的范畴和许多其他语法特征。(第 3 章)

Headless relative clause,无核关系小句, 缺少核心名词的关系小句;在英语中通常译为“the one that…”。(第 12 章)

Hortative,劝告语气, 用于弱化命令或劝诫的语气范畴。(第 9 章)

Host,宿主, 语缀所附着的词。(第 17 章)

Imperative,祈使语气, 通常用于表达命令的主要语气。(第 9、10 章)

Imperfective,未完整体, 与完整体(PERFECTIVE)对立;描述一个情状内部时间结构的任何体貌类型。(第 9 章)

Impersonal constructions,非人称结构, 不包含主语的句子。(第 10 章)

Inalienable possession,不可让渡领属, 表示领属者和被领属者之间一种必要和/或永久关系的领属结构,与其他可以通过出售、丢失、赠送等方式来终止的领属关系〔可让渡领属(ALIENABLE POSSESSION)〕形成对比。(第 6 章)

Inceptive,起始体, 表示一种情状开始的体貌。(第 9 章)

Inchoative,始动体,表示状态的变化或进入一种状态的体貌〔例如:*get rich*(变得富有)〕。(第 9 章)

Inclusive,包括式,包括听话人在内的第一人称复数或双数。(第 7、8 章)

Incoherent,不协调,不协调小句是指该小句包含不被动词次范畴化(SUBCATEGORIZATION)所允许的补足语。(第 5 章)

Incomplete,不完整,不完整小句是指该小句缺乏动词次范畴化(SUBCATEGORIZATION)所需的补足语。(第 5 章)

Incorporation,组并〔见名词组并(NOUN INCORPORATION)〕

Indirect arguments,间接论元〔见旁语论元(OBLIQUE ARGU-MENTS)〕

Indirect object,间接宾语,用来指接受者或受益者的语义角色的传统术语。(第 4 章)

Indirect quote,间接引语,说话人报道另一个人所说的内容,但不是准确地报道其所用的词。(第 12 章)

Indirect speech act,间接言语行为,主要语气(MOOD)范畴与预期功能不匹配的句子(例如用来命令的疑问句);另见反问句(RHETORICAL QUESTION)。(第 11 章)

Infinitive,不定式,一种非定式动词形式(即没有时制标记),通常用作引用形式,例如:*to swim*、*to conquer* 等。

Infix,中缀,出现在另一个语素内部的词缀。(第 16 章)

Inflection,屈折,一种形态过程,它决定了具体的词〔或词位(LEXEME)〕的语法特征,但不把一个词位变成另一个;参看派生(DERIVATION)。(第 13 章)

Instrument,工具,被施事用来实施某个行为的非生命实体的语义角色。(第 4 章)

Instrumental,工具格,用于工具的格标记。(第 7 章)

Intensifiers,加强词,程度副词(例如:*very*)。(第 3、6 章)

Internally headed,核心内置,核心名词出现在修饰小句之内

的一种关系小句;参看核心外置(EXTERNALLY HEADED)。(第12章)

Interrogative,疑问语气,通常用于表达提问的主要语气。(第9、11章)

Intransitive,不及物,不带宾语。(第4、5章)

Irrealis,非现实,动词形式,用于跟现在时和过去时相对的将来时,以及未实现的、可能的或潜在的事件;参看现实(REALIS)。(第9章)

Iterative,反复体,标记重复发生的事件的体貌;也称重行体(REPETITIVE)。(第9章)

Lexeme,词位,一个词或词项,包括其所有的屈折变化形式。(第13章)

Lexical ambiguity,词汇歧义,由于一个词有两种或两种以上不同的意义而导致其所在的短语或句子有歧义。(第3章)

Lexical category,词汇范畴,单个词的词类;见句法范畴(SYNTACTIC CATEGORIES)。(第3章)

Lexical entry,词条,词库中的一个条目(或记录),它列出了一个具体的词在音系、语义和语法上的独特属性。(第5章)

Lexical insertion,词项插入,允许一个词汇范畴(N、V等)将一个相同范畴的词作为其子节点的短语结构原则。(第3章)

Lexicon,词库,说话人的"心理词典";该语言中所有词的集合。

Location,处所,情状发生地的语义角色;来源(SOURCE)、目标(GOAL)和路径(PATH)可视为处所的子类。(第4章)

Locative,处所格,表处所的NP的格标记。(第7章)

Locative clause,处所小句,语义谓语是介词短语的小句;通常用来表达处所或领属。(第10章)

Major categories,主要范畴,可以充当短语核心语的词汇范畴,例如:N、V、A和P。(第3章)

Marked,有标记〔见无标记(UNMARKED)〕

Mass nouns,不可数名词,不能构成复数形式的名词〔参看可数名词(COUNT NOUNS)〕。(第 5 章)

Matrix clause,主要小句,内部嵌入一个从属小句的小句。(第12 章)

Measure words,度量词,可以对不可数名词进行量化的词,就像在 *a cup of salt*(一杯盐)中。(第 8 章)

Meteorological verbs,气象动词,描述天气事件或状况的词,例如:*raining*(下着雨)。(第 10 章)

Minor categories,次要范畴,通常不能充当短语核心语的词汇范畴,例如:连词。(第 3 章)

Modality,情态,表明说话人对所表达命题的态度〔说话人指向情态(SPEAKER-ORIENTED MODALITY)〕或施动者和所描述情状的关系〔施事指向情态(AGENT-ORIENTED MODALITY)〕的标志。(第 9 章)

Modifier,修饰语,附加语,例如在名词短语内部。(第 6 章)

Mood,语气,说话人言说目的的语法反映;表明说话人在具体话语情境中对一个命题做什么;三种主要语气(MAJOR MOODS)〔陈述(DECLARATIVE)、疑问(INTERROGATIVE)和祈使(IMPERATIVE)〕标示言语行为。(第 9、11 章)

Morpheme,语素,最小的独自有意义的成分;每个词都由一个或多个语素组成。(第 2 章)

Morphology,形态学,对词结构的研究。(第 10 章)

Morphophonemic alternation,形态音位交替,由音系过程导致的语素变体;在一个语素有相邻语素的情况下,对其产生影响的音系变化。(第 15 章)

Mutation,音变,具体音位某个(些)特征的变化,例如:*grief*～*grieve* 中的清浊对立。元音交替(ABLAUT)是元音音质的变化,例如:*foot*～*feet*。(第 16 章)

N′ or N̄ （pronounced "N-bar"）,**N′ 或 N̄**（读作"N-杠"），以名词为核心但小于名词短语的成分。（第 6 章）

Node,节点,树形图中带标签的点或接合点。（第 3 章）

Nominalization,名词化,由某个其他范畴的词根或词干派生出名词的派生过程。（第 13 章）

Nominative,主格,用于语法主语的格标记。（第 7 章）

Nonfinite,非定式,不因时制发生屈折变化的动词形式；参看定式（FINITE）。（第 12 章）

Non-restrictive,非限制性〔见关系小句（RELATIVE CLAUSE）〕

Noun incorporation,名词组并,复合的特殊类型，其中动词词根和名词词根结合形成 V 范畴的复杂词干。（第 14 章）

Null,空,无形的，无声的。

Oblique arguments,旁语论元,非核心论元；不是主语或宾语的论元。（第 4 章）

Open question,开放式疑问句,包含疑问词的疑问句，因此允许一个无限的答句范围；也被称为 WH 疑问句（WH-QUESTION）或实质问句（CONTENT QUESTION）。（第 11 章）

Optative,祈愿语气,语气范畴，标记说话人所希望的或期盼成真的命题。（第 9 章）

Paradigm,词形变化表,单个词〔词位（LEXEME）〕的屈折形式集合，用来编码某个（些）语法特征所有可能的值。（第 13 章）

Part of speech, 词类〔见句法范畴（SYNTACTIC CATEGO-RIES）〕

Participle,分词,非定式动词形式，也可用作形容词。例如：*John arrived smiling but left discouraged*（约翰微笑着来，却气馁地离开）。

Passive,被动,受事表达为语法主语而施事表达为可选的旁语论元的小句模式。主动（ACTIVE）小句是施事表达为主语且受事表达为宾语的小句模式。（第 14 章）

Patient，受事，被作用、被影响或被创造的实体的语义角色；或是其状态或状态变化被断言的实体的语义角色。（第 4 章）

Paucal，少数，数范畴，指由少数个体组成的群组，与双数和复数相对。（第 8 章）

Perfect，完成时/体，标记一个完结事件的时/体范畴，该事件的结果与当前时刻〔现在完成（PRESENT PERFECT）〕或其他某个指定的参照点〔过去完成（PAST PERFECT）或将来完成（FUTURE PERFECT）〕相关，例如：*I have just eaten*（我刚刚吃了）。（第 9 章）

Perfective，完整体，将事件作为一个整体来描述，而不涉及其内部时间结构的体貌。（第 9 章）

Phonology，音系学，对语音模式的语言学方面的研究。（第 1 章）

Phrasal affix，短语词缀，一种表达屈折特征并以整个短语而不是单个词作为其宿主的语缀。（第 17 章）

Phrase，短语，简单小句中可以充当一个成分的一组词。（第 3 章）

Phrase structure，短语结构，语序、成分边界和句法范畴的表征。（第 3 章）

Polarity，极性，一个句子以肯定〔*I won*（我赢了）〕还是否定〔*I did not win*（我没有赢）〕的方式陈述。（第 11 章）

Portmanteau morpheme，混合语素，同时表达几个语法范畴的单个词缀。（第 2 章）

Possessor agreement，领属者一致，被领属名词的标记，标示领属者的人称和数。（第 6、7 章）

Post-position，后置词，像介词一样，只不过它跟在其宾语的后面。

Pragmatics，语用学，对语境如何影响话语意义的研究。（第 1 章）

Predicate，谓语/谓词，指明所描述的属性或关系的意义成分。

（第 4 章）

Predicate complement，述谓补足语，一种补足语，即由动词选择的，充当谓语而非论元的短语。（第 10 章）

Proclitic，前语缀，附着在其宿主左侧边缘的语缀（CLITICS）。（第 17 章）

Pro-drop，代词脱落，零形回指；代词的省略，其指称通过动词一致来理解或保留。（第 5 章）

Progressive aspect，进行体，描述正在进行的事件或持续情状的体貌。（第 9 章）

Pronoun retention strategy，代词保留策略，在关系小句中，关系化功能由核心名词的代词"拷贝"来表示；这个代词被称为复述代词（RESUMPTIVE PRONOUN）。（第 12 章）

Quantifiers，量化词，诸如 *some*、*all*、*no*、*many*、*few* 之类的词；另见限定词（DETERMINER）。（第 6 章）

Quote formula，引述式，像"John said"（约翰说）这样的简单小句，用来引导或表达直接引语。（第 12 章）

Realis，现实，用于过去或现在发生的真实事件的动词形式；参看非现实（IRREALIS）。（第 9 章）

Recipient，接受者，接收或获得某物所有权的参与者的语义角色。（第 4 章）

Reciprocal，相互，用来表示相互间的活动或关系的代词或动词形式。例如：英语的 *each other*。（第 8、14 章）

Recursive rule，递归规则，一种短语结构规则，允许某个短语范畴的母节点拥有同一范畴的子节点。（第 6 章）

Recursive structure，递归结构，一个成分嵌入同一范畴的另一个成分中。（第 6、12 章）

Reduplication，重叠，通过复制部分或全部基础形式而形成的词缀。（第 16 章）

Reflexive，反身，必须（或可能）带先行词的代词，该先行词是其直接小句的论元,例如:英语的 *myself*、*himself*;或者是表示施事和受事是同一参与者的动词形式,例如基马拉冈语的 *misingrayou* "to praise oneself"(赞美自己)。(第 8、14 章)

Relative clause,关系小句,在名词短语中充当修饰语的小句;在限制性(RESTRICTIVE)关系小句中,修饰小句决定了核心名词的指称,而在非限制性(NON-RESTRICTIVE)关系小句中,核心名词的指称被认为是已知的。(第 12 章)

Relative tense,相对时〔见时(TENSE)〕

Relativized function,关系化功能,修饰小句中指派给关系小句结构核心名词的语法关系。(第 12 章)

Relativizer,关系小句标记,标句词的特殊类型,在关系小句结构中引导修饰小句。(第 12 章)

Restrictive,限制性〔见关系小句(RELATIVE CLAUSE)〕

Resumptive pronoun,复述代词〔见代词保留(PRONOUN RETENTION)〕

Rhetorical question,反问句,间接言语行为(INDIRECT SPEECH ACT)的一种类型,疑问形式用于提问以外的某个目的。(第11 章)

Root,词根,构成一个词的核心并提供词汇语义内容的语素。(第 2 章)

Root node,根节点,树形图中最顶端的节点。(第 3 章)

S′ or S̄(pronounced "S-bar"),**S′ 或 S̄**(读作"S-杠"),包含标句词(COMP)和一个从属小句的成分。(第 12 章)

Secondary object,次要宾语,动词的 NP 宾语,通过位置、格标记、被动化和/或动词一致等语法标准将其与主要宾语(PRIMARY OBJECT)区别开来。(第 4 章)

Selectional restrictions,选择限制,谓词对其论元施加的语义约束。(第 4、5 章)

Semantics,语义学,对语言意义的研究。(第 1 章)

Semantic case,语义格,标示 NP 语义角色的格标记。(第 7 章)

Sentential complement,句子式补足语,包含其自身主语 NP 的补足语小句。(第 12 章)

Speech situation,言语情境,会话或言语行为发生的时间和地点。(第 8 章)

Split ergativity,分裂作格,作格和非作格的格标记或一致模式同时出现在一种语言中的情况。(第 7 章)

Stative,静态,表达状态而非事件的小句或谓词。(第 9 章)

Stem,词干,一个词的一部分,为给定词位(LEXEME)的所有形式所共有;包括词根外加所有的派生形态,但不包括屈折形态。(第 13 章)

Stimulus,刺激者,感知、认知或情感的对象的语义角色;可以被看见、听到、知道、记住、爱、恨等的实体。(第 4 章)

Structural ambiguity,结构歧义,当一个句子有不止一种结构分析时所产生的歧义。(第 3、4 章)

Subcategorization,次范畴化,动词指派的一组语法关系。(第 5 章)

Subjunctive,虚拟语气,语气范畴,用来标记说话人不断言为真的命题。(第 9 章)

Subordinate clause,从属小句,嵌入另一个小句内部的小句。(第 12 章)

Subtraction,删减,从词基中删除一个或多个音位而非增加材料的形态过程。(第 16 章)

Superlative,最高级,标记一个形容词最高程度的形式,例如:*biggest*、*best*。(第 3、15 章)

Suppletion,异干互补,一个词根被同一个词的另一个词根所替换,以表达某种屈折变化特征(例如:*go ~ went*);或者,进一步说,是任何不能分析为形态音位变化的语素变体。(第 15 章)

Suprafix,超音缀,形态标记,只由某个超音段特征构成的变化,如声调、重音、音长、鼻化等。(第 16 章)

Suprasegmental,超音段,一种音系特征,如声调、舌根前伸或鼻化,它(在具体语言中)与音节或词相关联,而不是与单个音位相关联。(第 16 章)

Syntactic categories,句法范畴,词类(名词、动词等);由共同语法属性定义的词的类别。(第 3 章)

Syntax,句法学,对短语和句子结构的研究。(第 1 章)

Tag question,附加问句,加在陈叙上以寻求确认的简短问句,例如:*You have eaten*,*haven't you*?(你已经吃过了,不是吗?)(第 4、11 章)

Telic aspect,终结体,终结(TELIC)事件在时间上是有界的,即它们有一个自然终点;非终结(ATELIC)事件没有自然终点。(第 9 章)

Tense,时(制),"时间上的位置"〔参看体(ASPECT)〕;词缀或助动词,表示事件或情状相对于某个参照点的时间。在绝对时(AB-SOLUTE TENSE)系统中,参照点是言语事件的时间。在相对时(RELATIVE TENSE)系统中,参照点是其他某个动词(比如主句动词)指定的时间。(第 9 章)

Terminal node,终端节点,树形结构中不支配任何其他节点的节点;具体分支上最低的节点。(第 3 章)

Terminal string,终端语符串,终端节点中的成分序列。(第 3 章)

Terms,项,主语或宾语,有时被称为直接论元(DIRECT AR-GUMENTS)。(第 4 章)

Theme,客事,实体的语义角色,该实体经历了位置或领属变化,或者其位置是被指定的。(第 4 章)

Topic,话题,句子所关涉的东西。(第 11 章)

Transitive,及物,带宾语。(第 4、5 章)

Trial,三数,数范畴,用于正好包含三个个体的群组,与双数和复数形成对比。(第 8 章)

Uniqueness,唯一性,合规条件,规定没有一种语法关系可以被单个动词指派一次以上。(第 5 章)

Unmarked,无标记,最基本的、中性的或默认的形式;分布最广的形式。(第 11 章)

Valence,配价,在动词次范畴化中列出的项(主语和宾语)的数量。"语义价"这个短语有时用来指动词论元结构中语义论元的数量。(第 5 章)

Valence increasing/decreasing,增/减价,在动词次范畴化中增加/减少项的数量的派生过程。(第 5 章)

Verbalization,动词化,由其他范畴的词根或词干派生出动词的形态过程。(第 13 章)

Voice,语态,改变主语语义角色的交替形式。(第 14 章)

Well-formedness conditions,合规条件,可能的小句结构的约束集,它们确保每个小句都包含正确数量和类型的补足语。(第 5 章)

Word Formation Rule(WFR),构词规则,表现派生词缀功能的规则。(第 13 章)

Yes-no question,是非问句〔见封闭式疑问句(CLOSED QUESTION)〕

Zero-anaphora,零形回指,省去其指称可以在语境中被理解的代词。(第 5 章)

参 考 文 献

Aaltio, M. H. 1964. *Finnish for foreigners*. Helsinki: Kustannu-
  sosakeyhtiö Otava. (5th edn., 1971).

Aikhenvald, A. Y. 2000. *Classifiers: a typology of noun catego-
  rization devices*. Oxford and New York: Oxford University
  Press.

Aissen, J. L. 1974. Verb raising. *Linguistic Inquiry* 5:325—366.

Aissen, J. L. and D. M. Perlmutter. 1983. Clause Reduction in
  Spanish. In Perlmutter(ed.), pp. 360—403.

Allen, B. and D. Frantz. 1983. Advancements and verb agreement in
  Southern Tiwa. In Perlmutter(ed.), pp. 303—314.

Allen, B., D. Gardiner, and D. Frantz, 1984. Noun incorpora-
  tion in Southern Tiwa. *International Journal of American
  Linguistics* 50:292—311.

Allen, J. H. and J. B. Greenough. 1931. *New Latin grammar*.
  Aristide D. Caratzas, New Rochelle, NY (1992).

Anderson, S. 1982. Where's morphology? *Linguistic Inquiry* 13:
  571—612.

Aronoff, M. 1976. *Word formation in generative grammar*.
  Cambridge, MA: MIT Press.

Asher, R. E. 1985. *Tamil*. London, Sydney and Dover: Croom
  Helm.

Ashton, E. O. 1944. *Swahili grammar (including intonation)*.
  (2nd edn. 1947). London: Longman.

Asmah Hj. O. and R. Subbiah. 1985 (1968). *An introduction to Malay grammar*. Dewan Bahasa dan Pustaka, Kuala Lumpur.

Aspillera, P. S. 1969. *Basic Tagalog for foreigners and non-Tagalogs*. Rutland, VT: Charles E. Tuttle.

Baker, C. L. 1978. *Introduction to Transformational-Generative syntax*. Englewood Cliffs, N.J.: Prentice-Hall.

Baker, M. 1988. *Incorporation: a theory of grammatical function changing*. University of Chicago Press.

Barrett-Keach, C. 1985. *The syntax and interpretation of the relative clause construction in Swahili*. New York: Garland.

Beller, R. and P. Beller. 1979. Huasteca Nahuatl. In Ronald Langacker (ed.), *Studies in Uto-Aztecan grammar*, *Vol.2: Modern Aztec grammatical sketches*. Dallas: Summer Institute of Linguistics and the University of Texas at Arlington, pp. 199—306.

Bendor-Samuel, J. T. 1960. Some problems of segmentation in the phonological analysis of Tereno. *Word* 16:348—355.

Bendor-Samuel, J. and S. H. Levinsohn. 1986. *Exercises for use in conjunction with the text Introduction to Grammatical Analysis*. 3rd edn. Mimeo, SIL British School, Horsleys Green, Bucks.

Besnier, N. 1987. An autosegmental approach to metathesis in Rotuman. *Lingua* 73:205—233.

Bickford, J. A. 1998. *Tools for analyzing the world's languages: morphology and syntax*. Dallas: Summer Institute of Linguistics.

Blake, B. 1987. *Australian aboriginal grammar*. London and Sydney: Croom Helm.

Bloomfield, L. 1917. *Tagalog texts with grammatical analysis*.

University of Illinois Studies in Language and Literature, Vol.3.

Booij, G. 1986. Form and meaning in morphology: the case of Dutch 'agent nouns'. *Linguistics* 24:503—517.

Bouquiaux, L. 1970. *La langue birom* (*Nigéria septentrional*): *phonologie, morphologie, syntaxe*. Bibliothèque de la Faculté de philosophie et lettres de l'Université de Liège; fasc. 185. Paris: Les Belles Lettres.

Bresnan, J. (ed.). 1982. *The mental representation of grammatical relations*. Cambridge, MA: MIT Press.

1997. Mixed categories as head sharing constructions. Proceedings of the LFG97 Conference, University of California, San Diego, ed. by M. Butt and T. Holloway King. On-line, Stanford University: http://www-csli. stanford. edu/publications/LFG2/lfg97.html

2001. *Lexical-Functional syntax*. Oxford: Blackwell.

Bresnan, J. and J. Grimshaw. 1978. The syntax of free relatives in English. *Linguistic Inquiry* 9:331—391.

Bresnan, J. and S. A. Mchombo. 1987. Topic, pronoun and agreement in Chichewa. *Language* 63/4:741—782.

Bybee, J. 1985. *Morphology: a study of the relation between meaning and form*. Amsterdam: John Benjamins.

Cárdenas, D. 1961. *Applied linguistics: Spanish: a guide for teachers*. Boston: D. C. Heath & Co.

Chelliah, S. L. 1992. Pretty derivational morphemes all in a row. *Berkeley Linguistics Society* 18, *Parasession on the place of morphology in a grammar*, pp. 287—297.

Chomsky, N. 1957. *Syntactic structures*. The Hague: Mouton.

Chung, S. and A. Timberlake. 1985. Tense, aspect, and mood.

In Shopen (ed.), Vol.3, pp. 202—258.

Clark, E. V. 1970. Locationals: a study of the relations between 'existential', 'locative', and 'possessive' constructions. In *Working Papers on Language Universals 3*, Stanford University, pp. 1—36.

1978. Locationals: existential, locative and possessive constructions. In Greenberg et al. (eds.), *Universals of human language*, *Vol.4: syntax*. Stanford, CA: Stanford University Press, pp. 85—126.

Clayre, B. and L. Cubit. 1974. An outline of Kayan grammar. *Sarawak Museum Journal* 43:43—91.

Cohn, A. C. 1989. Stress in Indonesian and bracketing paradoxes. *Natural Language and Linguistic Theory* 7/2:167—216.

Cole, P. 1982. *Imbabura Quechua*. Lingua Descriptive Studies, 5. Amsterdam: North-Holland.

Comrie, B. 1976a. *Aspect*. Cambridge and New York: Cambridge University Press.

1976b. The syntax of causative constructions: cross-language similarities and divergences. In Shibatani (ed.), *The grammar of causative constructions*. *Syntax and semantics*, Vol. 6. New York: Academic Press, pp. 261—312.

1978. Ergativity. In W. Lehmann (ed.), *Syntactic typology: studies in the phenomenology of language*. Austin: University of Texas Press, pp. 329—394.

1981a. *Language universals and linguistic typology*. University of Chicago Press.

1981b. Ergativity and grammatical relations in Kalaw Lagaw Ya (Saibai dialect). *Australian Journal of Linguistics* 1/1: 1—42.

1985. *Tense*. Cambridge and New York: Cambridge University Press.

Coope, A. E. 1976. *Malay-English English-Malay dictionary*. Kuala Lumpur: Macmillan.

Craig, C. 1977. *The structure of Jacaltec*. Austin: University of Texas Press.

1986a. Jacaltec noun classifiers. *Lingua* 70:241—284.

(ed.). 1986b. *Noun classes and categorization: proceedings of a symposium on categorization and noun classification, Eugene, Oregon, October 1983*. Amsterdam and Philadelphia: John Benjamins.

Culy, C. 1990. Grammatical relations and verb forms in internally headed relative clauses. In Dziwirek, Farrell and Bikandi (eds.), *Grammatical relations: a cross-theoretical perspective*. Stanford, CA: CSLI Publications.

Curme, G. O. 1952 (1922). *A grammar of the German language*. New York: F. Ungar.

Day, C. 1973. *The Jacaltec language*. Language Science Monographs 12. Bloomington, IN: Indiana University.

De Guzman, V. P. 1978. *Syntactic derivation of Tagalog verbs*. Oceanic Linguistics Special Publication 16. Honolulu: University of Hawaii Press.

Dixon, R. M. W. 1972. *The Dyirbal language of north Queensland*. London and New York: Cambridge University Press.

1977. *A grammar of Yidiɲ*. Cambridge and New York: Cambridge University Press.

1979. Ergativity. *Language* 55.1:59—138.

1980. *The languages of Australia*. Cambridge and New York: Cambridge University Press.

1986. Noun classes and noun classification in typological perspective. In C. Craig (ed.), pp. 105—112.

Donaldson, T. 1980. *Ngiyambaa, the language of the Wangaaybuwan*. Cambridge and New York: Cambridge University Press.

Doron, E. 1986. The pronominal 'copula' as an agreement clitic. In H. Borer (ed.), *The syntax of pronominal clitics. Syntax and semantics* 19. New York: Academic Press, pp. 313—332.

Downing, P. 1986. The anaphoric use of classifiers in Japanese. In C. Craig (ed.), pp. 345—375.

Dowty, D. R. 1979. *Word meaning and Montague grammar: the semantics of verbs and times in generative semantics and in Montague's PTQ*. Dordrecht and Boston: Reidel.

Dutton, T. 1973. *Conversational New Guinea pidgin. Pacific Linguistics*, D12. Canberra: Research School of Pacific Studies, Australian National University.

Ellison, F., F. Gomes de Matos, et al. 1971. *Modern Portuguese: a project of the Modern Language Association*. New York: Knopf.

Elson, B. and V. Pickett. 1988. *Beginning morphology and syntax*. 2nd edn. Dallas: SIL.

Emonds, J. E. 1976. *A transformational approach to English syntax: root, structure-preserving, and local transformations*. New York: Academic Press.

English, L. J. 1986. *Tagalog-English Dictionary*. Manila: National Book Store.

Ezard, B. 1992. Tawala derivational prefixes: a semantic perspective. In M. D. Ross (ed.), *Papers in Austronesian Lin-*

guistics, 2. *Pacific Linguistics* A82. Canberra: Australian National University, pp. 147—250.

Foley, W. A. 1986. *The Papuan languages of New Guinea*. Cambridge and New York: Cambridge University Press.

1991. *The Yimas language of New Guinea*. Stanford, CA: Stanford University Press.

Gerdts, D. 1998. Incorporation. In Spencer and Zwicky (eds.), pp. 84—100.

Givón, T. 1972. Studies in ChiBemba and Bantu grammar. *Studies in African Linguistics*, Supplement 3:1—247.

1976. Topic, pronoun, and grammatical agreement. In Li (ed.), pp. 149—188.

1984. *Syntax: a typological functional introduction*, Vol. 1. Amsterdam: John Benjamins.

Glover, W. 1974. *Semantic and grammatical structures in Gurung (Nepal)*. Norman, OK: SIL.

Greenberg, J. H. 1963. Some universals of grammar with particular reference to the order of meaningful elements. In Greenberg (ed.), *Universals of language*. (2nd edn. 1966) Cambridge, MA: MIT Press, pp. 73—113.

Gronemeyer, C. 1996. Noun incorporation in Hopi. *Working Papers* 45:25—44. Lund University, Department of Linguistics.

Haiman, J. 1992. Iconicity. In Bright (ed.), *International Encyclopedia of Linguistics*, Vol. 2. New York: Oxford University Press, pp. 191—195.

Hale, K. 1965. Some preliminary observations on Papago morphophonemics. *International Journal of American Linguistics* 31/4:295—305.

1981. *On the position of Walbiri in a typology of the base*. Indiana University Linguistics Club.

Halpern, A. 1998. Clitics. In Spencer and Zwicky (eds.), pp. 101—122.

Haspelmath, M. 1996. Word-class-changing inflection and morpological theory. In G. Booij and J. van Marle (eds.), *Yearbook of Morphology 1995*. Dordrecht: Kluwer Academic Publishers, pp. 43—66.

2002. *Understanding morphology*. London: Arnold; and New York: Oxford University Press.

Healey, J. 1990a. *Doing grammar*. Kangaroo Ground, Vic.: SPSIL.

1990b. *Grammar exercises*. Kangaroo Ground, Vic.: SPSIL.

Hinnebusch, T. 1992. Swahili. In Bright (ed.), *International encyclopedia of linguistics*, Vol. 4. Oxford: Oxford University Press, pp. 99—106.

Hockett, C. F. 1954. Two models of grammatical description. *Word* 10:210—231.

1958. *A course in modern linguistics*. New York: Macmillan.

Huddleston, R. 1984. *Introduction to the grammar of English*. Cambridge and New York: Cambridge University Press.

Hudson, J. 1978. *The core of Walmatjari grammar*. Canberra: Australian Institute for Aboriginal Studies.

Hutchisson, D. 1986. Sursurunga pronouns and the special uses of quadral number. In Wiesemann (ed.), pp. 1—20.

Hyman, L. and S. Mchombo. 1992. Morphotactic constraints in the Chichewa verb stem. *Berkeley Linguistics Society*, 18, *Parasession on the place of morphology in a grammar*, pp. 350—364.

Ingram, D. 1978. Typology and universals of personal pronouns.

In Greenberg et al. (eds.), *Universals of human language*, *Vol. 3: Word structure*. Stanford, CA: Stanford University Press, pp. 213—247.

Jackendoff, R. S. 1983. *Semantics and Cognition*. Cambridge, MA: MIT Press.

Jespersen, O. 1924. *The philosophy of grammar*. London: Allen & Unwin; New York: H. Holt & Co.

Kaplan, R. and J. Bresnan. 1982. Lexical-Functional Grammar: a formal system for grammatical representation. In Bresnan (ed.), pp. 173—281.

Keenan, E. L. 1985. Relative clauses. In Shopen (ed.), Vol. 2, pp. 141—170.

King, T. H. 1995. *Configuring topic and focus in Russian*. Stanford, CA: CSLI.

Kennedy, R. 1985a. Clauses in Kalaw Lagaw Ya. In S. Ray (ed.), *Aboriginal and islander grammars: collected papers*. Work papers of SIL-AAB, Series A, Vol. 9. Darwin: Summer Institute of Linguistics, pp. 59—79.

1985b. Kalaw Kawaw verbs. In S. Ray (ed.), *Aboriginal and islander grammars: collected papers*. Work papers of SIL-AAB, Series A, Vol. 9. Darwin: Summer Institute of Linguistics, pp. 81—103.

Kenstowicz, M. and C. Kisseberth. 1979. *Generative phonology: description and theory*. New York: Academic Press.

Kimenyi, A. 1980. *A relational grammar of Kinyarwanda*. Berkeley, CA: University of California Press.

Kisseberth, C. and M. Abasheikh. 1977. The object relationship in Chi-Mwi:ni, a Bantu language. In Cole and Sadock (eds.), *Grammatical relations. Syntax and semantics, 8*.

New York: Academic Press, pp. 179—218.

Klima, E. S. 1964. Negation in English. In J. Fodor and J. Katz (eds.), *The structure of language*. Englewood Cliffs, N.J.: Prentice-Hall, pp. 246—323.

Kroeger, P. R. 1993. *Phrase Structure and grammatical relations in Tagalog*. Stanford, CA: CSLI.

1998. Clitics and clause structure in Tagalog. In Lourdes Bautista (ed.), *Pagtanaw: essays on language in honor of Teodoro A. Llamzon*. Manila: Linguistic Society of the Philippines, pp. 53—72.

2004. *Analyzing syntax: a lexical-functional approach*. Cambridge: Cambridge University Press.

Langacker, R. W. 1972. *Fundamentals of linguistic analysis*. New York: Harcourt Brace Jovanovich.

Larsen, T. W. 1987. The syntactic status of ergativity in Quiché. *Lingua* 71/1:33—59.

Lee, S. N. 1996. *A grammar of Iranian Azerbaijani*. Ph.D. thesis, University of Sussex.

Lehmann, C. 1988. On the function of agreement. In M. Barlow and C. A. Ferguson (eds.), *Agreement in natural language: approaches, theories, descriptions*. Stanford, CA: CSLI, pp. 55—65.

Li, C. N. (ed.). 1976. *Subject and topic*. New York: Academic Press.

Li, C. N. and S. Thompson. 1981. *Mandarin Chinese: a functional reference grammar*. University of California Press, Berkeley.

Lyons, J. 1966. Towards a 'notional' theory of the 'parts of speech.' *Journal of Linguistics* 2:209—236.

Maling, J. 1983. Transitive adjectives: a case of categorial rean-
   alysis. In Heny and Richards (eds.), *Linguistic categories*:
   auxiliaries and related puzzles, Vol. 1. Boston: Reidel,
   pp. 253—289.

Matsumoto, Y. 1993. Japanese numeral classifiers: a study of
   semantic categories and lexical organization. *Linguistics*
   31:667—713.

Matthews, P. H. 1991. *Morphology* (2nd edn.). Cambridge and
   New York: Cambridge University Press.

McCawley, J. D. 1988. *The syntactic phenomena of English*.
   University of Chicago Press.

Mchombo, S. A. 1993. On the binding of the reflexive and
   reciprocal in Chichewa. In Mchombo (ed.), *Theoretical as-
   pects of Bantu grammar*. Standford, CA: CSLI Publica-
   tions, pp. 181—207.

   1998. Chichewa (Bantu). In Spencer and Zwicky (eds.),
   pp. 500—520.

Merlan, F. 1976. Noun incorporation and discourse reference in
   modern Nahuatl. *International Journal of American Lin-
   guistics* 42:177—191.

Merrifield, W., C. Naish, C. Rensch, and G. Story (eds.).
   1987. *Laboratory manual for morphology and syntax*. 6th
   edn. Dallas: SIL. (7th edn. 2003).

Mithun, M. 1984. The evolution of noun incorporation. *Lan-
   guage* 60:847—894.

Mohanan, K. P. 1982. Grammatical relations and clause struc-
   ture in Malayalam. In Bresnan (ed.), pp. 427—503.

   1983. Move NP or lexical rules? Evidence from Malayalam
   causativization. In L. Levin, M. Rappaport, and A. Zaenen

(eds.), *Papers in Lexical-Functional grammar*. Blooming-ton, IN: Indiana University Linguistics Club, pp. 47—111.

Mosel, L. U. and A. So'o. 1997. *Say it in Samoan*. Pacific Linguistics D88. Canberra: Research School of Pacific and Asian Studies, Australian National University.

Muysken, P. 1981. Quechua word structure. In Heny (ed.), *Binding and filtering*. Cambridge, MA: MIT Press, pp. 279—327.

———. 1988. Affix order and interpretation: Quechua. In M. Everaaert, A. Evers, R. Huybregts, and M. Trommelen (eds.), *Morphology and modularity*. Dordrecht: Foris, pp. 259—279.

Nevis, J. 1988 (1985). *Finnish particle clitics and general clitic theory*. Outstanding Dissertations in Linguistics. New York: Garland.

Nichols, J. 1986. Head-marking and dependent-marking. *Language* 62:56—117.

Nik Safiah K., Farid Onn, Hashim Hj. Musa, and A. Hamid Mahmood. 1986. *Tatabahasa Dewan*, *Jilid 1*: *Ayat*. Kuala Lumpur: Dewan Bahasa dan Pustaka.

Palmer, F. R. 1986. *Mood and modality*. Cambridge and New York: Cambridge University Press.

Parkinson, S. 1992. Portuguese. In Bright (ed.), *International Encyclopedia of Linguistics*, Vol. 3. Oxford University Press, pp. 252—256.

Payne, J. R. 1985. Negation. In Shopen (ed.), Vol. 1, pp. 197—242.

Payne, T. 1997. *Describing morphosyntax*: *a guide for field linguists*. Cambridge and New York: Cambridge University

Press.

　　2002. *Analytical methods in morphology and syntax*. Unpublished MS., ORSIL, Eugene OR.

Perlmutter, D. (ed.). 1983. *Studies in Relational Grammar I*. University of Chicago Press.

Pike, K. L. 1947. *Phonemics: a technique for reducing languages to writing*. University of Michigan Publications: Linguistics, 3. Ann Arbor: University of Michigan Press.

Pike, K. L. and E. G. Pike. 1982. *Grammatical analysis*. (2nd edn.). Dallas: SIL and The University of Texas at Arlington.

Postal, P. 1962. *Some syntactic rules of Mohawk*. Ph.D. dissertation, Yale University. (1979, New York: Garland Press).

Radford, A. 1988. *Transformational Grammar: a first course*. Cambridge and New York: Cambridge University Press.

Ramos, T. V. 1971. *Tagalog structures*. PALI Language Texts: Philippines. Honolulu: University of Hawaii Press.

Reed, J. and D. Payne. 1986. Asheninca (Campa) pronominals. In Wiesemann (ed.), pp. 323—331.

Reesink, G. P. 1999. *A grammar of Hatam: Bird's Head Peninsula, Irian Jaya*. Pacific Linguistics C-146. Canberra: Australian National University.

Rizzi, L. 1978. A restructuring rule in Italian syntax. In Keyser (ed.), *Recent transformational studies in European languages*. Linguistic Inquiry Monograph, 3. Cambridge, MA: MIT Press, pp. 113—158.

Roberts, J. R. 1988. Amele switch reference and the theory of grammar. *Linguistic Inquiry* 19:45—63.

　　1996. A Government and Binding analysis of the verb in Amele. *Language and Linguistics in Melanesia* 27:1—66.

1999. *Grammar exercises for Tools for analyzing the world's languages* (*Bickford 1998*). Mimeo, SIL UK Training and Research Dept., Horsleys Green, Bucks.

Robins, R. H. 1964. *General linguistics: an introductory survey*. Bloomington, IN: Indiana University Press; and London: Longmans.

Rosen, C. 1990. Rethinking Southern Tiwa: the geometry of a triple-agreement language. *Language* 66:669—713.

Rosen, S. T. 1989. Two types of noun incorporation: a lexical analysis. *Language* 65:294—317.

Saad, G. N. and S. Bolozky. 1984. Causativization and transitivization in Arabic and Modern Hebrew. *Afroasiatic Linguistics* 9:101—110.

Sadock, J. and A. Zwicky. 1985. Speech act distinctions in syntax. In Shopen (ed.), Vol. 1, pp. 159—196.

Sá Pereira, M. de Lourdes. 1948. *Brazilian Portuguese grammar*. Boston: D. C. Heath and Co.

Schachter, P. 1977. Reference-related and role-related properties of subjects. In P. Cole and J. Sadock (eds.), *Grammatical Relations*, Syntax and Semantics 8. New York: Academic Press, pp. 279—306.

1985. Parts-of-speech systems. In Shopen (ed.), Vol. 1, pp. 3—61.

Schachter, P. and F. T. Otanes. 1972. *Tagalog Reference Grammar*. Berkeley, CA: University of California Press.

Schmitt, C. J. 1972. *Schaum's outline of Spanish grammar*. New York: McGraw-Hill.

Shopen, T. (ed.). *Language typology and syntactic description*, Vols. 1—3. Cambridge, New York, and Melbourne: Cambridge University Press.

Silverstein, M. 1976. Hierarchy of features and ergativity. In R. M. W. Dixon (ed.), *Grammatical categories in Australian languages*. Canberra: Australian Institute of Aboriginal Studies, pp. 112—171.

Sityar, E. M. 1989. Pronominal clitics in Tagalog. M.A. thesis, University of California, Los Angeles.

Sneddon, J. 1996. *Indonesian reference grammar*. London and New York: Routledge; and St. Leonards, NSW: Allen & Unwin.

Spatar, N. M. 1997. Imperative constructions in Cambodian. *Mon-Khmer Studies* 27:119—127.

Spencer, A. 1991. *Morphological theory: an introduction to word structure in generative grammar*. Cambridge, MA and Oxford: Basil Blackwell.

Spencer, A. and A. Zwicky (eds.). 1998. *The handbook of morphology*. Oxford: Blackwell.

Stern, G. and E. Bleiler. 1961. *Essential German grammar*. New York: Dover; and London: Hodder & Stoughton.

Stump, G. 1998. Inflection. In Spencer and Zwicky (eds.), pp. 13—43.

Sussex, R. 1992. Russian. In Bright (ed.), *International encyclopedia of linguistics*, Vol. 3. Oxford University Press, pp. 350—358.

Thomas, E., J. T. Bendor-Samuel, and S. H. Levinsohn. 1988. *Introduction to grammatical analysis: self-instruction and correspondence course second (revised) edition*. Horsleys Green, Bucks: SIL.

Trechsel, F. R. 1993. Quiché focus constructions. *Lingua* 91/1:

33—78.

Tsujimura, N. 1996. *An introduction to Japanese linguistics*. Cambridge, MA; and Oxford: Basil Blackwell.

Underhill, R. 1976. *Turkish grammar*. Cambridge, MA: MIT Press.

van den Berg, R. 1989. *A grammar of the Muna language*. Dordrecht: Foris.

Verhaar, J. 1995. *Toward a reference grammar of Tok Pisin: an experiment in corpus linguistics*. Oceanic Linguistics Special Publication, 26. Honolulu: University of Hawaii Press.

Vitale, A. J. 1981. *Swahili syntax*. Publications in Language Sciences, 5. Dordrecht and Cinnaminson, N.J.: Foris Publications.

Walton, C. 1986. *Sama verbal semantics: classification, derivation and inflection*. Linguistic Society of the Philippines, Special Monograph Issue, 25. Manila: Linguistic Society of the Philippines.

Weber, D. J. 1989. *A grammar of Huallaga (Huanuco) Quechua*. Berkeley: University of California Press.

Wierzbicka, A. 1981. Case marking and human nature. *Australian Journal of Linguistics* 1/1:43—80.

Wiesemann, U. (ed.). 1986. *Pronominal systems*. Tübingen: Narr.

Wolfenden, E. P. 1961. *A restatement of Tagalog grammar*. Manila: Summer Institute of Linguistics and the Institute of National Language.

1967. Tagalog concordance. Unpublished MS., University of Oklahoma Computer Laboratory.

Wollams, G. 1996. *A grammar of Karo Batak, Sumatra*. Pacific

Linguistics C-130. Canberra: Research School of Pacific Studies, Australian National University.

Woodbury, H. 1975. Noun incorporation in Onandaga. Ph.D. dissertation, Yale University.

Woolford, E. B. 1979. *Aspects of Tok Pisin grammar*. *Pacific linguistics* B66. Canberra: Research School of Pacific Studies, Australian National University.

Zwicky, A. 1977. *On clitics*. Bloomington, IN: IULC.

1985. Clitics and particles. *Language* 61/2:283—305.

Zwicky, A. and G. Pullum. 1983. Cliticization vs. inflection: English n't. *Language* 59/3:502—513.

语　言　索　引[*]

---

　*　本索引中，每条中文索引后面的数字为文中页边码，提示可在文中页边码标示的
页面中检索相关内容。

主 题 索 引 *

---

    * 克莱尼星号，用来表示其前面的字符或正则表达式为零个或连续重复出现若干个，由美国数学家、逻辑学家斯蒂芬·科尔·克莱尼（Stephen Cole Kleene）发明。——译者注

上海市版权局著作权合同登记图字：09-2024-0557号

图书在版编目（CIP）数据

语法分析导论 / (美) 保罗·R.克勒格尔著；丁健等译. — 上海：上海教育出版社，2024.1. —（新风语言学译丛）. — ISBN 978-7-5720-2284-5

Ⅰ . H04

中国国家版本馆CIP数据核字第2025AR8827号

策　　划　毛　浩
责任编辑　毛　浩
封面设计　周　吉

新风语言学译丛
语法分析导论
[美] 保罗·R.克勒格尔　著
丁　健　等译

出版发行　上海教育出版社有限公司
官　　网　www.seph.com.cn
地　　址　上海市闵行区号景路159弄C座
邮　　编　201101
印　　刷　上海展强印刷有限公司
开　　本　640×965　1/16　印张42.25　插页4
字　　数　562千字
版　　次　2025年4月第1版
印　　次　2025年4月第1次印刷
书　　号　ISBN 978-7-5720-2284-5/H·0075
定　　价　138.00元

如发现质量问题，读者可向本社调换　电话：021-64373213